アイルランドの挿絵と
ステンドグラスの世界

ハリー・クラーク

Harry Clarke

An Imaginative Genius in
Illustrations
and
Stained-glass Arts

解説●監修
海野 弘

Contents

Contents

HARRY CLARKE

ハリー・クラーク

甘美なダーク・ワールドへようこそ

海野 弘

ハリー・クラークは、アイルランドという妖精の国からあらわれた挿絵画家である。アーサー・ラッカム、エドマンド・デュラック、カイ・ニールセンなどとともに、挿絵の黄金時代をつくったが、大人の危険な香りを漂わせる独自な魅力を放っている。そのために、限られたファンによって、ひそかに偏愛されてきた。

異端の画家として忘れられていたハリー・クラークは、19世紀末アール・ヌーヴォーが再評価され、オーブリー・ビアズリー、アルフォンス・ミュシャ、グスタフ・クリムトなどが甦ってくるとともにそれにつづく、ビアズリーなどの後継者として、あらためて注目されるようになった。

そのユニークな世界を理解するために、3つのキーワードをあげておこう。〈アイルランド〉、〈ステンドグラス〉、〈ゴシック〉である。彼はアイルランドのダブリンで生まれ育った。アイルランドでは妖精の魔術的世界を人々はまだ信じていて、おとぎ話が生きていた。古代のケルト文化が神秘的な風景として想像力を誘っていた。

しかし、イギリスの支配下に置かれたアイルランドは、近代化され、〈アイルランド〉の伝統を失いかけていた。19世紀末、〈アイルランド〉文化をとりもどそうとする〈アイルランド・ルネサンス〉運動が起こる。それはまず、詩や演劇の中ではじまり、オスカー・ワイルド、W・B・イェイツ、バーナード・ショー、そしてジェイムズ・ジョイスといったアイルランド出身の作家たちがあらわれる。その運動は、アイルランドの古い伝説、おとぎ話への関心を呼びさまし、ケルト・ルネサンスともいわれる、おとぎ話ブームが起こった。

ハリー・クラークはそのような19世紀末のアイルランド・ルネサンスに育てられ、ケルトの伝説、アイルランドの民話の幻想性、神秘性に想像力をかきたてられて、その独得のヴィジョンを展開したのである。彼の絵は、19世紀末のヨーロッパのパリ、ウィーンなどの象徴主義的な美術に影響を受けつつ、しかも〈アイルランド〉的な伝統に色濃く染められている。

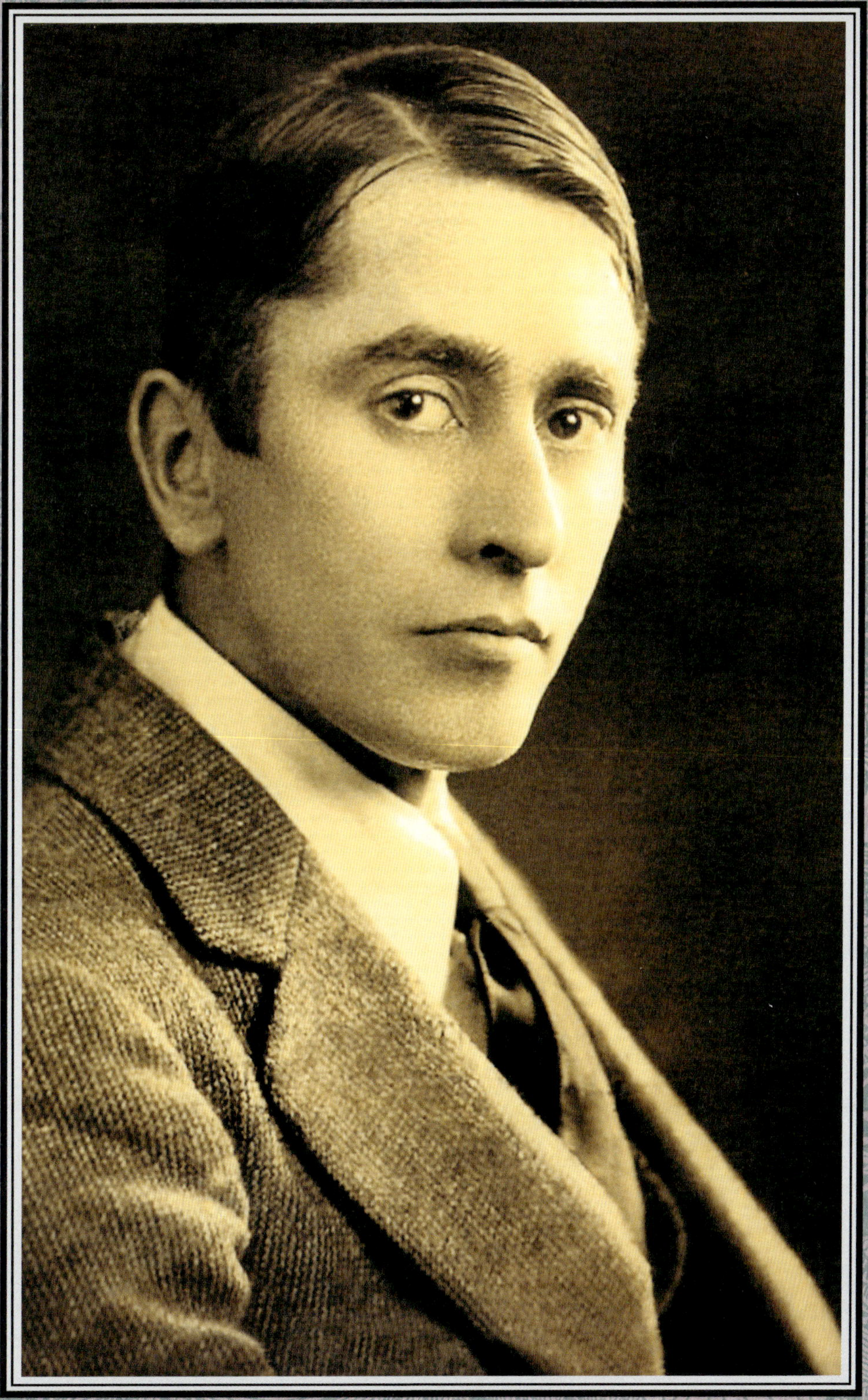

次のキーワードは〈ステンドグラス〉である。ハリー・クラークの本職はステンドグラスのデザイナーであった。父はダブリンでステンドグラスの工房を開いており、彼はそれを継いだのである。ステンドグラスのための下絵の面白さが注目されて、挿絵を頼まれることになったのだろう。はじめはアルバイトのはずであったが、やがて、どちらも本業となる。

ガラスと紙という2つのメディアで絵を描いたところに彼の絵の秘密があるのではないか、と私は考えている。ハリー・クラークにおけるガラスと紙の関係は、相互的である。不透明な紙から透明（半透明）なガラスへの転換は連続的でもあり、非連続的でもある。紙の挿絵は主にモノクロ（黒と白）であるが、ガラス絵は宝石をちりばめたようにカラフルである。

私はこれまで、ハリー・クラークを挿絵画家としてしか知らなかった。しかしそのステンドグラスの作品のすばらしさを知るにつれて、彼の絵画を理解するには、挿絵とステンドグラスを別々なものとしてでなく、一緒のものとして見るべきではないかと思うようになった。彼のヴィジョンの中では紙とガラスは一体化されているのだ。つまりハリー・クラークの挿絵は、ステンドグラスなのであり、彼のステンドグラスは、物語の挿絵なのである。挿絵の表現はステンドグラスに反映され、ステンドグラスの表現は挿絵に反映されている。

そのように思った時、ハリー・クラークの黒と白の挿絵の中に、私は色彩を感じるようになった。

ガラスと紙との結びつきで連想されるのは、日本では〈写し絵〉といった幻灯である。光を通す薄い膜（フィルム、スライド）に絵を描いて投映する。映画やテレビジョンによって幻灯は忘れられてしまったが、このごろまた、建物のファサードをスクリーンとする光の芸術として復活している。

紙とガラスという2つのメディアを自在に往復するハリー・クラークの芸術を〈幻灯〉的なヴィジョンとして考えてみたくなる。私はマルセル・プルーストの『失われた時を求めて』第1巻『スワン家のほうへ』第1部「コンブレ」の1シーンを思い浮かべる。病弱な子どもだった主人公を慰めるため、幻灯を見せてくれる。

「夕食の時間を待つあいだ、それを私のランプに仕掛けてくれた。するとその幻灯は、ゴチック時代の一流の棟領や焼絵ガラスの巨匠にならって、不透明の壁を、微塵（みじん）の虹彩（こうさい）と色さまざまの超自然の幻（まぼろし）にかえてしまい、あたかもちらちら揺れて瞬時にうつろう焼絵ガラスでも見ているように、そこにいろんな伝説が描き出された。」（プルースト『スワン家のほうへ』淀野隆三・井上究一郎訳　筑摩書房　1960）

このシーンは何度も読んでいるのだが、これまでハリー・クラークと結びつけて考えたことがなかった。ハリー・クラークとプルーストをつなげるのは唐突のようだが、ほぼ同時代人である。クラークはプルーストより18年あとに生まれ、9年あとに亡くなっている。そして2人とも、ジョン・ラスキンやウィリアム・モリスに影響を受け、中世ゴシックの美に魅せられていた。シャルトル大聖堂などのゴシックのステンドグラス（焼絵ガラス）に強い影響を受けているのである。

3つ目のキーワード〈ゴシック〉がそこに登場してくる。19世紀の近代化の中で、失われかけた中世ゴシックにもどろうとする〈ゴシック・リヴァイヴァル〉がはじまった。ゴシック建築、教会の薔薇窓やステンドグラス、そして中世の彩色写本などへの関心が高まる。

19世紀末から20世紀初頭にかけて、ステンドグラスが復活すること、豪華な絵本が出版されることは、

〈ゴシック〉への関心から生まれたことなのだ。ハリー・クラークは、ステンドグラスと絵本の両方を手がけるという幸運に恵まれた画家だったのである。

プルーストが語っているように、19世紀末には、映画があらわれる前の、幻灯という、素朴な光の芸術がはやっていた。そこでは中世の騎士物語などが映されていた。幻灯はマジック・ランタン(魔法のランプ)などと呼ばれるが、中世のステンドグラスに描かれた物語を現代に甦らせたのではないだろうか。ハリー・クラークが紙とガラスでくりひろげた世界も、ゴシックの物語を映すマジック・ランタンの幻影であったのかもしれない。

19世紀のゴシック趣味は、荒れ果てた庭、おどろおどろしい古城といった風景、そこでくりひろげられる戦慄的な事件といったゴシック・ロマンス、ホラー小説を生み出した。メアリー・シェリーの『フランケンシュタイン』などがその代表である。そして、ホラー小説の頂点にエドガー・アラン・ポーの作品があらわれる。

多くの画家がポーの作品の挿絵を描いたが、まず浮かぶのはハリー・クラークである。『サロメ』(オスカー・ワイルド)といえばオーブリー・ビアズリーの挿絵が浮かぶように、ポーの挿絵といえばハリー・クラークなのである。1918年に出たポーの作品集『神秘(ミステリー)と幻想(イマジネーション)の物語』は彼の代表作となった。

怪奇と恐怖に満ちたポーの世界の雰囲気をハリー・クラークほど巧みにとらえた画家はいない。ポーに対する関心は、オーブリー・ビアズリーから引き継いでいるが、ハリーはさらに複雑で多様なシーンをつくり出している。

ハリーがポーの作品に自分にふさわしい世界を見出したのは、ゴシック的想像力を共有していたからだろう。ミステリアスなもの、超自然的なもの、戦慄的なものへの感性が彼の中に呼びさまされたのだ。それは神秘が残るアイルランドで育てられたものであると同時に、それを脱出したいという欲求からきたものでもあった。

アイルランドは、カトリックとプロテスタントの葛藤が強く残り、宗教的な束縛の強い国であった。ハリーもまた、宗教に強い関心を持ちつつ、そこから自由になりたいという気持ちも強かった。彼の2つのアートはそれを象徴していた。ステンドグラスは教会の窓であるから宗教性を求められた。それに対して、挿絵本は、宗教的テーマから解放された、想像力を自由に飛翔させることができる別世界だったのではないだろうか。

デュラックやニールセンなどの挿絵画家にはそのような葛藤はなかった。しかし、教会のステンドグラスを本業とするハリーにとっては、挿絵の自由さが、ひときわ、強く感じられ、その快楽を思いきって遊んでみたいと思ったのではないだろうか。

ハリー・クラークは、挿絵において、ステンドグラスにおける宗教性を封印し、自分の想像力を解放している。そこには美しいもの、純粋なものだけでなく、邪悪なもの、グロテスクなもの、おかしなもの、エロティックなもの、悪魔や怪物までが飛び出してくる。

やがて、ステンドグラスと挿絵という2つの世界の境界もあいまいになってくる。挿絵の怪奇で快楽的なイメージが、聖なるステンドグラスにもあふれ出してくる。2つの世界は1つに溶け合う。ハリー・クラークの甘美な怪奇幻想のダーク・ワールドへ、ようこそ!

ハリー・クラークの生涯と作品

アイルランドの青春

ハリー・クラークは、1889年、アイルランドの首都ダブリンに生まれた。父のジョシュアはイギリスのリーズの出身であるが、ダブリンに出稼ぎに来て、ここで自分の工房を開いた。教会の装飾などの仕事をしていた。彼はアイルランドの西海岸のスライゴ出身のブリジットと結婚した。2人の娘と2人の息子が生まれた。キャサリンとドリー、ウォルターとヘンリー・パトリックである。ヘンリー・パトリックはやがてハリーと呼ばれるようになる。

母のブリジットは結核を病み、1903年に亡くなった。娘たちは健康であったが、息子たちは母の病を受け継いだ。

父のジョシュア・クラークは、なかなか企業家で、1887年に、ノース・フレデリック・ストリートに大きな家を借り、1892年にはイギリスからポープというステンドグラス職人を呼んで、本格的なステンドグラス制作をはじめた。ノース・フレデリック・ストリートはパーネル広場の裏である。

ここでダブリンについて説明しておくと、アイルランドの東海岸、リフィ川の河口にある港町である。ダブは黒い、リンは淵のことでリフィ川を意味する。町は西から東へ流れるリフィ川によって北と南に二分され、南のダブリン城を中心にオールド・タウンが広がっている。北にはニュー・タウンがつくられた。オコンネル橋から北へ向かうオコンネル通りがメイン・ストリートで、北でパーネル通りと交差するが、ここにパーネル広場があり、ノース・フレデリック・ストリートはこの近くである。

ジョシュアが1892年に本格的にステンドグラス制作に取りかかったのは、ゴシック・リヴァイヴァルがアイルランドにも及んで、教会美術の復興が盛んになってきたことを反映している。しかしそれはまだイギリスの影響が強く、アイルランド独自のステンドグラスがつくられるのは、ジョシュアの息子ハリー・クラークの世代になってからである。

ハリーはジェズイット（イエズス）会のベルヴェデア・カレッジで学び、1903年に卒業した。父は息子をステンドグラスのデザイナーにしたいと思った。はじめはドイツのミュンヘンで修業させる計画であったが、うまくいかず、ハリーは父の工房で、職人たちからステンドグラスの技術や表現を学んだ。彼はダブリンの建築事務所で、製図や作画を習った。

1904年、アイルランドのアーツ・アンド・クラフツ協会の第3回展がダブリンで開かれた。ここでステンドグラスが展示された。ウィリアム・モリスなどのアーツ・アンド・クラフツ運動はアイルランドにも及んできた。それは、アイルランドのフォーク・アートの復活と結びついた。ジョシュアは息子に、そのような新しい美術を学ばせるため、ロンドンで勉強させることにした。1905年、ハリーはロンドンのサウス・ケンジントン・スクール・オブ・デザインに入った。

しかしロンドンの生活やアカデミックな美術教育は向かなかったようで、1906年にはダブリンにもどり、父の工房で働きながら、メトロポリタン美術学校の夜学でアルフレッド・チャイルドにステンドグラスを学んだ。

1909年、ハリーはアイルランド北西のアラン島に旅行した。ケルトの古民俗がそのまま残っているようなこの島は、ケルト・リヴァイヴァルのメッカといわれた。ハリーはその風景をスケッチしながら、アイルランドのフォーク・アートの魅力に目覚めていった。

ジョシュアとハリー・クラークの工房はしだいに認められるようになった。ハリーは、アイルランドのアーツ・アンド・クラフツ運動に参加し、ステンドグラスのための原画を発表した。アイルランドのステンドグラスは若い世代によって開花しつつあり、ハリー・クラークはそれを支える1人であった。

ハリーは美術学校で一緒だったマーガレット・クリーリーにひかれるようになった。内気なハリーに対して、彼女は自信に満ち、しっかりした女性だった。ハリーは自分にないものを持っている彼女を選んだのだろう。

1913年、ロンドンのサウス・ケンジントン展で、ハリーは金賞を得た。彼のステンドグラスのためのデザインは、ウォルター・クレイン、ステンドグラス作家で詩人のセルウィン・イメージなどによって高く評価された。彼のアーティストとしての本格的な出発の年であった。

この展覧会には、彼はペン画によるイラストレーションも出品し、そちらでは銅賞を受けていた。「月の銀のリンゴ、太陽の金のリンゴ」と題されたペン画［fig.2］は、カイ・ニールセンのおとぎ話の挿絵などに影響を受けていた。

このペン画は、W・B・イェイツの詩「さまよえるイーンガスの歌」をイメージして描かれたものらしい。詩集『葦間の風』(1899) に入っているもので、イーンガスはアイルランドの神話で、美と愛の神、青春の神とされている。

イェイツはアイルランド文芸復興の中心であり、詩と演劇においてアイルランドの国民文芸を盛んにし、アイルランド民話を甦らせた。

1913年までに、ハリー・クラークは、ステンドグラスを学び、アーツ・アンド・クラフツ運動に触れるとともに、イェイツなどの文芸に接し、おとぎ話のファンタジーに想像力をかきたてられて、その挿絵を描き出していたのである。ステンドグラスのモチーフはキリスト教的なものであったが、挿絵では、異教的、ケルト的な空想を自由にくりひろげることができた。ステンドグラスでは、ある決められたテーマと図像に束縛されていたが、挿絵では自由に自分の幻想世界に遊ぶことができた。

ハリーにとって、ガラスは彼の仕事であり、挿絵は遊びであった。その2つの世界の往復を楽しむことができるようになったのが1913年であった。

ステンドグラスの世界から挿絵の世界への広がりは、世紀末から20世紀はじめ(1910年代)にいたる、挿絵の黄金時代を背景としている。オーブリー・ビアズリー、そしてウィーンやミュンヘンのユーゲントシュティールのイラストレーターにはじまり、ラッカム、デュラック、ニールセン、バルビエなどにいたる豪華な絵本の芸術は、ハリーのところにも押し寄せてきたのである。

ハリー・クラークがまず刺激を受けたのはオーブリー・ビアズリーであった。画学生の仲間たちは『ストゥーディオ』などの美術雑誌に掲載されたビアズリーの絵に夢中になっていた。そしてビアズリーの絵を通して、日本の浮世絵のスタイル〈ジャポニスム〉もはやっていた。「月の銀のリンゴ、太陽の金のリンゴ」にはビアズリーからジャポニスムにいたるモチーフやスタイルが盛られている。

この絵は、1913年までに、ハリーが、イェイツなどのアイルランド文学の世界に親しんでいて、そのイメージ化を試みていたこと、そして、ビアズリーに強い影響を受けつつ、デュラックやニールセンのスタイルも研究していたことを示している。

このように、ハリー・クラークは、挿絵画家としての出発点にイェイツのイメージを選んでいる。彼はアイルランドの画家であり、アイルランド文化を盛り上げようとしたイェイツとの結びつきは当然のものであった。

だが、それにもかかわらず、それ以後、ハリーはイェイツの作品の挿絵をあまり描いていない。ニコラ・ゴードン・ボウは『ハリー・クラークの生涯と作品』で、「ハリーがイェイツの作品の挿絵をほんの少ししか描かなかったのは、2人の想像力の象徴主義的傾向が響き合っているのに、残念である」といっている。

ハリーの挿絵による『イェイツ詩集』が出ていたら、どんなにすばらしかったろう。彼にはそれを描く時間がなかった。それだけではなく、イェイツとハリーの間には微妙なずれがあり、2人はすれちがってしまったようだ。それについてはあらためて触れることにしよう。

1913年、ハリーはメトロポリタン美術学校を卒業した。それまでに彼の才能は注目され、彼を後援するパトロンがあらわれた。最初のパトロンとなったのはローレンス・アムブローズ・ウォルドロン(愛称"ラーキー")であった。彼は大地主のティペラリー家に生まれ、株式取引などで資金を築き、ベルヴェデア・カレッジの理事長なども務めるダブリンの名士であった。そしてキリニー湾を望む大邸宅で華やかなサロンをくりひろげることでも知られていた。そこには作家や画家、芸術愛好者が集った。

ウォルドロンは1912年にハリー・クラークに注目し、彼のサロンに招いた。ハリーはダブリンの社交界、芸術界の人々にここで出会った。内気で、世間知らずの若者はまぶしいような有名人たちの世界に紹介されたのである。ウォルドロンは彼が気に入り、息子のようにかわいがったという。ウォルドロンは1923年に没するが、それまでハリーを後援しつづけた。

ウォルドロンはハリーを知的で芸術的な、当時のヨーロッパで先端的な文化へと導いた。そしてこれはニコラ・ゴードン・ボウのくわしい伝記でも明らかにされていないが、おそらく、デカダンで秘密の、エロティックで魔術的な世界をものぞかせてくれたのではないだろうか。

オーブリー・ビアズリーのエロティックでグロテスクな幻想が、雑誌『サヴォイ』の発行者レナード・スミザーズのポルノグラフィ・コレクションに支えられていたように、ウォルドロンなども、ハリーに禁じられた書棚や秘密の快楽などを見せてくれたのではないかと私は想像している。1913年に、ハリーはビアズリーの『髪の毛盗み』の挿絵をもとに、ハリー・クラーク版の『髪の毛盗み』を描いている。これはウォルドロンの注文である。

金持ちの美術愛好家は、しばしば自分だけのためのポルノグラフィを画家に描かせた。ウォルドロンが『髪の毛盗み』をハリーに描かせたのも、パトロンと画家の親しい、秘密の関係を暗示している。それによってハリーは未知の、秘密の世界への扉を開かれたのである。ウォルドロンがいなかったら、ハリーは宗教的なステンドグラスの世界にとどまっていたかもしれない。

ウォルドロンとその仲間たちによって、ハリーはロマンティックでデカダンな、秘密のファンタジー世界に招かれた。それは、宗教的な共同体的な幻想を表現するステンドグラスとはちがって、私的で、個人的な欲望を表現する挿絵として描かれた。

クラークはウォルドロンの注文で『髪の毛盗み』を描いた。それまで遊びとして描いていた挿絵を本格的にはじめるきっかけとなった。次にウォルドロンの友人の美術愛好家サー・ロバート・ウッズの注文で、コールリッジの詩「老水夫行」の挿絵［fig.3］を描いた。死と闇の世界をビアズリー風のグロテスクなモチーフをちりばめて構成している。

ハリーはロンドンに出て、画廊や劇場や盛り場などを訪ね、新しい文化や風俗に触れて、ダブリンにもどった。ロンドンでは、挿絵の仕事を求めて、出版社の人々にも会った。かつてビアズリーがそうであったように、自分のペン画を入れたポートフォリオを持って出版社を訪ねたのである。しかし12の出版社をまわっても反応はなかった。挿絵の仕事でやっていくことをほとんどあきらめかけていたが、最後に、ジョージ・G・ハラップ社を訪ねた。

1911年にホッダー・アンド・ストートン社が出したエドマンド・デュラックの絵による『ハン

ス・アンデルセン童話集』が大ヒットし、1912年の、カイ・ニールセンの『おしろいとスカート』などが豪華絵本のブームをつくっていた。

ハラップもそのような流れに乗ろうとしていた。デュラックやニールセンに代わる新しい画家をさがしていて、まずウィリー・ポガニーをデュラックの後継者として売り出した。そして、ニールセンの代わりとしてハリー・クラークに注目したのである。ハリーの絵の古アイルランド、ケルト的な雰囲気が気に入ったといわれる。

ハラップは、『アンデルセン童話集』の挿絵をハリーに依頼した。私的なコレクションのための絵ではなく、パブリックな絵本の画家としての仕事が、いよいよはじまったのである。

1914年1月、ハリーはパリに旅立った。ウォルドロンの世話で、農務省の賞を受け、ヨーロッパ美術の研修旅行の費用が与えられたのである。画家としての出発の前に、ヨーロッパのモダン・アートを勉強しながら、旅行中に『アンデルセン童話集』の挿絵を描いてくることにした。

パリに着くと、彼はまず近郊のシャルトルを訪ね、大聖堂を見た。特別に、塔に登らせてもらって、ステンドグラスを調べることができた。中世のガラスの深みのある色が彼を感動させた。彼がこれまで学んできた近代のステンドグラスが失っているものが再発見される。

しかしフランスの寒い冬に耐えられず、ハリーは英国にもどり、ロンドンで友人のカール・パーソンズの家で保養しながらアンデルセンの挿絵を描いた。パーソンズはアーツ・アンド・クラフツ運動に参加したデザイナーで、この運動の仲間にハリーを紹介した。

ハリーはロンドンで朝から晩までアンデルセンの絵を描きつづけた。1914年の3月ごろ、彼はエドガー・アラン・ポーの『神秘と幻想の物語』を読み、想像力をかきたてられ、その挿絵を描きたいと思うようになった。そして「アッシャー家の崩壊」と「告げ口心臓」の絵を描き、ウィリアム・ハイネマン社に見せている。

1914年5月、あたたかい気候になったので、ハリーはまたパリ旅行に出かけた。そしてパーソンズの紹介で、パリでジェシー・M・キングとその夫E・A・テイラーに出会った。ジェシーは、グラスゴー派といわれるスコットランドのアーツ・アンド・クラフツ運動のグループのメンバーで、夫のテイラーはステンドグラスのデザイナーであった。

ジェシーはすばらしい挿絵画家（海野 弘『ジェシー・キング』マール社を参照）で、夫とともに1911年から1914年までパリに滞在していた。テイラーは『ストゥーディオ』誌のパリ通信員をしていて、彼らのグランド・ショーミエール街のシーリング・アトリエはパリに来た若いアーティストの集まるところとして知られていた。

ハリーはジェシーの挿絵のファンであったし、テイラーがステンドグラスのデザイナーであることにも関心があった。テイラーの方はイェイツやグレゴリー夫人（レディ・グレゴリー）によるアイルランド文学に関心を持っていた。

ハリーはマーガレットと結婚し、新婚旅行を兼ねてパリに来ていた。クラーク夫妻とテイラー夫妻はパリで親しくつきあうことになった。彼らは、アーツ・アンド・クラフツ運動で結ばれていた。

テイラーの紹介で、『ストゥーディオ』の1914年秋の特別号に、ハリーの「老水夫行」の挿絵が掲載される。それ以後、ハリーの作品は『ストゥーディオ』で紹介されるようになる。

ハリーはパリでアンデルセンの挿絵を描きながら美術館をめぐる。特にトロカデロの美術館でフランスのステンドグラスのコレクションを写すのに熱中した。もちろん、パリのノートルダムやルーアンの大聖堂など中世のゴシック建築のステンドグラスを見ることも忘れなかった。

ダブリンにもどったハリーは、有望な若いアーティストとして、ウォルドロンの友人たちに歓迎された。その中にはウィリアム・スターキー博士がいた。アイルランドの有力議員で、息子のウォルターとエニッドは作家であった。そして挿絵画家アーサー・ラッカムの義理の兄弟でもあった。

1914年7月、第一次世界大戦がはじまった。芸術や文化どころではなくなった。ダブリンのクラーク工房も苦しくなった。

その時、アイルランド南部のコーク市にあるホナン教会のステンドグラスの依頼があった。ウォルドロンの友人のサー・ジョン・オコンネルからのものであった。ホナン教会は、地元の資産家ホナン夫人が遺産を寄付して、1913年に設立されることになったもので、ジョン・オコンネルがその計画を任されていた。やがてこの教会はアイルランド・アーツ・アンド・クラフツ運動の拠点として、展覧会場となった。

しかしホナン教会のステンドグラスはすでにサラ・パーサー工房が引き受けており、ハリーの参加に不満だったらしい。しかし1915年1月、ホナン教会の5つの窓のデザインが正式にハリー・クラークに注文された。

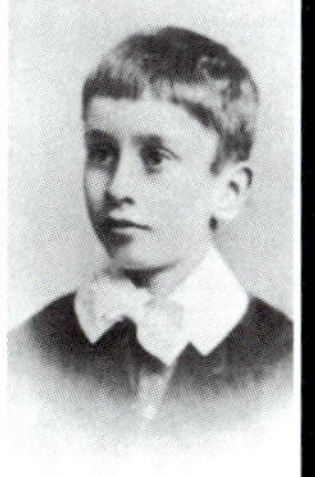

fig.1
14歳の
ハリー・クラーク

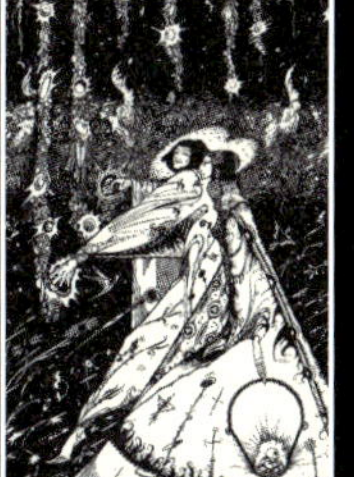

fig.2
W・B・イェイツの詩集
『葦間の風』より
「月の銀のリンゴ、
太陽の金のリンゴ」
1913年

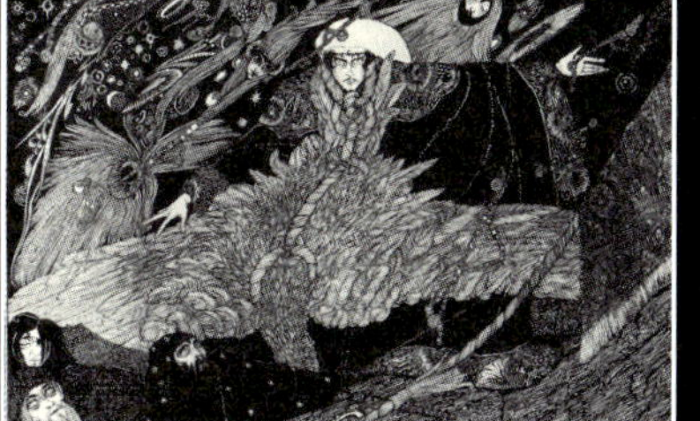

fig.3
コールリッジの詩
「老水夫行」の挿絵
1913年

ケルト・リヴァイヴァルの光と影

ホナン教会のステンドグラス［fig.4］と『アンデルセン童話集』の出版で、ハリー・クラークの芸術は開花する。不思議なのは、それが第一次世界大戦という最も困難な時に行われたことだ。戦時下において、教会の建築やおとぎ話の出版がなされたことはまるで奇蹟のように思われる。戦争はアイルランドに及ばなかったのだろうか。

そんなことはなかった。大戦の中で、イギリスから独立しようとするアイルランドの運動が企てられ、1916年4月にイースター蜂起がダブリンで起きた［fig.5］。ダブリンの中央郵便局が占拠された。クラーク工房はすぐ近くであった。アイルランド文芸復興の一部のメンバーもこの蜂起に加わっていた。

このような不安な状況の中でハリーはホナン教会の仕事に取りかかった。ステンドグラスのためのガラスや鉛などの材料も不足していた。材料は主にロンドンから取り寄せていたが、ロンドンはドイツのツェッペリン飛行船による爆撃を受けていた。

だがそれにもかかわらず、アイルランドの教会では、ケルト・リヴァイヴァルが大きく盛り上がっていて、改築、改修があちこちで行われ、ケルト風の装飾の復元が進んでいた。そこでハリー・クラークが活動していたのである。

ホナン教会の最初の5つの窓が好評だったので、さらに6つの窓がハリーに依頼された。

そして1916年末にはついに、『アンデルセン童話集』が出版された。1913年から3年かけてハリーはその挿絵を描きつづけていた。そして1917年のはじめにホナン教会のステンドグラスも完成した。アイルランドの新しいアーティストの誕生が人々の注目を集めつつあった。

1917年6月に、アイルランドのアーツ・アンド・クラフツ協会第5回展がメトロポリタン美術学校で開かれた［fig.6］。ハリーはその中心的なメンバーとして活動するようになった。パリでのジェシー・キングたちとのつきあい以来、彼はウィリアム・モリスが導いた、美術と工芸の統一の思想に深くひかれるようになった。

モリスは、あらゆる芸術の交流、融合を求めた。絵画と工芸は別々のものではなく、普遍的人間としてのアーティストによって一つにならなければならない。

1917年、ハリー・クラークはステンドグラスと絵本において、それぞれ最初の実りを得ることができた。しかし、まだ、ステンドグラスと絵本は別々の世界であった。彼は、アーツ・アンド・クラフツ運動の精神に沿って、2つの世界の照応を考えはじめる。その一つのアイデアは、小型のステンドグラスの制作である。

小型のステンドグラスはちょうど本の1頁ぐらいのサイズである。つまり、ステンドグラスを本の1頁として考え、そのシリーズをつくり、ある物語を展開する。すなわちガラスによる本をつくるのだ。ステンドグラスは本のように読めるものとなる。ガラスと絵本は響きあい、物語を共有する。ハリー・クラークは2つの世界で仕事をしているのではなく、彼自身のユニークな世界を探求し、時にガラス、時に紙の上に、そのファンタジーを投影するようになっていくのである。

ステンドグラスは聖なる世界であり、絵本は世俗的な世界である。聖俗はくっきりと分かれているはずであったが、ハリー・クラークにおいてはその境界線はしばしば見えなくなり、聖俗は混じりあう。マドンナ（聖母）は異教の愛と美の女神ヴィーナスとの二重映像としてあらわれてくるのである。

ハリーは小型のステンドグラスをアーツ・アンド・クラフツ展に出品した。アーツ・アンド・クラフツ運動との接触が、ガラスと絵本の融合に大きな影響を与えたと思われる。パリで出会ったE・A・テイラーは、教会美術であったステンドグラスを、一般家庭のインテリア・デザインに応用することを考えていた。それは教会の図像学（イコノロジー）に縛られていたステンドグラスを、宗教から解放することであった。それはキリスト教以前の異教的想像力の解放というケルト・ルネサンスにもつながっていた。

ハリー・クラークが活動した1910年代・20年代にはイギリスやアイルランドでおどろくほど多くのステンドグラスの注文があった。それまでのカトリック教会による注文だけでなく、世俗的、個人的な注文が増えたことが一因であったと思われる。アイルランドではそれにケルト・ルネサンスが重なっていた。そのような傾向も、ステンドグラスのモチーフの個人化、日常化、いわば絵本化をもたらしたのだろう。

ハリー・クラークの絵本のようなステンドグラスの最初の例はJ・M・シングの詩『女王たち』のための9枚のキャビネット・パネルのシリーズである。これはローレンス・ウォルドロンのキリニー湾の大邸宅のライブラリーに飾られた。個人の家のインテリアに使われたのである。シングの1902年に書かれ、1909年に出版された詩をテーマにすることはウォルドロンのアイデアであったらしい。

「女王たち」では、華やかな衣裳の女王たちがロマンティックなシーンに登場する。さらに面白いのは、ニコラ・ゴードン・ボウによれば、9枚のシリーズのうち、はじめ（プロローグ）と終わり（エピローグ）は、日本の春画を参考にしたらしい。おそらく、ウォルドロンが秘蔵のコレクションを見せたのだろう。直接的なヌードとか性の表現はないが細部の装飾などにジャポニスムが感じられる。〈女王〉とは、浮世絵の〈花魁（おいらん）〉をイメージしているのかもしれない。そして他の7枚の絵にはイタリアの名画などがはめこまれ、さまざまな遊びがほどこされている。教会用の聖なるステンドグラスとはまったくちがう世界がくりひろげられているのだ。

このような不思議なステンドグラスはそれまでなかった。ハリーはステンドグラスの絵本化、娯楽化をもたらした、といえるだろう。「女王たち」が好評だったので、個人によるステンドグラスの注文がつづいた。友人で美術評論家のトーマス・ボドキンのためにハリーはウォルター・デ・ラ・メアの「狂える王子の歌」によるガラス・パネルをつくった。やはりウォルドロンの友人のミス・ジェーン・フレンチのためにはハインリヒ・ハイネの詩「出会い」をモチーフにしたガラス・パネルを1918年につくった。水の妖精を描いたものであった。

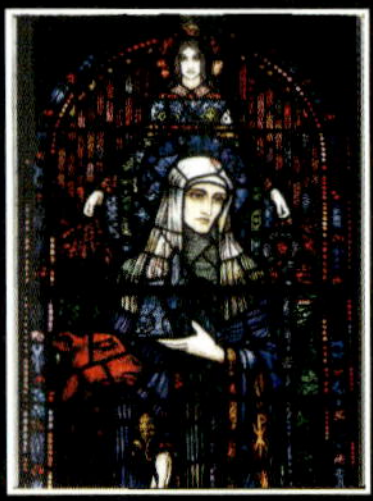

fig.4
ホナン教会の
ステンドグラスに描かれた
聖ブリジット像
1915年

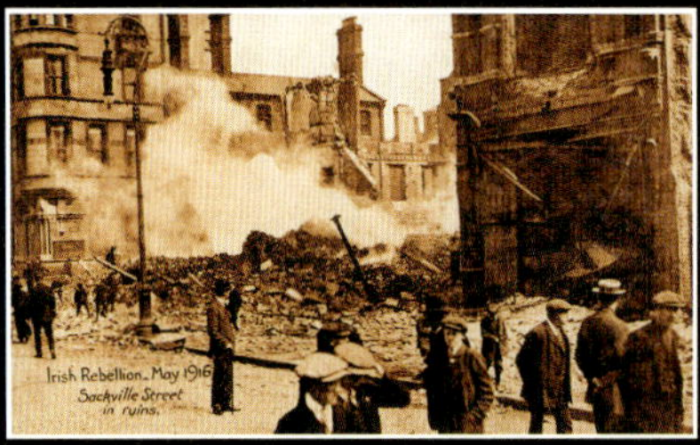

fig.5
1916年のイースター蜂起直後の
ダブリンのサックヴィル・ストリート
(現在のオコンネル・ストリート)

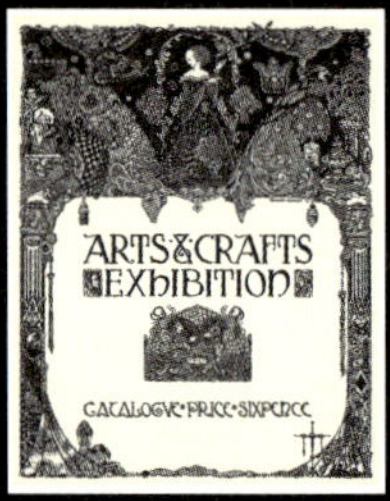

fig.6
ハリーが手がけた
アーツ・アンド・クラフツ
協会第5回展(1917年)
のカタログの表紙

ポーのミステリアスな世界へ

ホナン教会の仕事につづいて、西コークのキャッスルタウンゼンドにある聖バラハン教会のステンドグラスの依頼があった。1826年につくられた美しい丘の上の教会で、トーマス・サマヴィルと妻のヘンリエッタを記念する窓として奉納されるものであった。

このように、1910年代、20年代のステンドグラス・ブームは、裕福な人たちが、先祖や家族を記念して奉納する窓が中心になっていた。

一方、挿絵の仕事においては、やがてハリーの代表作となるエドガー・アラン・ポーの『神秘と幻想の物語』が1918年にはじまった。「リジイア」、「アモンティラードの樽」、「赤き死の仮面」と次々に描いていった。

ハリー・クラークの仕事をたどっておどろかされるのは、ワーカホリック(仕事中毒)ともいえるような勤勉さである。病弱であるのに、仕事をしないではいられない性格であったようだ。そのために身をすりへらしてしまうのである。

彼はとり憑かれたようにポーの作品世界にのめりこみ、怪奇な幻想を描きつづけた。彼は同じ話について何枚も挿絵を描き、本に使われたのはその一部であった。

1918年、ハリーは聖バラハン教会のステンドグラス「キリスト生誕」[fig.7]の仕事をしつつ、ポーの挿絵を描き、さらにキリニーのホリー・トリニティ教会のステンドグラスをつくった。それはヴィクトリア・キャッスルのロイド夫人が世界大戦で戦死した息子を記念して奉納するもので、「平和の天使」が描かれた[fig.8]。

このようにハリー・クラークは、教会のステンドグラスでキリストや天使を描きつつ、その合間に、ポーのおどろおどろしい怪奇の物語の絵を描いていたのである。

さらにダブリンのテレニュアの聖ジョセフ教会からステンドグラスを依頼された。テーマはキリスト磔刑(たっけい)像であった。200平方フィートという、ハリーがそれまで手がけたことのない大きなガラスであった。

その他、セフトン織物という会社に頼まれたハンカチーフのデザインなど、さまざまな分野の工芸デザイン、ポスターや広告カットなどのグラフィック・デザインなどを手がけている。それらのデザインは、〈アール・デコ〉と呼ばれるようになるスタイルを反映している。特にバレエ・リュス(ロシア・バレエ団)のレオン・バクストなどの舞台デザインにハリー・クラークは強くひかれている。

20世紀初頭の芸術の中で〈演劇〉は中心的な役割を果たした。すべての芸術は〈演劇〉との関わりでエネルギーを与えられた。演劇、オペラ、バレエが時代を支配した。アイルランド・ルネサンスの中心も演劇運動であった。ダブリンのアベイ劇場はその拠点であった。

ハリー・クラークの芸術においても〈演劇性〉が大きな特徴である。彼のステンドグラスや挿絵における人物像は演劇的である。大きな眼、手の動き、身体の表現主義的なポーズなどはパントマイムのようであり、芝居の一瞬のスナップショットであるかのようだ。

ハリーはもちろん熱狂的な演劇ファンであり、ダブリンのアベイ劇場、ゲイアティ劇場に通っていたし、1909年にヨーロッパに登場して以来、1920年代まで、モダン・アートをにぎやかに彩ったバレエ・リュスはいつも彼を刺激し、そのロンドン公演に駆けつけた。バレエ・リュスのスラヴ的なファンタジーとアイルランドのケルト的なファンタジーの出会いの中でハリー・クラークの魔術的世界が織り出されてゆく。

ニコラ・ゴードン・ボウはハリーのデザインの特徴をジャポニスムとバレエ・リュスそして〈ホラー・ヴァキュイ〉(空間恐怖)であるとしている。
〈ホラー・ヴァキュイ〉というのは、画面に空白の部分があることを嫌う傾向で、空白をつくらず、そこに小さなモチーフをつめて埋めてしまう。ポーの「モレラ」の挿絵などに見られるように、ハリーは空白を小さな花文などで埋めている。

対照的なのはオーブリー・ビアズリーで、白い余白を大きくとる構図が特徴的だ。ハリーはビアズリーに影響されつつ、その空白の表現は受け継がなかった。

ハリーが空白を嫌うのは、ステンドグラスのデザイナーであることにも関係があるかもしれない。色ガラスをすき間なく貼り合わせて構成するステンドグラスでは空白をつくらないようにするのである。

1919年5月28日、ハリーは美術評論家トーマス・ボドキンとロンドンに出かけた。アルハンブラ劇場でのバレエ・リュスの公演を見るためであった。ディアギレフに率いられたこのロシア・バレエ団は、1917年のロシア革命で、故国に帰れなくなり、ヨーロッパをさまよっていた。ロシア生えぬきのメンバーであったダンサーのニジンスキー、舞台美術家のレオン・バクストが去り、第2期に入っていた。ダンサーのレオニード・マシーンが振り付け師となり、舞台美術にはラリオノフなどのロシア人だけでなく、ピカソ、ドラン、バッラなど各国の画家が参加していた。

このシーズンではかつてニジンスキーの相手として踊ったタマラ・カルサーヴィナ［fig.9］が復活するのが一つの話題であった。彼女はアイルランドの外交官と結婚していた。新しいプリマ・バレリーナとして注目されたのはリディア・ロポコワであった。彼女はやがて経済学者ジョン・メイナード・ケインズ夫人となった。

バレエ・リュスの公演にあらわれたハリー・クラークは、バレエ団を取り巻く英国の社交界や芸術界の人々の中で、スマートなダンディとして目立っていた、と伝えられている。彼については、仕事一筋の面が強調されていて、私的なドラマがあまり見えないのだが、ウォルドロンのサロンで洗練され、ファッショナブルで、人々を魅惑する面があったことを想像させる。

1919年の公演ではハリーは「パピヨン」を見た。レオン・バクストがデザインしたピエロのコスチュームがまだ使われていた。ハリーはかつてこのデザインを『アンデルセン童話集』の挿絵にとり入れている。初日は他に「上機嫌な婦人たち」、「クレオパトラ」が上演された。

2日目の公演では、前衛的で、スキャンダルになった「火の鳥」と「レ・シルフィード」が上演された。3日目は「ペトルーシカ」、「シェエラザード」であった。

ロンドンでは、ハラップ社を訪ね、ポーの挿絵本の打ち合わせをした。そして美術界の人を訪ね、本のサイズをしたガラス・パネルを見せた。この年の11号の『ストゥーディオ』にはボドキンの「ハリー・クラーク氏の芸術」が載った。

ハリーはバレエ・リュスとともに、チャーリー・チャップリンの映画が好きだったという。そういわれれば、彼の絵の悲しげに大きく見開かれた眼、大げさで、ぎくしゃくしたポーズなどにチャップリンの影が落ちているようにも思える。

1919年10月、ついにポーの『神秘と幻想の物語』がハラップから出版された。1914年から書きつづけられてきたのである。その間に第一次世界大戦があった。デュラックやニールセンによる豪華絵本の黄金時代はこの大戦で終わったといわれる。ハリー・クラークはその最後にややおくれてやってきた挿絵画家であった。

もう豪華絵本の時代ではないといわれた1919年に出された『神秘と幻想の物語』は評判

となり、爆発的な売れ行きを示した。アイルランドの地方画家、ステンドグラス絵師として一部の人々にしか知られていなかったハリー・クラークの名は、ロンドンでも知られるようになる。

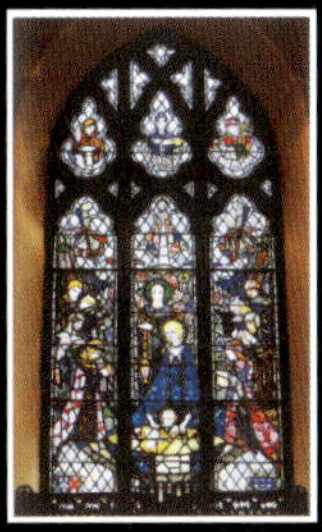

fig.7
聖バラハン教会の
ステンドグラス
「キリスト生誕」
1918年

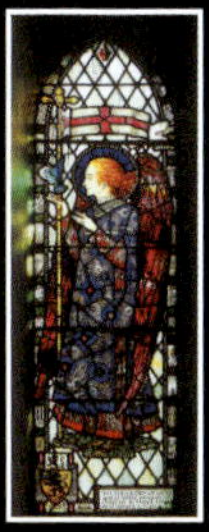

fig.8
ホリー・トリニティ教会
のステンドグラス
「平和の天使」
1919年

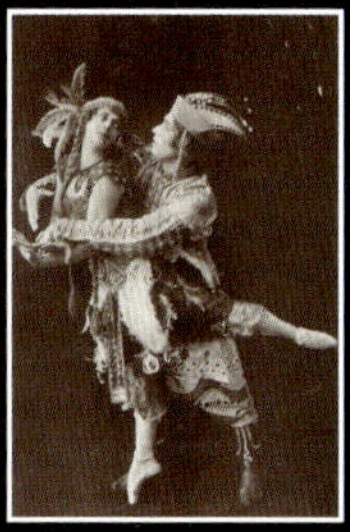

fig.9
「火の鳥」を踊る
タマラ・カルサーヴィナ
1911年

1920年代のゴシック

第一次大戦は、古きよき時代を吹き飛ばしてしまった。時代はすっかり変わった。デュラックやニールセンなど戦前の黄金時代を担った挿絵画家たちは、戦後のモダン・エイジの波にもまれて沈んでゆく。

ハリー・クラークは少しおくれてきて、大戦後に成熟期を迎えた。1920年代に彼はピークに達した。

世紀末アール・ヌーヴォーから出発したハリー・クラークが、1920年代のアール・デコの時代を生き抜くことができたのはなぜだろうか。挿絵だけでなくステンドグラスという世界で活動したことが、一つの原因かもしれない。2つの時代を生き抜いた芸術家として思い浮かぶのはルネ・ラリックである。

ラリックは世紀末に宝飾デザインの世界で活躍した［fig.10］。しかし20世紀に入ると、効果な宝石細工から大衆的なガラス・デザインに転じ、アール・デコ・スタイルの代表的デザイナーとして活躍するのである［fig.11］。

ガラスは、1920年代のデザインにおいて重要な世界をつくった。ラリックのアール・デコ・ガラスとハリー・クラークのステンドグラスは同時代である。ハリーが挿絵だけを描いていたら、1920年代に生き残れなかったかもしれない。

1920年、ハリーは仕事の山に追われた。自宅で挿絵を描き、工房へ行ってステンドグラスをつくった。この年の仕事の中心となったのは、テレニュア（ダブリン南）の聖ジョセフ教会のキリスト磔(はりつけ)図であった。

ハリーが自ら十字架にかけられたキリストのモデルとなった写真[fig.12]が残っている。両手を縛られ、腰布だけの裸で吊られている。やせこけた、肋(あばら)が浮いた痛々しい身体である。テレニュアの窓にはこの写真をモデルにしたキリスト像が描かれている[fig.13]。それについてはくわしいことは伝えられていないが、このように、自らの裸身をさらして、キリストのモデルになる、というのは、彼のナルシスティックな欲望を暗示しているのではないだろうか。彼は絵の中の人物に自分を投影するのだ。

ふと三島由紀夫の『薔薇刑』などの写真集が連想される。自らの肉体をさらし、幻想の中の登場人物に自らが扮して演じ踊るのである。ハリーがバレエ・リュスのファンであったことがうなずける。ニジンスキーやマシーンなどのダンサーたちに自らを重ねていたのだ。当時の回想では、ハリーがマシーンと同じくらい、かっこよかったといわれている。

キリストに扮したハリーの写真は、彼が演劇に魅せられていて、なにかに扮装し、演じることが好きだったことを語っている。しかし彼は内気であり、舞台に出ることはなかった。その代わり、絵の中の登場人物になって、幻想の中で演じていたのだ。その絵は、彼の幻想の中の舞台として見ることができるのではないだろうか。

そう考えれば、彼がなぜポーの神秘と幻想の世界に耽溺したかわかるような気がする。彼はその中に入り、登場人物となって、恐怖や戦慄を自ら感じ、おびえ、逃げまわり、危機を体験しているのだ。戦慄におののく、眼を大きく見開いた人物は彼自身なのだ。

彼の絵は、大きな眼と身ぶりの表現主義を特徴としている。それはサイレント映画の演技と似ている。ハリーがチャップリンが好きだったことはすでに触れた。

1920年9月にハラップから、ハリー・クラークの挿絵集『ときは春』が出た。レティス・ドイリー・ウォルターズが選んだイギリス詩のアンソロジーに、ハリーが挿絵を描いたもので、ポーの『神秘と幻想の物語』で彼の人気が高まっていたことを示している。

しかし、豪華絵本の時代は終わりかけており、挿絵本の出版は厳しくなっていた。ハリーはトーマス・ボドキンのアイデアで『シャルル・ペロー童話集』の挿絵を描きたいと思った。ボドキンは今やハリーのブレーンとして、かけがえのない親友となっていた。

11月にハリーとボドキンはロンドンに行き、ハラップ社にペローの絵本の話をした。しかし色よい返事はもらえなかった。2人は、デュラックやニールセンの絵本を出してきたホッダー・アンド・ストートン社を訪ねた。

1920年代に豪華絵本がきびしくなったのは、時代の変化のせいでもある。豪華絵本は、ギフト・ブックであり、子どもの絵本でもある。ギフト・ブックは大人の美術愛好家用という意味を持っている。第一次大戦までは、大人と子どもの本の区別があいまいで、ギフト・ブックは大人にも子どもにも喜ばれた。しかし1920年代に入ると、大人のためのアート・ブックと子どものための絵本が分かれてきた。出版社は、絵本を大人のためか、子どものためか、慎重に考えなければならなくなった。

ホッダー・アンド・ストートンも、ペローの絵本の出版をためらった。結局、企画はあらためてハラップにもどり、1922年に出版された。

そのような、挿絵本のきびしい状況に対して、ステンドグラスの仕事は次から次へとやってきた。ハリーは働きすぎ、しばしば体調を崩して寝込んだ。それでも仕事をやめなかった。彼のステンドグラスの人物は表情が豊かになり、ドラマティックなシーンを見せるようになった。

1921年9月、ハリーの父ジョシュア・クラークが亡くなった。クラーク工房は兄のウォルターが継いだ。しかしそのアート・ディレクターはハリーであった。

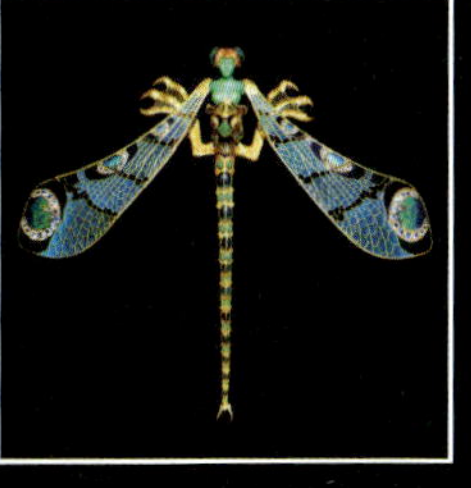

fig.10
ラリックの宝飾作品
「蜻蛉の精」
1897-1898年頃

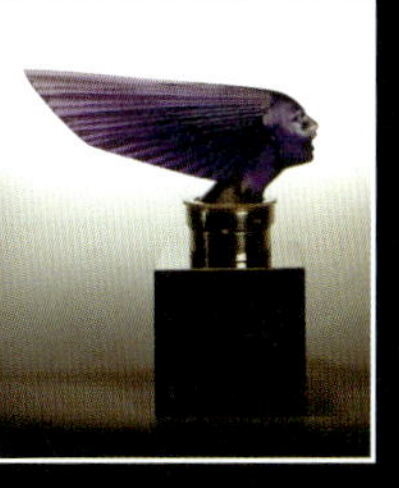

fig.11
ラリックのガラス作品
「ヴィクトワール」
1928年

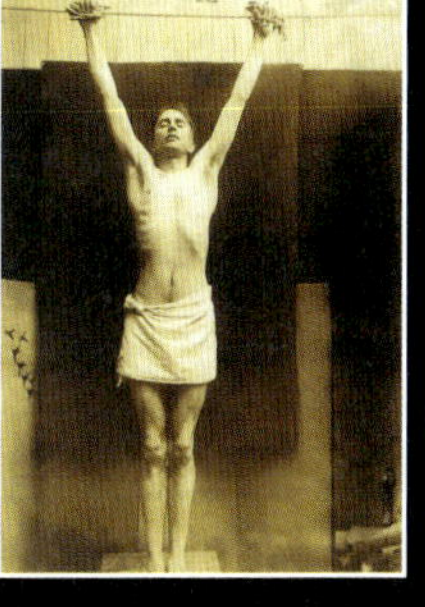

fig.12
聖ジョセフ教会
「キリスト磔刑」のため
自らモデルを務めた
ハリー・クラーク
1919年頃

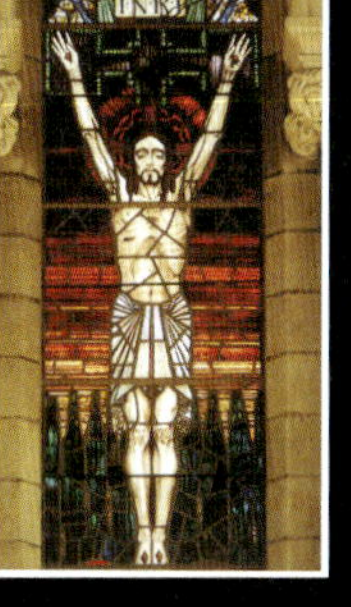

fig.13
テレニュアの
聖ジョセフ教会
のステンドグラス
「キリスト磔刑」
1920年

ハリー・クラークの魔術的な宴

1920年代の半ば、ハリー・クラークの幻想世界は宝石をちりばめたような妖しい光を放ち、その絶頂に達する。その鬼火のようなきらめきは、燃えつきる直前の、一瞬、光を増す灯のようにも感じられる。

ガラスと挿絵はもう別々の世界ではなく1つに融け合う。そのすばらしい例は、1921年につくった小型のステンドグラス「ボトムとティターニア」[fig.14] である。シェイクスピアの『真夏の夜の夢』のシーンをガラス絵としてきらめかせている。サー・ロバート・ウッズの依頼で制作されたもので、1枚のガラスに彩色し、焼成したが、その時割れてしまったので、鉛でつないでいる。その割れ目が一つの風情をかもし出している。

絵本の仕事としては、『シャルル・ペロー童話集』が1922年にハラップから出版された。1920年に出た『この年の春』もこの本も、それほど売れなかったようである。すでに豪華絵本の時代が終わってしまっていたのである。さらに、ハリー・クラークの表現は、子どもの無邪気な絵本には向いていないのではないか、という批評もあった。スウィフトやポープなど、大人の毒のある諷刺に向いているとされた。そしてなんといってもポーの世界こそ彼の独壇場であるとされた。

確かに、ハリー・クラークのペロー寓話の挿絵は、その線はシャープでスマートであるが、子どものための絵としては鋭すぎ、グロテスクである。

それらの批判は、ハリーも充分わかっていたにちがいない。彼とハラップ社は、あらためて、ポーの物語集の新版を出すことを決めた。ハリーはカラーの挿絵を描き足すことになった。その他に、『アラビアン・ナイト』を出すことになった。ラッカムやデュラックが描いた東洋の物語をハリー・クラークはどのように描くのだろうか楽しみであった。

残念ながら、『アラビアン・ナイト』は途中で流れてしまった。その代わり、『ファウスト』(ゲーテ)を出すことになった。ハリー・クラークにはふさわしい企画であるが、彼の『アラビアン・ナイト』も見てみたかった。

一方、ステンドグラスの注文は、オーストラリアのブリスベーンなど海外からもやってきた。その中でハリーのステンドグラスの代表作の一つとなったのは、ハロルド・ジェイコブが個人的に注文した「聖アグネス祭の前夜」である。ジョン・キーツの詩をもとにしている。キーツの詩はラファエル前派などのイメージになった。「ラミア」、「ベル・ダーム・サン・メルシ(つれなき美女)」、「イザベラ—メボウキの鉢」などが描かれている。聖アグネスは、304年に13歳で殉教したといわれるローマの少女で「純潔と少女の守護聖人」といわれる。

ハロルド・ジェイコブは、キーツのこの絵を描いてほしいと望んだ。自分の家の飾り窓のためである。

第一次大戦の後、アイルランド独立運動による混乱がしばらくつづいた。しかし1924年までには妥協が成立し、しばらく平穏がもどってきた。芸術界も活気をとりもどした。『ダブリン・マガジン』をはじめとする雑誌も次々と創刊され、ハリーも表紙デザインの仕事をした。

1923年のクリスマスに出たポーの『神秘と幻想の物語』の新版にはハリーの新しい挿絵が加えられ、大好評であった。1928年までに、第3版まで版を重ねている。

しかし、1923年末にはハリーの最も親しかったパトロンであったローレンス・ウォルドロンが没した。喜びと悲しみが重なった年末であった。

1924年はハリー・クラークのピークの年であった。この年、「聖アグネス祭の前夜」が完成した。ポーの新版も好評であり、ステンドグラスのアーティストとしても、挿絵画家としても、光を浴びていた。

彼はダブリンの名士となった。いそがしく仕事に追われながら、社交的なつきあい、会合、パーティなどにも彼は出席していた。しかしそのいそがしさが、決して丈夫ではなかった彼の身体を蝕みつつあった。

教会のステンドグラスから、友人のグリーティング・カードまで、彼はあらゆる仕事を拒まなかった。ほんのちょっとしたカードの絵を頼まれても喜んで、工夫をこらした、想像力をかきたてる面白い絵を描こうとした。1920年代に、彼のイメージ・ソースは無尽蔵のようであった。さまざまな不思議な魔物が乱舞しているかのように、幻想的なシーンが湧き出してきた。

このころ、彼はしばしばロンドンに出てきた。『ストゥーディオ』誌などを通じて、ジョン・オースティンなどの挿絵画家の友人ができた。ロンドンの美術界で、世界の新しいアートを知り、刺激を受けることができた。

ダブリンでは、彼は名士として、形式的な会合に出なければならなかった。またクラーク工房は、ビジネスやきつい作業などで彼を疲れさせた。そろそろ工房は助手たちに任せて、ロンドンに行って休養したいという気持ちが強まっていた。

ジョン・オースティンはロンドンで、自由で気ままなアーティストの暮らしをしていた。勤勉なガラス職人という面を捨てられなかったハリーは、オースティンのように生きてみたいと思った。2人はともに、ビアズリーにあこがれていた。ハリーはオースティンと一緒にロンドンに仕事場を持った。

ハロルド・ジェイコブは、「聖アグネス祭の前夜」の窓を、ありきたりの家庭用の飾り窓ではなく、思いきって風変わりなものにしてほしいといった。ハリーはこれまでのステンドグラスの常識にとらわれない自由な空想をくりひろげた。それは、聖なるステンドグラスと俗なる挿絵との境界をとり払った幻想世界を出現させ、ハリーの2つの世界の融合をもたらした。

1925年、ハリーはハラップからゲーテの『ファウスト』の挿絵本を出す約束をした。しかしそれまでになく、ハリーは『ファウスト』の挿絵に苦しんでいる。なぜならそれは、ハラップの希望する美しい絵本というラインからはずれて、グロテスクで悪魔的になっていったからである。

ハリーはこの時、ブリューゲルの絵に魅せられたことを語っている。彼はデューラー、ボス、ブリューゲルなどの中世ゴシックの幻想美術の遺産を見出していたようである。それは19世紀のゴシック・リヴァイヴァルの中で再発見され、ビアズリーなどに流れこむが、1920年代にハリー・クラークはあらためてその遺産を彼のイメージ・ソースとして見出すのだ。

これは過激すぎるかもしれないとして自己規制をするところが、ハリーのビアズリーとのちがいかもしれない。ステンドグラスという共同制作をしてきた彼は、まわりに遠慮するのだ。ビアズリーなら、出版社をわざと怒らせるような絵を描いてみせたろう。

自分と葛藤しながら、ハリーはやっと『ファウスト』の絵を描き上げた。ハラップはそれを受け入れた。

1925年、第7回アイルランド・アーツ・アンド・クラフツ協会展が開かれた。これは、ハリーが生きている間の最後のアーツ・アンド・クラフツ協会展となった。ハリーはこの協会の中心メンバーとして活動してきた。しかし19世紀末から、ウィリアム・モリスなどに導かれて発展したこのデザイン運動も一つの終わりを迎えていた。そしてビアズリーが切り開いた世紀末グラフィックもハリー・クラークにおいてその最後のきらめきを見せたのである。

1925年、ハリーの健康は衰えつつあった。10月に『ファウスト』が出版された。ハリーの絵の象徴主義的、幻想的なイメージは、フロイトやユングの精神分析の世界にあらわれる影のようでもあった。ハラップ版に載ったのは、ハリーの描いた絵のすべてではなかったようだ。使われなかった絵のいくつかは知られている。しかしその他にも、使われなかった、彼の想像の中にあらわれた、おびただしい絵があったかもしれない。

1925年、彼は自転車に乗っていて転倒し、骨折し、頭を打って6週間も入院した。退院した後、友人の劇作家レノックス・ロビンソンがキリニーの自宅で療養させてくれた。しかし起きられるようになると、彼はすぐに働きはじめた。工房の仕事が心配なのだった。

レノックスはハリーを強引にスペイン旅行に誘い、休みをとらせたのだが、もどってくると、また仕事にもどった。彼はアイルランドの劇作家J・M・シングの『西国の人気者』の挿絵を描きたいと思った。しかしアレン・アンド・アンウィン社で1927年、ショーン・キーティングの挿絵によって出版されてしまった。

ハリーはいろいろな本の挿絵を望んでいた。ボードレールの『悪の華』、サー・リチャード・バートンの『アラビアン・ナイト』、ブラム・ストーカーの『ドラキュラ』、シェイクスピアの『マクベス』、ヘンリー・ジェイムズの『ねじの回転』……。どれも見たかったと思わせる。しかし彼にはその機会が与えられなかった。

1928年、ジョン・レイン社から『スウィンバーン詩集』の挿絵の依頼があった。ロンドンでその仕事を引き受けたハリーはダブリンにもどり、ダブリンの繁華街グラフトン通りのビューリーズ・オリエンタル・カフェの窓を制作した［fig.15］。グラスゴーでチャールズ・レニー・マッキントッシュがクランストン・ティー・ルームを手がけたように、にぎやかな通りのモダンなカフェを飾ることは、彼にとって新しい試みであった。

『スウィンバーン詩集』では、それまでかなり抑制してきたグロテスクでエロティックな表現を解禁し、想像力を思いきってくりひろげている。彼のペンはますます繊細になり、複雑で、深夜の夢想のようにデカダンスの闇を浮遊してゆく。

しかし彼の身体は限界に達していた。1929年3月、結核の療養のため、彼はスイスのダヴォスのサナトリウムに入った。彼を心配するレノックス・ロビンソンが強引に入院させたのだ。

しかし、ハリーはスイスにいても仕事がどうなっているかを気にしていた。ダヴォスは多くのアイルランド人観光客が訪れるリゾート地であった。ハリーは病院でスケッチやイラストレーションを描いた。彼はダブリンに帰りたかった。

いくらか回復したように感じると、ハリーはすぐにダブリンにもどり、工房に姿を見せ、働きはじめた。だがふたたび病状は悪化し、1930年10月、彼はレノックスにつき添われてダヴォスに再入院した。そしてふたたびアイルランドにもどることはできなかった。最後まで工房の心配をし、ベッドでも絵を描きつづけたハリー・クラークは1931年1月6日、スイスの小さな村コワール(クール)で静かに眠り、目覚めることはなかった。彼は死を予知したようで、ダブリンに帰るといってダヴォスを発ち、この村まで来て死を迎えたのであった。

ハリー・クラークはスイスの雪深い冬の中で眠るように旅立っていった。神秘と幻想の国へと。

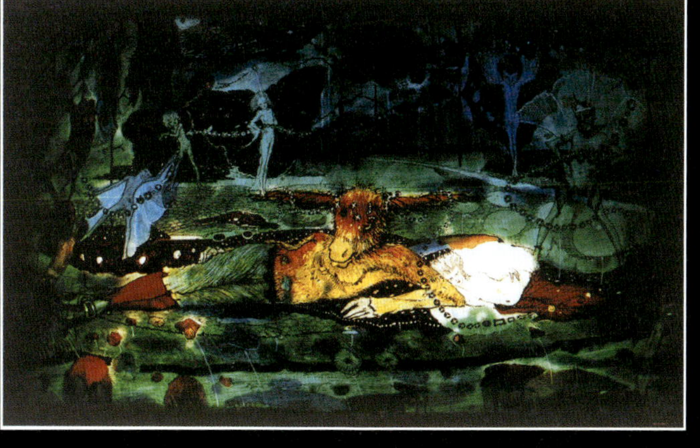

fig.14
「ボトムとティターニア」
1921年

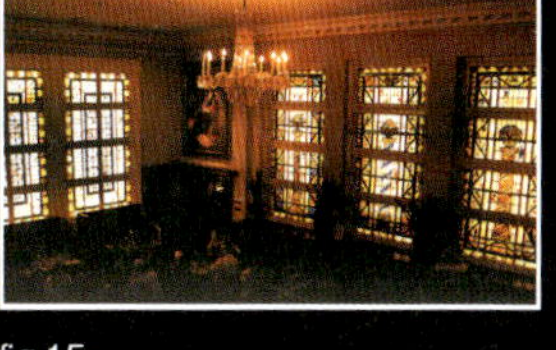

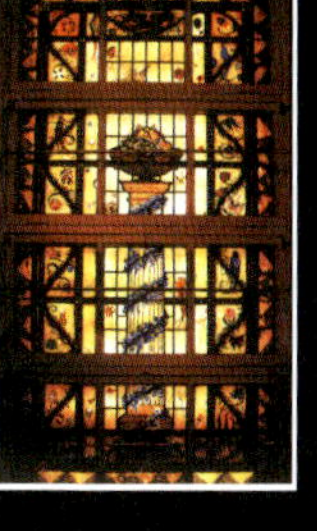

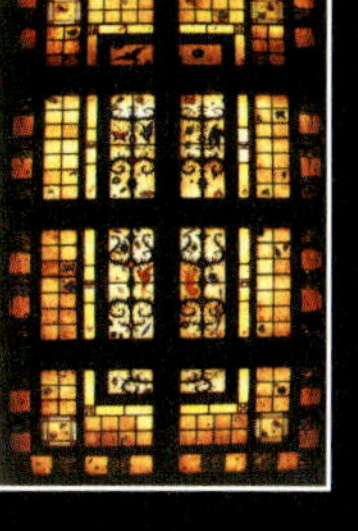

fig.15
ハリー・クラークがステンドグラスの窓を手がけた
ダブリンのビューリーズ・オリエンタル・カフェ
1928年

The Life and Works of Harry Clarke

Hiroshi Unno

Harry Clarke Revisited — The Dark and Entrancing World

Harry Clarke was an artist from Ireland who, with other illustrators such as Arthur Rackham, Edmund Dulac, and Kay Nielsen, created the Golden Age of book illustration. To understand the unique world of Clarke's illustrations, I would like to explore the following three keywords: "Ireland", "stained glass", and "Gothic".

Clarke was born and raised in Dublin, Ireland, where the people had long believed in the magical world of fairies. Fairy tales were told as real events, and the ancient Celtic culture and mystical landscapes nourished the Dubliners' vivid imaginations. However, under British rule, Ireland was quickly being modernized and losing its culture and traditions. The late 19th century saw the start of the Irish Renaissance — also called the Celtic Revival — by those who yearned to reclaim their own culture. The movement first started in the literary world, producing great Irish authors such as Oscar Wilde, W. B. Yeats, Bernard Shaw, and James Joyce. It was during this time that Celtic fairy tales and folklore earned popularity among the Irish people again. Clarke grew up in the middle of the Irish Renaissance. There is no doubt his childhood, surrounded by the mystique and spirituality of Celtic folklore, contributed to his remarkable imagination and unique worldview. While his art was largely influenced by the symbolist movement from fin-de-siècle Paris and Vienna, it was also deeply rooted in Irish culture and traditions.

The second keyword, stained glass, was the center of Clarke's career. His father ran a stained glass studio in Dublin, which Clarke took over after his father's death. Impressed by the uniqueness of his stained glass designs, people began asking him to draw illustrations for books. What started out as part-time work soon turned into another major career. I believe the secret of Clarke's art may lie in the fact he drew on two completely different materials; paper and glass. Going from the opacity of paper to the (semi-)transparency of glass seems like both a natural and unnatural transition. While most of his illustrations were in black and white, all the stained glass work was colorful and shiny — almost bejeweled. However, for Clarke, paper and glass were complementary. The essence of his illustrations reflected in his stained glass, and his stained glass work was reflected in his book illustrations.

Lastly, the Gothic Revival was another important influence on his art. The Gothic Revival brought to the 19th century a growing interest in Gothic architecture, rose windows in churches, and the illuminated manuscripts of the medieval period. This movement led to the revival of stained glass and the rise of luxuriously illustrated books in the late 19th to early 20th centuries; Clarke was fortunate to be an accomplished artist in both of these mediums during this period.

It was the time before movies had been invented, and one of the major forms of entertainment was a simple illumination art called the magic lantern, where stories were shown on slides. This magic lantern may have indeed been the magic that revived the romantic tales captured in the medieval stained glass. The world that Clarke presents in his stained glass and illustrations may well have been a manifestation of the stories told through the magic lantern shows of the period.

The Gothic Revival also brought about many Gothic horror novels characterized by eerie landscapes, such as desolate gardens and ominous-looking old castles, and the gruesome events that take place there. Mary Shelley's *Frankenstein* was one of the major works from the era, followed by Edgar Allan Poe, the master of horror. Although many artists drew illustrations for Poe's stories, Clarke is considered to have been the finest among them. Just as Aubrey Beardsley would come to be known for his drawings for Oscar Wilde's *Salome*, Harry Clarke would come to be associated with Edgar Allan Poe. A collection of Poe's works titled *Tales of Mystery and Imagination* and published in 1919 would go on to become one of Clarke's most representative works. It would be safe to say that no one captured the world of Poe's stories, filled with mystery and horror, better than Clarke. Beardsley had drawn for Poe before Clarke, but Clarke succeeded in creating scenes with even more complexity and depth. Clarke's style was fitting for Poe's stories, perhaps because the two artists shared the same Gothic sort of imagination. Poe's words evoked in Clarke a strong sense for all things mysterious, supernatural, and chilling.

While his art came out of his upbringing in Ireland, where the fairy tale was still alive and well, there was also a desire in him to escape from the trappings of his homeland. In Clarke's time, the conflict between the Catholics and Protestants still raged on, and the Irish people were bound by strict religious precepts. While strongly drawn to religion, Clarke also yearned to be free from those constraints. The two forms of his art indeed were symbolic of his inner struggle. As his stained glass art was to adorn church windows, it had to carry religious significance; on the other hand, book illustration was where he could unleash his imagination, free of any religious obligations. When drawing for books, it was almost as if Clarke had to seal off his religious side in order to unleash his imagination. There you find not only beautiful and pure art, but also evil, grotesque, humorous, and erotic art, sometimes even featuring devils and monsters. As you come to appreciate the world of Clarke's art, soon the boundary between the paper and the glass will start to blur, and the bizarreness and decadence of his illustrations will take over the pious stained glass works. When the two worlds completely merge, you will realize you are deep inside the dark and entrancing world of Harry Clarke.

Growing Up in Ireland

Harry Clarke was born in Dublin, the capital of Ireland, in 1889. His father, Joshua, migrated to Dublin from Leeds, England, and established a studio for making church ornaments. Joshua married Bridget MacGonagle from Sligo, a town on the West coast of Ireland, and they had two daughters and two sons: Kathleen, Dolly, Walter, and Henry Patrick. Later on, Henry Patrick would start to be called, "Harry." Harry's mother, Bridget, died of tuberculosis in 1903. Both their daughters were born healthy, but the two sons would suffer from the same disease.

In 1905, Harry moved to London to study at the South Kensington School of Design but disliked both the life in London and studying art academically. In 1906, Harry returned to Dublin and studied stained glass art at the Dublin Metropolitan School of Art while working at his father's studio.

In 1909, Harry traveled to the Aran Islands in northwest Ireland. The islands were referred to as the mecca of the Celtic Revival, as many of the ancient Celtic folk customs were still alive there. As he sketched the mystical landscapes, Harry began to be entranced by the charm of Irish folk art. In the meantime, Harry's father Joshua's studio was gaining more popularity. The younger generation was bringing the stained glass art in Ireland into the spotlight, and Harry Clarke was one of the key players. It was at the art school that Harry met Margaret Crilly, a woman who was both confident and independent. It is not surprising that Harry chose for his partner someone with the qualities he lacked.

In 1913, Harry won a gold medal from the Board of Education National Competition at South Kensington. His stained glass designs were highly praised by artists like Walter Crane and Selwyn Image. This marked the real beginning of Harry's career as an artist. Harry also entered an ink drawing into the competition, for which he received a bronze medal. The drawing, titled "The Silver Apples of the Moon, the Golden Apples of the Sun," was influenced by Kay Nielsen's fairy tale illustrations. Harry drew this piece with W. B. Yeats' poem, "The Song of Wandering Aengus," as a motif. The poem was published in a collection called *The Wind among the Reeds* (1899). In Irish mythology, Aengus is said to be the god of love, beauty, and youth.

By 1913, Harry had learned stained glass art, experienced the Arts and Crafts Movement, and nurtured his imagination in fairy tales and through Yeats and other authors' literary works, and now he was starting to become involved with book illustrations. While he had to use Christian motifs for his stained glass art, in books he was free to indulge in his own imagination with as much Pagan or Celtic influence as he liked. At this point, Harry saw stained glass as work and illustrations as play, and he was starting to enjoy travelling between the two worlds. It is no wonder Harry chose Yeats as the starting point of his book illustration career. As an Irish artist, it was natural for him to find a strong bond with Yeats, who had worked hard to preserve Irish culture.

In 1913, Harry graduated from the Metropolitan School of Art. His talent was already recognized, and he soon found patrons. Laurence Ambrose Waldron (nicknamed "Larky"), his first patron, appreciated Harry's art and invited him to his salon in 1912, where Harry met many influential figures and artists. A shy, naïve young man, it was Harry's first step into the dazzling world of high society. Waldron adored Harry like his own son and supported him until his death in 1923.

It was common for rich dilettantes to have their favorite artists create personal "pornography." The illustrations Harry drew for *The Rape of the Lock* upon Waldron's request imply that there was certain intimacy between the patron and the young artist. Waldron and his circle of friends initiated Harry into the romantic and decadent world of the secret fantasies of the rich. The personal pleasures and desires he witnessed there appeared only in book illustrations, not in his stained glass art, which strictly depicted more religious and societal fantasy. Harry's illustrations for *The Rape of the Lock* opened his path as a professional book illustrator. His next job was to draw for *The Rime of the Ancient Mariner* by Coleridge for Waldron's friend and fellow art lover, Sir Robert Woods. In this piece, Harry portrayed the world of death and darkness by using many grotesque motifs in a style similar to Aubrey Beardsley's.

Harry traveled to London again, and this time he absorbed the city culture by exploring galleries and theaters in the downtown area. He also visited publishers to seek book illustration work, just as Beardsley once had, carrying his portfolio with him. After visiting twelve publishers and finding no work, Harry had almost given up on becoming a book illustrator. George G. Harrap & Co. was the last publisher he walked into. In 1911, Hodder & Stoughton published *Hans Andersen's Fairy Tales*, illustrated by Edmund Dulac, and it quickly became a hit. The success was followed by other illustrated books such as Kay Nielsen's *In Powder and Crinoline*, creating a gift book fad. Trying to keep up with the trend, George G. Harrap & Co. requested Harry draw for *Hans Andersen's Fairy Tales*. Harry was no more drawing only for his patrons' personal collections; his work was now actually being published.

In January, 1914, Harry traveled to Paris on a governmental scholarship he received through a recommendation by Waldron. While in Paris, he was planning to study European modern art and work on the illustrations for *Hans Andersen's Fairy Tales*. Upon his arrival, Harry visited a nearby city, Chartres, to observe their cathedral. He was allowed to go up the tower to examine the stained glass. The deep colors of the medieval glass deeply moved him, and he felt he had discovered something that had been missing in his training in modern stained glass art.

However, the cold winter in France was too hard on Harry's health. He eventually decided to return to London to recuperate and finish the illustrations while staying with his friend Karl Parsons, a designer who took part in the Arts and Crafts Movement. Through Parsons, Harry met more artists who were part of the movement. In London, Harry devoted himself to drawing for the Andersen collection. In March, 1914, Edgar Allan Poe's *Tales of Mystery and Imagination* stimulated his mind, and he wanted to draw illustrations for the book. He later brought illustrations for "The Fall of the House of Usher" and "The Tell-Tale Heart" to William Heinemann.

In May, 1914, when the weather grew warmer, Harry went back to Paris again. There, Parsons introduced Harry to Jessie M. King and her husband, E.A. Taylor. King was a book illustrator and one of The Glasgow School (a group of artists who participated in Scotland's Arts and Crafts Movement), and Taylor was a stained glass designer. Taylor was also a correspondent for a magazine called *The Studio*, and the couple often welcomed young artists visiting Paris to their studio during their stay from 1911 to 1914. Harry had already been a fan of Jessie's illustrations and was interested in Taylor's career as a stained glass designer as well. Taylor had read Yeats and Lady Gregory, and nurtured a love for Irish literature. Since Harry was in Paris this time on his honeymoon, the Clarkes and the Taylors became close friends in Paris, bound by their enthusiasm for the Arts and Crafts Movement. Taylor introduced Harry's work to *The Studio*, and his illustrations for "The Rime of the Ancient Mariner" appeared in the magazine's fall special edition that year. From that point on, *The Studio* continued to publish Harry's work.

Still working on his illustrations for *Hans Andersen's Fairy Tales*, Harry visited many museums in Paris for inspiration. He was especially impressed by the French stained glass collection at the Museum at Trocadéro and spent much time copying the designs there. He also made sure not to miss the Gothic stained glass from the Middle Age at cathedrals in Notre Dame and Rouen. When he returned to Dublin, Waldron and his friends welcomed him as a promising young artist.

However, in August, 1914, the First World War broke out, and art and culture lost their status in society; the Clarkes' stained glass studio in Dublin suffered financially as a result. It was then that Waldron's friend, Sir John Robert O'Connell, commissioned Harry to create stained glass windows for the Honan Chapel in Cork, Ireland. The Honan Chapel was built in 1913 when the lady of a local wealthy family, the Honans, passed away and left part of her inheritance with Sir John O'Connell with the task of building the chapel. Later, the chapel became a hub for the Irish Arts and Crafts Movement, and a number of exhibitions were held there. However, at the time, Sarah Purser's studio had already accepted the job of making the stained glass windows, and did not approve of Harry's participation. But in January, 1915, Harry Clarke was officially commissioned to design five of the windows for the Honan Chapel.

The Light and Shadow of the Celtic Revival

With the stained glass windows for the Honan Chapel and the illustrations for *Hans Andersen's Fairy Tales*, Harry Clarke's art began to come into full bloom. Interestingly, both of these happened during World War I, possibly the hardest time for artists. Indeed, it is miraculous that a chapel was built and an illustrated fairy tale collection was published during such a large-scale war. In the middle of the war was a powerful movement in Ireland for independence from the United Kingdom, and in April 1916, the Easter Rising took place in Dublin. The general post office in Dublin was seized by the activists, which was very close to the Clarkes' studio. Some of the members of the Irish Literary Revival were a part of the riots. It was in this unstable environment that Harry began to work on the stained glass for the Honan Chapel. Even necessary materials such as glass and lead were in short supply. These were usually purchased from London, but the city was being bombed by German Zeppelins.

The Celtic Revival was still on the rise in Ireland, and many churches were being renovated with Celtic ornamentation. Harry's art flourished during this period; the first five stained glass windows Harry created were highly praised, and he was commissioned for six more. In addition, *Hans Andersen's Fairy Tales* was finally published in the end of 1916. It had taken Harry three years since 1913 to finish the illustrations. At the beginning of 1917, he also finished the windows for the Honan Chapel. The people were starting to recognize the talent of this up-and-coming Irish artist.

In June, 1917, the Metropolitan School of Art held the 5th Ireland Arts and Crafts Exhibition, and Harry participated as one of the central members. Ever since he had met the Taylors in Paris, Harry had been deeply drawn to William Morris's idea of integration of arts and crafts. Morris sought integration and exchange of all arts and claimed that an artist, as a human being, must aim to link the two.

The same year, Harry experienced his first success as an artist in both stained glass and book illustration. Following the Arts and Crafts lineage of thought, he sought ways to integrate these two worlds. One of his ideas was to create small-sized stained glass panels. Each of those panels was the size of a book page — in fact, they served as pages as well. The idea was to create a book made of stained glass, or stained glass panels that could be read as a book. It was a fusion of glass and paper that shared the same story. Harry was not traveling between two worlds anymore; he was exploring the unique world of his own imagination and expressing it as he wished, sometimes on glass, and other times on paper. Harry entered his small-sized stained glass panels into an Arts and Crafts Exhibition. The Arts and Crafts Movement is thought to have influenced the merging of illustrations and stained glass. E. A. Taylor, the husband of Jessie King, pursued applications of stained glass, which were originally intended for church decorations, to home interior design. This was in a way an attempt to free stained glass from religious iconology connected to the Celtic Revival, and which aimed to unleash the world of Pagan imagery that had existed before Christianity took over.

In the early 1900s, when Harry Clarke was active as an artist, there were a surprisingly large number of commissions for stained glass in the United Kingdom and Ireland. This was partly because stained glass was not only for Catholic churches anymore; commissions had started to be made for individuals and non-religious buildings. In Ireland, the Celtic Revival added to this trend. This all led to the change in stained glass motifs towards more personal and everyday images, just like book illustrations.

The first of Harry's stained glass panel works was a set of nine panels illustrating J.M. Synge's poem *Queens* for a cabinet. This piece was added to the library of Laurence Waldron's mansion on the coast of Killiney Bay as part of the interior design. It was Waldron's idea to use Synge's poem as the motif. The panels depicted queens in glamorous dresses in romantic scenes, themes which were completely unheard of in the conventional stained glass art for churches. In a way, Harry started the trend of stained glass as an entertainment and story medium. After achieving a good reputation over the "Queens" panels, Harry received more commissions from art lovers. He created glass panels illustrating "The Song of the Mad Prince" by Walter de la Mare for Thomas Bodkin, and then Heinrich Heine's "A Meeting" for Jane French — another friend of Waldron.

Into Poe's World of Mystery

After the Honan Chapel, Harry was commissioned to do windows for the Church of St. Barrahane in Castletownshend, Cork, a beautiful hilltop church built in 1826. The windows were made in memory of Thomas Somerville and his wife, Henrietta.

In the early 1900s, stained glass windows of family members and ancestors were growing more and more popular among the rich. At the same time, Harry began drawing for Edgar Allan Poe's *Tales of Mystery and Imagination* in 1918 and created illustrations for "Ligeia," "The Cask of Amontillado," "The Masque of the Red Death," and more. When you look at Harry Clarke's work, you might be surprised by his diligence; he may have almost seemed to be a workaholic. Even though he was plagued by poor health, he had to continue working, wearing himself down. His enthusiasm for Poe was close to an obsession, and he continued drawing illustrations that captured the mystery and fantasy of the author's stories. Harry would produce multiple drawings for a story, even though only a few would actually get published.

In 1918, Harry created a window called "The Nativity" for St. Barrahane Church, drew for Poe's collection, and made a window for Holy Trinity Church in Killiney (commissioned by Mrs. Lloyd of Victoria Castle for her son, who had passed away in the war). The motif of the window was "The Angel of Peace and Hope." Like this, Harry Clarke continued to create church windows of Jesus and angels while drawing eerie illustrations for Poe's world of mystery. Harry was also commissioned to create a window with the theme of Christ's crucifixion for St. Joseph's Church in Terenure, Dublin. The window was 200 square feet, the largest window Harry had ever designed. He also designed handkerchiefs for Sefton Fabric Company, crafts in various fields, and graphics for posters and advertisements. His designs were what would later be called Art Deco. He was especially fascinated with the works of theater set designers including Léon Bakst of The Ballets Russes (a Russian ballet theater troupe that performed in Europe from 1909 to 1929).

In the early 20th century, theater played an important role in the art world. All types of art were empowered through the connection to theater. Plays, opera, and ballet captivated the era, becoming the focus of the Irish Renaissance. The Abbey Theatre in Dublin was the center of the movement. Theatricality is one of the major characteristics of Harry Clarke's art. Both in his stained glass and book illustrations, his characters were drawn in a very theatrical manner. They looked as if they were in the middle of a pantomime performance, with their eyes wide open and their bodies in expressive poses — almost as if they were still shots from a play. Harry was a huge theater enthusiast who would frequent the Abbey Theatre and the Gaiety Theater in Dublin. The Ballets Russes constantly inspired Harry, and he never missed their London tours. The magic of his art flourished even more as the Slavic fantasy of the Ballets Russes clashed with Celtic fairy tales in his imagination.

On May 28, 1919, Harry visited London with Thomas Bodkin, an art critic, to see the Ballet Russes at the Alhambra Theatre. Led by Sergei Diaghilev, the Russian ballet troupe was wandering around Europe after losing their way back home due to the Russian Revolution of 1917. They were in their second phase after the departure of dancer Vaslav Nijinsky and designer Léon Bakst, both of whom were born and bred Russian performers. Léonide Massine was the choreographer now, and, in addition to Mikhail Larionov and other Russian designers, international artists such as Pablo Picasso, André Derain, and Giacomo Balla were brought in for set design.

Those who saw Harry at the Ballet Russes performances would say he stood out as a sophisticated dandy even among the members of British high society and famous artists. While his work is widely known, there is not much information available on Harry's personal life. However, it would be safe to assume he grew up into a fashionable, charming man through his social experience at Waldron's salon since his youth. On the 1919 tour of the Ballet Russes, Harry watched "Le Papillon," where they still used the clown costume designed by Bakst; one of Harry's illustrations in *Hans Andersen's Fairy Tales* had been based on this costume. The first-day performance included "Les Femmes de Bonne Humeur" and "Cleopatra."

In London, Harry visited George G. Harrap & Co. to discuss his Poe illustrations and met some people from the art world to show them the stained glass panels. In the November 1919 issue of *The Studio*, Thomas Bodkin published an article on Harry and his art.

Along with the Ballet Russes, Harry loved Charlie Chaplin's films. The sorrowful, wide eyes and dramatic poses of the people in Harry's drawings may be reflections of Chaplin's characters.

In October, 1919, Poe's *Tales of Mystery and Imagination* was finally published. Harry had been working on the illustrations since 1914, all through World War I. The Golden Age of gift books, started by artists such as Dulac and Nielsen, was supposed to be over with the war. Harry barely caught up with the tail end of it. Although the trend for gift books was said to be over, Harry's *Tales of Mystery and Imagination* became extremely popular and sold well. Harry Clarke, a stained glass and illustration artist who had only been known in Ireland at the time, was now well-known in London.

Gothic in 1920s

World War I blew away the good old times and changed everything. Book illustrators such as Edmund Dulac and Kay Nielsen who had created the Golden Age lost their popularity in the post-war modern age. But Harry Clarke arrived late, and peaked late. His most successful years were in the 1920s. Growing up exposed to Art Nouveau, how could Harry Clarke survive the 1920s, the age of Art Deco? One reason may be the fact that he was active not only as a book illustrator but also as a stained glass artist. Glass was an important element of design in the 1920s. René Lalique's glasswork came from the same era as Harry Clarke's stained glass. If Harry's art had been limited to book illustration, he might have disappeared with the other illustrators.

1920 was a busy year for Harry. He would spend hours at home drawing illustrations and then at the studio creating stained glass. The "Crucifixion" window for St. Joseph's Church in Terenure was his major work of the year. There is a photo of Harry modeling as Christ being crucified. In it, he is hung up on a cross only by the wrists with nothing but a loincloth on. His ribs are almost visible on his skinny torso. He created the crucifixion window of St. Joseph's Church after this image of himself. There is not much information about this photo, but the fact he exposed his bare body to impersonate Jesus Christ as a model seems to suggest that he had certain narcissistic urges. Perhaps he reflected himself upon the characters he drew. This photo captures the theater enthusiast side of Harry that enjoyed becoming a character like an actor. Although he remained a shy man and never appeared on stage, he enjoyed acting in his own imagination through his art.

In September, 1920, George G. Harrap & Co. published *The Year's at the Spring*, a collection of British poems selected by Lettice D'Oyly Walters with illustrations by Harry. After the success of *Tales of Mystery and Imagination*, Harry was indeed a popular illustrator. However, the age of gift books was ending, and there was not as much demand for illustrated books. Thomas Bodkin, now Harry's mentor and close friend, suggested he draw for *Fairy Tales of Perrault*. They went back to London in November to speak with Harrap, but the publisher did not show much interest. The two decided to visit Hodder & Stoughton, who had long published Dulac and Nielsen's illustrated books. The 1920s was the time when there came to be a clear division between art books for adults and children's books. Publishers now needed to consider which genre an illustrated book belonged to. Since Hodder & Stoughton hesitated to commission the Parrault book, they eventually went back to Harrap. The book was published in 1922.

While commissions for book illustrations were declining, Harry received many for his stained glass. He often fell ill from fatigue but never stopped working. Scenes in his stained glass grew more dramatic with his characters showing more colorful expressions.

In September, 1921, Harry's father, Joshua, passed away. Harry's brother, Walter, took over their father's studio, but Harry was the actual art director.

Harry Clarke's Magical Banquet

Harry Clarke's art reached its peak in the mid-1920s, radiating with mystique and magic, the same way a match flares up, shedding light into the darkness before burning out. For him, stained glass and book illustrations were no longer two separate spheres. One of the great examples of the fusion of those two forms is a panel he created in 1921 for "Titania and Bottom," capturing a scene from Shakespeare's *A Midsummer Night's Dream*. The panel was commissioned by Sir Robert Woods. Harry had first created the image on one panel of glass, but since it broke in the kiln, he had to mend it using lead. Even those lines seem to add to the panel's character.

An illustrated version of *Fairy Tales of Perrault* was published from Harrap in 1922. Neither this nor *The Year's at the Spring* (published in 1920) saw much success, as the age of gift books was already over. Some critics argued Harry's style did not suit children's books. They claimed his illustrations were better suited for adult satire, such as Jonathan Swift and Alexander Pope, and that Harry's best illustrations were for Edgar Allan Poe.

Harry Clarke must have been well aware of the public's opinion as he decided to publish a new edition of the Poe's collection from Harrap with newly-added color illustrations. There was also a talk of Harry drawing for *The Arabian Nights*, though it was eventually called off. It would have been interesting to see how Harry would depict the oriental tales both Dulac and Rackham had once drawn for. Instead, Harry was commissioned for Goethe's *Faust*, which also suited his style.

During this time, Harry continued to receive commissions for his stained glass — some even from abroad, coming from as far as Brisbane, Australia. One of Harry's masterpieces from this time was the window he designed for Harold Jacobs, "The Eve of St. Agnes," based on a poem by John Keats. Keats' poems were a favorite motif for The Pre-Raphaelite Brotherhood, and they made paintings based on poems such as "Lamia," "La Belle Dame Sans Merci," and "Isabella, or the Pot of Basil." St. Agnes was a Roman virgin-martyr who died in the year 304 at the age of thirteen, and is the patron saint of chastity and girls. Harold Jacobs asked Harry to create the stained glass for his home's decorated window.

Even after the end of the World War I, the Irish War of Independence continued to create tension in society until its end in 1921. When peace was finally restored, the art world, too, slowly regained life. New magazines were published, including *The Dublin Magazine*, and Harry would design their covers.

In 1923, the new edition of Poe's *Tales of Mystery and Imagination*, with Harry's new colored illustrations, was published just in time for Christmas and became widely popular. This edition had been reprinted three times by 1928. However, 1923 was a year of joy and grief for Harry, as his closest friend and patron, Laurence Waldron passed away before the end of the year.

1924 was the most successful year of Harry's life. He finished "The Eve of St. Agnes," and the new edition of Poe's collection was still gaining popularity. Harry was in the spotlight as both a stained glass artist and book illustrator. Now a celebrity of Dublin, he attended social gatherings and parties while devoting the rest of his days to work. However, his hectic schedule was slowly destroying his already poor health.

Still, Harry never rejected a single job request, from church windows to greeting card illustrations for a friend. He willingly put all his effort and ingenuity into even the smallest work in an attempt to create the most unique and imaginative piece. It was as if he had an inexhaustible well of imagination where colorful devils and fairies danced around during those years. The scenes he depicted were more mysterious and magical than ever.

Harry would often visit London and met John Austen and other book illustrators through *The Studio*. Getting to know artists from various parts of the world in London's art society was a great inspiration for him. In Dublin, he was constantly invited to formal gatherings as an influential figure. The business matters and heavy labor at his brother's studio also wore him out. There was a growing urge in him to stay and rest in London for a while. His new friend, John Austen, enjoyed a free, lifestyle in London. Harry, a hardworking glass artisan by nature, admired Austin and wished to follow his lifestyle. The two friends — who had a love for Aubrey Beardsley in common — decided to share a studio in London.

When Harold Jacob asked Harry to design the "Eve of St. Agnes" window, he requested that it be something bold and unique, not just any ordinary window. For this piece, Harry broke the conventions of stained glass art and explored his imagination to the fullest, integrating the holiness of stained glass and worldly charm of book illustration in his mystical world.

In 1925, Harry was commissioned by Harrap for illustrations for Goethe's *Faust*, for which he struggled more than for any of his other works. While Harrap expected it to be a beautiful art book, his drawings for the book grew more grotesque and even devilish. It was a time when Harry was captivated by the works of Gothic painters from the Middle Age, such as Pieter Brueghel the Elder, Albrecht Dürer, and Hieronymus Bosch. Their work was rediscovered in the 19th-century Gothic Revival, influencing artists like Beardsley. In the 1920s, Harry again found a source of inspiration in the masterpieces of these great painters. Throughout the process of drawing for *Faust*, Harry struggled with himself to balance his urge for the grotesque and the aesthetics requested by the publisher. When he finished, Harrap accepted his work as it was.

The 7th Ireland Arts and Crafts Exhibition took place in 1925. It would end up being the last Arts and Crafts Exhibition in Harry's lifetime. Since his youth, Harry had been one of the central members of the movement, but after its long history going back to William Morris' time in the late 19th century, the movement was finally going to see its end. The fin-de-siècle decadence in graphic art, led by Aubrey Beardsley, was now ending with Harry Clarke as its last descendant.

In October that year, as Harry's health was already weakening, *Faust* was published, and the images in the book were symbolic and mysterious, just like the shadow that appears in the psychoanalytic works of Freud and Jung. Harrap did not publish all of Harry's illustrations; some of the unpublished works appeared in other places, but there might be more still hidden somewhere, or possibly only in Harry's imagination. Concerned with Harry's health, Lennox Robinson, a friend, forced Harry to accompany him on a vacation in Spain. But upon returning, Harry immediately began working again. Although Harry asked to be able to draw for Synge's *The Playboy of the Western World*, the book was already set to be published by Allen and Unwin with illustrations by Sean Keating in 1927.

There were many other books Harry wished to draw for: *The Flowers of Evil* By Charles Baudelaire, Sir Richard Burton's *The Arabian Nights*, Bram Stoker's *Dracula*, Shakespeare's *Macbeth*, and Henry James's *The Turn of the Screw*, to name a few. These could have been more of his masterpieces, but he was never given the chance.

In 1928, while in London, Harry was commissioned by John Lane for *Selected Poems of Algernon Charles Swinburne*. He returned to Dublin and first designed windows for Bewley's Oriental Cafe on Grafton Street in downtown Dublin. Just as Charles Rennie Mackintosh designed Miss Cranston's Willow Tearooms in Glasgow, Harry sought a new challenge in the creation of a modern cafe on a busy downtown street. In *Selected Poems of Algernon Charles Swinburne*, Harry allowed himself to indulge in the grotesque and erotic styles he had suppressed so far. The illustrations are more delicate and complex than his usual style, exploring the dark sphere of decadence like a midnight dreamer.

However, his health was already deteriorating. In March, 1929, Lennox Robinson sent him to a tuberculosis sanatorium in Davos, Switzerland out of worry.

Even in the sanatorium, Harry could not forget about his work and continued drawing sketches and illustrations. Davos was a resort crowded with tourists, including many from Ireland, which made him miss Dublin.

As soon as he felt a slight recovery, Harry went back to Dublin and began working at the studio. But it was not long before he fell sick again, and in October, 1930, Robinson brought Harry back to Davos. Harry would never return to Dublin again. Even as he was dying, Harry worried about his brother's studio and continued to draw. On January 6, 1931, Harry Clarke passed away in his sleep in a small Swiss village called Chur. In the deep, snowy winter of Switzerland, Harry departed into the land of fantasy and mystique and never came back.

本書の挿絵作品は、マーティン・ムーア・スティーンソン氏のご協力をいただき、
その貴重なコレクションを中心に掲載させていただきました。

The Publisher of this book in Japan would like to express deepest gratitude to Mr. Martin Moore Steenson for his generous permission to lend his most valuable collection.

はじめてハリー・クラークの作品に出会ったのは、1968年に友人がポーの『怪奇と幻想の物語』のコピーをくれた時でした。豊かな想像力に溢れるその筆致に強い衝撃を受け、私は、彼が挿絵を描いた他の本をもっと探そうと決意しました。今のようにインターネットが普及する以前の出来事で、決して簡単なことではありませんでしたが、それでも、少しずつコレクションを増やしていきました。同時代のアーサー・ラッカムやエドマンド・デュラックのように沢山の部数が印刷されていたわけではないことは当初から明らかであり、さらに、私は、埃よけのカバージャケットのついたものを探していたので、求めた本に出会うことはいっそう困難を極めました。その中でも特に、カバー付きの『シャルル・ペロー童話集』を見つけるのはたいへんなことでした。

何とかコレクションが出来上がるころには、私はすっかり挿絵本に魅せられ、このジャンルを専門とする古書販売業者になっていました。私のハリー・クラーク作品への探求はさらに深まり、やがて、オリジナル作品や小さなカードなど書籍以外の印刷物にまで及びましたが、これらのものは、保存されている特定の場所がなく、残っている数も少ないので、たった1枚の作品を見つけるのに30年かかったことすらありました!

2003年には、ついにハリー・クラークの著書目録を出版できるほど充分なコレクションが完成しました。私が手にした最初のオリジナル作品で、今でも最も好きな作品のひとつは、『ときは春』の挿絵として描かれた天使の絵で、ジョン・オースティンのコレクターと、私が所持していたオースティン作品を交換することで入手したものです。オースティンは、1925年にハリー・クラークと一緒に展覧会を開いた仲間のイラストレーターで、ハリーの親しい友人でした。この絵は、ハリーがオースティンにプレゼントしたものでした。

それから数年をかけ、業者やオークション、遺族の方々から、作品を譲り受け、コレクションを増やしていきました。こうして集めたコレクションの数々を本書でご覧いただくことができます。

マーティン・ムーア・スティーンソン

I first came across the work of Harry Clarke when a friend gave me a copy of *Tales of Mystery & Imagination* in 1968. I was very struck by the wonderful penmanship, combined with such a fertile imagination. I decided to look for other books illustrated by him and gradually built up a collection, although they were never as easy to find in those days long before the internet. It was obvious to me early on that the books had not been printed in such large numbers as his contemporaries Arthur Rackham and Edmund Dulac. I was also looking for copies in their dustwrappers, which made the task even more difficult. The hardest one to find was *the Tales of Perrault*. Eventually I managed to complete my set, by which time I was so enthralled by book illustration in general that I decided to become an antiquarian bookseller specializing in this field. My quest for Harry Clarke material continued in the more difficult fields of ephemera and original art. The frustration of ephemera collecting is that it is so elusive—there is never an obvious place to look, and by its very nature it was not meant to be survive. It took me 30 years to find one piece for instance! Eventually I had enough material to publish my bibliography of Harry Clarke in 2003. Original artwork is just as elusive, but usually comes with a much heavier price tag, and my budget was quite modest. My first piece of original artwork, and still one of my favourites, was Angel of Peace from *Year's at the Spring*, which I obtained from the executor of John Austen by swopping some nice Austen items I had. Clarke had obviously given it to Austen, a fellow illustrator and close friend with whom he exhibited in 1925. Over the years other pieces followed, some from dealers, some from auction and some from family members. The results of all these years of collecting can be seen in this book.

Martin Moore Steenson

HARRY CLARKE

第1章

ハリー・クラークの挿絵作品
Illustrations

アンデルセン童話集

Fairy Tales by Hans Christian Andersen

★

子どもの魔法の世界

ハリー・クラークの最初の豪華絵本である。1913年にハラップ社に依頼されて描きはじめるが、出版は1916年になった。第一次世界大戦がはじまったことなどが出版をおくらせたのだろう。

最初の本ではあるが、すでにハリー・クラークらしい見事な線が魅力的だ。彼が最も影響を受けたオーブリー・ビアズリーを強く感じさせる黒白のペン画、同時代の挿絵画家エドマンド・デュラック、カイ・ニールセンと競っているカラーの挿絵はそれぞれに面白い。

ビアズリーがそうだったように、クラークは演劇やバレエのファンで、絵の構図や人物のドラマティックなポーズが彼の特徴となっている。そして大きな眼と、ほっそりとした手足、特にとがって繊細な手の指の描き方が注目される。

しかし彼の線はあまりにも鋭く陰影に満ちているので、子どもたちの童話の世界を時には越えてしまっているかもしれない。

A Magical World for Children

This was the first gift book Harry Clarke drew for. Though he was commissioned by George G. Harrap & Co. in 1913, the book was not published until 1916 due to World War I. In this first book, Clarke's eloquent touch is already evident. While the black-and-white ink sketches show a strong influence from Aubrey Beardsley, there is a sense of rivalry towards Edmund Dulac and Kay Nielsen — fellow artists of the era — in the colored illustrations.

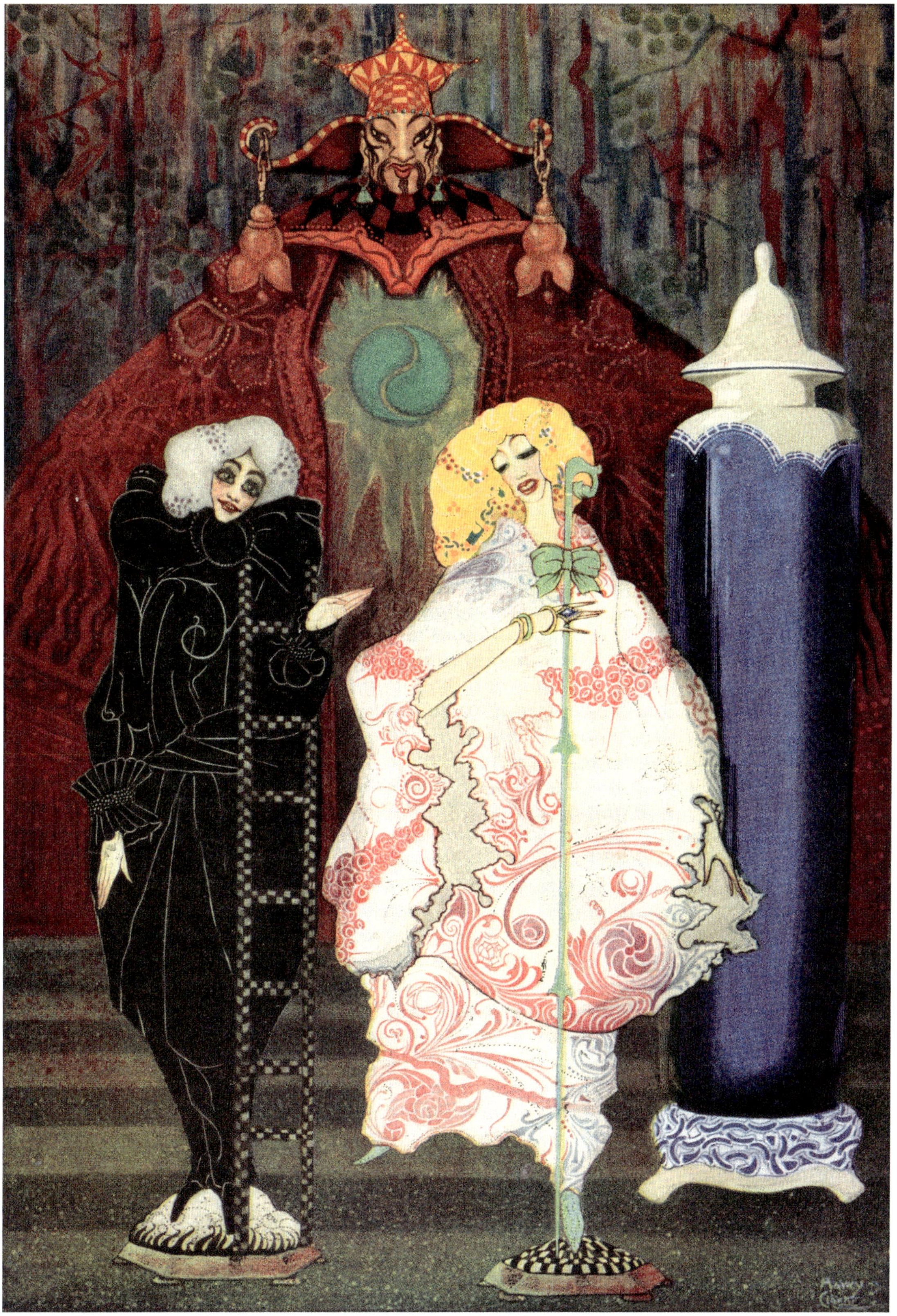

羊飼いの娘と煙突掃除人 *The Shepherdess and the Chimney-Sweeper*

テーブルの上の陶器の置物たちの話である。きれいな羊飼いの娘とまっ黒な煙突掃除の若者、そして彼女の祖父である中国人。若者は娘を外の自由な世界に誘っている。エキゾティックな陶器の人形の装飾が楽しい。

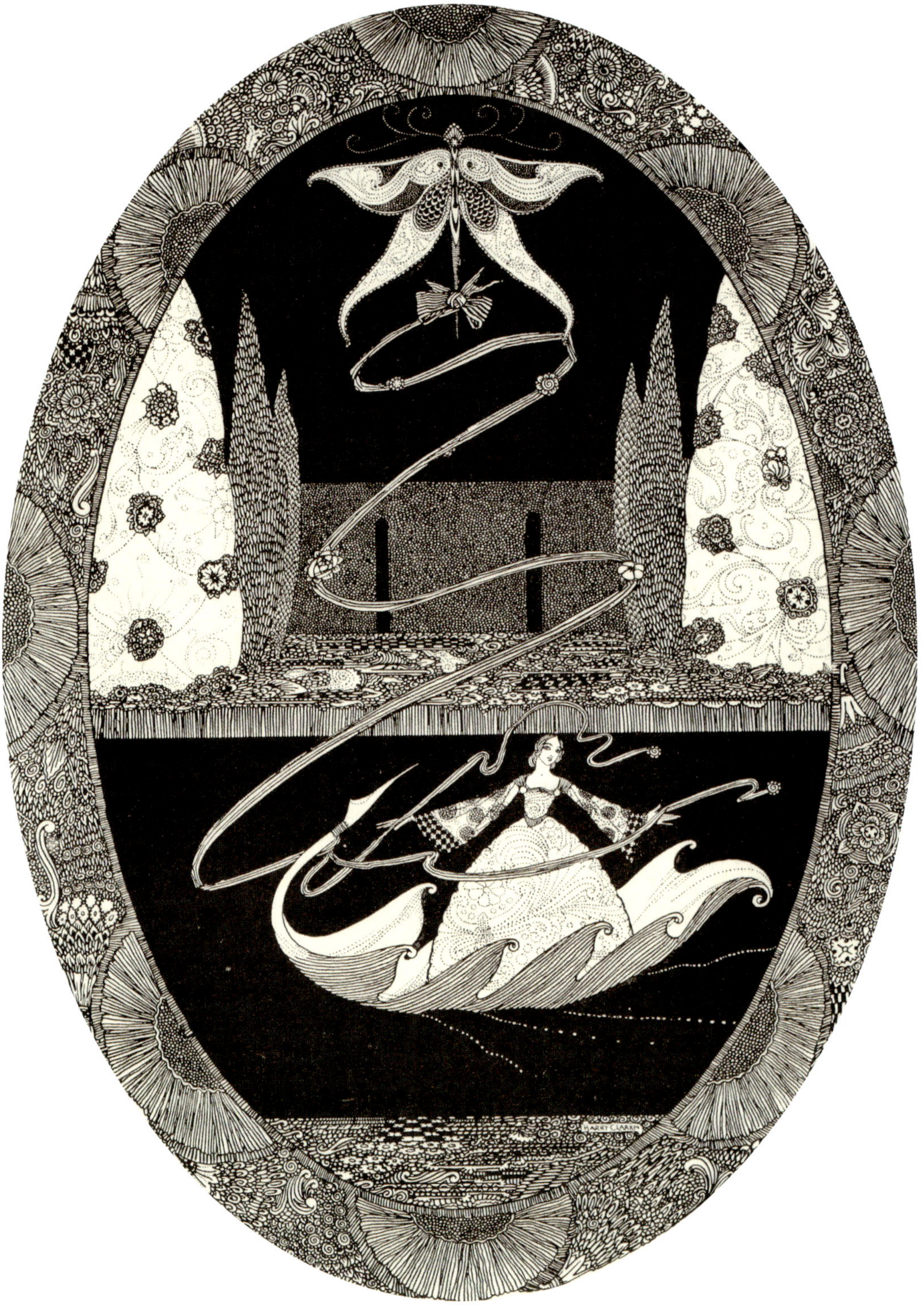

おやゆび姫 1　*Thumbelina*

おやゆび姫はリボンを蝶に結んで、もう一方を葉っぱの舟に結ぶ。その葉に乗って水上をすべってゆく。
庭を埋める草花、そして楕円のフレームの繊細な文様が幻想的である。

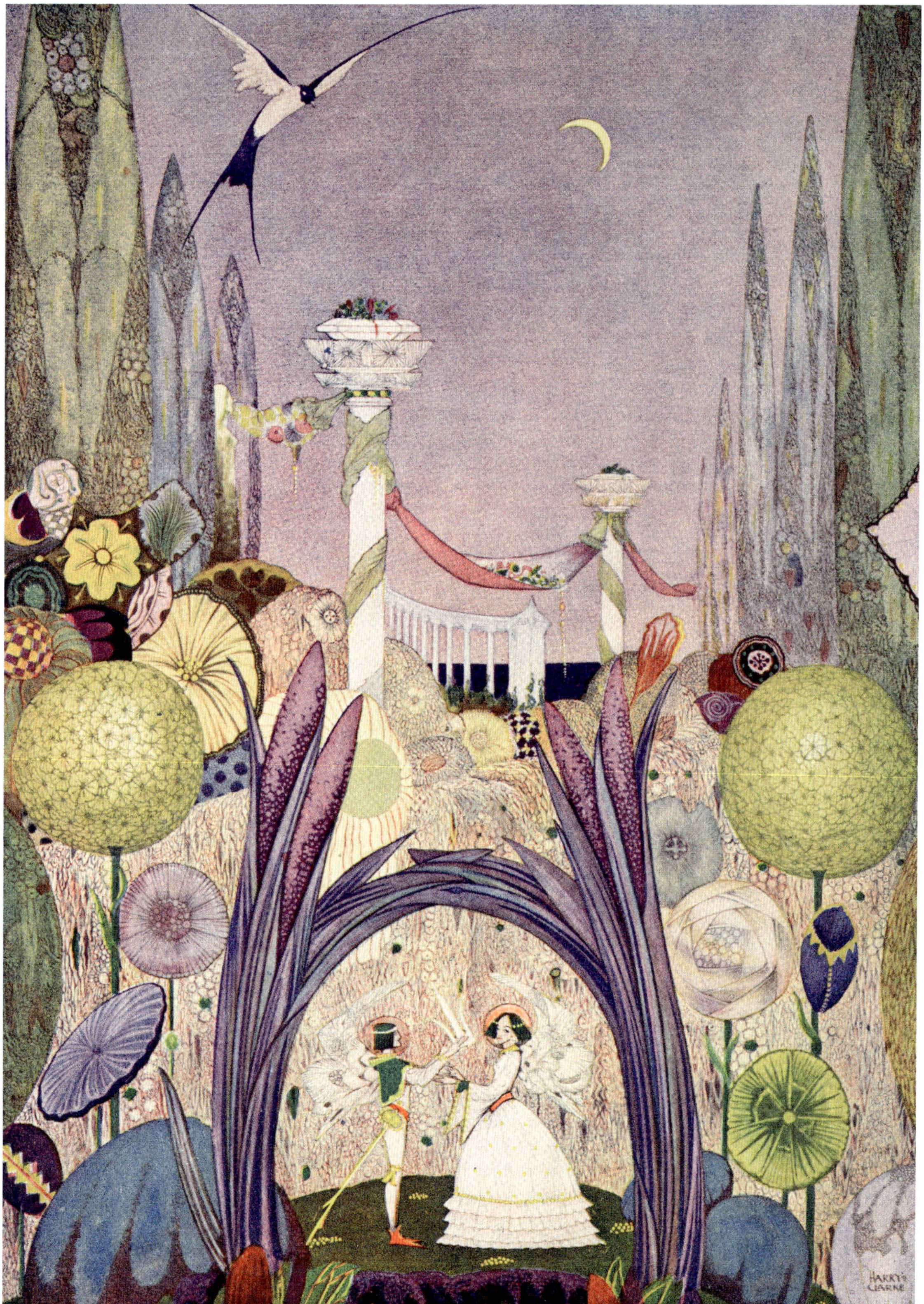

おやゆび姫 2 *Thumbelina*

おやゆび姫は燕（つばめ）にくわえられて、南の国に飛んでゆく。その花園で、彼女と同じ、小さな王子に出会う。
巨大な花が咲き乱れる楽園の風景が描かれる。カイ・ニールセンの影響が感じられる。

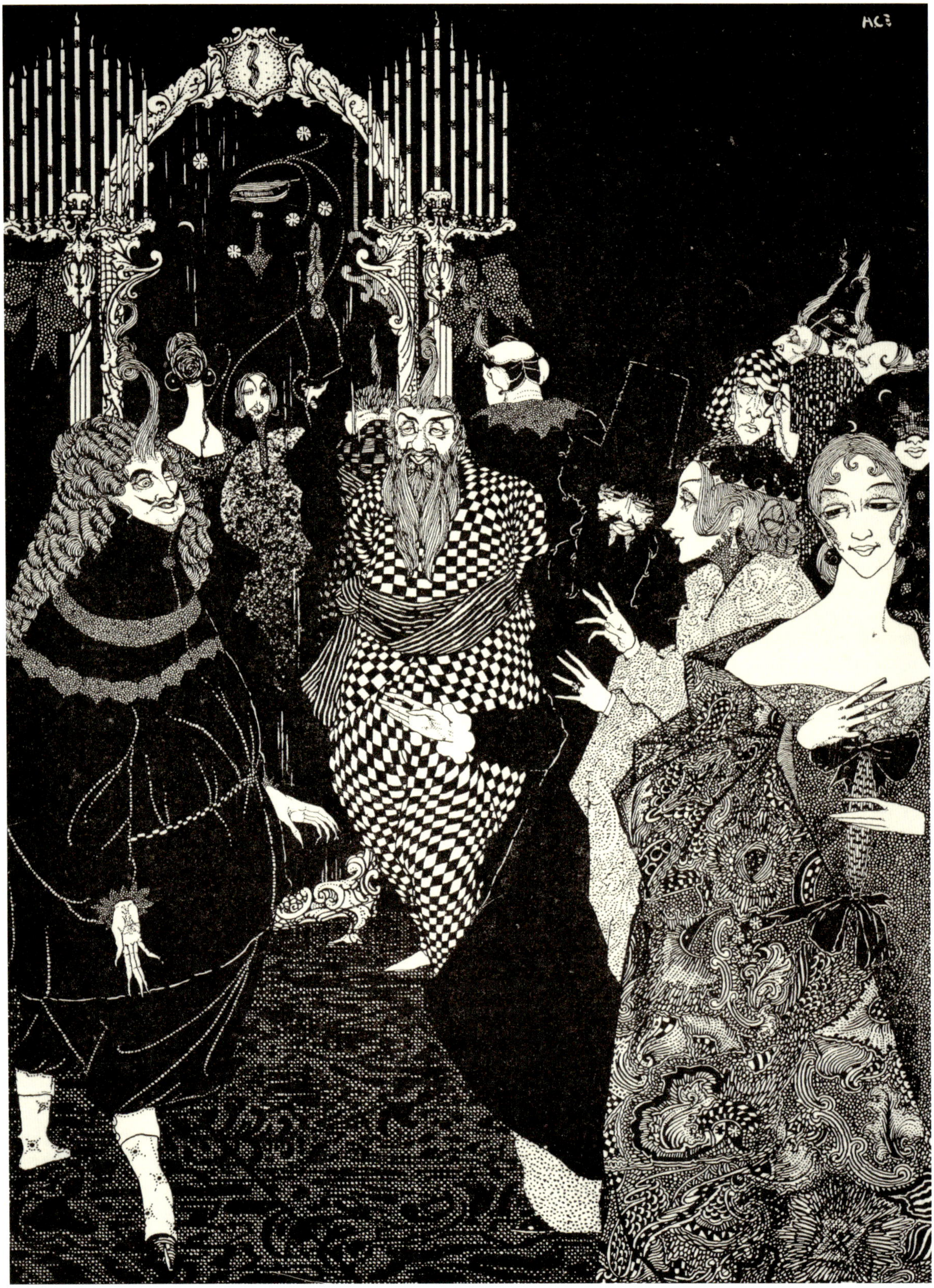

雪の女王 1 *The Snow Queen*

世界に悪をもたらそうとする魔王の宴である。怪物たちがうごめくシーンはオーブリー・ビアズリーの幻想を受け継いでいる。
中央が魔王で、その背後に魔法の鏡がある。左端の奇怪な前髪の男の不気味な右手の描き方に注目である。

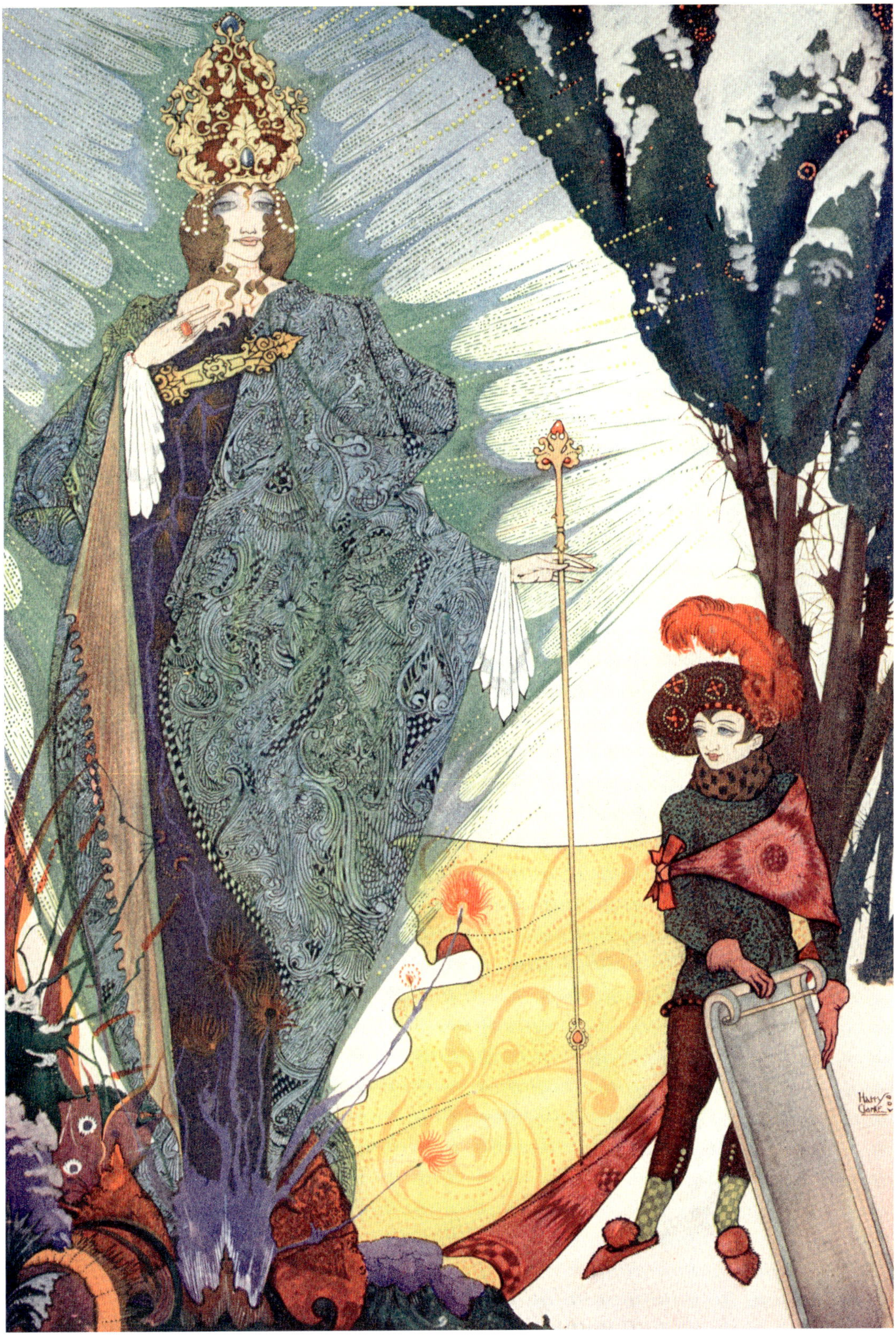

雪の女王 2 *The Snow Queen*

魔王の鏡は粉々になり、その破片が刺さった人の心を冷酷にする。少年カイの心にもガラスが刺さり、彼は雪の女王に誘惑される。
雪の女王のとげとげしいシルエットの装飾性が圧倒的だ。

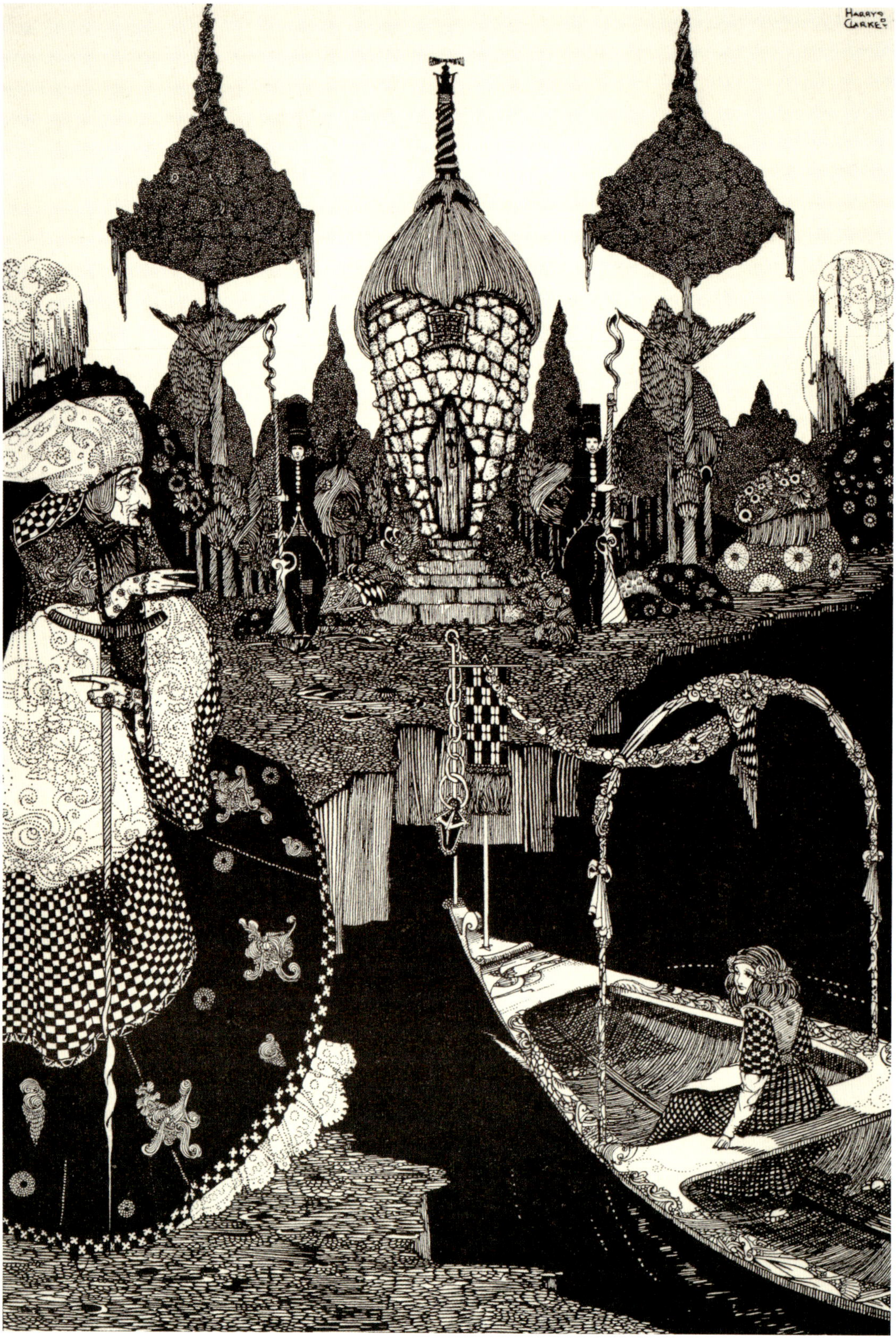

雪の女王 3 *The Snow Queen*

カイをさがして少女ゲルダは旅をする。彼女の舟は不思議な国にたどり着く。
まさにおとぎ話の国らしい奇妙な木々や家の風景があらわれ、魔法使いの老女が登場する。

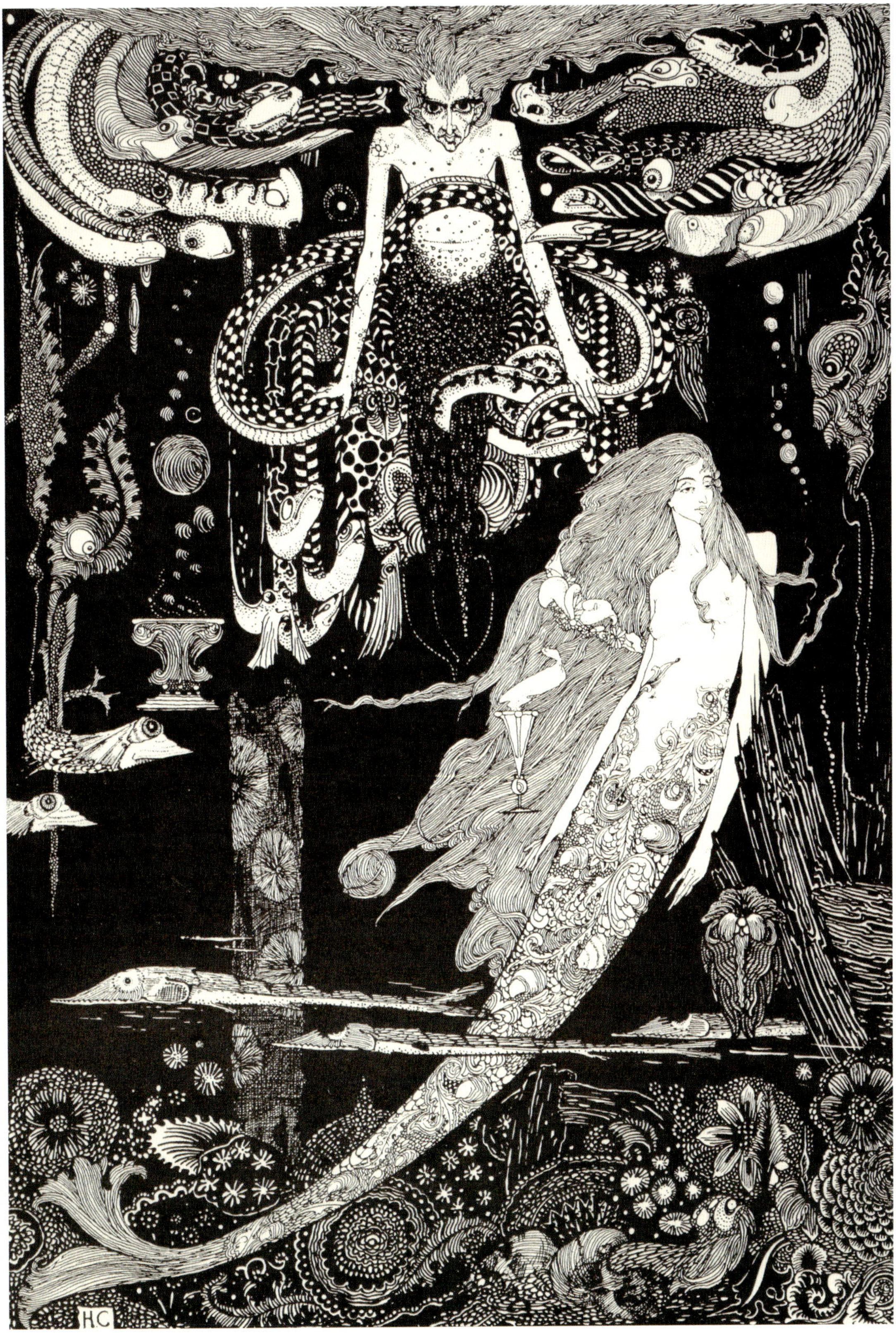

人魚姫 *The Little Sea Maid*

ハリーは水中の、海底のシーンを最も得意としていた。それは彼の幻想世界への夢にふさわしかったからである。人魚姫が見事な曲線を描いている。彼女は人間の王子に恋している。父である海の王は、彼女の不幸な未来を知りつつ、その願いを聞いてやろうとする。

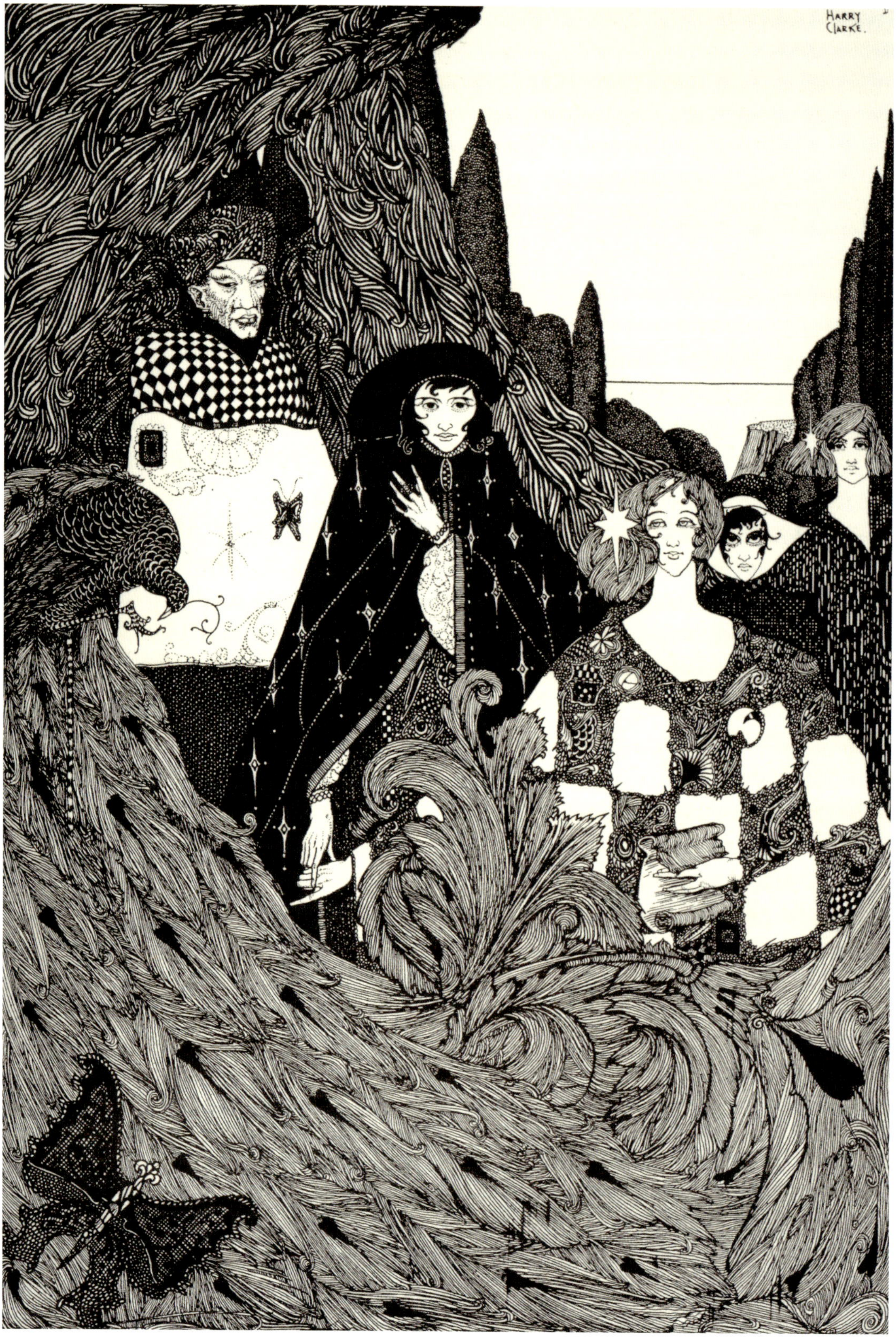

天国の庭 1 *The Garden of Paradise*

天国の庭にあこがれた王子がついにそこにたどり着き、美しい妖精に魅せられる。中央が王子で、その右が妖精である。2人の手は触れあっている。彼らを包んでいる髪の毛のような葉の渦が、想像力の流れなのかもしれない。

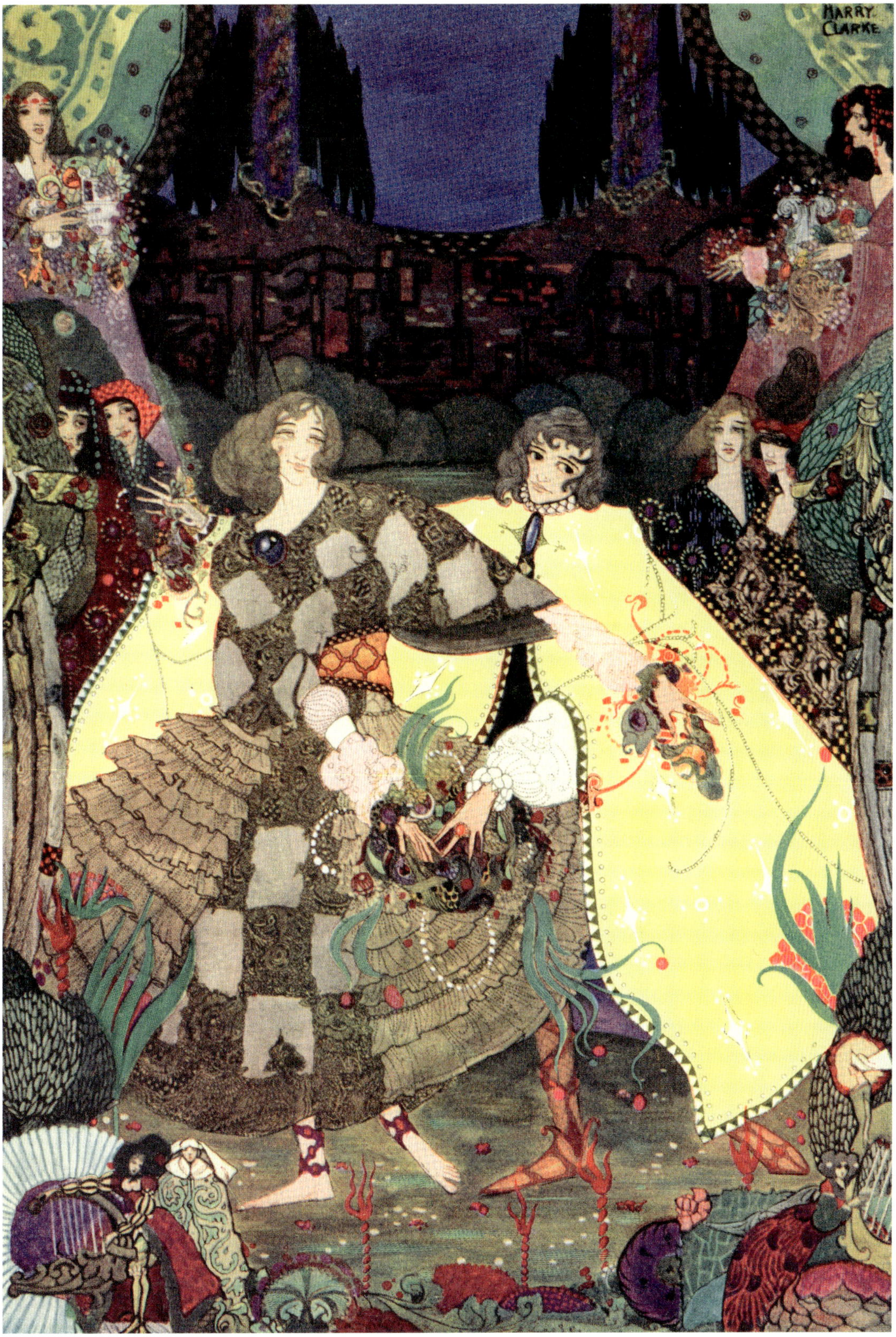

天国の庭 2 *The Garden of Paradise*

妖精は王子と踊る。しかし踊りが終わったら、おいでといわれても自分についてきてはならない、という。その誓いを破ると、王子は天国の庭から追放されるのだ。2人の衣裳の宝石細工の美しさに見とれる。

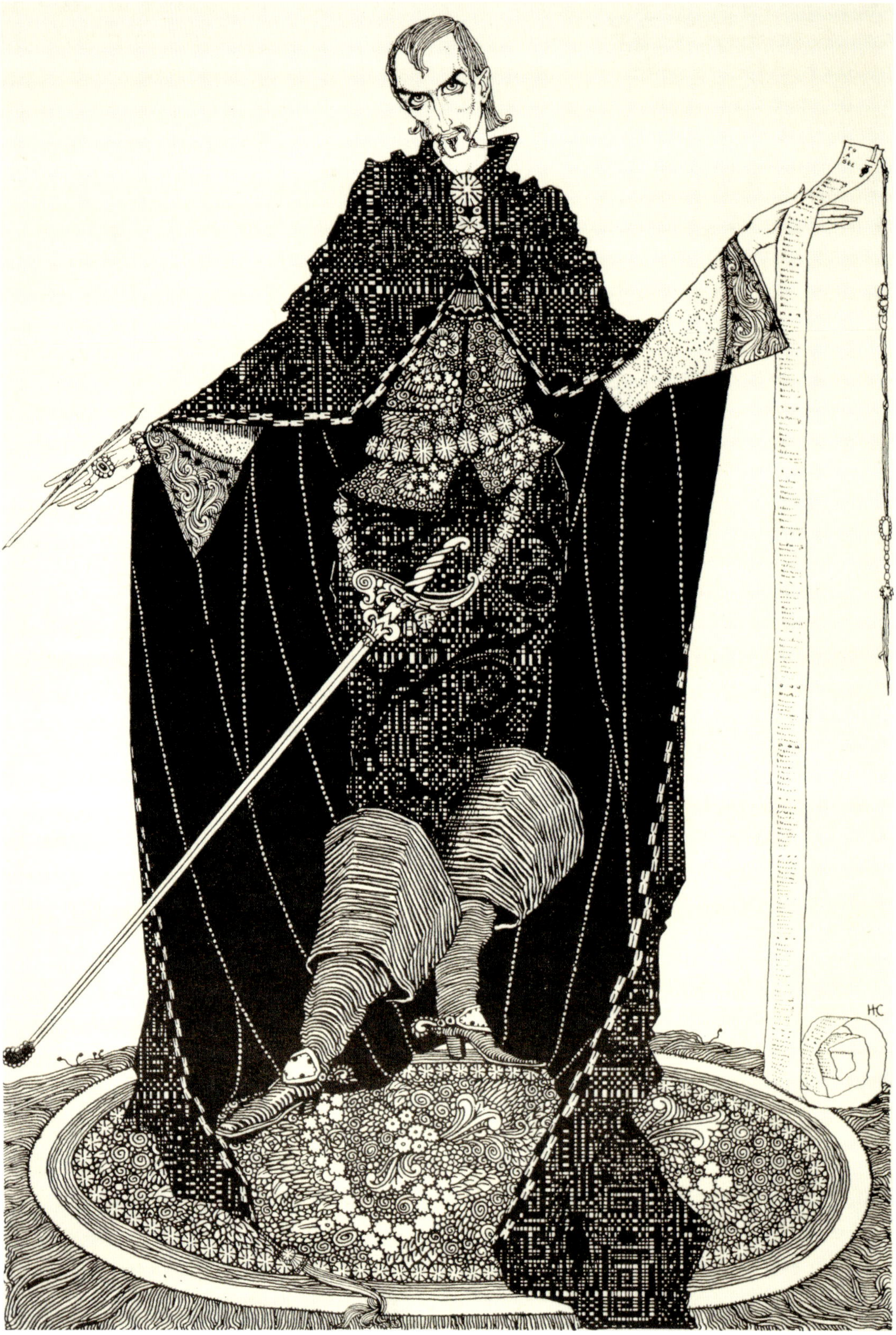

幸運のオーバーシューズ 1 *The Goloshes of Fortune*

魔法のオーバーシューズの話である。それをはくと、さまざまな不思議な出来事が起こる。
夜警をしている孤独な男がそれをはくと幸せな気分になり、詩が書きたくなり、想像力の世界を旅してゆく。

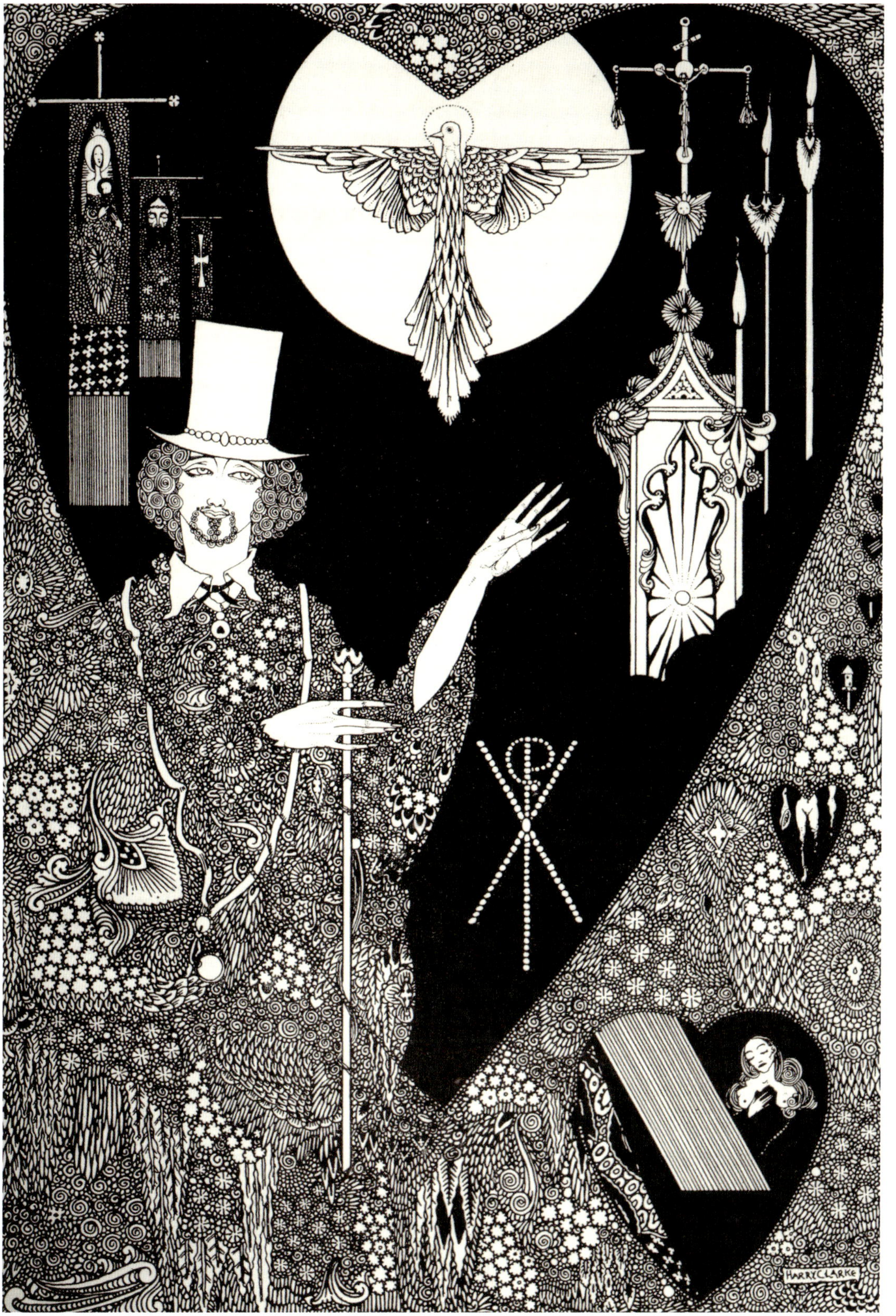

幸運のオーバーシューズ 2　*The Goloshes of Fortune*

魔法のオーバーシューズをはいたある男は他の人の心の中をのぞくことができるようになる。ハリー・クラークは大きなハート形を中央に描いている。その中にいる男は心の中を見ている。右側には小さなハート形がいくつもある。秘密の心をのぞいているのだ。

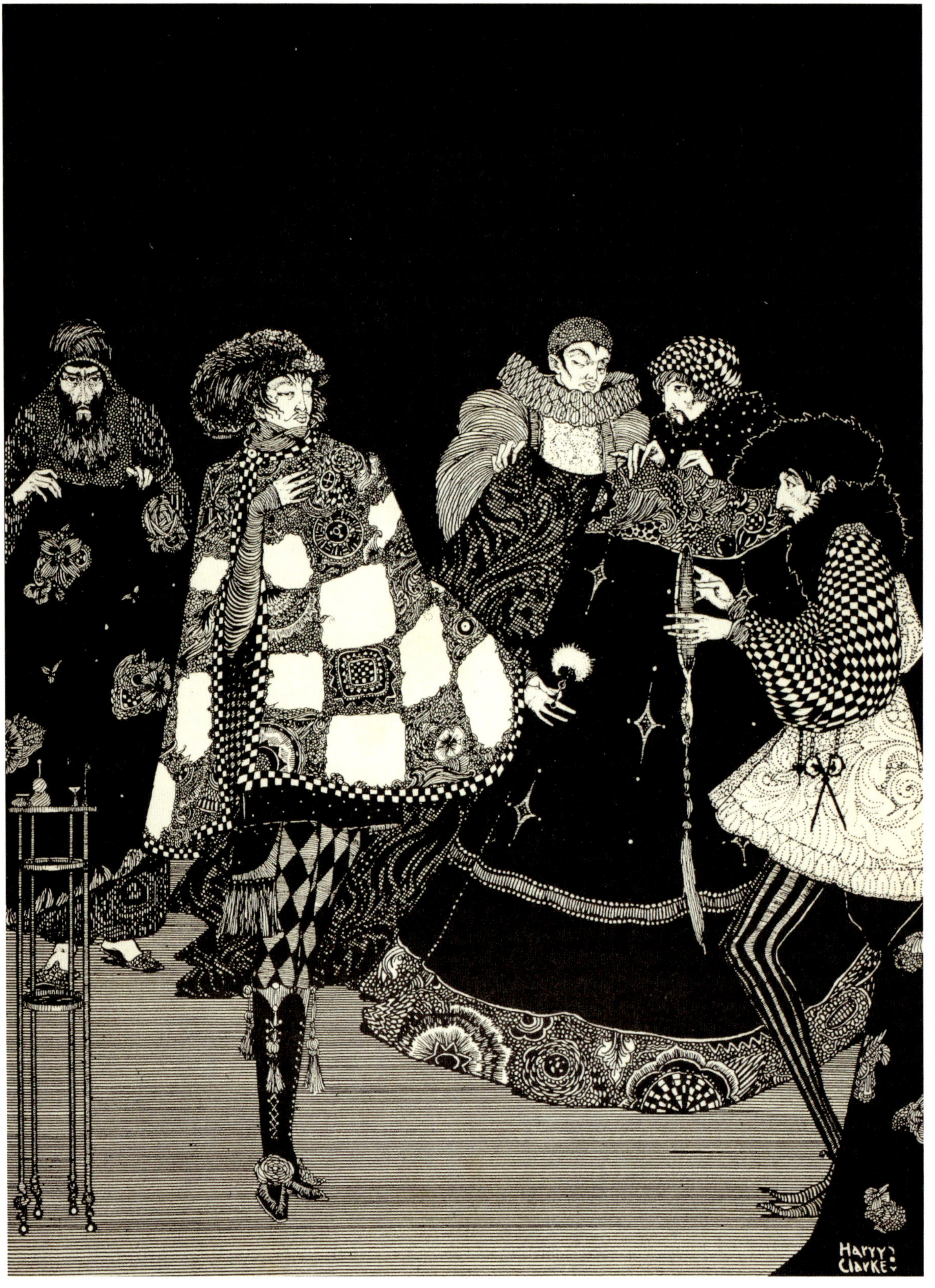

皇帝の新しい服 1 *The Emperor's New Clothes*

豪華な衣裳をなによりも好む皇帝がいた。そのような皇帝の趣味につけ込んで、次々とぜいたくな服をすすめる洋服屋が群がった。
細密なペンの線だけで複雑な文様や材質を表現するハリー・クラークのテクニックが見られる。

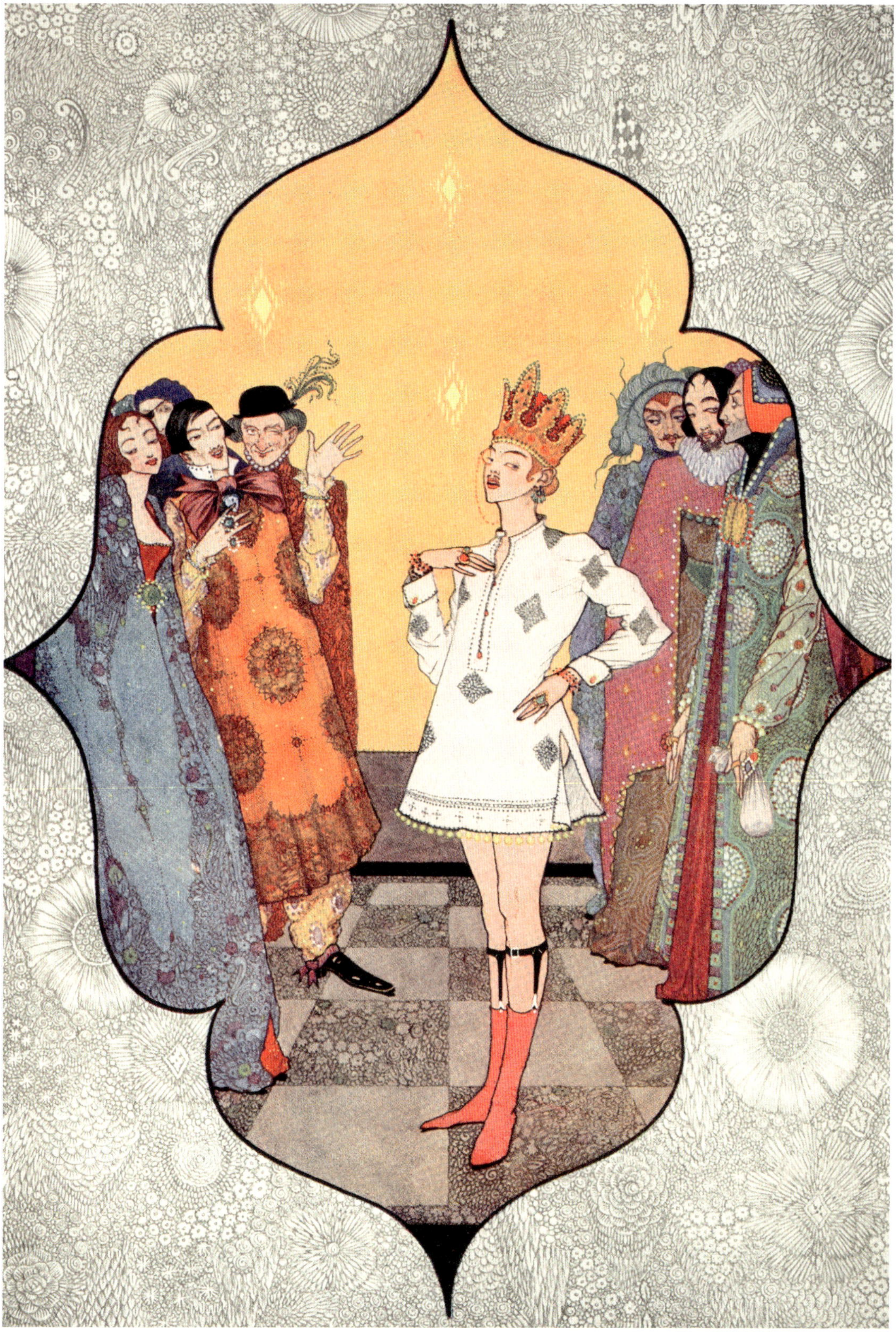

皇帝の新しい服 2 *The Emperor's New Clothes*

詐欺師たちは魔法のように美しい衣裳であると皇帝をだまして、裸で人々の前に立たせる。子どもが「王様は裸だ」と正直にいう。玉ネギ形のフレームに諷刺画が収められている。

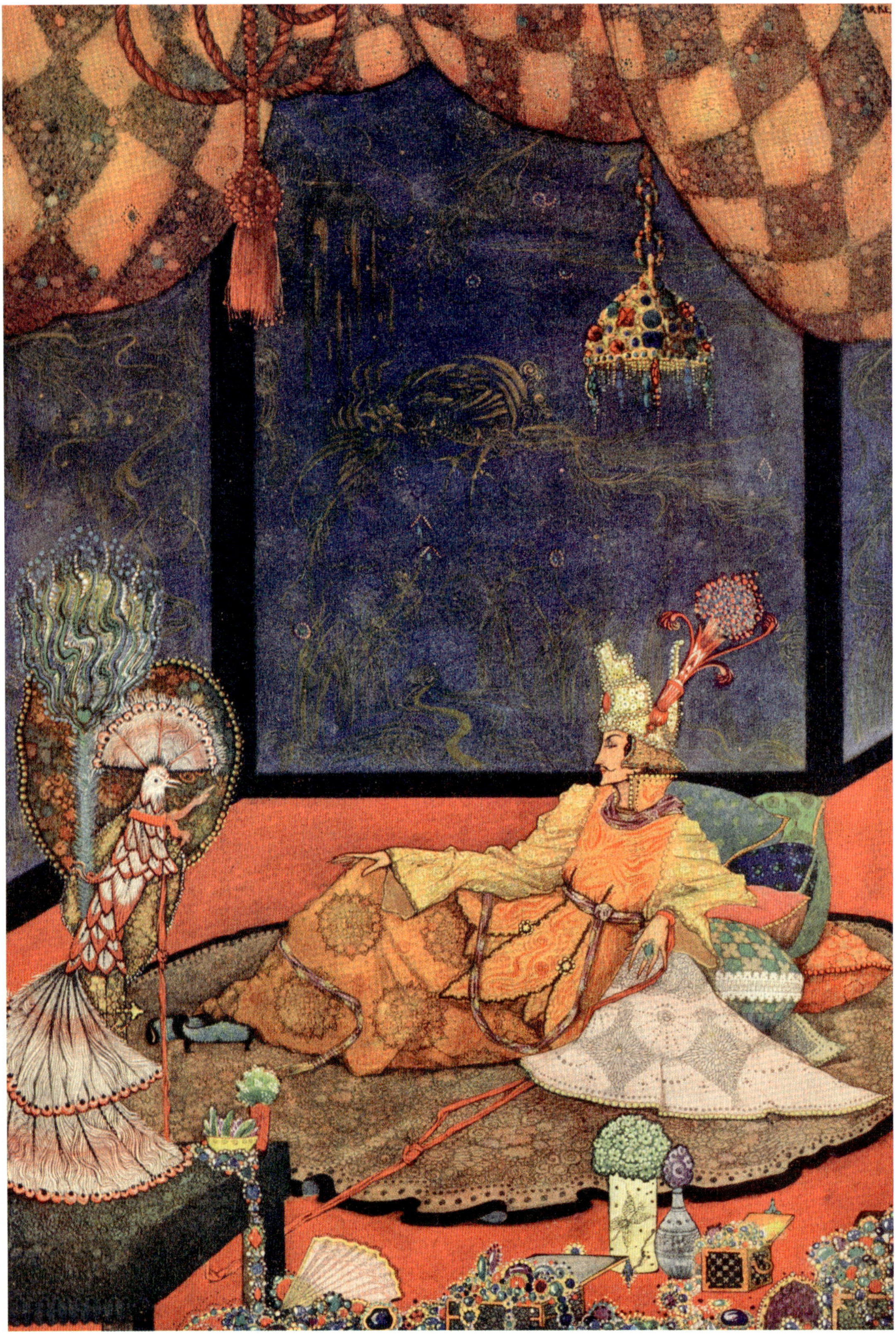

ナイチンゲール 1 *The Nightingale*

中国に美しい声のナイチンゲールがいた。皇帝はそれを見つけて飼った。しかし日本の皇帝から機械仕掛けのナイチンゲールを贈られ、そちらに夢中になった。生きたナイチンゲールは森に帰った。この絵は皇帝が機械の鳥の歌を聞いているシーンである。

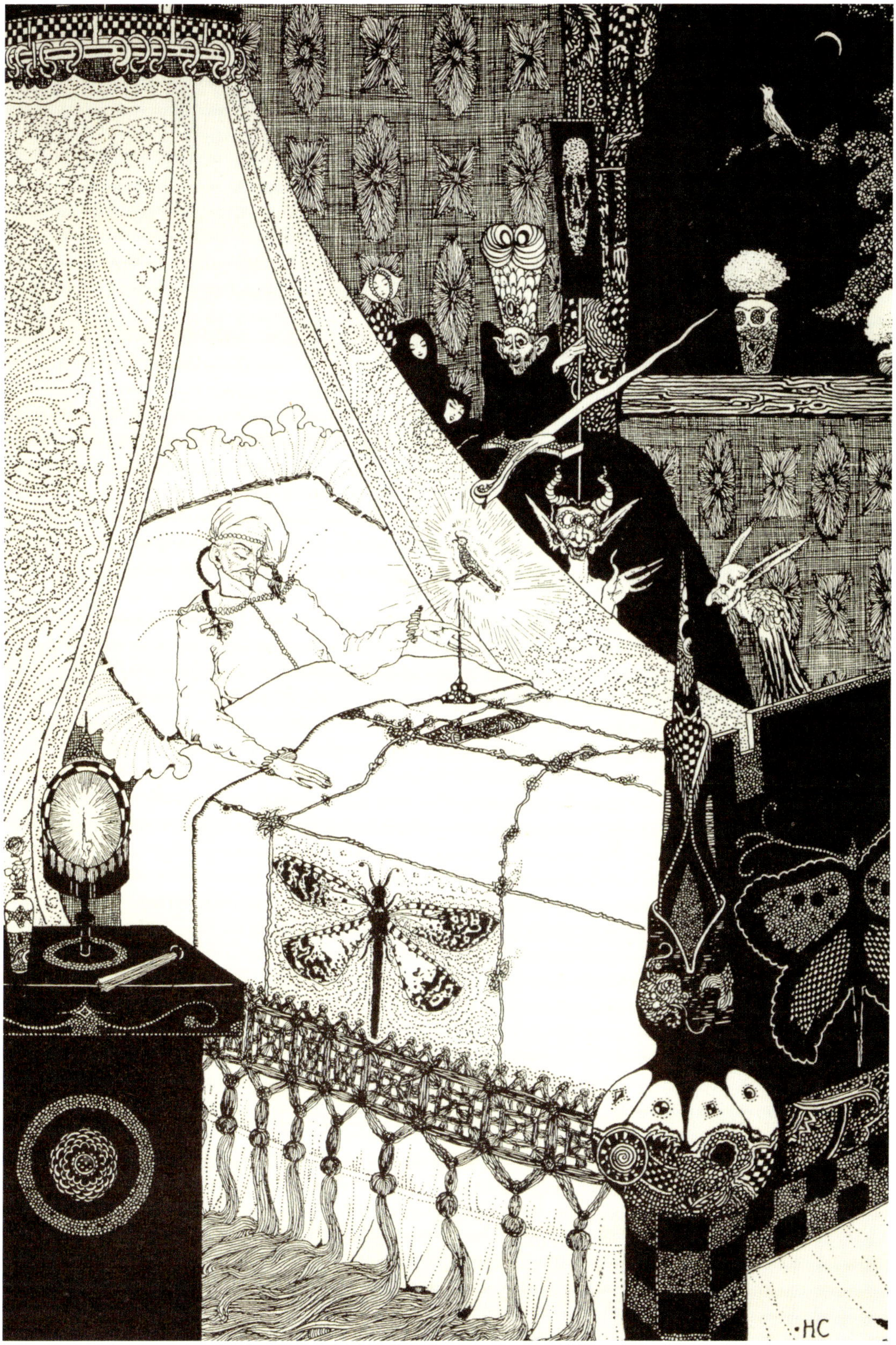

ナイチンゲール 2 *The Nightingale*

皇帝は死にかけている。機械の鳥がベッドの上でむなしくさえずっている。ドクロの旗を持って死神が立っている。
しかしそこに生きたナイチンゲールがもどってきて歌い、皇帝は生命力をとりもどす。奇怪な室内が面白い。

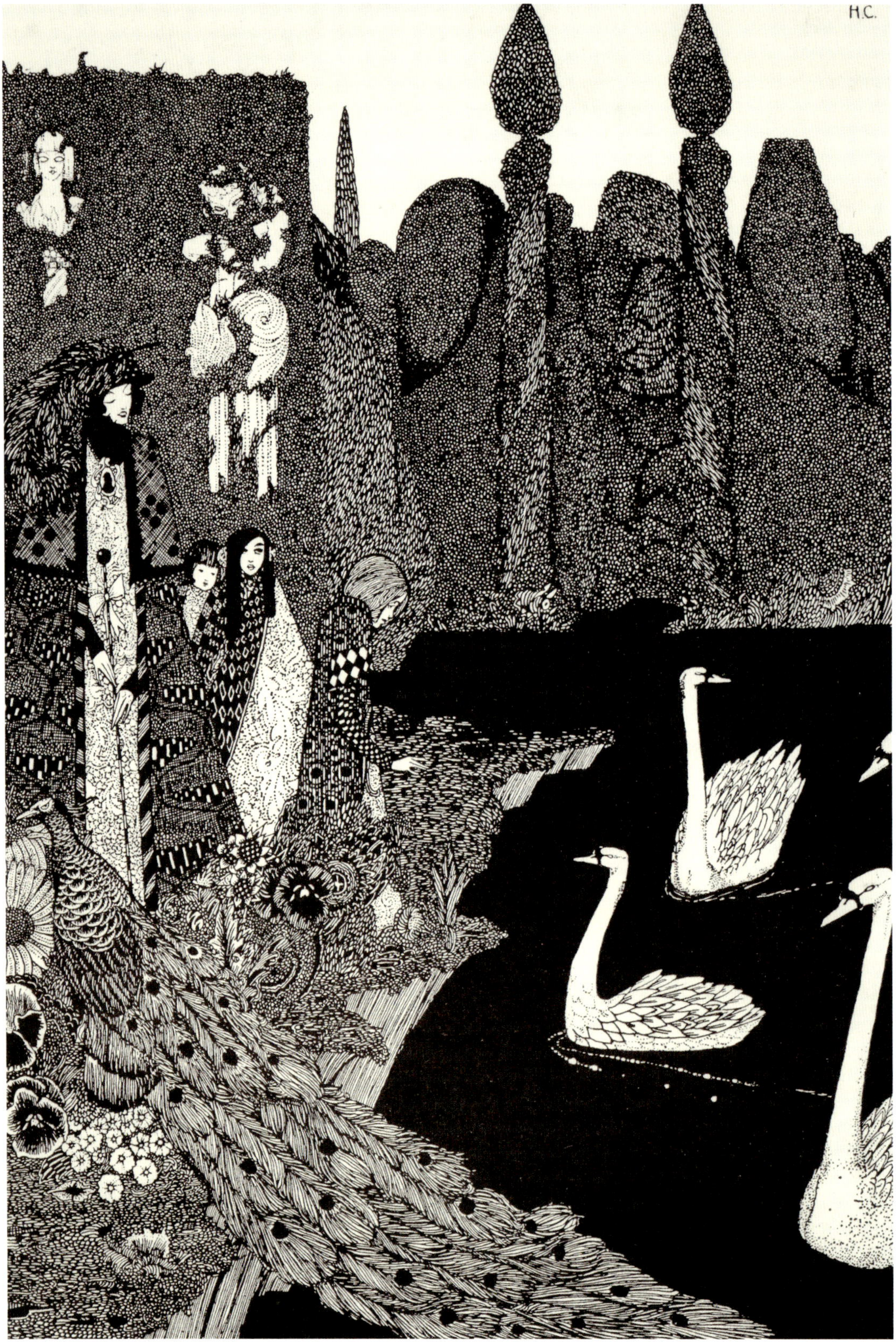

醜いあひるの子 *The Ugly Duckling*

醜いあひるの子はさまざまな苦しみの後で美しい白鳥に変身する。白鳥はアール・ヌーヴォーでよく使われたモチーフであった。手前には孔雀が装飾的な羽根を見せている。背景には、斜めの曲線の中に垂直な円柱が配置されている。

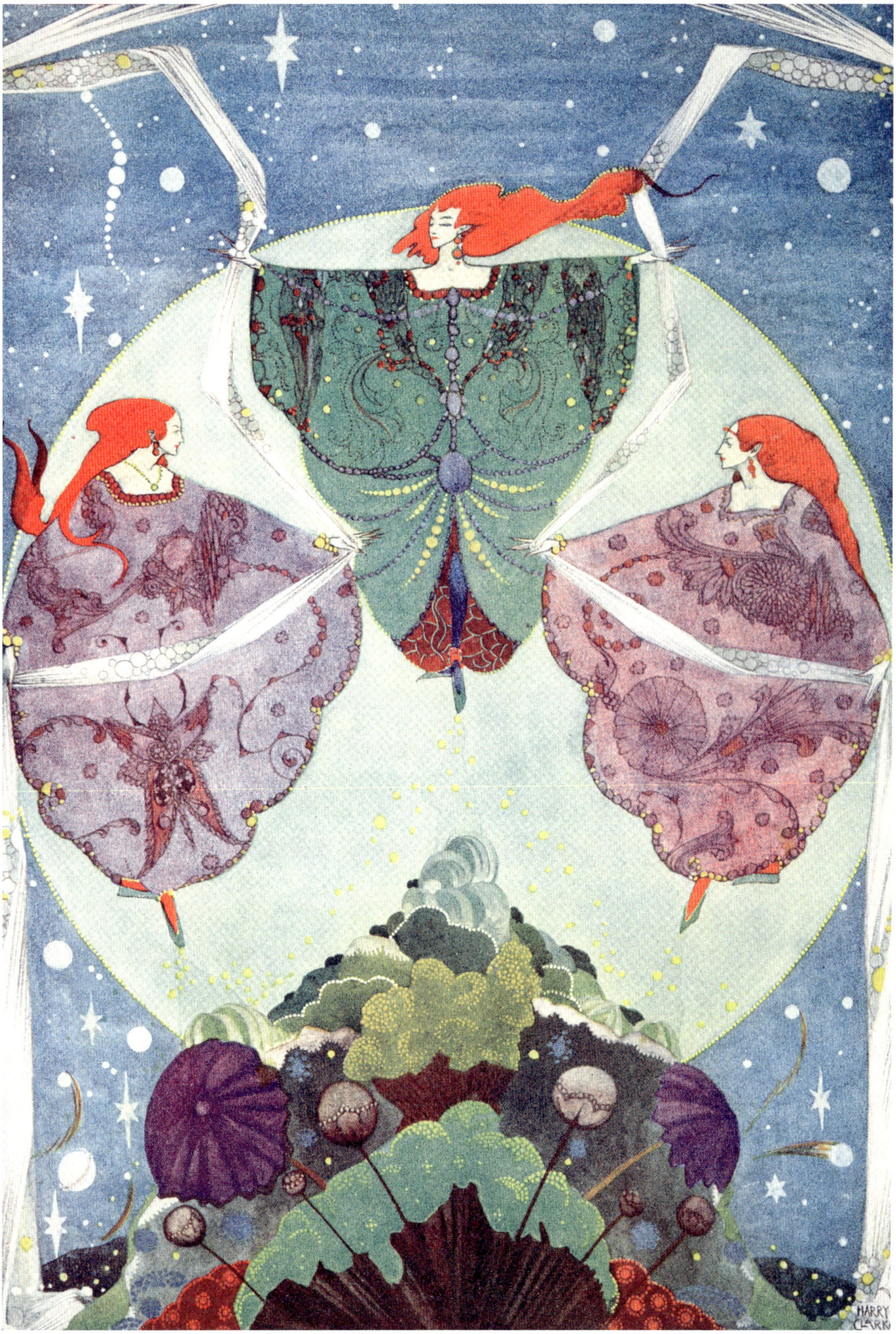

妖精の丘 *The Elf-Hill*

月が丸い夜、妖精の丘が開く。それはいつも閉じた丘なのだが、それが開いて妖精たちが出てきて、
霧と月光に織られたショールを振りながら踊る。ハリー・クラークの蝶の羽のような幻想的な色彩のプリズムがきらめいている。

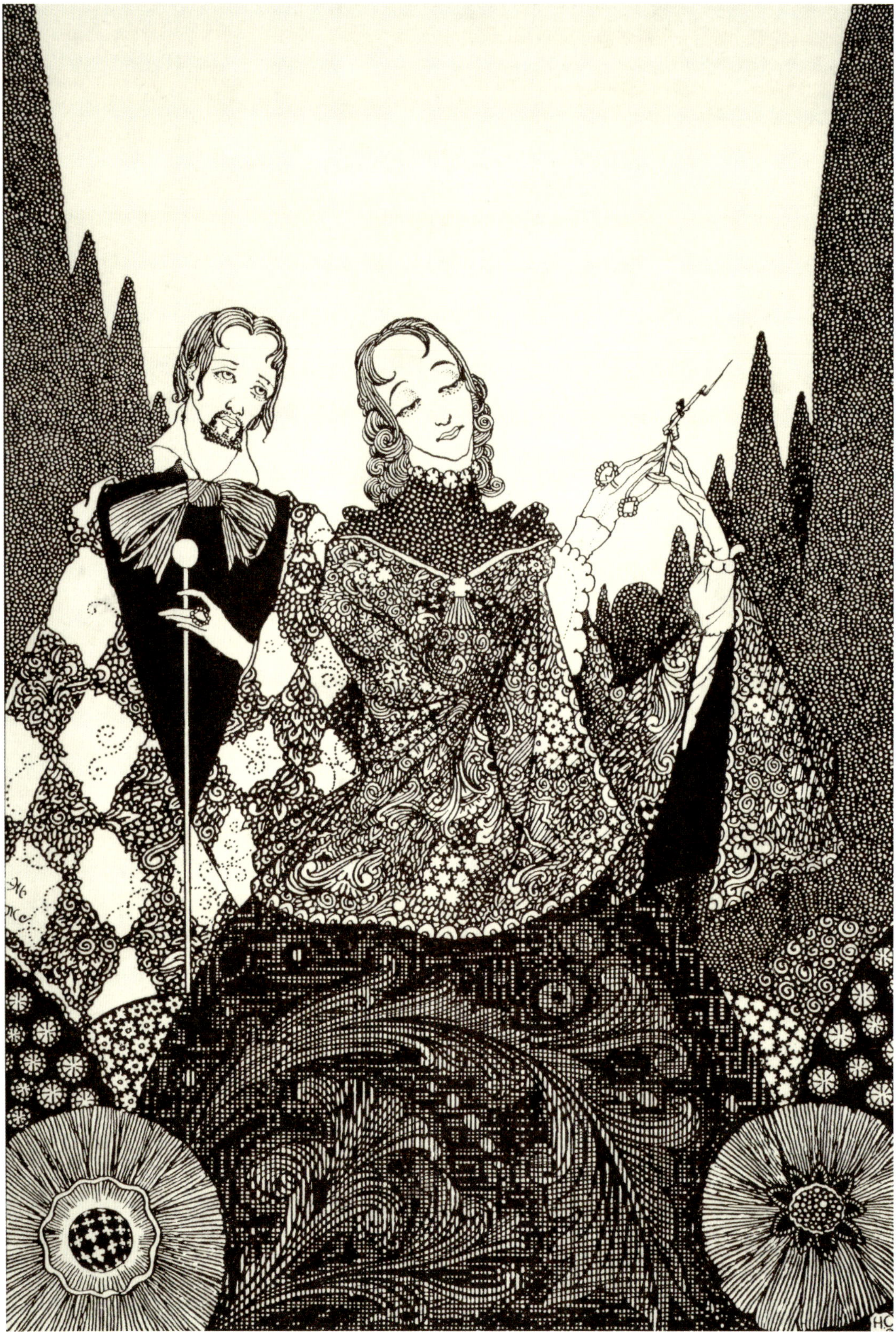

古い家 *The Old House*

女性が玩具の鉛の兵隊を持っている。この古い庭で見つけたのだ。夫は子どものころ、ここに建っていた古い家の老人のことを思い出す。幼い彼は老人にその鉛の兵隊をあげたのだ。若い妻はその話を聞いて涙ぐむ。彼女の細い手が魔法のように動いている。

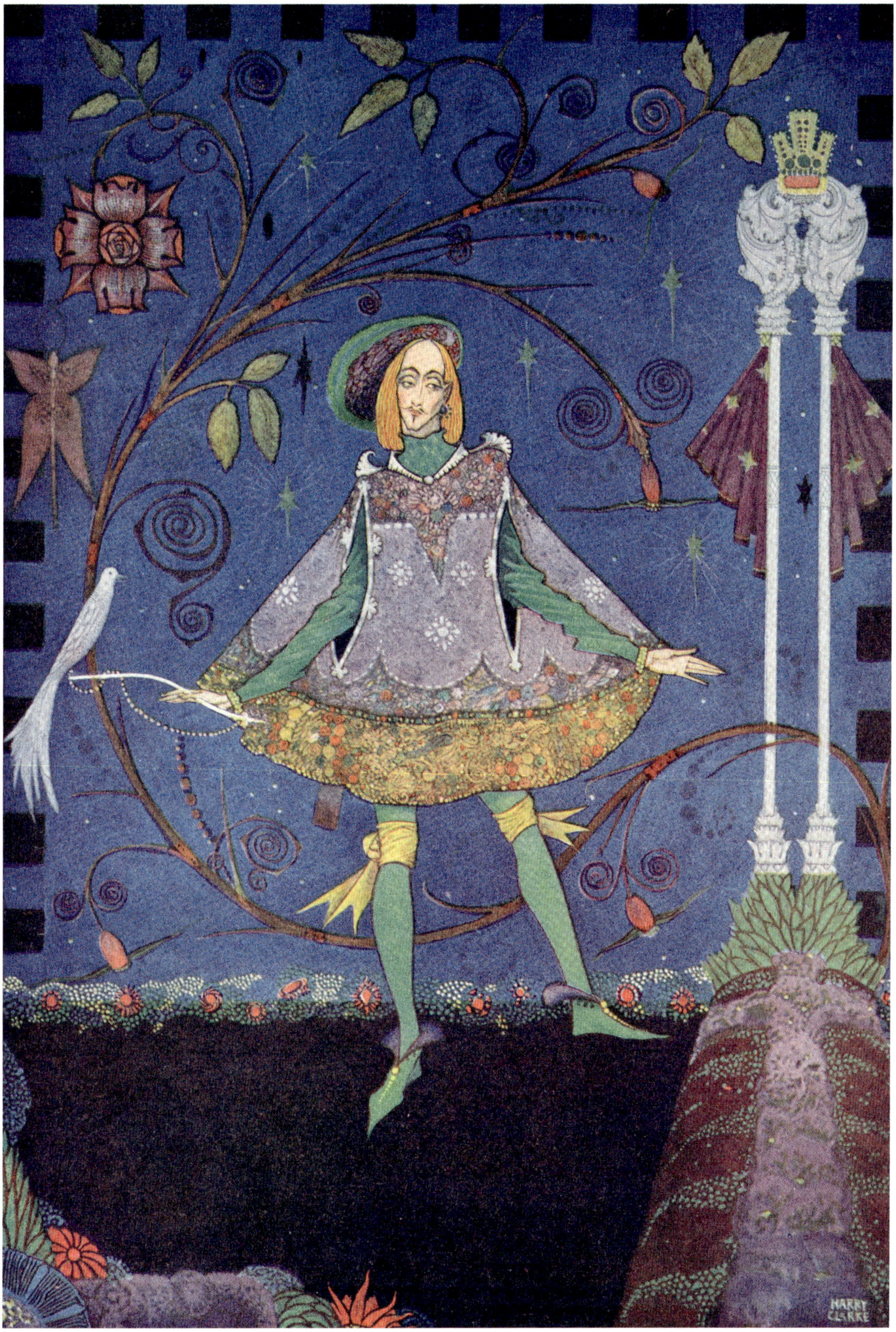

豚飼い王子 *The Swineherd*

貧しい王子が皇帝の娘と結婚したいと思う。彼は父の墓に行き、バラの花とナイチンゲールを見つけ、娘へのプレゼントに持ってゆく。垂直の墓の飾り柱、正面から描かれたバラの花など、アール・デコ・スタイルの先駆けが見られる。

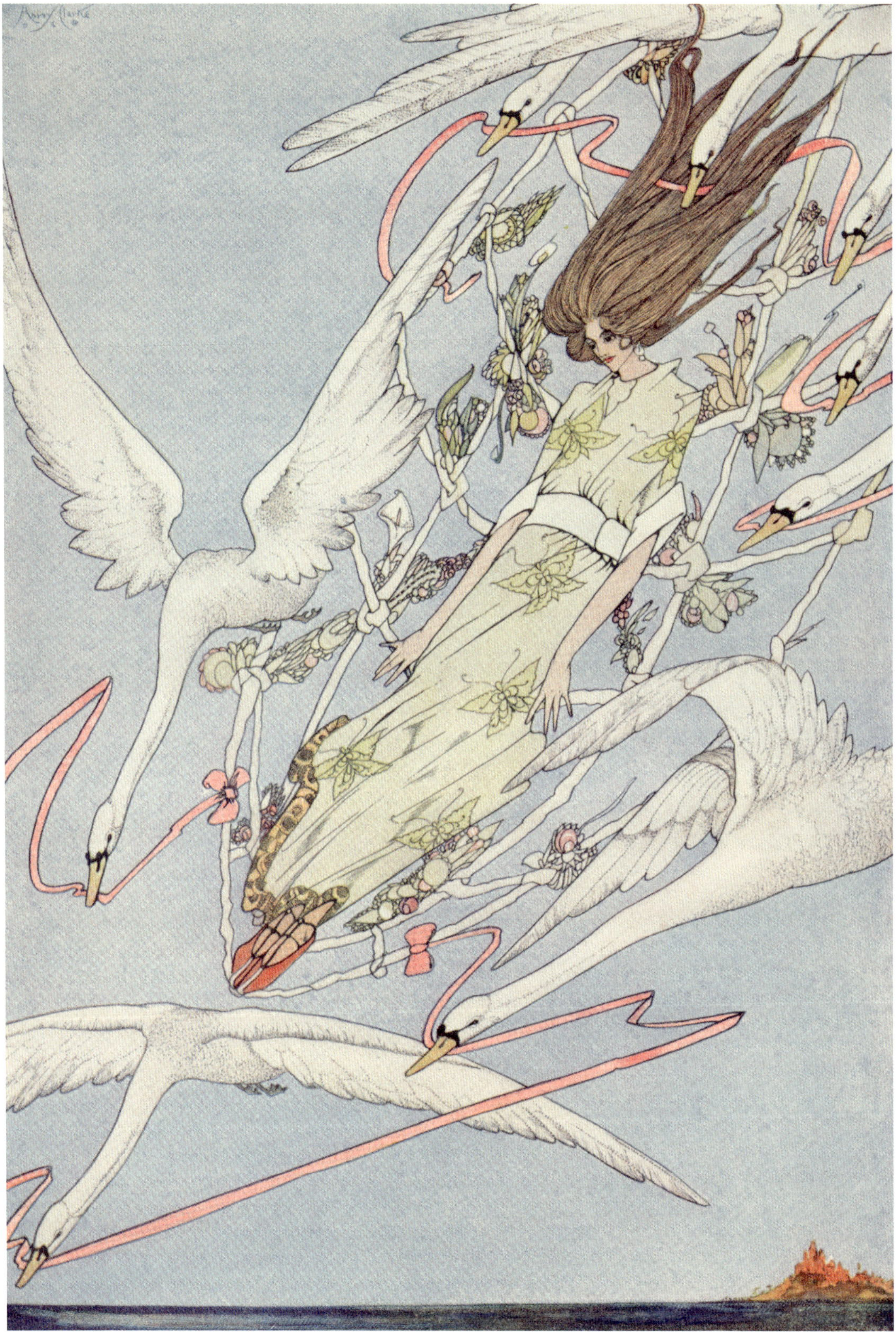

野生の白鳥 *The Wild Swans*

11人の王子と妹エリザの物語である。父の王が悪い妃と再婚したので、エリザは城を追われる。
魔法によって白鳥に変えられた王子たちがハンモックにエリザを乗せて飛ぶシーンである。風になびく髪と、白鳥の群れが美しい。

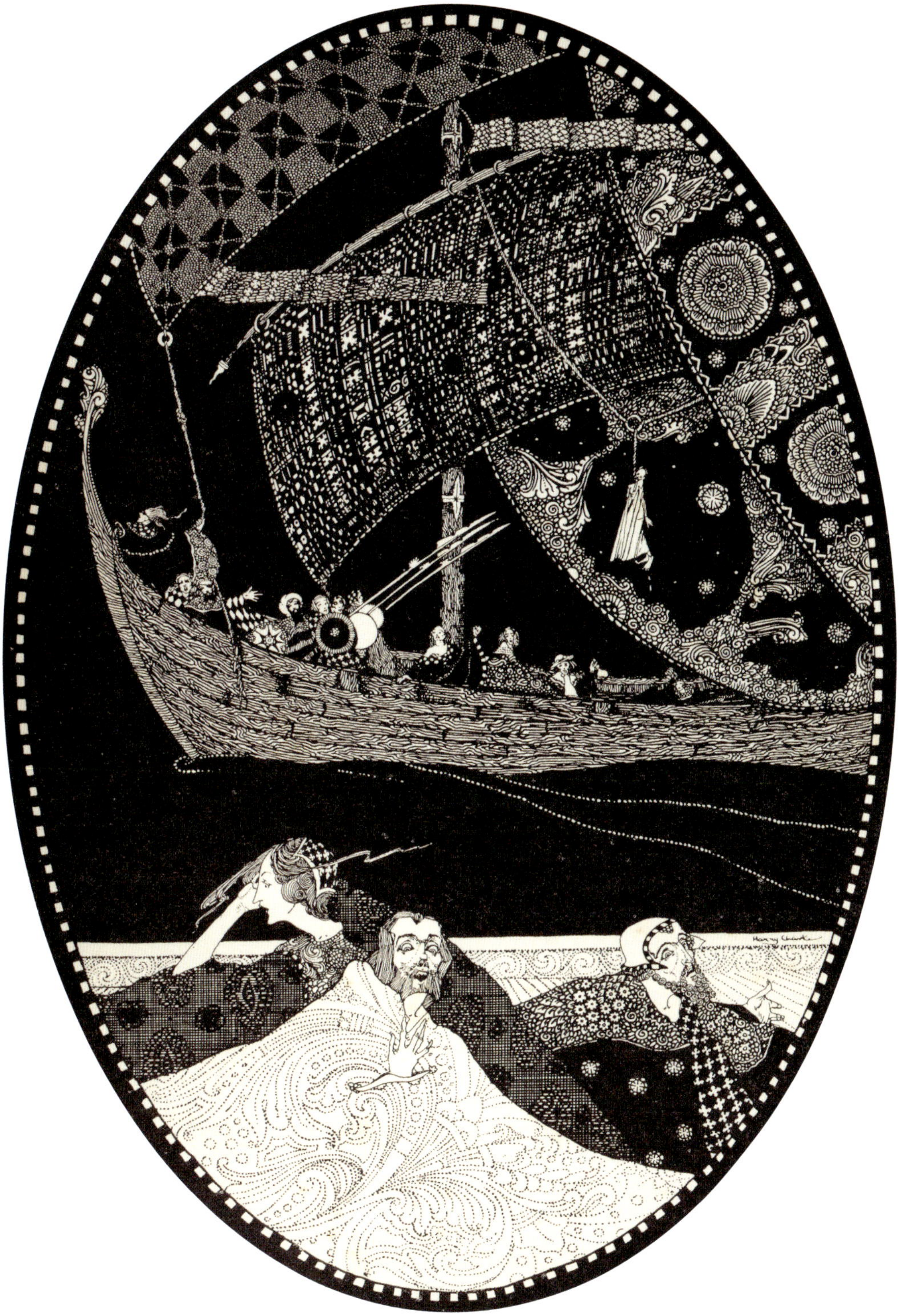

沼地の王の娘 1 *The Marsh King's Daughter*

これは複雑な物語で、要約しにくい。ヴァイキングの妻に育てられた少女は、夜になると蛙の姿になる怪物であった。しかしキリスト教の修道僧に救われ、やがて白鳥になって飛び立ってゆく。この絵はヴァイキングが略奪の旅からもどってくるシーンである。

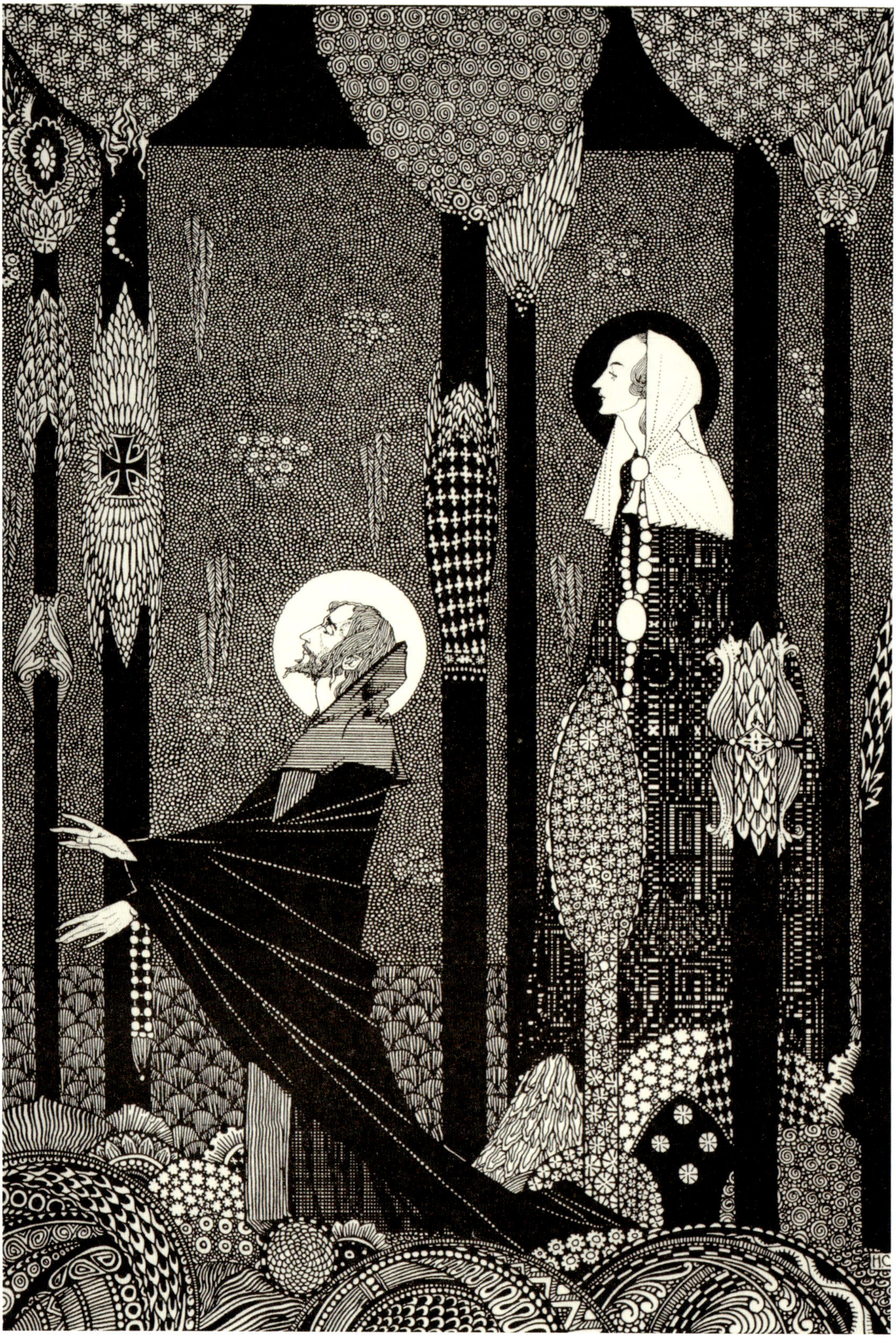

沼地の王の娘 2 *The Marsh King's Daughter*

キリスト教の僧とともに祈る娘。不思議な、異教的ともいえる空間をハリー・クラークは描いている。
ケルト的、ヴァイキング的な装飾におおわれている。キリスト教と異教との混ざりあった世界を表しているのだろうか。

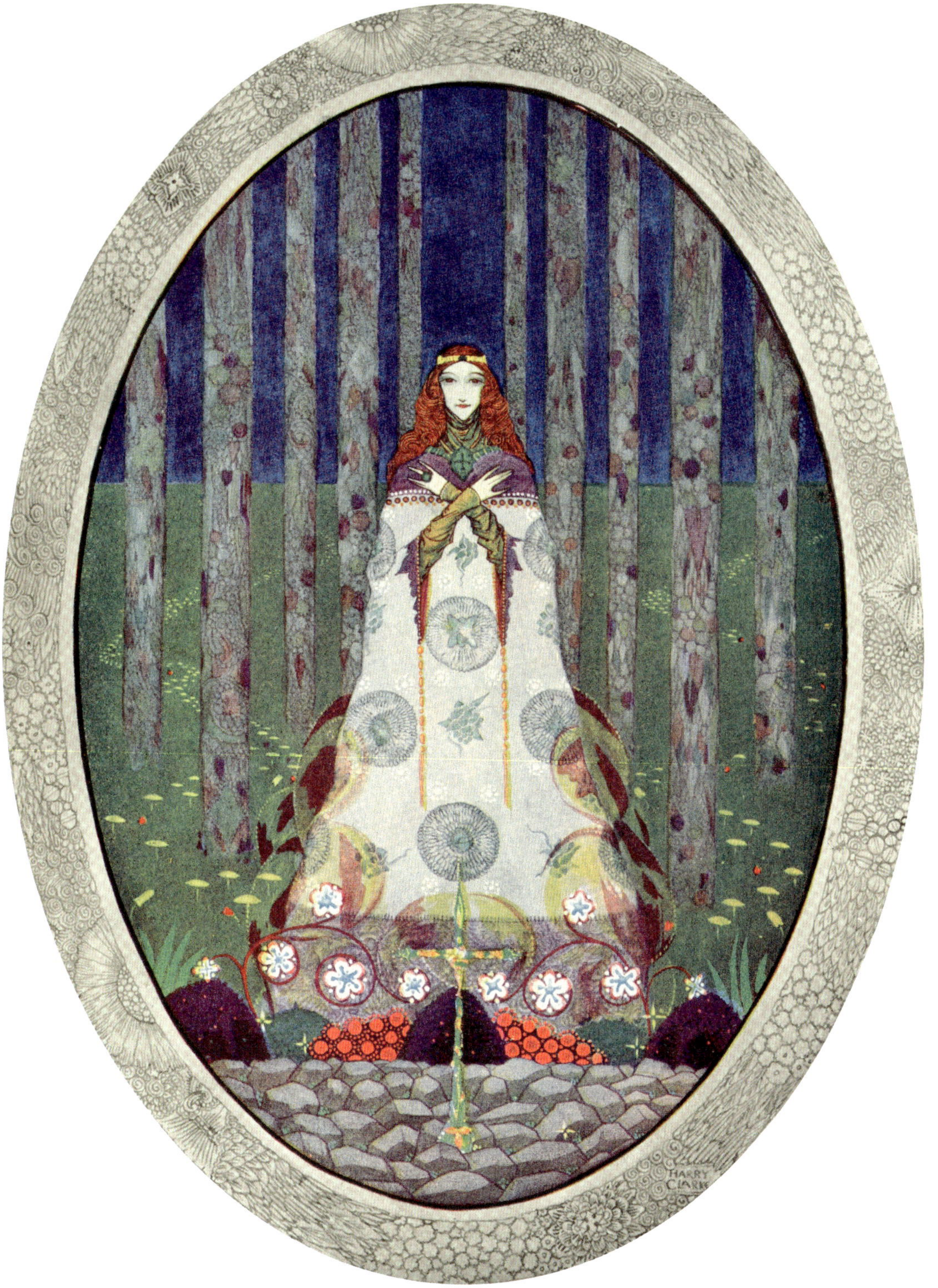

沼地の王の娘 3 *The Marsh King's Daughter*

蛙の姿になり呪われている娘は、救われて美しい娘となって昇天してゆく。彩られた木々の林を背にして立ち上がる娘の姿が魅力的である。
手は胸の前で組まれている。聖母マリアとはちがった北欧の女神の姿が浮かんでいる。

HANS CHRISTIAN ANDERSEN
AND
ILLUSTRATORS

アンデルセンの世界を描いた画家たち

アンデルセンはグリム、ペローとともに童話集の代表であり、多くの画家が手がけている。それらを比較するのがまた楽しい。

ウィリアム・ヒース・ロビンソンはロビンソン3兄弟の末弟で、アンデルセンは何度も描いているが、1913年の本が一番有名である。彼の特徴は赤ん坊や小さな子どものかわいらしさで、1915年の『水の子（ウォーター・ベイビーズ）』がその頂点である。アンデルセンの「人魚姫」でも、赤ちゃんのような水の妖精がとにかくかわいらしい。そして淡いパステルカラーがやわらかい。アーサー・ラッカムなどの、ちょっとこわい、影の濃い印象とちがっている。

エドマンド・デュラックは、ヒース・ロビンソンの淡い色彩に対し、金色や赤など濃彩色で、より立体的な挿絵を描いている。フランス的な華やかな世界である。ロビンソンはまだ世紀末アール・ヌーヴォーの雰囲気を残しているが、デュラックは、フォーヴィスムの色彩などをすでに吸収している。デュラックの『アンデルセン童話集』（1911）は彼の代表作となった。

カイ・ニールセンの『アンデルセン童話集』は1923年に出た。第一次世界大戦前のヒース・ロビンソンやデュラックとちがって、1920年代のアール・デコ・スタイルがはっきりあらわれている。画面はフラットであり、モダンで幾何学的なパターンで構成されている。

ハリー・クラークの『アンデルセン童話集』（1916）は、ヒースやデュラックとニールセンの間の時期の作品である。非常に装飾的で、ちょっと大人っぽい。子どもの絵本が大人の鑑賞に堪えるような芸術性を持ちはじめているという傾向を反映している。ヒース・ロビンソンのかわいい子どもたちと比較すると、ハリーの特異な、大人と子どもの境界をこえてしまうような想像力をのぞかせている。

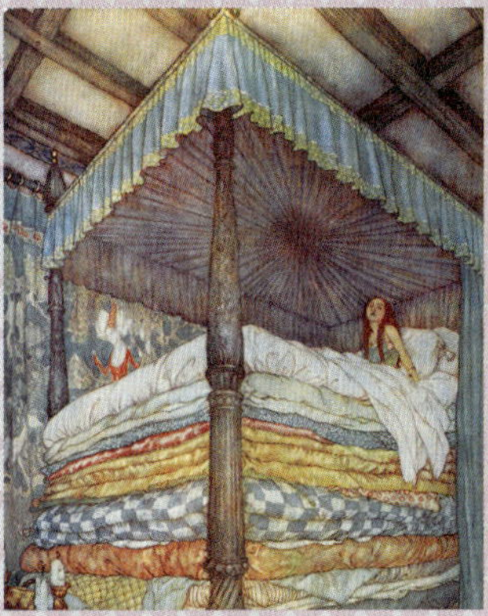

エドマンド・デュラック画／1911年
「えんどう豆の上に寝たお姫さま」

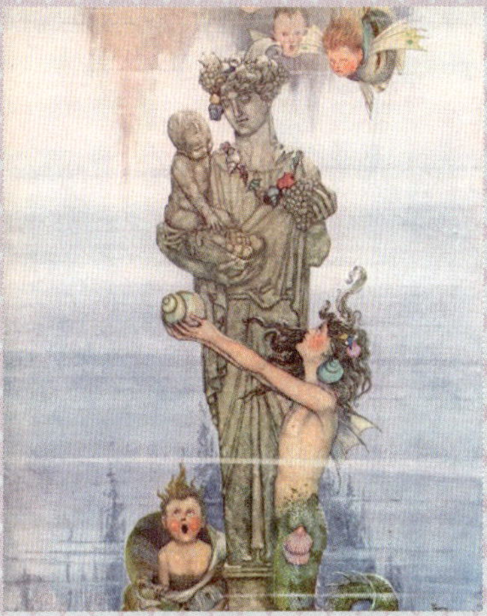

ウィリアム・ヒース・ロビンソン画
「人魚姫」1913年

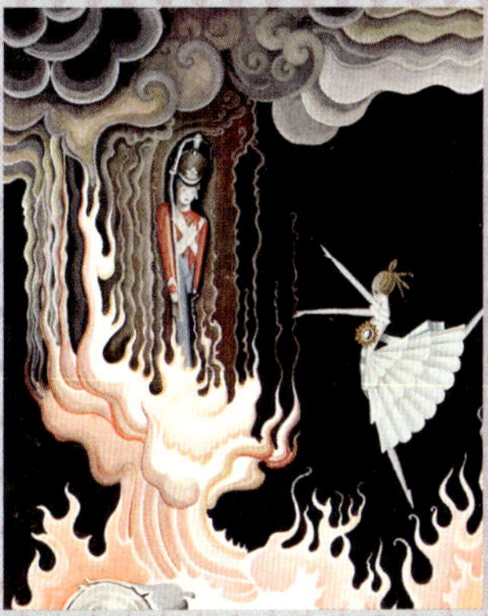

カイ・ニールセン画
「錫の兵隊」1923年

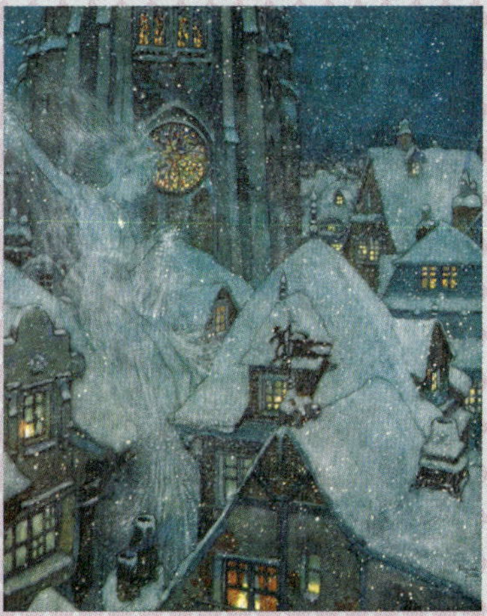

エドマンド・デュラック画
「雪の女王」1911年

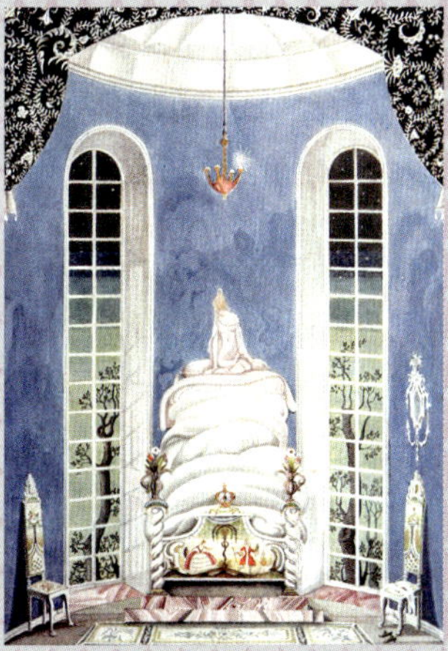

カイ・ニールセン画／1923年
「えんどう豆の上に寝たお姫さま」

TOPICS
01

ハリー・クラークと妖精の国 アイルランド

Harry Clarke and Fairyland, Ireland

●

ハリー・クラークはアイルランドで生まれ育った。アイルランドは妖精が生きている国だといわれる。詩人ウィリアム・バトラー・イェイツは『ケルトの薄明』(井村君江訳　ちくま文庫)の「幻を見る人」で、彼を訪ねてきたアイルランドの若者が「長い髪におおわれた、翼のある女の人が、光りながら、入り口に立っている」といったと書いている。私は、もしかしたら、この若者はハリー・クラークであったのではないか、と想像してみたくなる。

ハリーも幻を見る人であった。イェイツはその若者は「詩や絵や神秘的な図柄などをたくさん描いていた」と書いている。ますますハリーに思えてくる。

アイルランドは妖精の話がいっぱいあるところで、イェイツもそれを集めて、妖精物語集を編んでいる。しかし、アイルランドも近代化して、しだいに妖精を忘れてしまった。19世紀末になってやっと、ケルト文化といわれるアイルランドの古文化、神話、伝説、おとぎ話への関心がもどってきて、妖精物語が復活してきたのであった。だが、イギリスの方を向いた東海岸の都市ダブリンではすでに忘れられていた。

ダブリンにいたハリーは、どこで妖精物語を知っただろうか。おそらく、母のブリジットから聞いたのであろう。なぜなら彼女は西海岸のスライゴからダブリンに働きにきた女性であったのだから。アイルランド西海岸はケルト的な古民俗がまだ残っていて、特にスライゴは妖精物語の宝庫といわれている。

詩人のイェイツが集めたのもスライゴ地方の妖精物語である。

「この本に収められている話の大半は、パディ・フリンという老人が私に語ってくれたものである。生き生きした小さな目をしたその老人は、バリソディア村の雨漏りする一部屋しかない部屋に住んでいたが、彼に言わせればそこは「スライゴー地方の中でいちばん穏やかな所」——つまり妖精の国だという。」(『ケルトの薄明』)

ハリー・クラークは14歳の時に母を亡くしている。それだけに母の国であるスライゴはいつまでも大事なふるさとであり、彼の想像力の源泉だったのではないだろうか。

残念なことに、彼はアイルランド童話集を描くことができなかった。絵本を出版するのはロンドンの出版社だったからだ。しかし彼のすべての絵に、アイルランドの幻想がゆらめいているのだ。

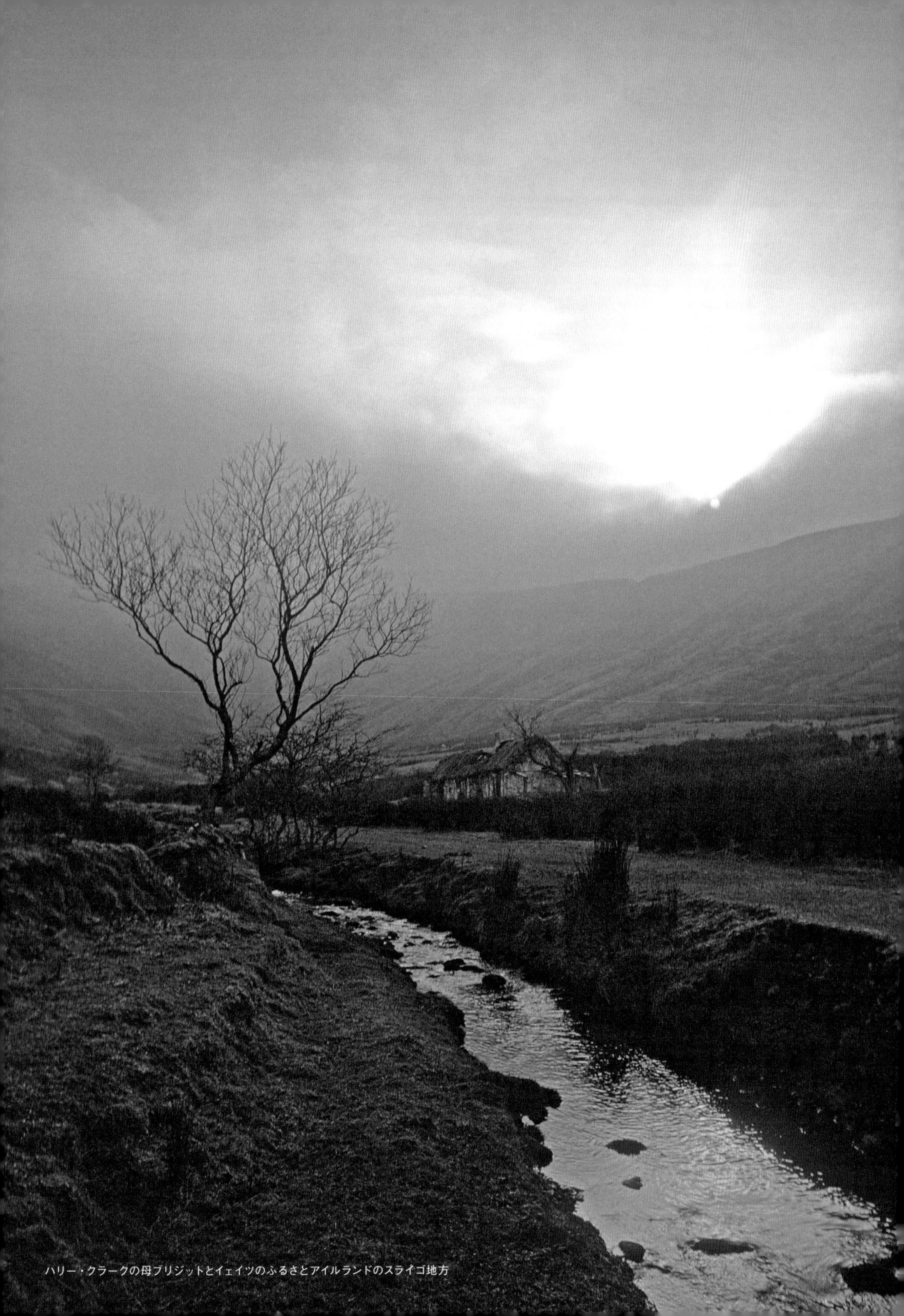

ハリー・クラークの母ブリジットとイェイツのふるさとアイルランドのスライゴ地方

神秘と幻想の物語

Tales of Mystery and Imagination

★

ポーのミステリー・ワールド

クラークは1914年にポーの『神秘と幻想の物語』に出会い、そのイメージを描くことにしたという。彼はこれこそ彼の世界だと思ったろう。アイルランドという神秘と幻想の国の人であり、教会のステンドグラスという中世ゴシックの空間で働いていたクラークには、ポーのミステリーの物語が、まるで舞台で演じられる幻想劇のようにくっきりと見えたのではないだろうか。

この本はクラークの代表作となった。ポーの作品について多くの画家が描いているが、クラークの絵ほど強烈な印象を残すものはない。クラークの黒の魅力は最高潮に達している。人物の動きはより激しくなっており、ドイツの表現主義を思わせる。構図もより自由になり、クラークは思いきった実験を試みている。教会のステンドグラスで抑制されていた彼の想像力はポーの世界の中で解放され、闇の中を駆けめぐって、現実の彼方の、未知の世界をのぞかせてくれる。

The Mystery World of Edgar Allan Poe

This book became one of Clarke's best-known works. Many artists drew illustrations for Poe's stories, but none left as stark and vivid an impression as Clarke's. This collection is undoubtedly the peak of the dark charm of Clarke's art. The dramatic poses of the characters remind us of German Expressionism. In the world of Poe's stories, Clarke unleashed his imagination in a way he could not with stained glass for churches, inviting us into the darkness and a fantasy beyond reality.

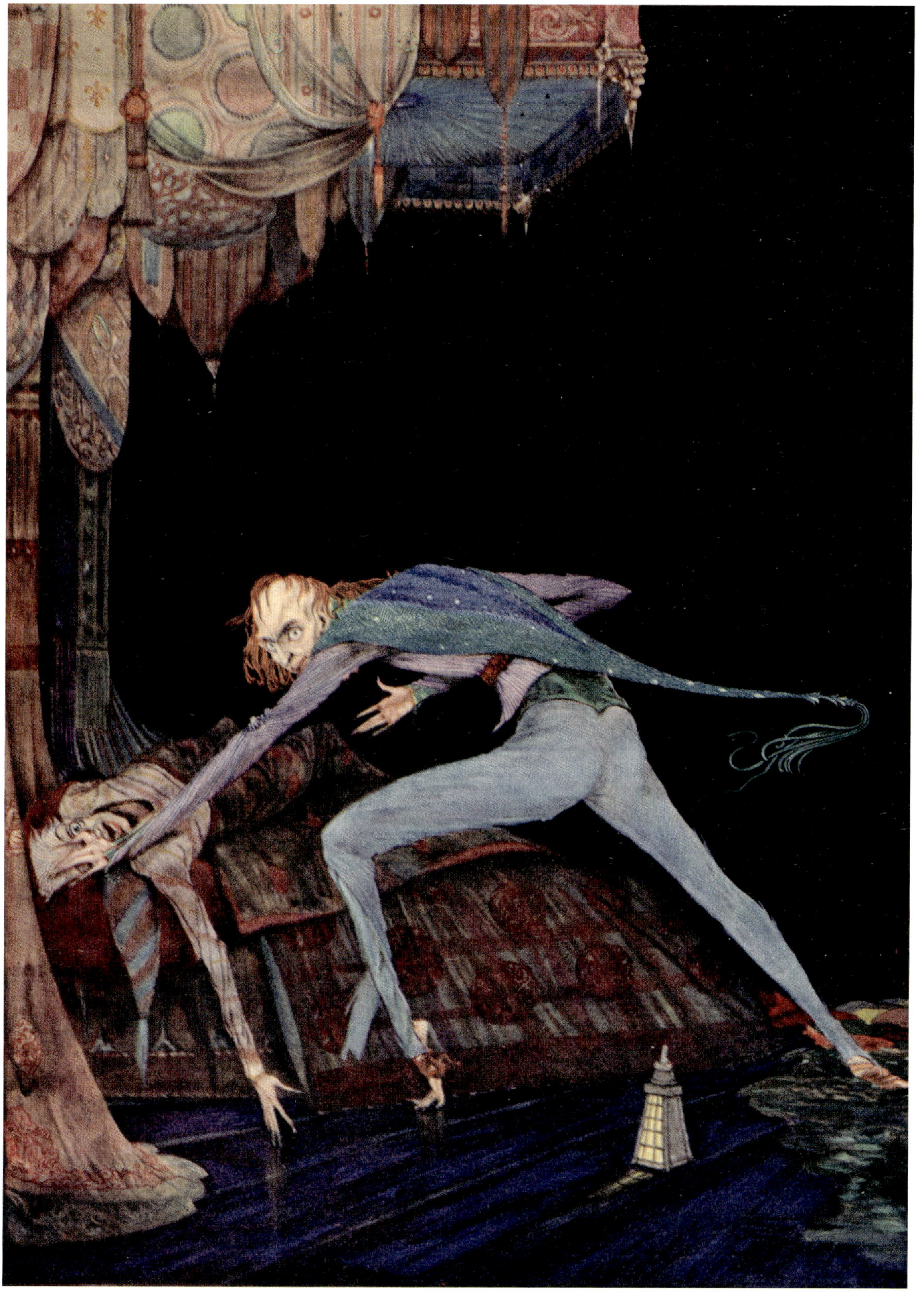

告げ口心臓 1　*The Tell-Tale Heart*

部屋に忍び込み、老人を殺す。「彼は一度、一度だけ悲鳴をあげた」。殺人者の独白で語られる。
ハリー・クラークは蛇のように細長くうねっている犯人の身体を描いている。手先も足先もとがっていて戦慄的である。

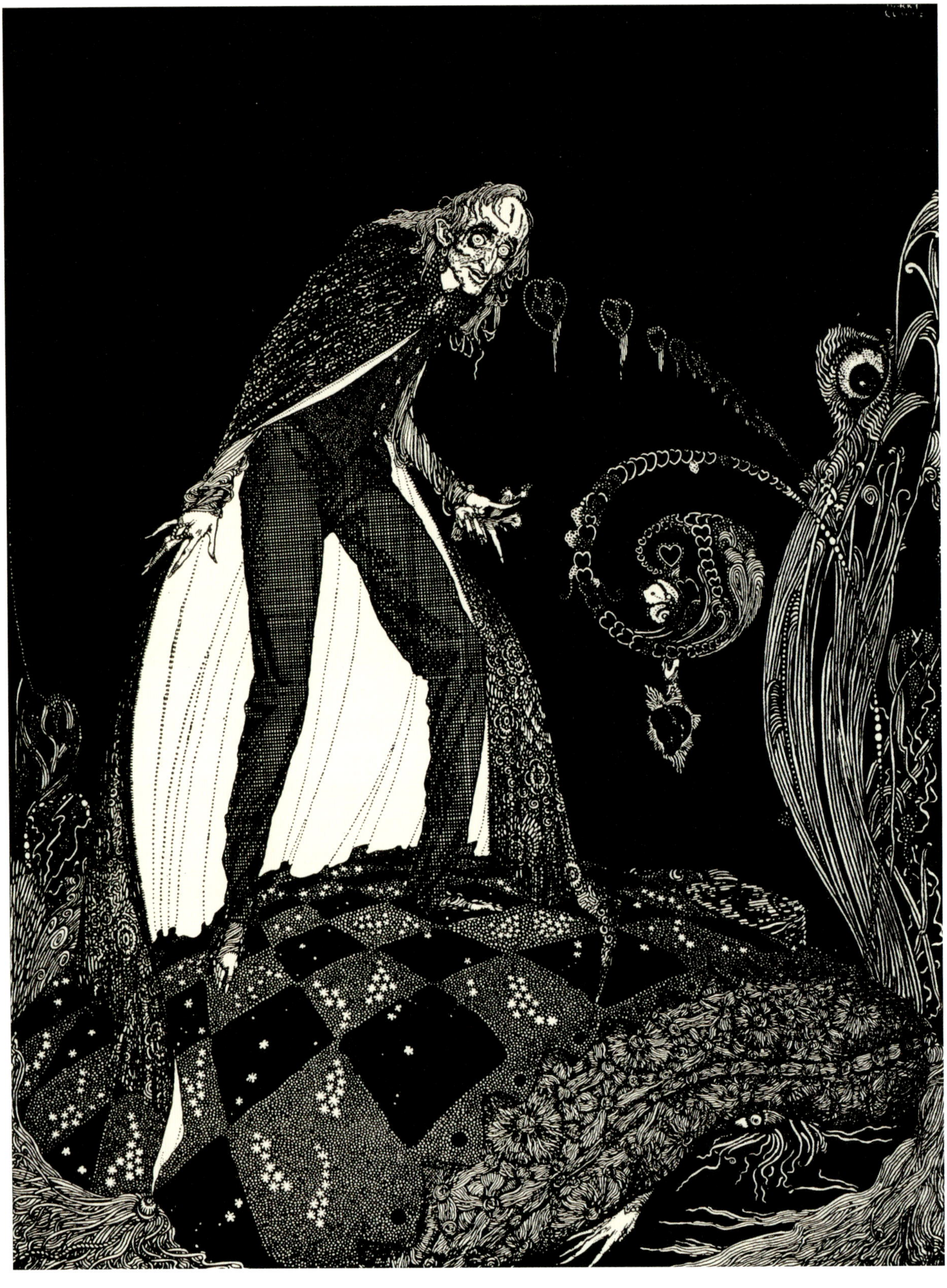

告げ口心臓 2 *The Tell-Tale Heart*

老人を殺し、床下に埋める。だが心臓の音が響いてくる。右下の死体、上へのびる不思議な曲線、そこから伝わるハートの音をハリーはそっくり視覚化して見せる。その魔術的な表現におどろかされる。暗いシーンの中に、殺人者のコートの裏の白だけが光っている。

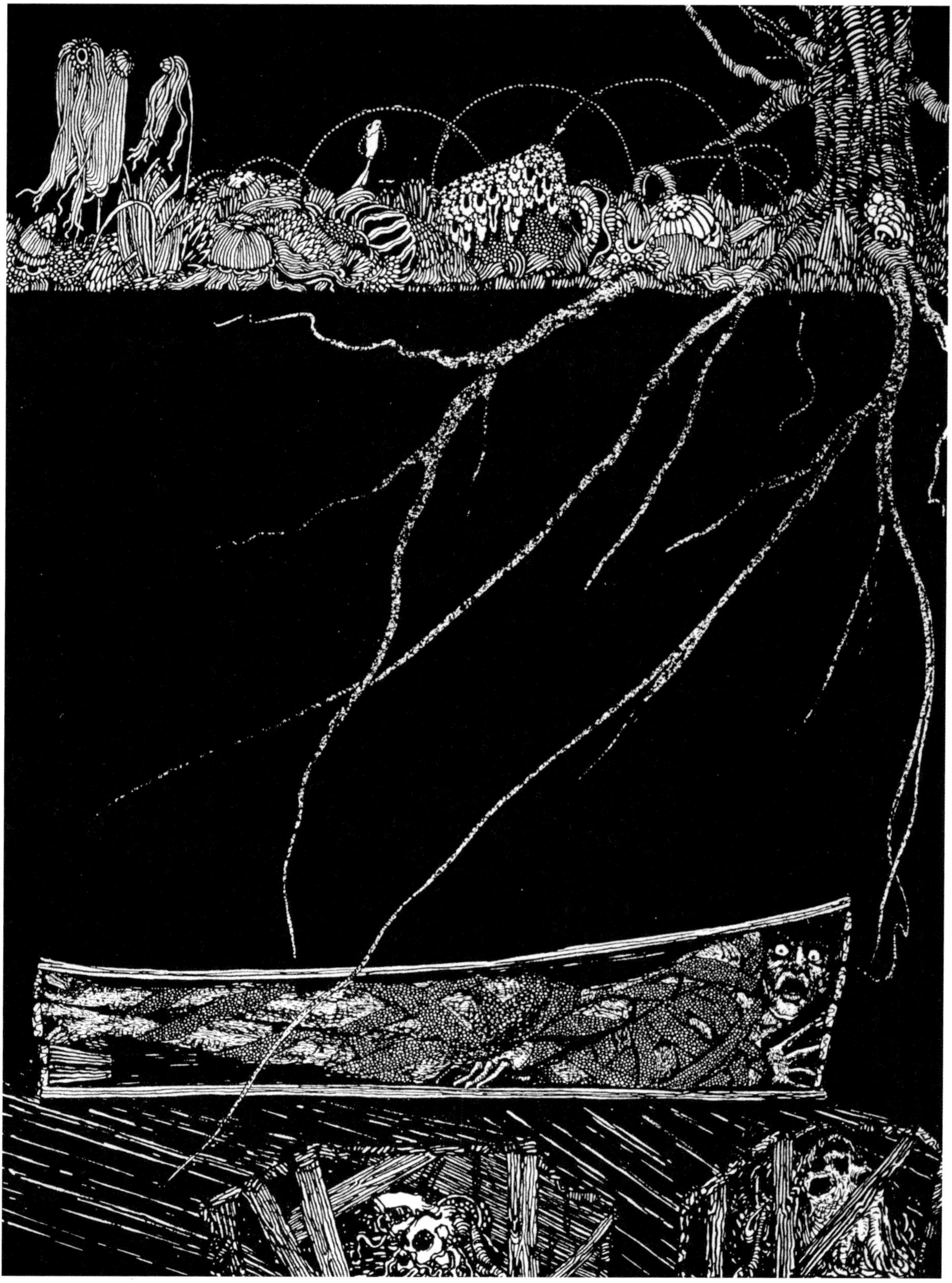

早すぎた埋葬 *The Premature Burial*

生きながら埋葬された恐怖が語られる。ハリーの断層写真的図解があっといわせる。上部に地表があり、木の根が土中にのびている。地下に棺の断面図があり、そこに閉じこめられた男の恐怖の顔が見える。その下に骸骨化した古い死者たちがいる。

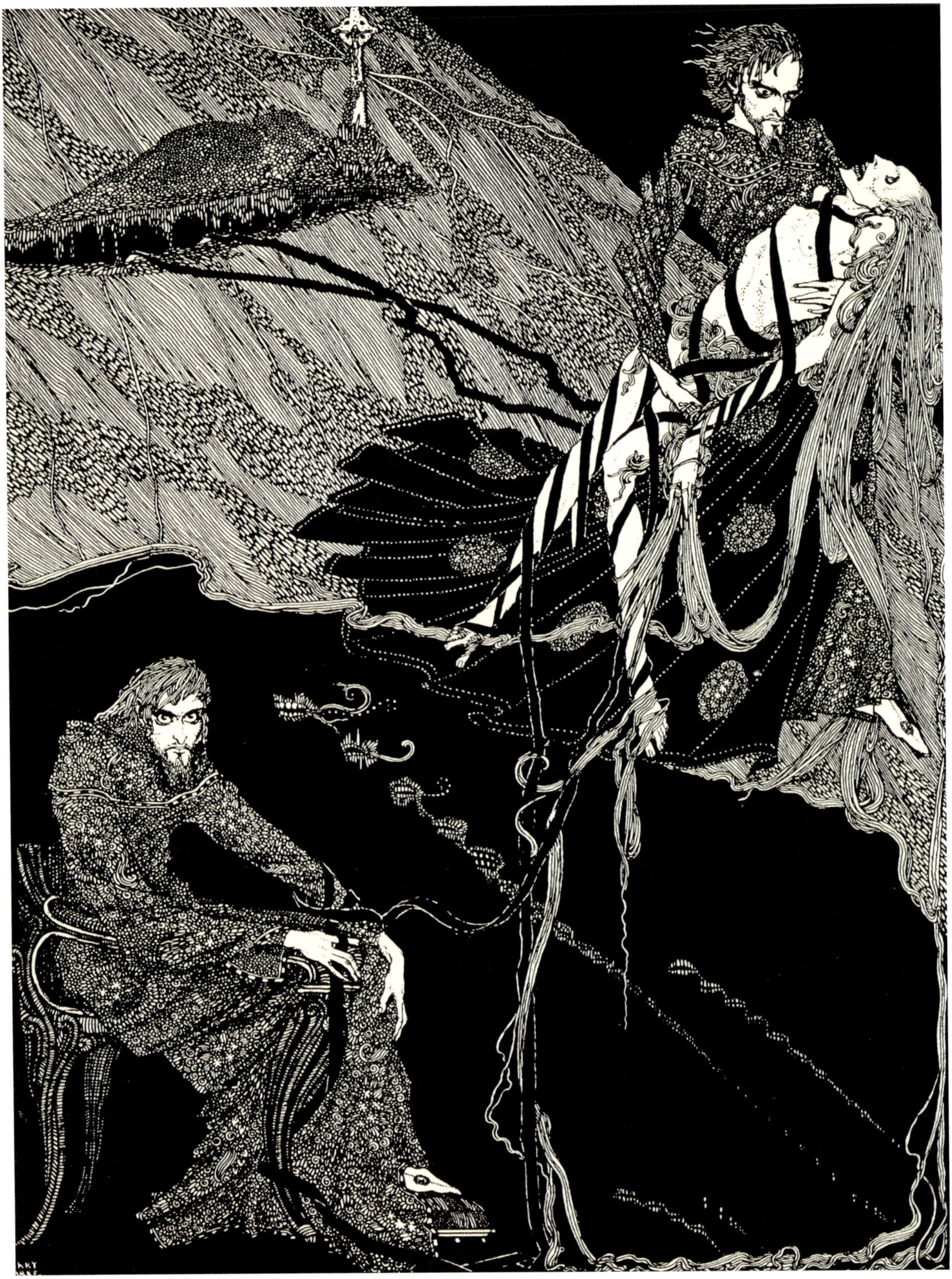

ベレニス *Berenice*

ベレニスは〈私〉の美しいいとこであった。彼女は急死して葬られる。〈私〉はその墓をあばいて彼女の屍（しかばね）を抱く。
下に妄想する男が描かれ、上部には墓と、ベレニスを抱く男が描かれていて、現実と幻想をつなぐ、もつれたリボンがうねっている。

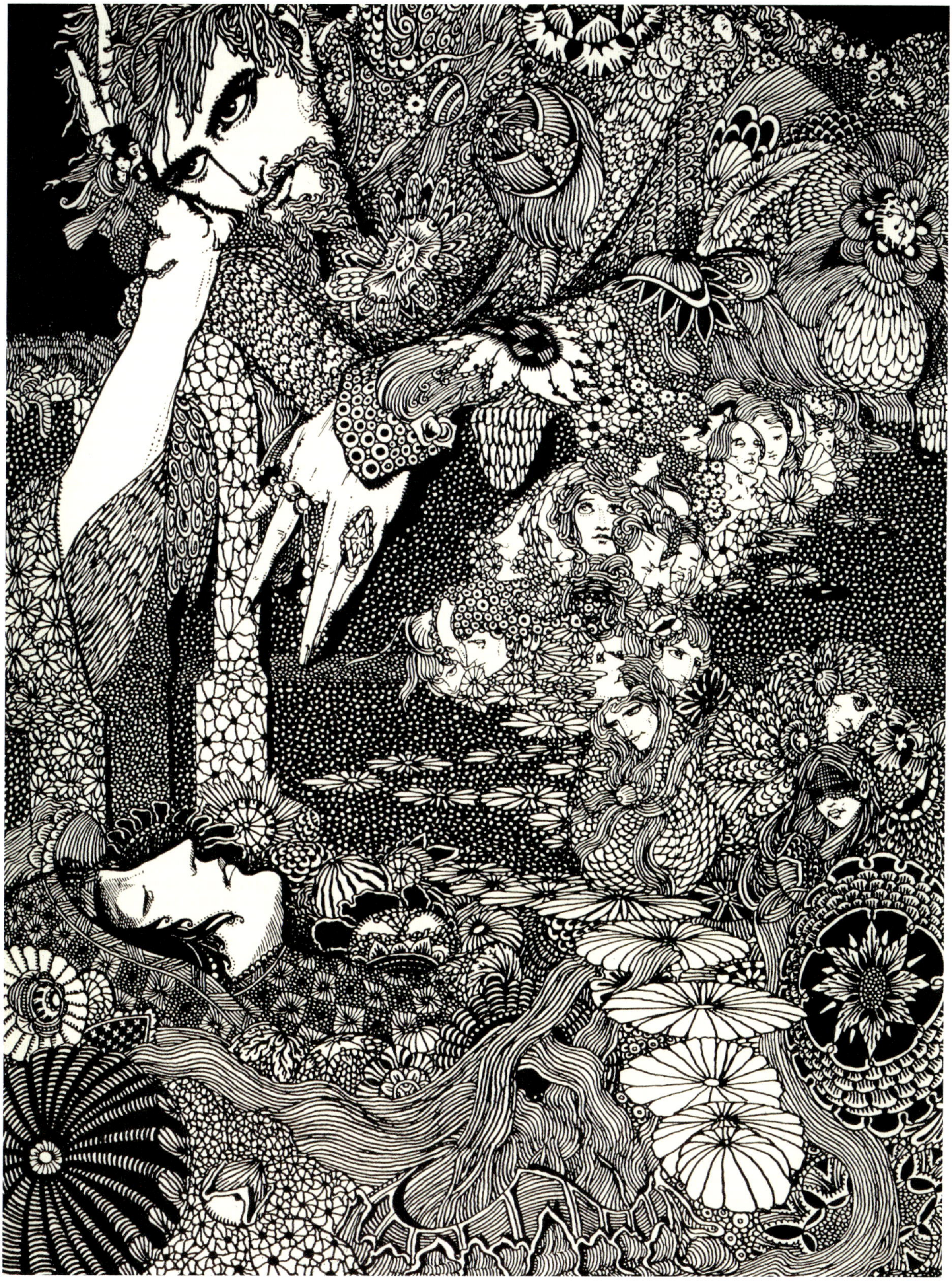

モレラ *Morella*

愛する妻モレラが息を引き取る。残された子どもの生長の中に彼女は生きつづける。ぎっしりと装飾に埋めつくされた空間が、愛と死という世紀末のテーマを飾っている。2人の間の花の中の多くの顔は、子どもやまわりの人たちの中に再生するモレラの記憶を示している。

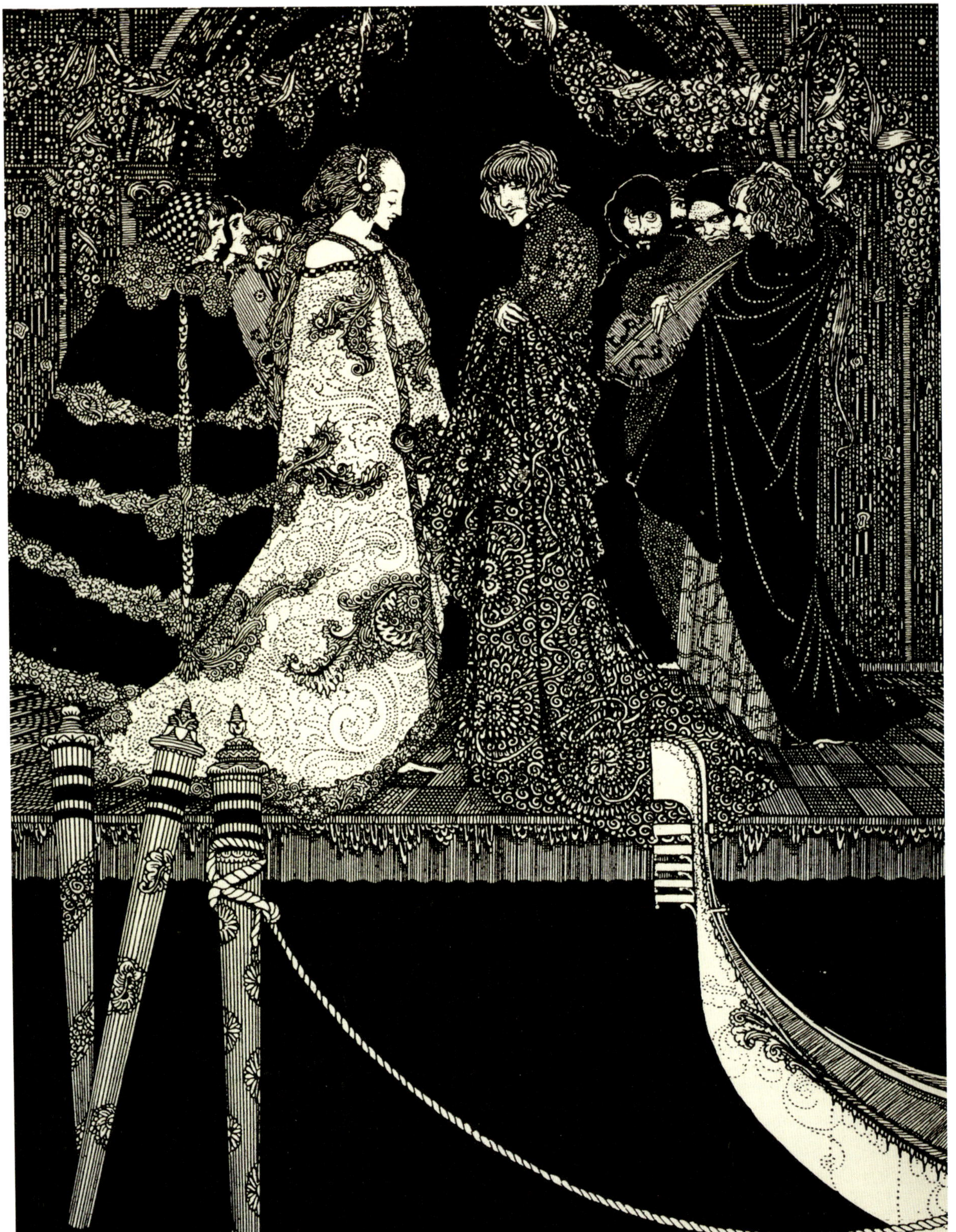

密会 *The Assignation*

ヴェネツィアに遊んだ〈私〉は、夜の運河をゴンドラでめぐる。そして美しい伯爵夫人アフロディトを見かける。
見開きの絵の左に伯爵夫人、右にゴンドラの〈私〉がいる。ヴェネツィアの夜の闇が美しい。

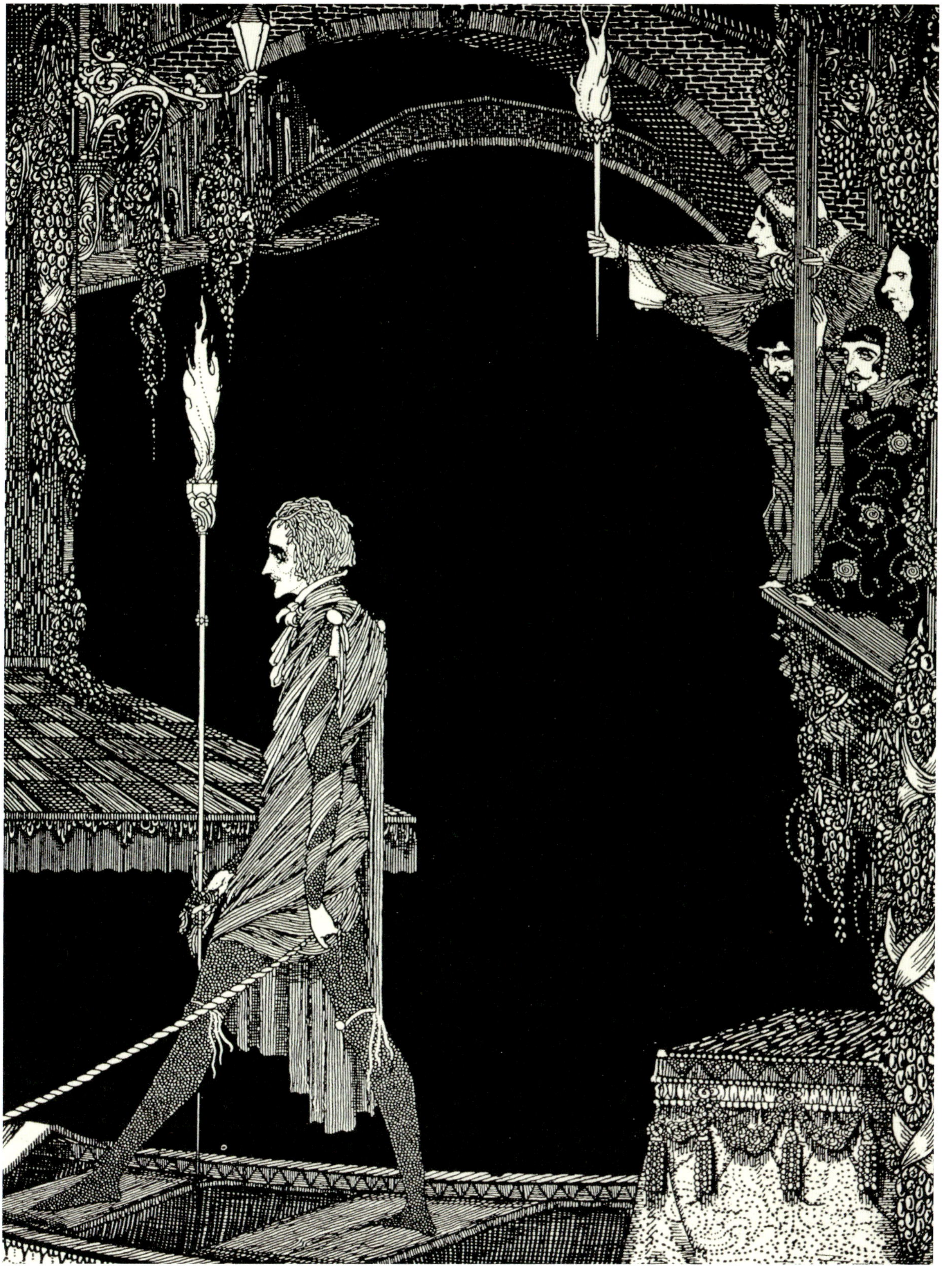

夫人は裸足であり、秘密の情事を暗示している。右端でたいまつを掲げる人は夫人の秘密をのぞこうとしている。
ハリーの白と黒の神秘が見事に織り出されている。

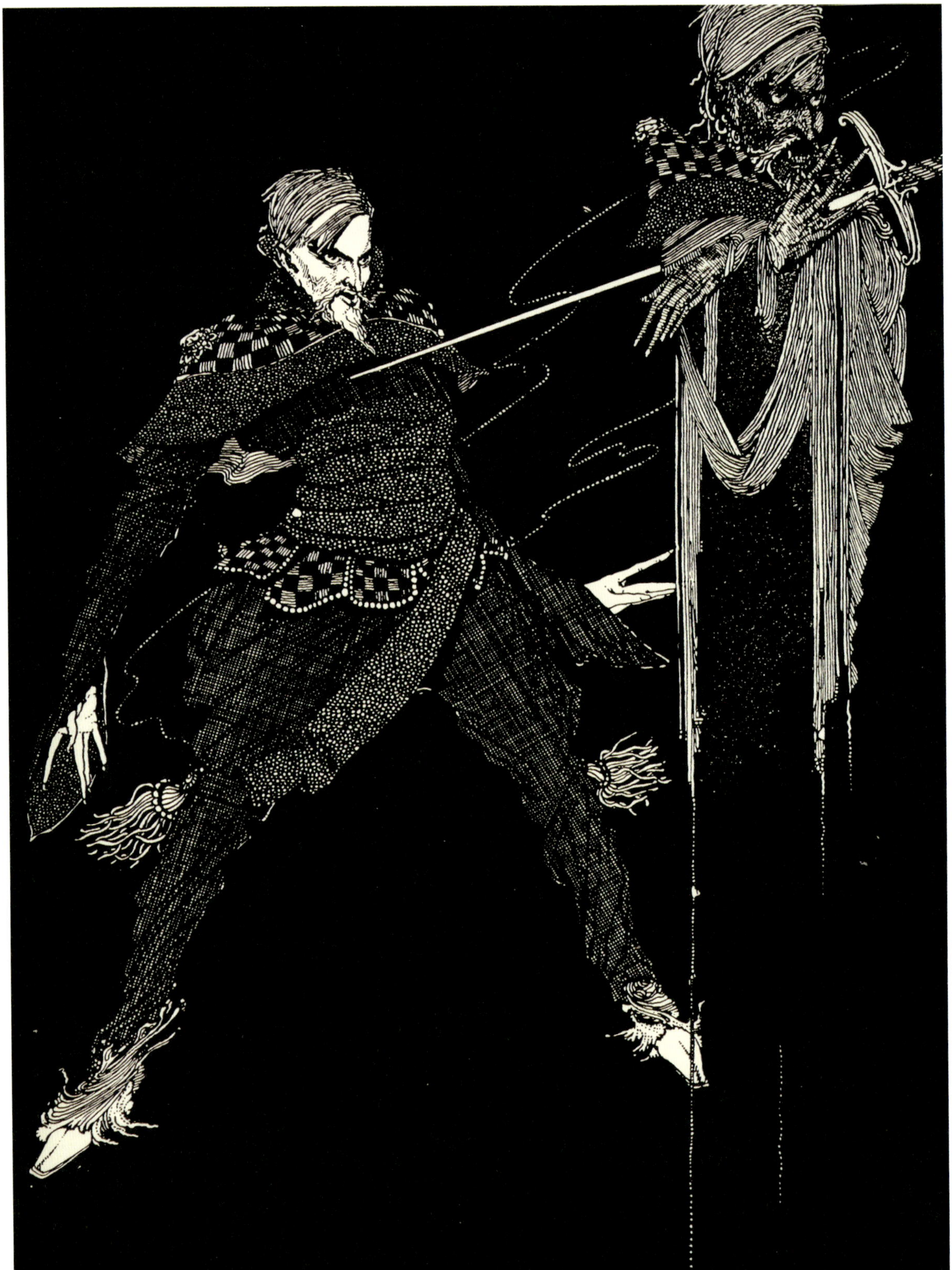

ウィリアム・ウィルソン　*William Wilson*

自分と同名の、鏡の中の自分のようにそっくりな男につきまとわれた〈私〉はついにもう1人の“ウィリアム・ウィルソン”を殺してしまう。しかしそれは自分自身を殺してしまうことであった。亡霊のような分身が自らの胸を貫き、背後のもう1人の〈私〉も貫いている。

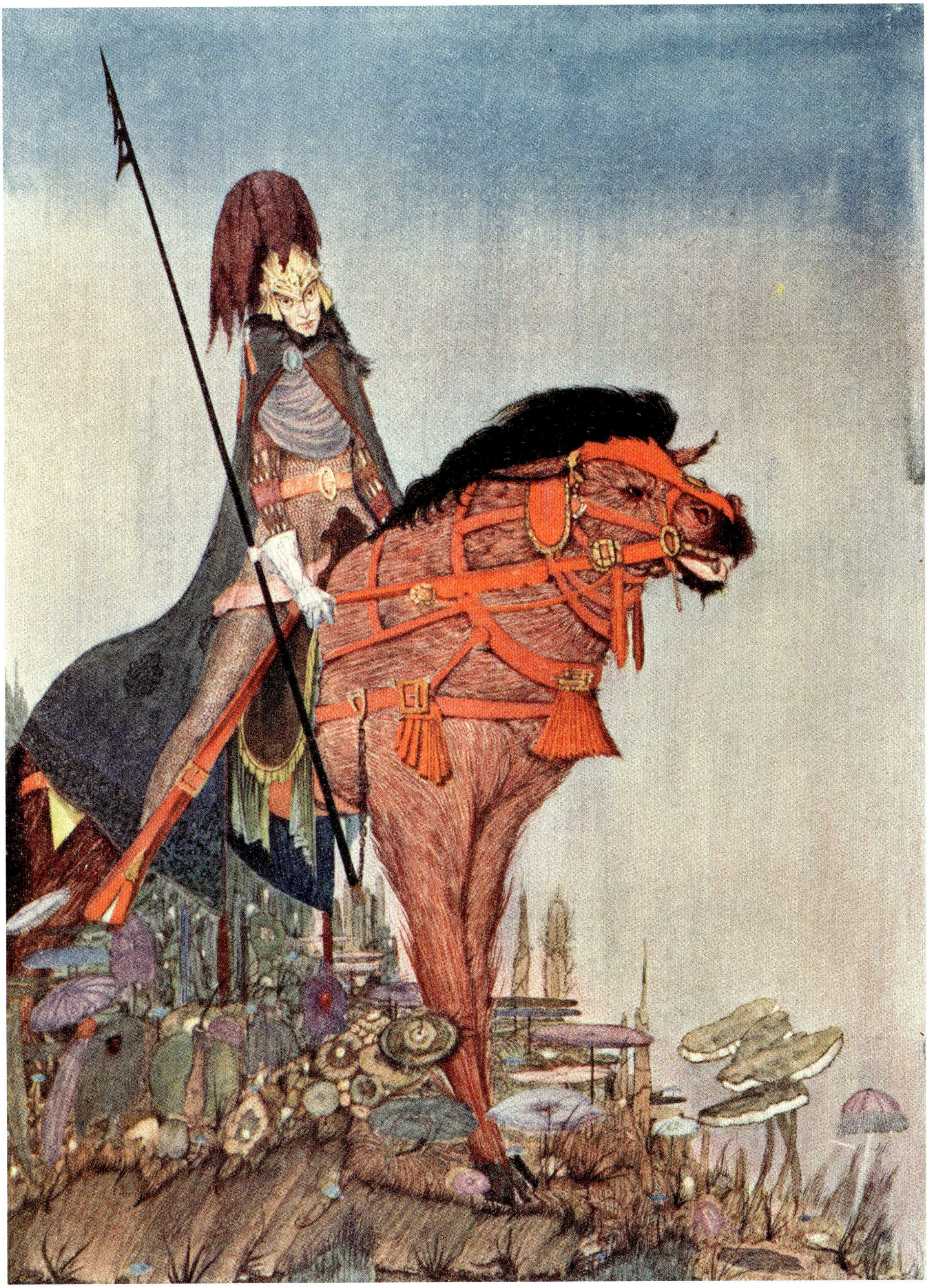

メッツェンガーシュタイン　*Metzengerstein*

ベルリフィッツィング家とメッツェンガーシュタイン家は宿敵であったが前者は不審な火事で燃えてしまった。
その火事から逃れてきた馬をメッツェンガーシュタインが自分のものとする。野獣のように危険な赤い馬が描かれている。

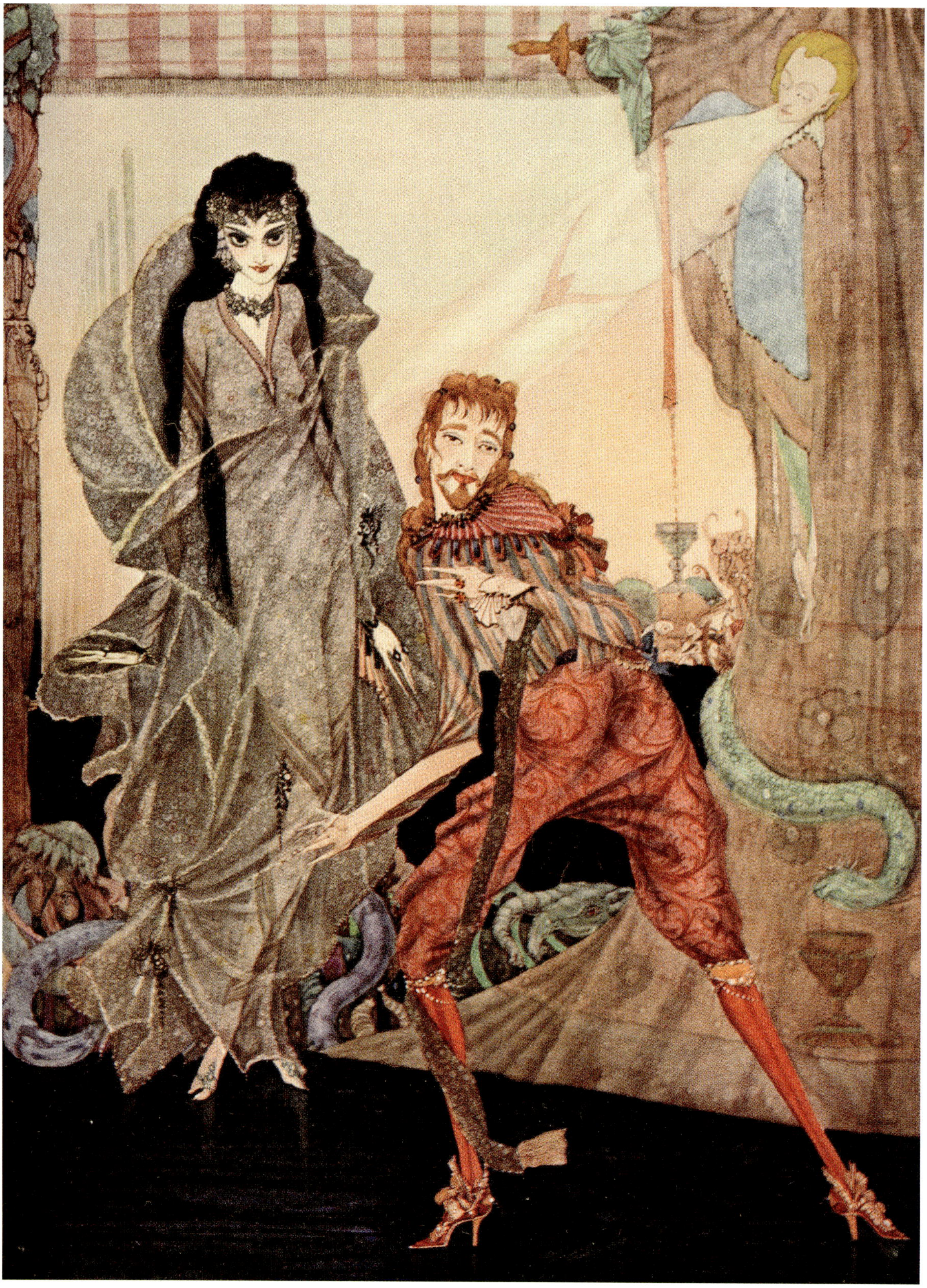

リジイア　*Ligeia*

ライン川のほとりで出会ったリジイアに魅せられるが、彼女は薄命であった。英国にもどった〈私〉はロウィーナと結ばれるが、彼女も死に沈み、その屍の上に、リジイアがもどってくる。右上に死せる裸のロウィーナが浮かび、黒髪のリジイアの足下にはおぞましい地獄の怪物がうごめく。

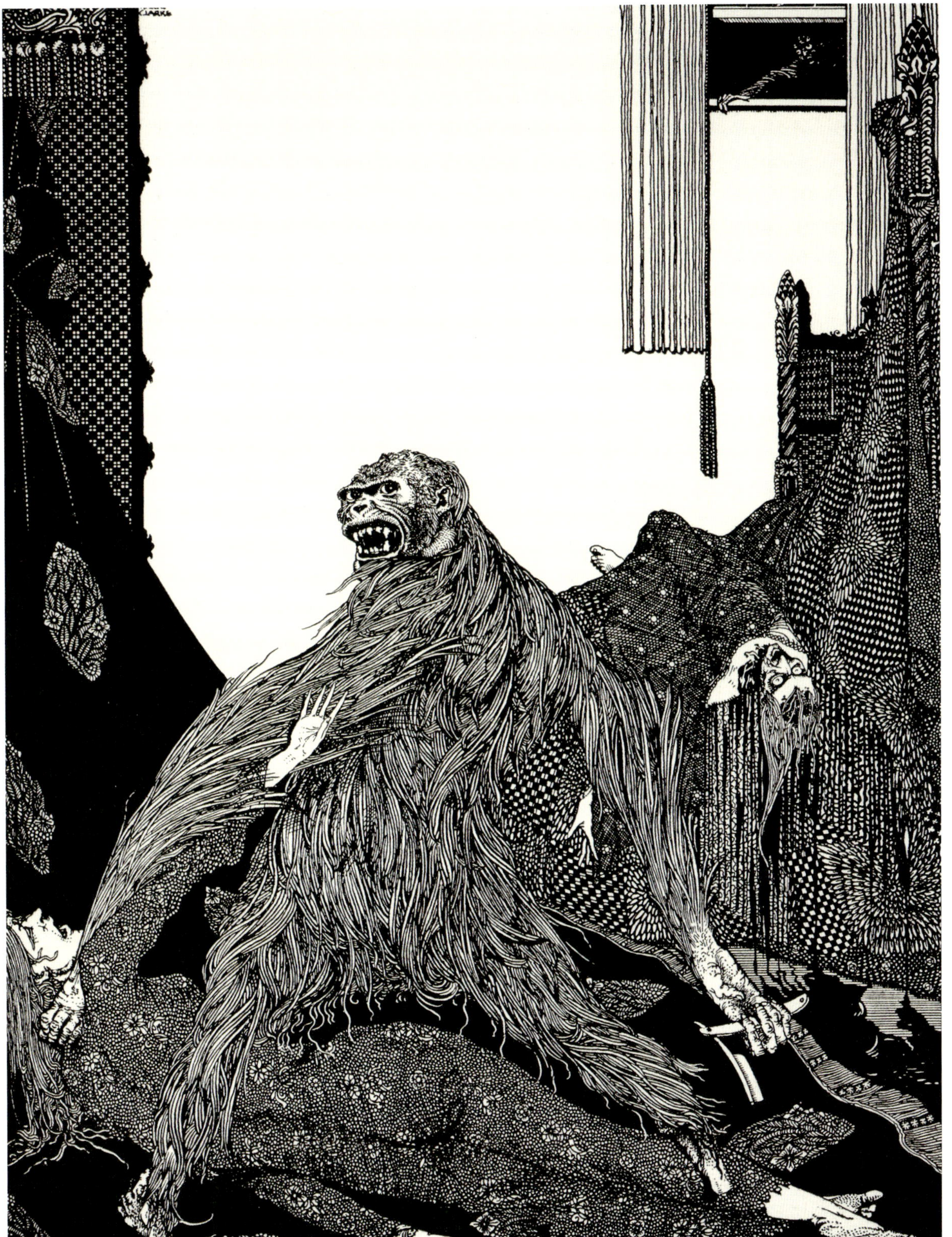

モルグ街の殺人 *The Murders in the Rue Morgue*

探偵小説の祖ポーの代名詞のような作品である。犯人は猿というおどろくべき結末である。そのシーンをハリーは、白い壁の幾何学的な背景と、あらゆるものが流動的な、惨劇のダイナミックでグロテスクな触感との対比で表現して見せる。

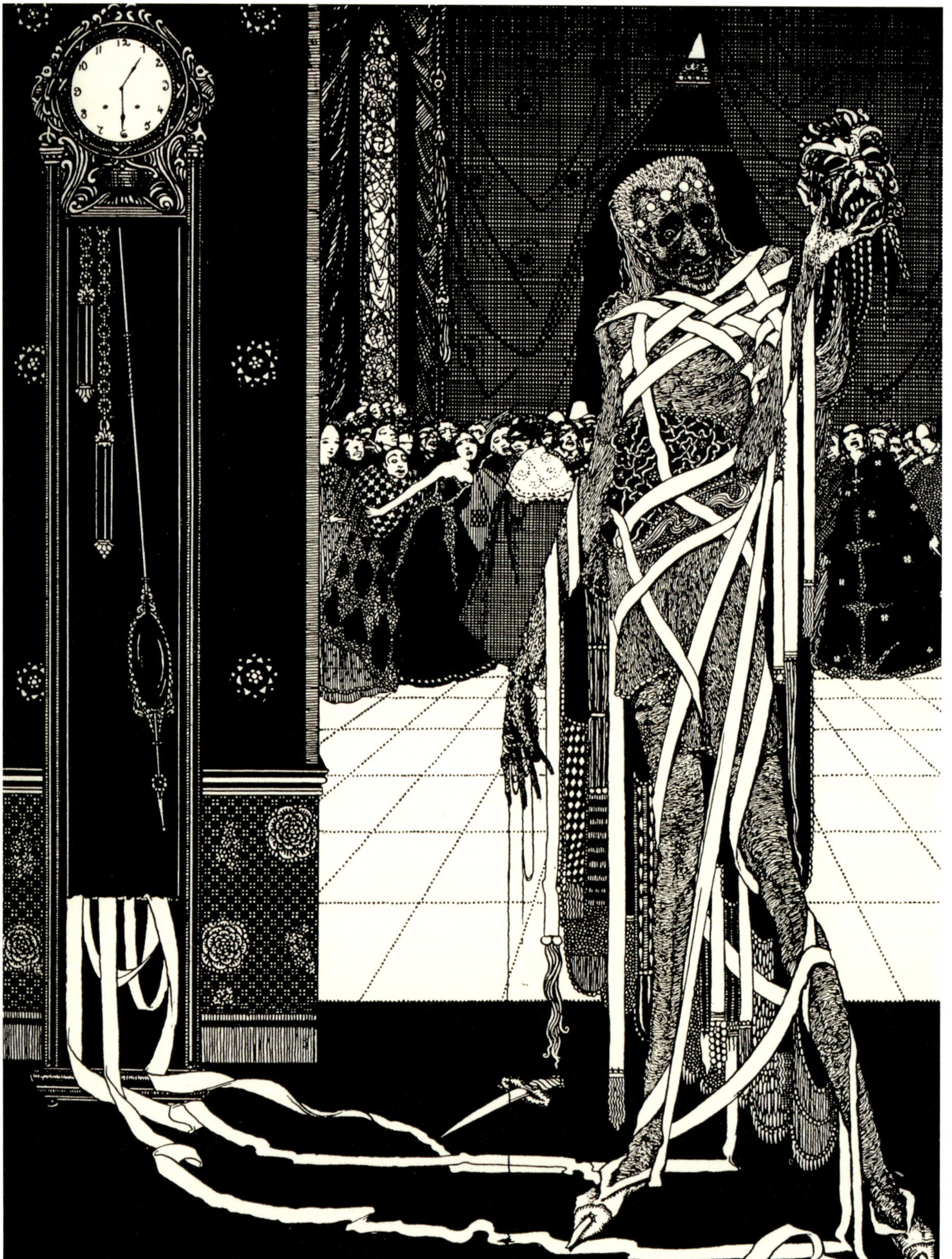

赤き死の仮面 *The Masque of the Red Death*

ルネサンス・イタリアにはやった赤死病（血を吐いて死ぬ架空の疫病）の恐怖の物語。疫病を逃れて城に閉じこもり、仮面舞踏会に興じる人々。そこに悪趣味にも赤死病の死神の仮装者があらわれた。仮面を取ると、その下はドクロであった。

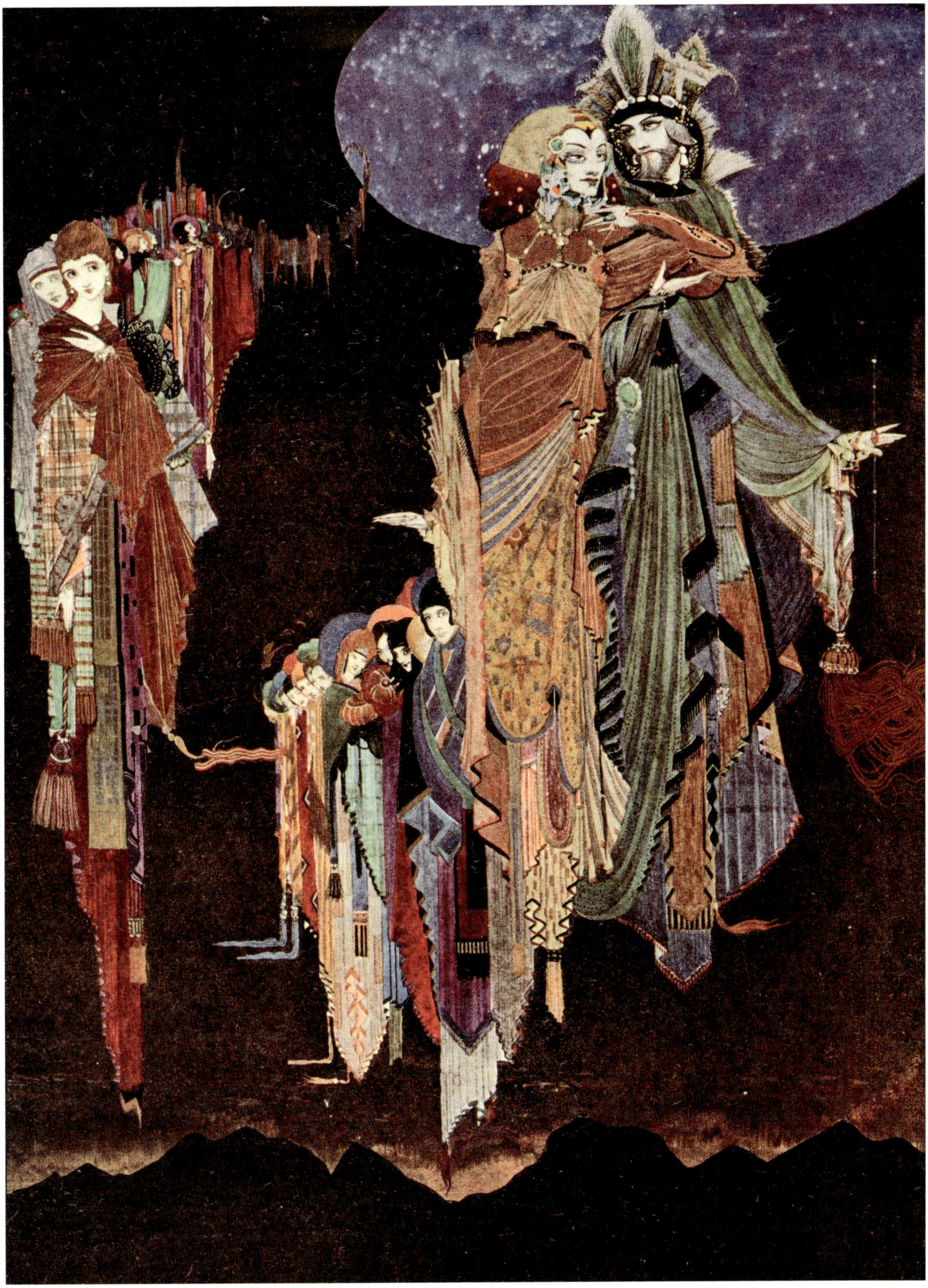

モノスとユナの対話 *The Colloquy of Monos and Una*

モノスとユナが人間の生と死をめぐって対話する。古代ギリシアの哲学者のように。「再生はあるの?」とユナが聞く。「イエス」とモノスは答える。人はくりかえし生まれかわる。右手にモノスとユナが、その左から宇宙へと人々の列がつづき、生まれかわりの長い歴史を示している。

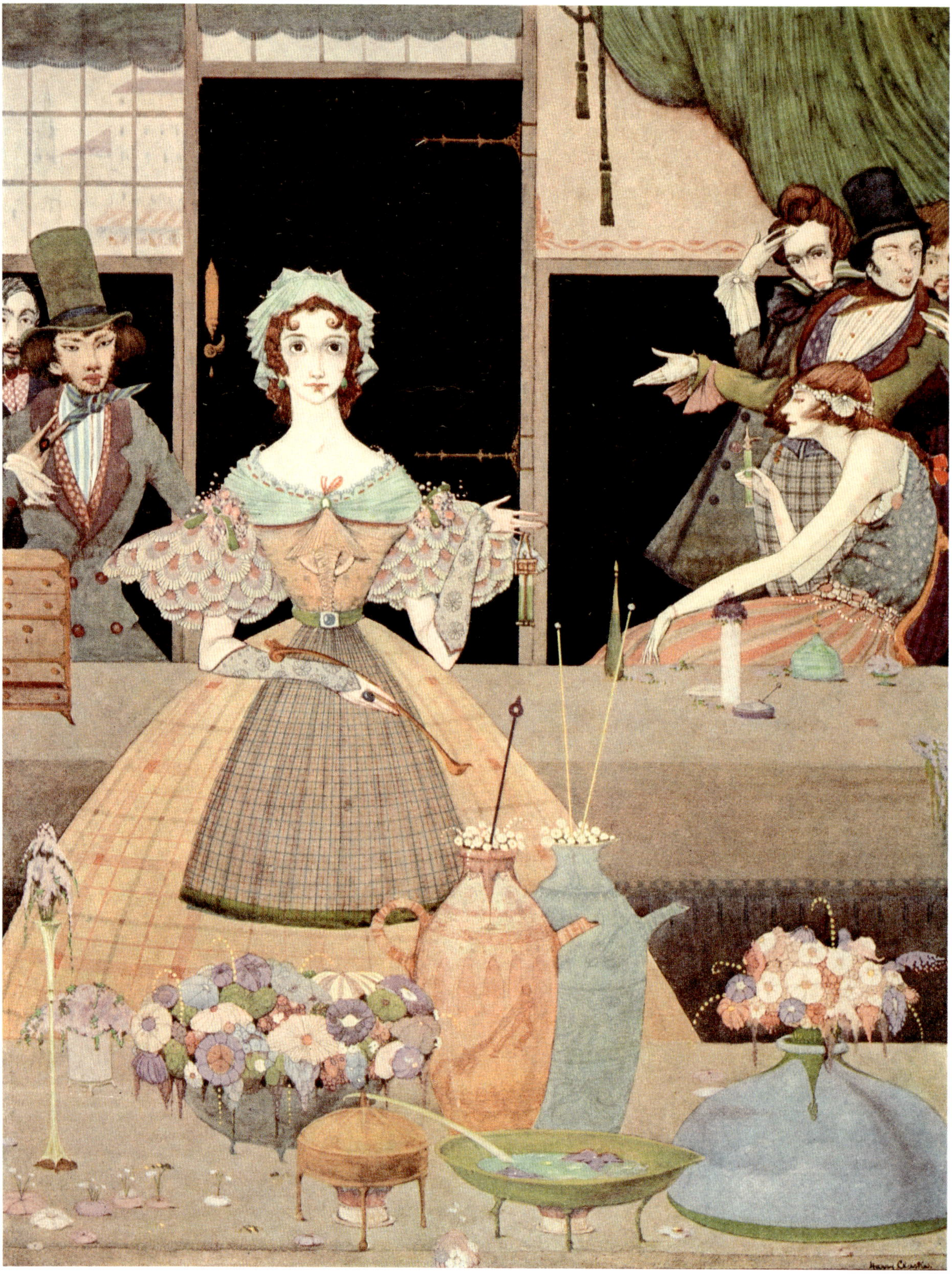

マリー・ロジェの謎 *The Mystery of Marie Rogêt*

「モルグ街の殺人」で活躍したオーギュスト・デュパンが再び登場する。パリの香水商が店にマリー・ロジェという看板娘を雇う。
この女売り子（グリゼット）に若い紳士が集まる。しかし彼女は失踪し、セーヌ川で水死体で発見された。店頭のシーン。

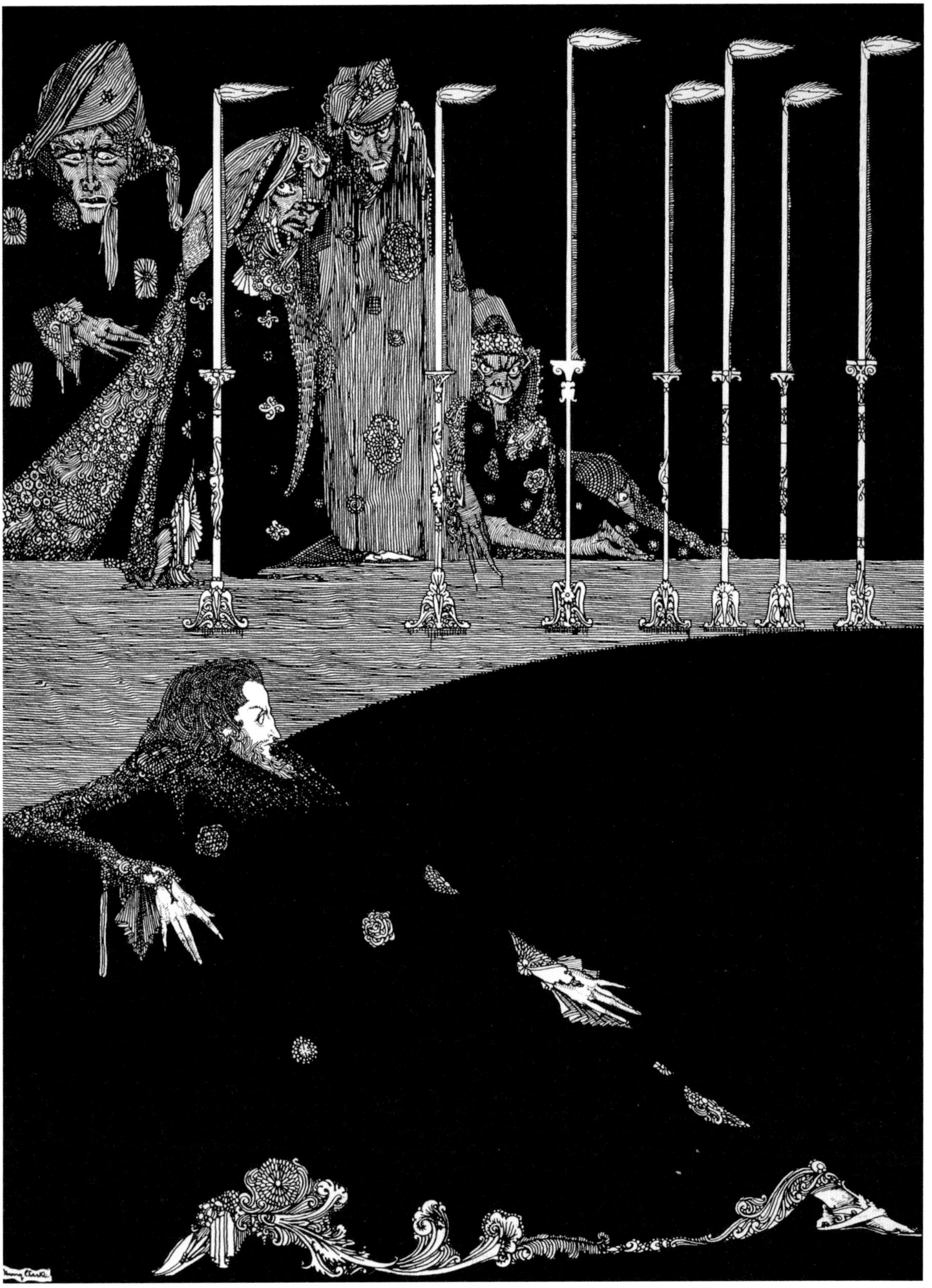

穴と振り子 1 *The Pit and the Pendulum*

スペインのトレドの異端審問所に捕らえられた男の体験である。穴は牢獄、振り子は先に刃のついた拷問の道具である。上部に奇怪な審問官たち、下には罪を問われている犠牲者がいる。闇に沈む、彼の手と足先にかけての斜線の構図がすばらしい。

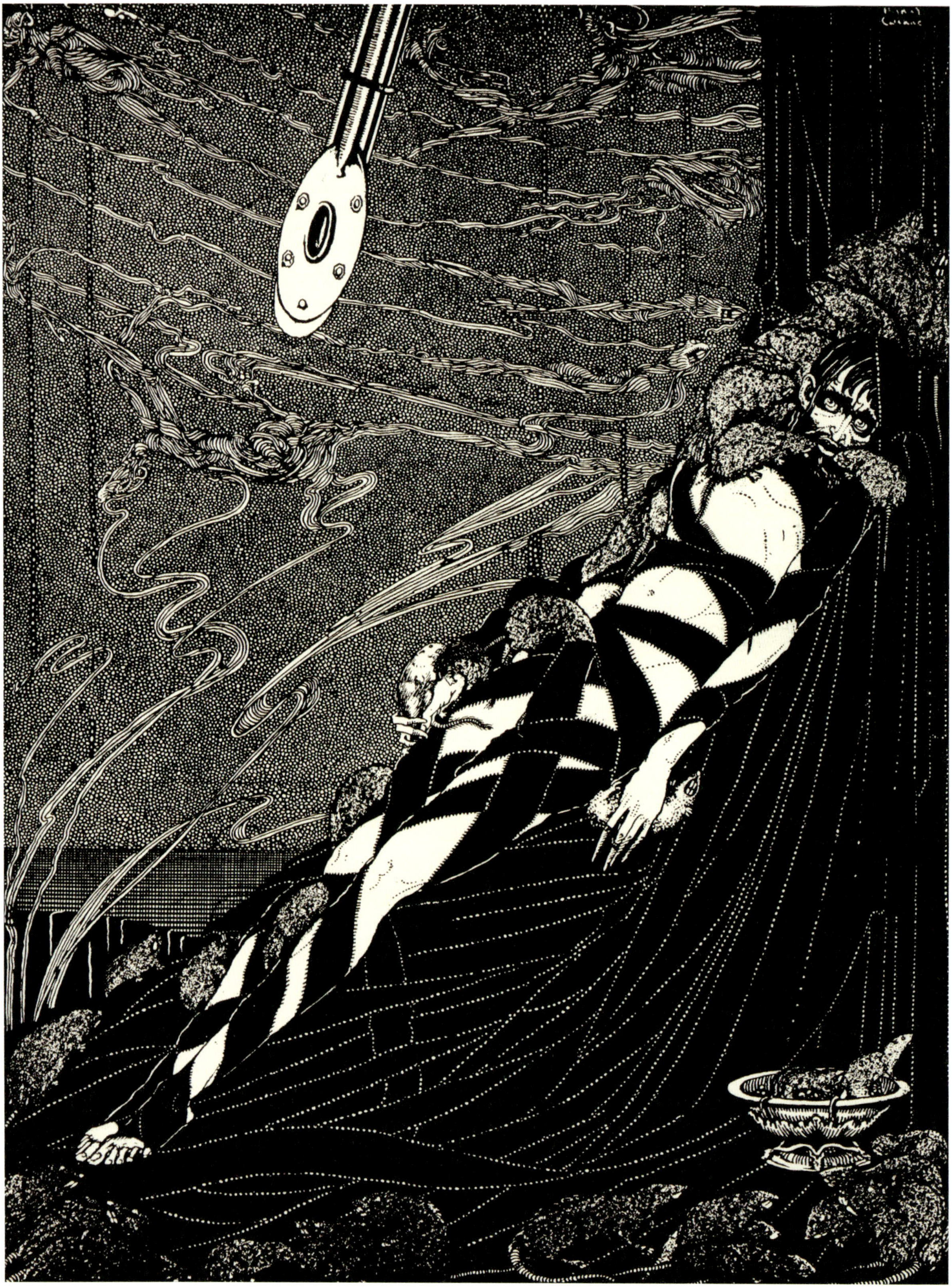

穴と振り子 2 *The Pit and the Pendulum*

縛りつけられた罪人すれすれに振り子の刃先がかすめる。鼠たちが彼をかじっている。ここでもハリー・クラークの斜めの構図がすばらしい。
振り子の振れによって流れる空気の波は煙のようになびき、またその塊は怪物の姿となる。

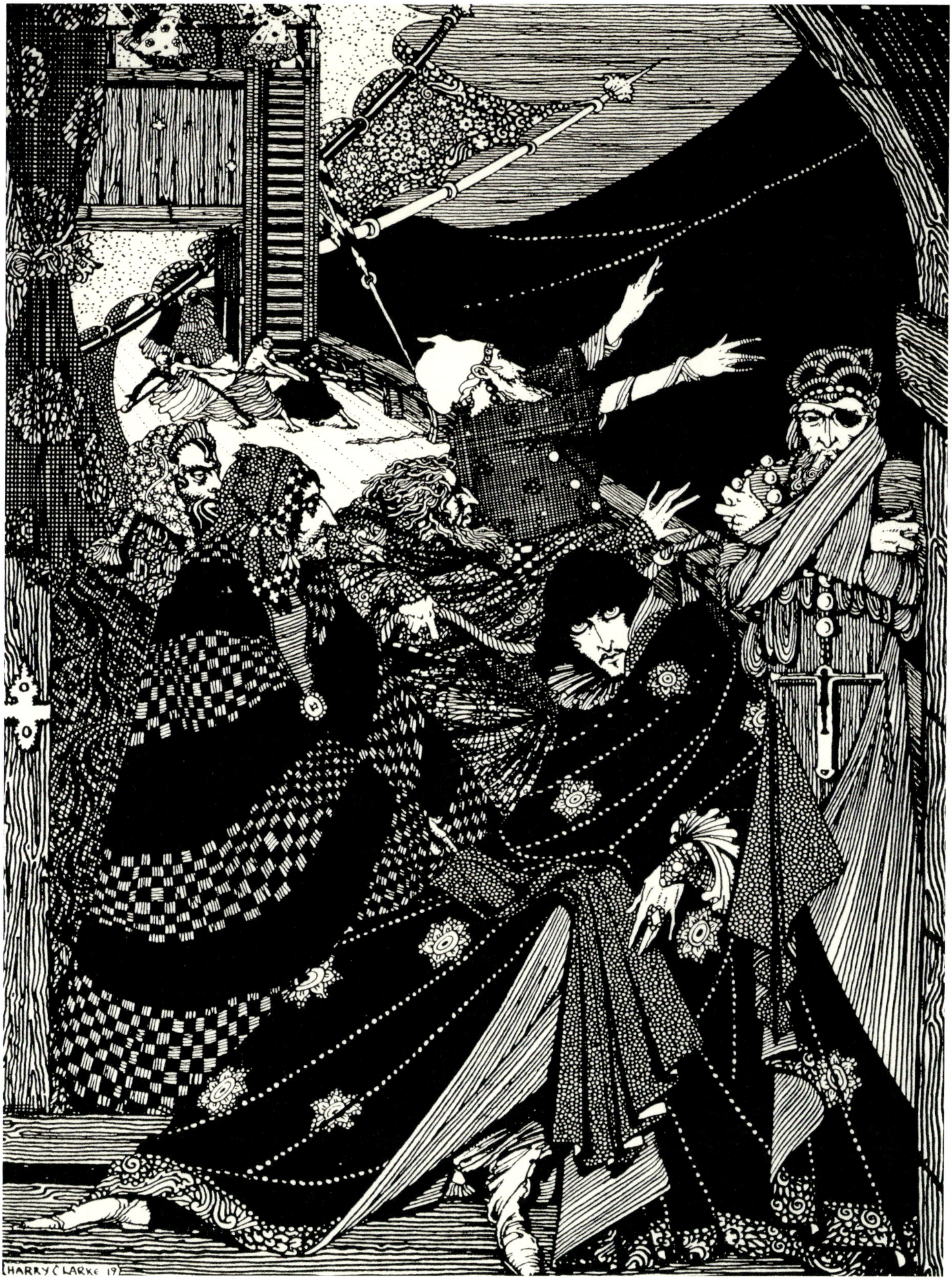

瓶の中の手紙 1 *Ms. Found in a Bottle*

嵐の中で幽霊船に迷い込んだ男。亡霊のような乗組員が彼にまったく気がつかずに通り過ぎていく。
右前にうずくまっている黒衣の男の右に片眼の海賊が立ち、後方を乗組員が通っている。

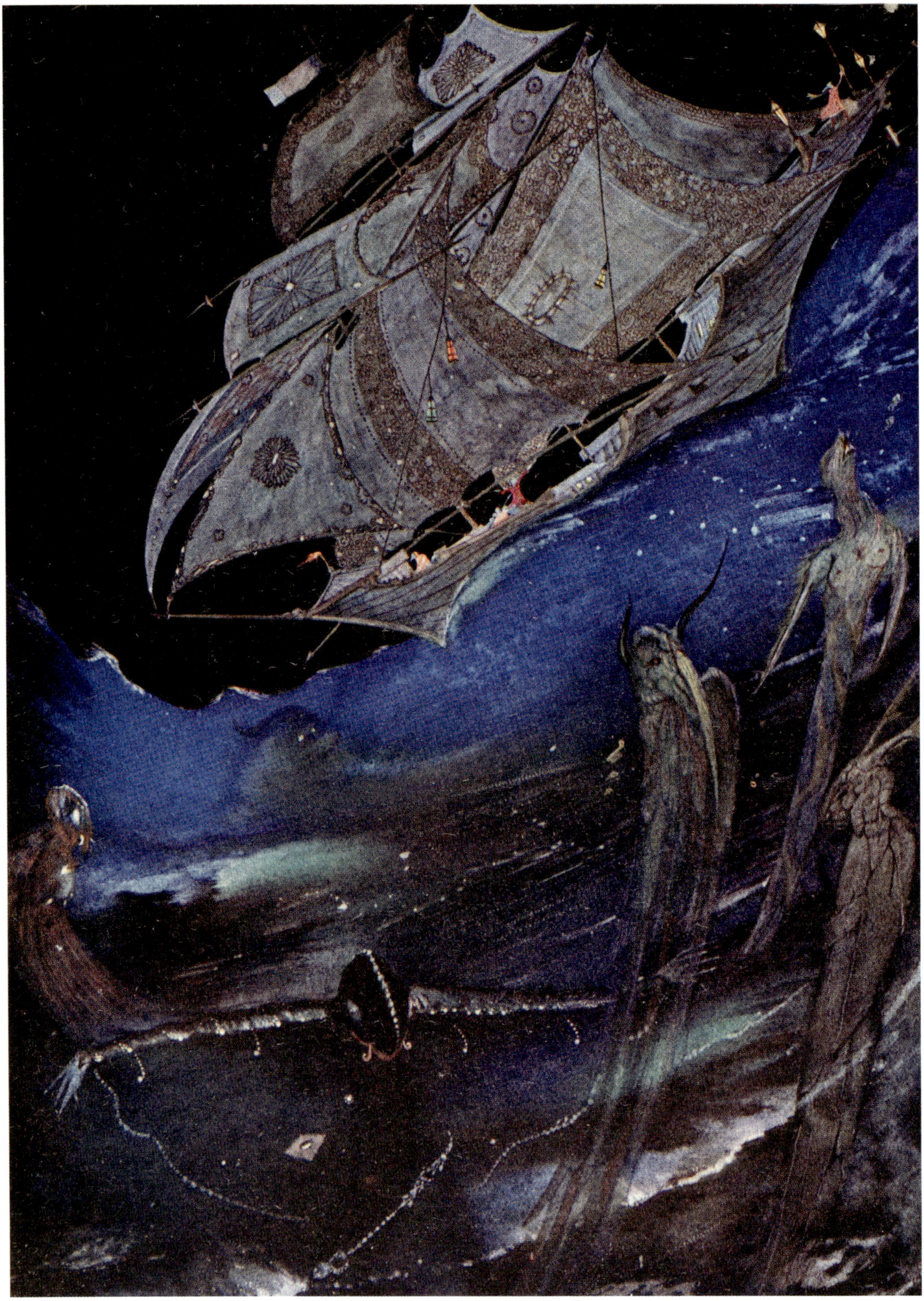

瓶の中の手紙 2 *Ms. Found in a Bottle*

巨大な波に翻弄される船。ハリーは船を一つの怪獣であるかのように描いている。そして右下には細長いグロテスクな生きものがうごめいている。幽霊たちとともに船は沈む。その最後を記した手紙が流れ着いた瓶の中に入っていた。

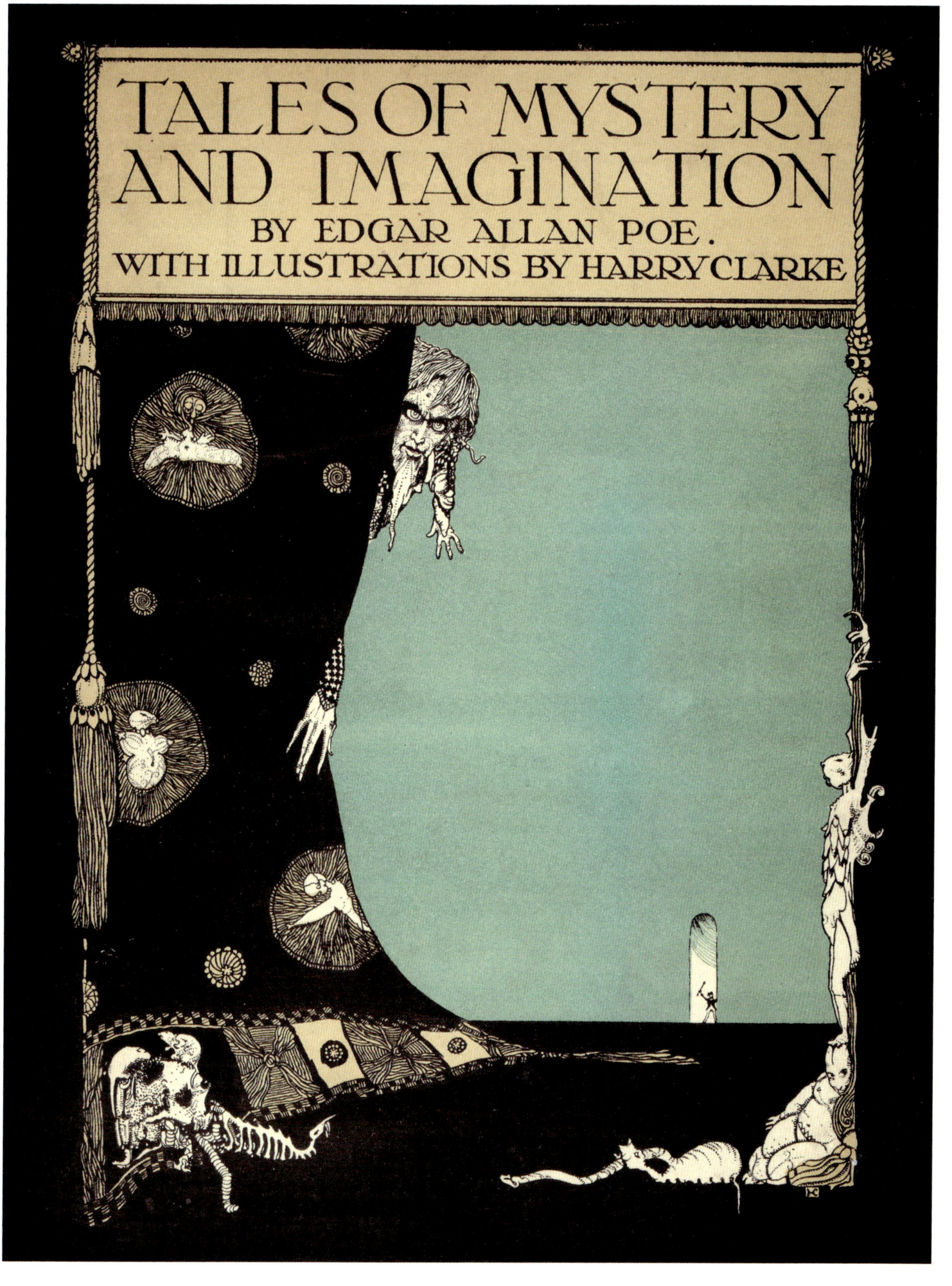

『神秘と幻想の物語』カバーデザイン　*Jacket Design*

ポーの物語は、舞台で演じられる芝居として表されている。幕をあけると、緑のホリゾントのなにもない空間があらわれ、奥に小さな入口が見える。謎めいた小さなオブジェがちりばめられている。エドガー・アラン・ポーの怪奇劇場にようこそ!

EDGAR ALLAN POE
AND
ILLUSTRATORS

ポーの世界を描いた画家たち

エドガー・アラン・ポーの怪奇と神秘、幻想と恐怖の物語は、イラストレーターの想像をいつもかきたててきた。ギュスターヴ・ドレなども描いているが、19世紀末から20世紀はじめのアーサー・ラッカムやウィリアム・ヒース・ロビンソン、エドマンド・デュラックなどもポーをとりあげている。

しかし、これらの画家が描いたポーの世界とハリー・クラークが描いたポーの世界はずいぶんちがっている。大きくいえば、ラッカムたちは古代中世の昔話の怪物の延長でポーのミステリーを描いている。それは昔のお化けであるから、いかにこわそうであっても、いくらかおかしいところがあり、それほどこわくない。それは見世物小屋のお化けのようなものである。

しかしハリー・クラークは、リアルで、現在的な恐怖を描こうとする。おそらく、ポーの物語の挿絵といえばハリーがまずあげられるのも、彼が新しい恐怖を表現しようとしたからだろう。

ヒース・ロビンソンは、ポーの詩「大鴉」の挿絵で、ギリシア神話の風景のような浜辺に横たわる2人を描いている。横たわる美女を抱いているのは死である。しかし神話的な浜辺と人物が、死の恐怖といったおびえをあまり感じさせない。

ラッカムの「赤き死の仮面」における赤き死は道化人形のようで、漫画的であり、おかしいが戦慄的というほどではない。

デュラックの「鐘さまざま」や「エルドラド」などでは中世的、ゴシック的な美しさが見られ、幻想的であるが、恐怖を感じられないだろう。

しかしポーの物語には、生理的、神経的な不快感、おぞましさや恐れといった現代人の感性が予告されていた。ハリー・クラークは、ラッカムやヒース・ロビンソンに残っていた古い感性に対して、現代的な恐怖やスリルの想像力に触れていたようだ。

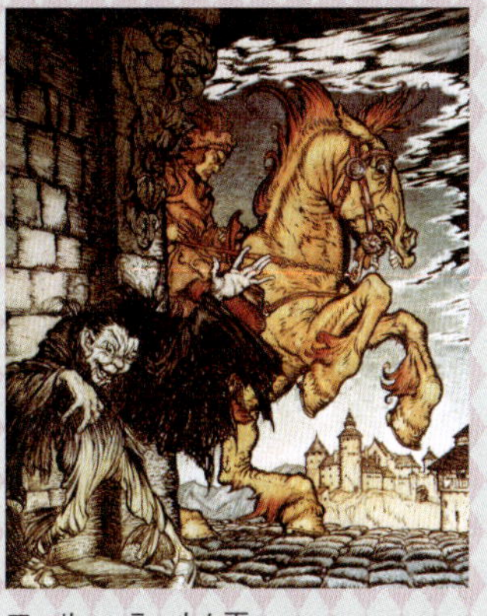

アーサー・ラッカム画
「メッツェンガーシュタイン」1935年

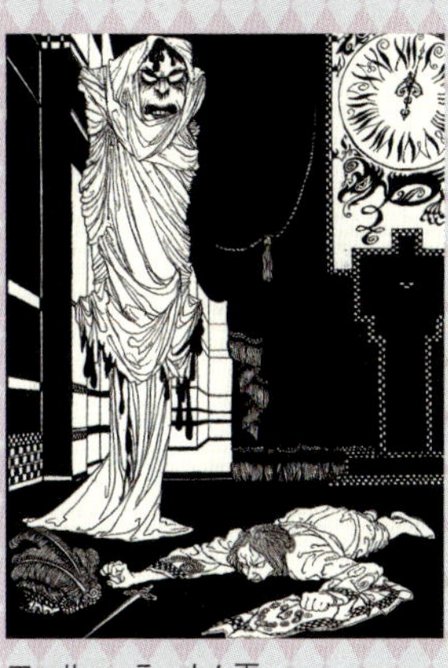

アーサー・ラッカム画
「赤き死の仮面」1935年

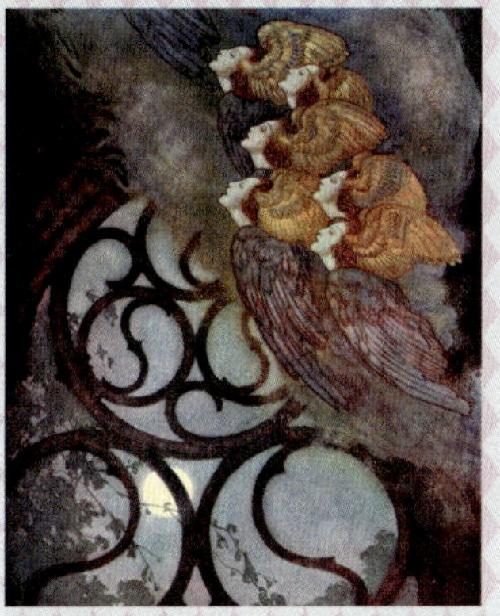

エドマンド・デュラック画
「鐘さまざま」1911年

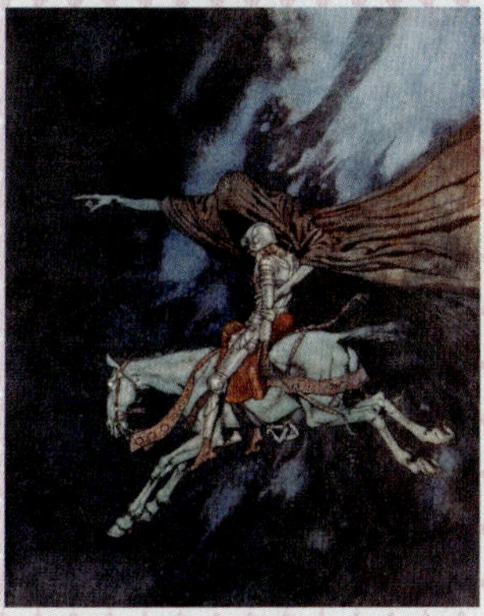

エドマンド・デュラック画
「エルドラド」1911年

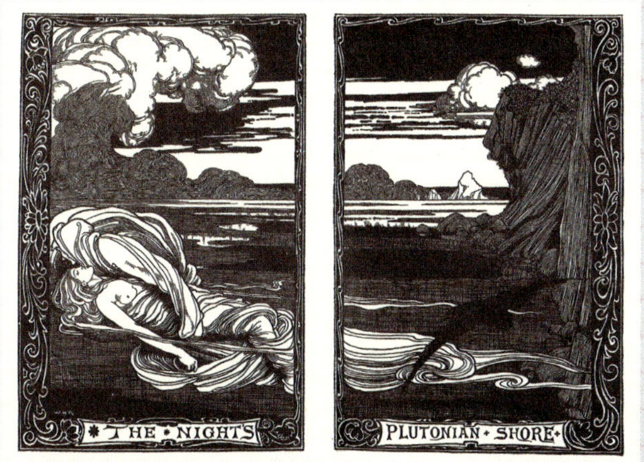

ウィリアム・ヒース・
ロビンソン画
「大鴉」1900年

TOPICS
02

ハリー・クラークと
ゴシック・ホラーの世界

Harry Clarke and the World of Gothic Horror

ハリー・クラークといえば、ポーの『神秘と幻想の物語』の画家として知られている。ポーの怪奇な世界はクラークにぴったりだったようである。それは彼の個人的感性というだけでなく、彼が生きた19世紀末から20世紀はじめの時代の気分でもあった。

19世紀に入ると中世ゴシックのリヴァイヴァルがはじまった。中世後期の大聖堂などのゴシック建築がつくられた時代は忘れられ、廃墟となっていたが、ロマン主義の詩人はゴシック古城や中世騎士物語の中に魅力を発見したのであった。中世に帰れという呼びかけで、〈ゴシック〉の建築や工芸が復活する。ウィリアム・モリスのアーツ・アンド・クラフツ運動はその一つの結果である。文学においてはゴシック・ロマンス、ホラー小説が登場する。古城や廃墟をさまよう亡霊といった恐怖と闇の文学のジャンルがつくられる。ホレス・ウォルポールの『オトラントの城』(1764)にはじまり、メアリー・シェリーの『フランケンシュタイン』(1818)などを経て、エドガー・アラン・ポーの『アッシャー家の崩壊』(1938)にいたるのである。

ハリー・クラークは、アイルランドというケルト文化がまだ残る地に生き、ステンドグラスという〈ゴシック〉で花開いた工芸に親しみ、アーツ・アンド・クラフツ運動に接していた。

彼が活動していた20世紀はじめのダブリンでもホラー小説はよく読まれていた。なにしろ、ホラーの一つのジャンルを形成することになる〈吸血鬼(ヴァンパイア)もの〉の代表的傑作『ドラキュラ』(1897)の作者ブラム・ストーカーはダブリン出身なのである。当然、ハリーは読んでいたはずである。

第一次世界大戦が終わると、ドイツでホラー映画の時代がはじまる。「カリガリ博士」(1919)、「吸血鬼ノスフェラトゥ」(1922)などである。ハリー・クラークはこれらのホラー映画に影響を与え、また逆にそこから刺激を受けていたのではないだろうか。『ドラキュラ』やガストン・ルルーの『オペラ座の怪人』などのホラー小説、そしてドイツ表現主義のホラー映画と同時代のものとして、ハリー・クラークのダーク・ワールドを旅していくことにしよう。

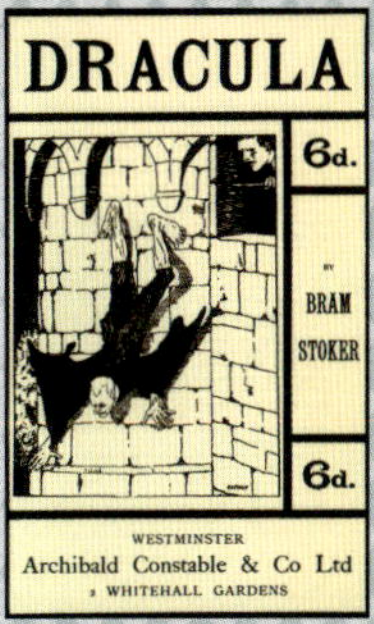

アーチボルド・
コンスタブル社版の
『ドラキュラ』
ブラム・ストーカー著
1901年

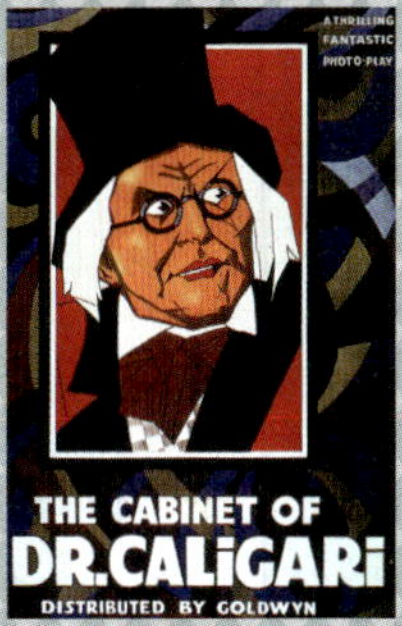

「カリガリ博士」の
映画ポスター
1920年

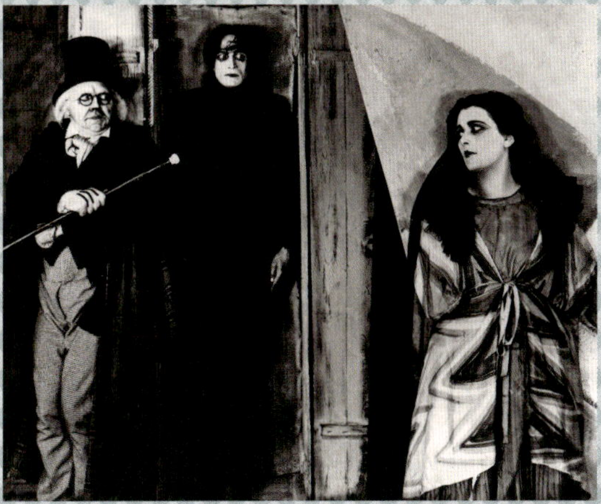

ドイツ映画「カリガリ博士」
1919年

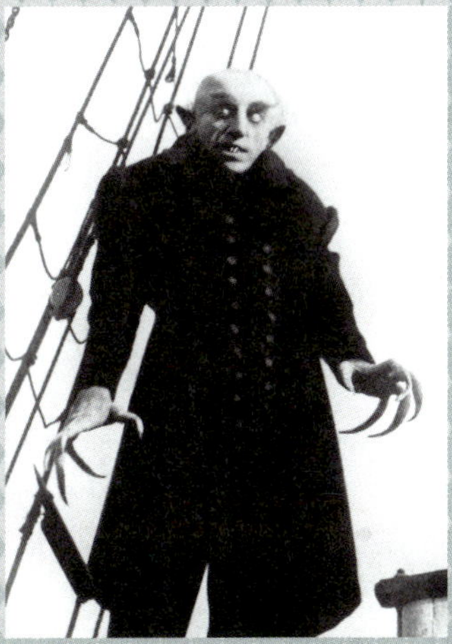

ドイツ映画「吸血鬼ノスフェラトゥ」
1922年

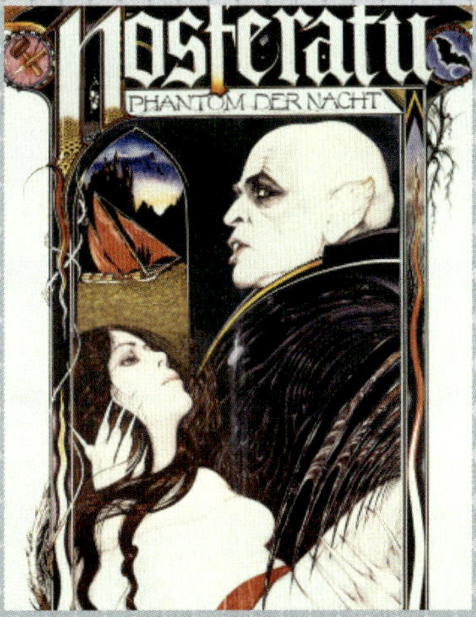

1978年にヴェルナー・ヘルツォークが
リメイクした「ノスフェラトゥ」のポスター

ときは春

The Year's at the Spring

★

モダンでオリエンタルな風景

レティス・ドイリー・ウォルターズ編の現代詩集である。W・B・イェイツ、G・K・チェスタートン、ウォルター・デ・ラ・メア、ルパート・ブルック、ロバート・グレーヴスなどの詩が集められている。クラークはそれぞれの詩に四季の風が感じられるような軽やかな絵をつけた。

その中にはオリエンタルで、日本風の雰囲気のものが見られる。カラーの絵は浮世絵を参考にしていると思われる。また海や太陽などの風景には、アール・デコ・スタイルともいえるモダンなスタイルが使われ、世紀末の暗い世界を突き抜けたさわやかな新世紀の春の光が全体にあふれている。

この時期、イェイツの周辺の人たちはジャポニスムにひかれていた。クラークもその影響を受けていたろう。ポーの悪夢のような世界にのめりこんだ後で、この本はクラークにとって息抜きになったようで、詩の中の季節をさわやかに散歩している。

Modern and Oriental Landscapes

This collection, edited by Lettice D'Oyly Walters, contains poems by modern British authors such as W. B. Yeats, G. K. Chesterton, Walter de la Mare, Rupert Brooke, and Robert Graves. Clarke's drawing for each poem is almost lyrical, with a vivid sense of changing seasons. This was a time when Yeats and his fellow artists were strongly drawn to Japonism, and Clarke was clearly under such influence, too.

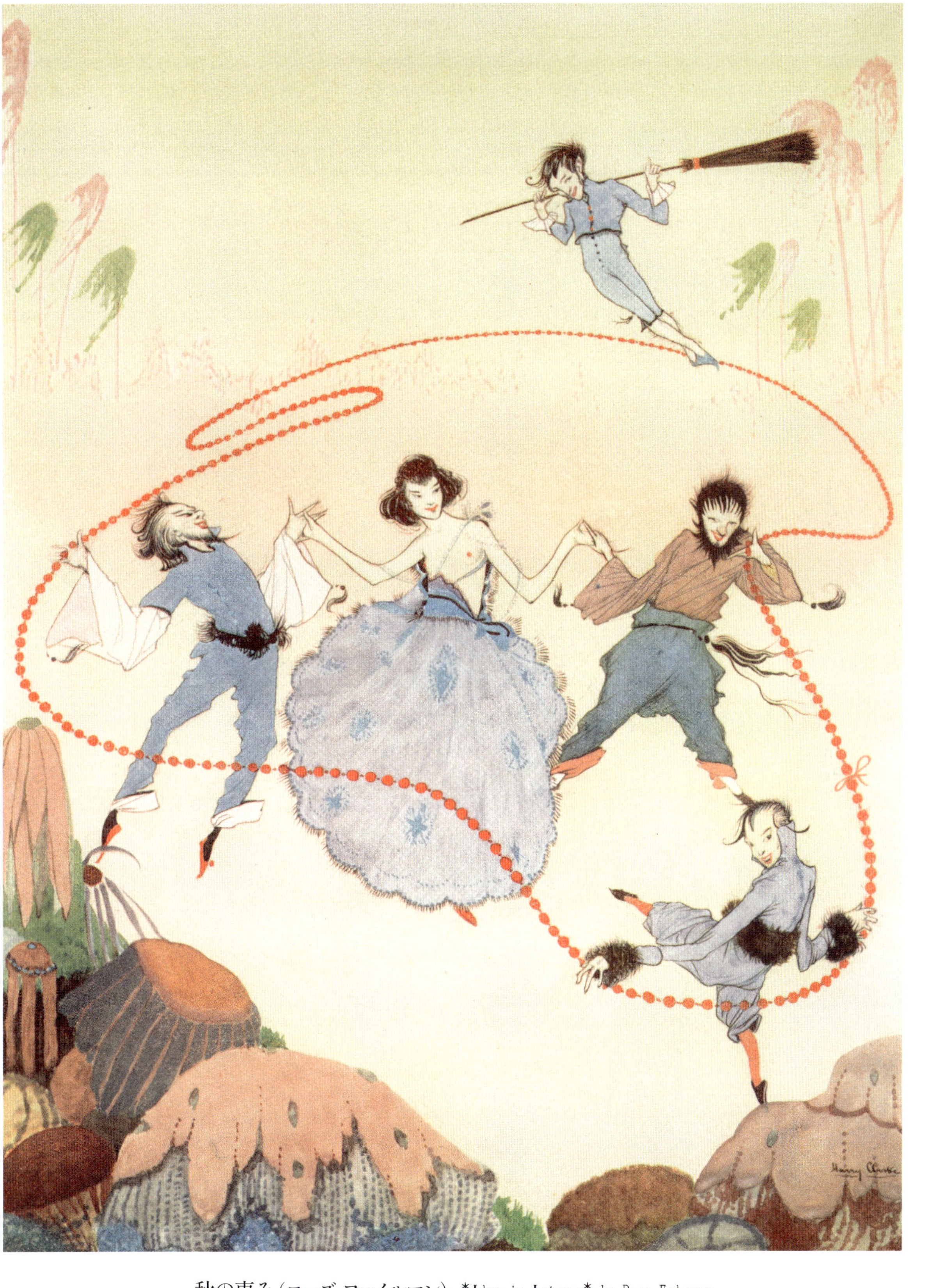

秋の恵み(ローズ・ファイルマン) *Alms in Autumn* by Rose Fyleman

ファイルマンは児童雑誌『メリーゴーラウンド』の編集者であった。秋の恵みをもらって楽しく踊る妖精たちをハリーは描いている。イチゴをつないだ大きな輪を持っている。妖精の女王が胸を出しているのは、ハリーらしく大人っぽい。

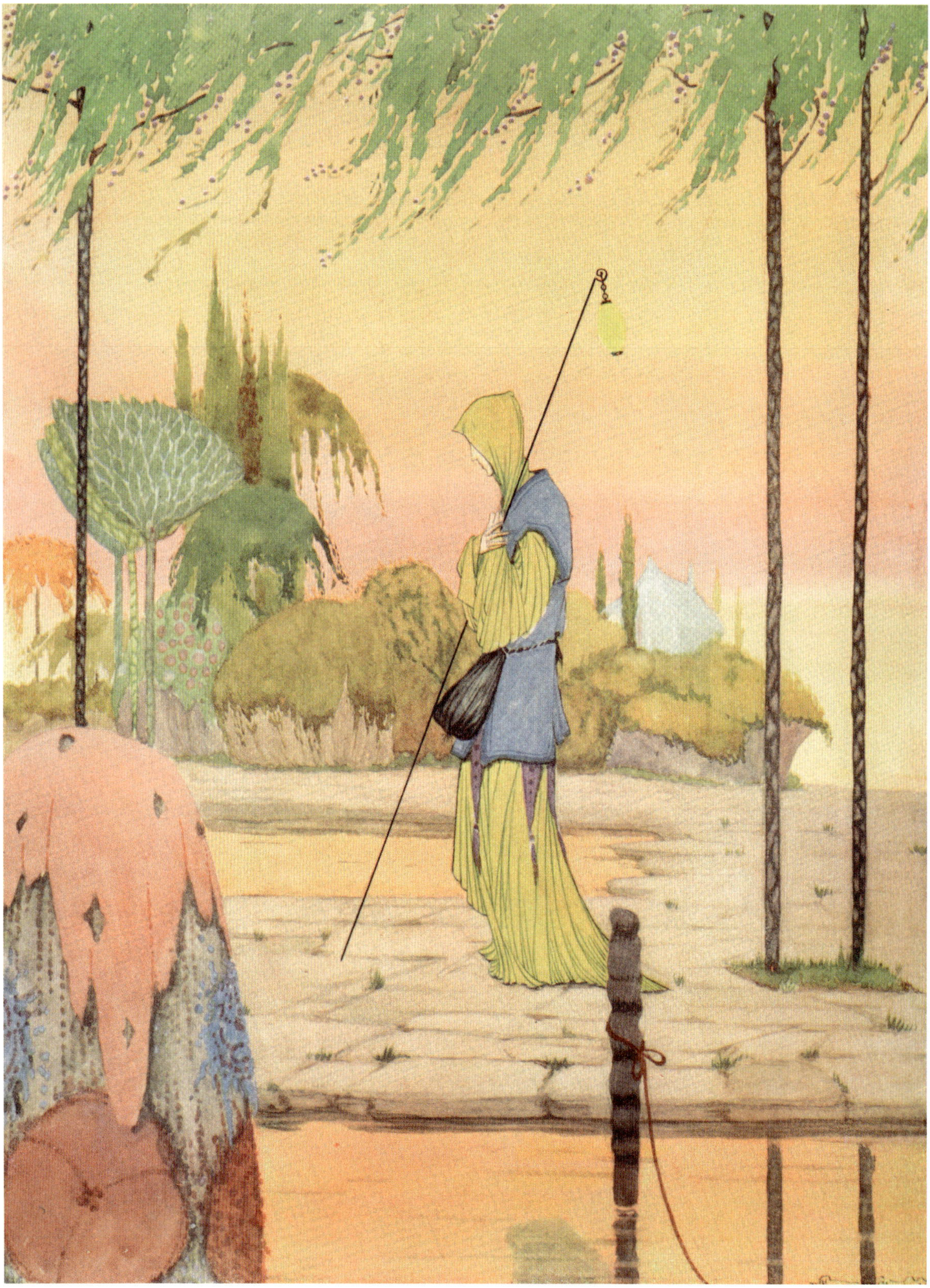

イニスフリーの湖島（W・B・イェイツ）　*The Lake Isle of Innisfree* by W. B. Yeats

イニスフリーはギル湖にある島。そこに小屋を建て、蜜蜂を飼って、平安な暮らしをすることをイェイツは夢見ている。
古いケルトの風土が残っている地である。中国や日本の仙人たちの隠れ家を描いた絵を思わせる。

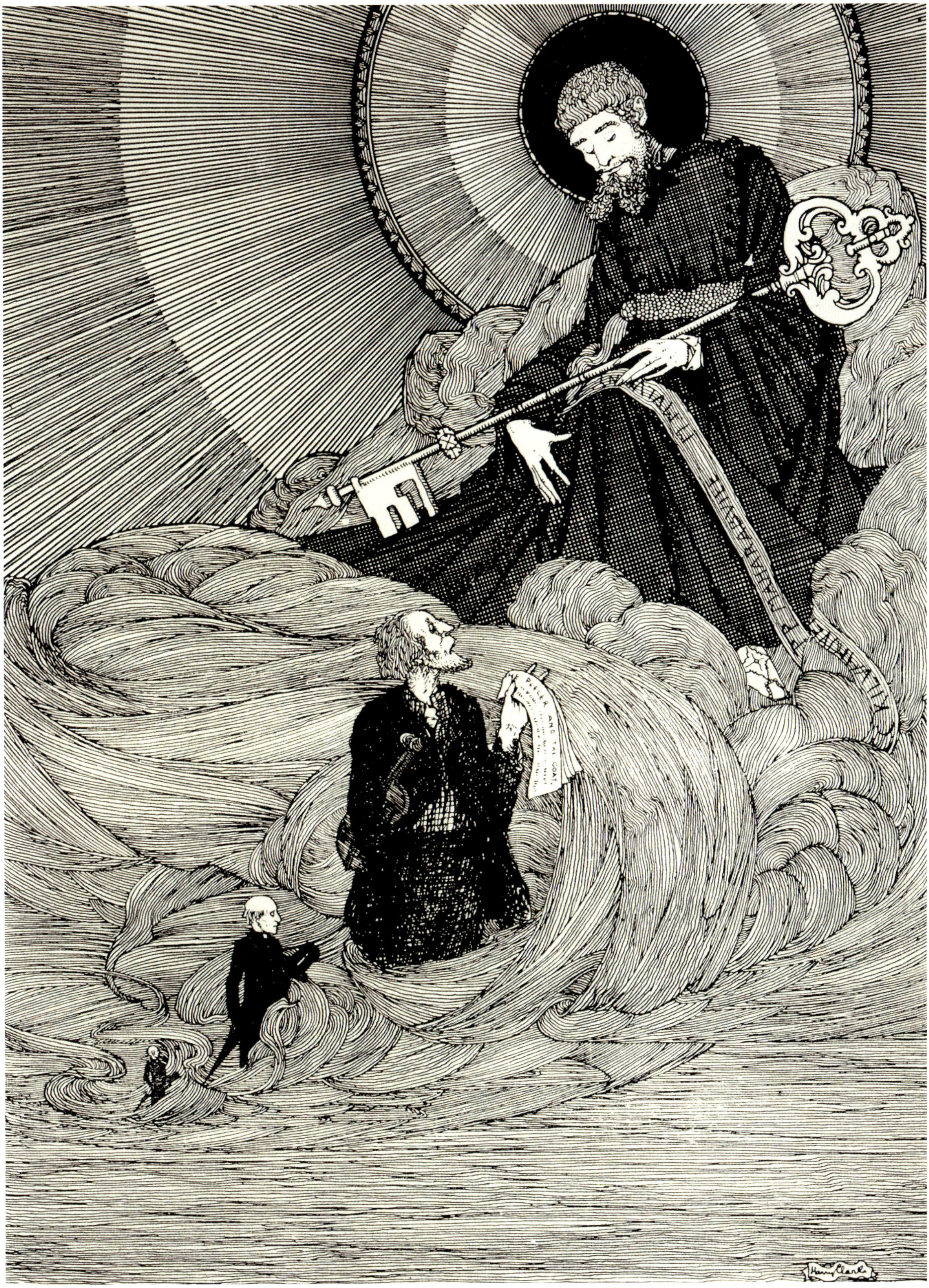

ドゥーニーのヴァイオリン弾き(W・B・イェイツ)　*The Fiddler of Dooney* by W. B. Yeats

ドゥーニーはアイルランドのスライゴ州の地名。そこの陽気なヴァイオリン弾き。従兄と兄は司祭と修道僧だ。人生の果てに、聖ペテロが天国への鍵を持って坐っている。兄たちよりもまっ先に自分を入れてくれるだろう、人々を楽しませてきたのだから。

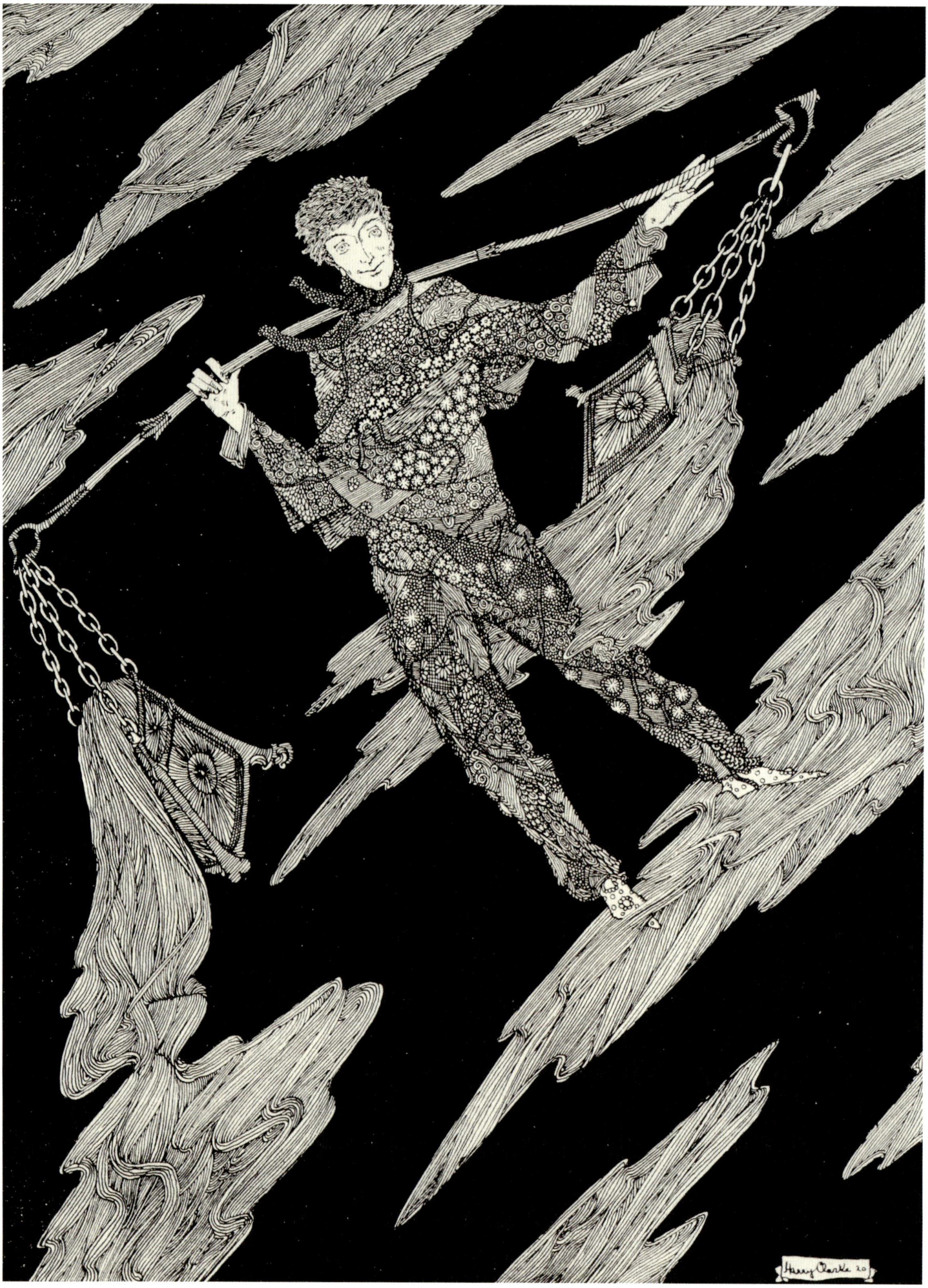

星の歌（ロバート・グレーヴス） *Star-Talk* by Robert Graves

ギリシア神話の研究に熱中した詩人である。この詩は星座たちの会話を聞かせてくれる。この絵はアクエリアス（水瓶座）である。水瓶をかつぎ、水をこぼし、振りまきながら空をめぐっている。「アクエリアス、商売はどう？ さむい夜だね」と呼びかけられている。

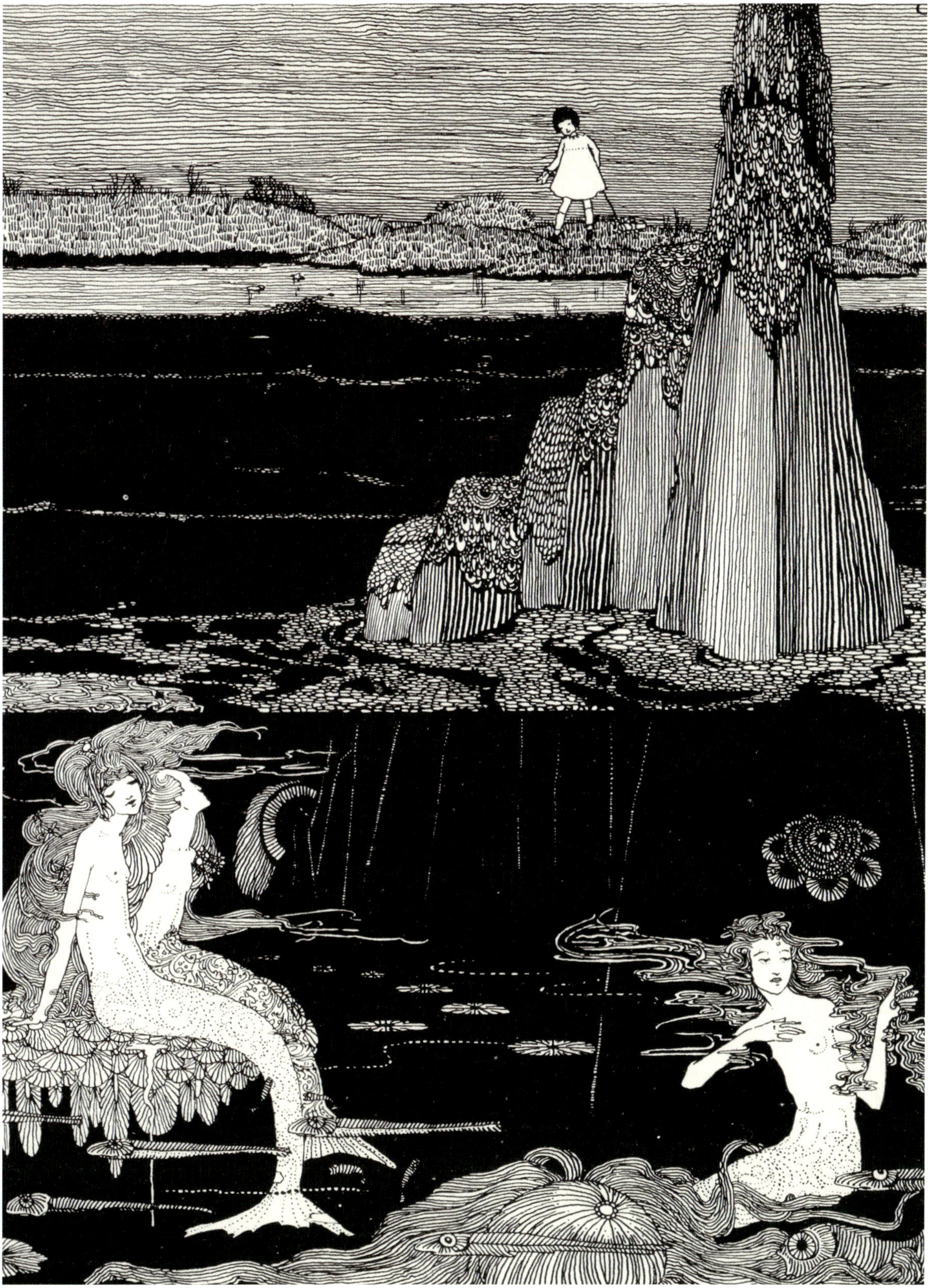

とっても近くで！（クイーニー・スコット＝ホッパー）　*Very Nearly!* by Queenie Scott-Hopper

子どものための詩を書いた女流詩人。この詩はとっても近くで妖精を見てしまったよ、と子どものういういしいおどろきを語る。
上部に子ども、中間部に島、下部に人魚という、ハリーの3層の構図が見られる。

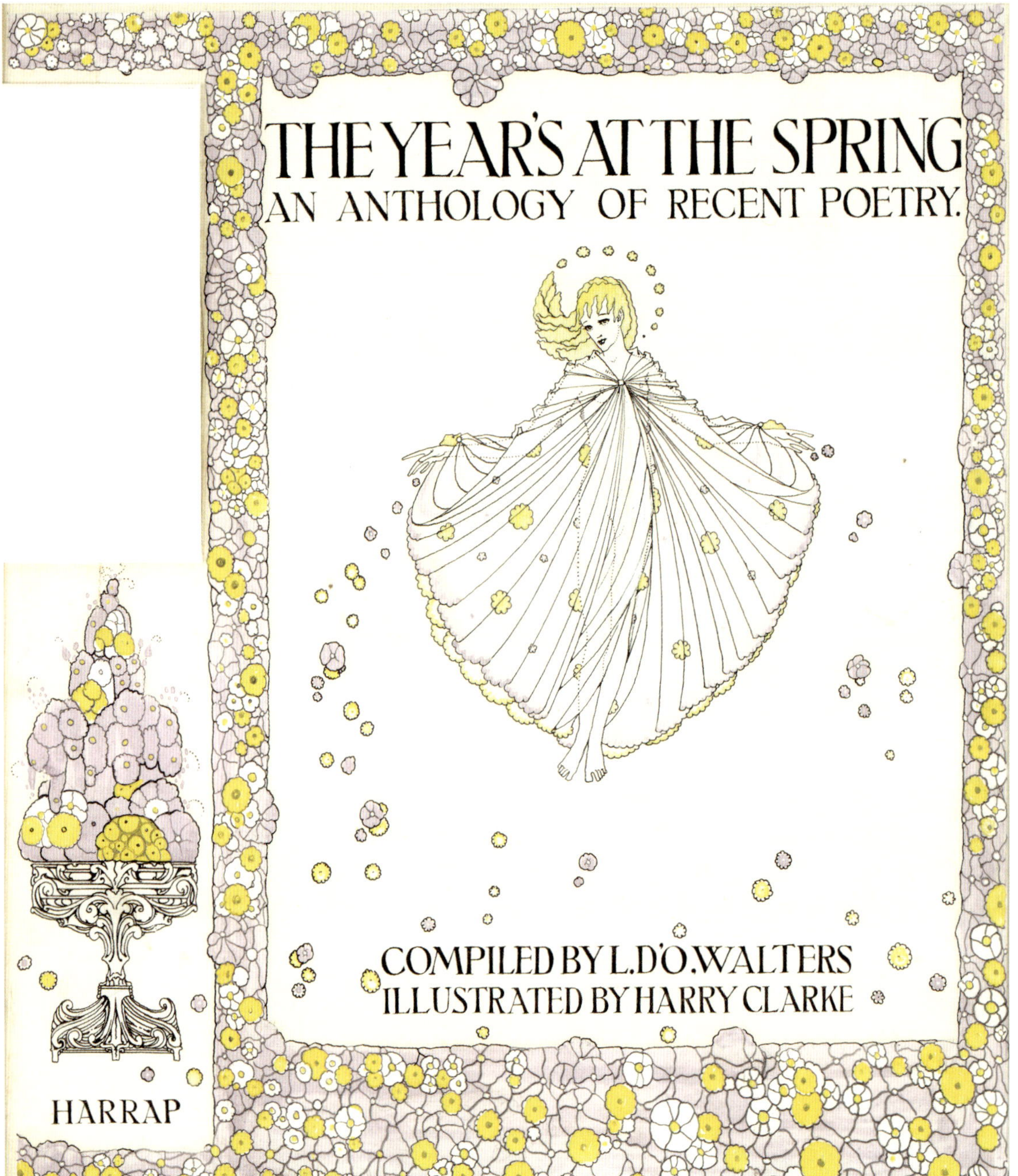

『ときは春』カバーデザイン　*Illustration for Jacket Design*

新しい詩のアンソロジーの表紙に、ハリーはいかにも春らしい色合いのデザインを描いた。若々しい春の女神が踊っている。そのドレスはちょうど貝殻のような形に広がっている。春の海から生まれ、貝殻に乗ったヴィーナスのイメージを重ねているのかもしれない。

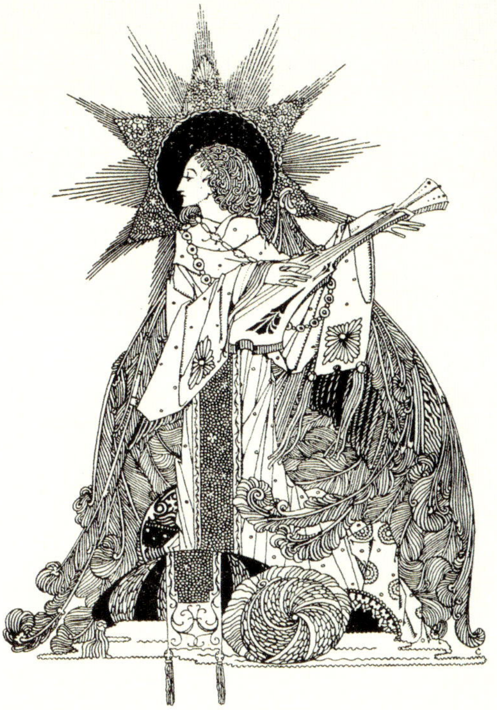

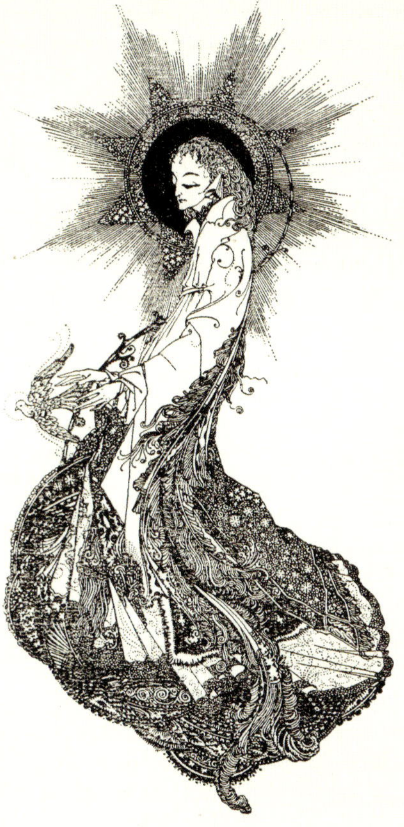

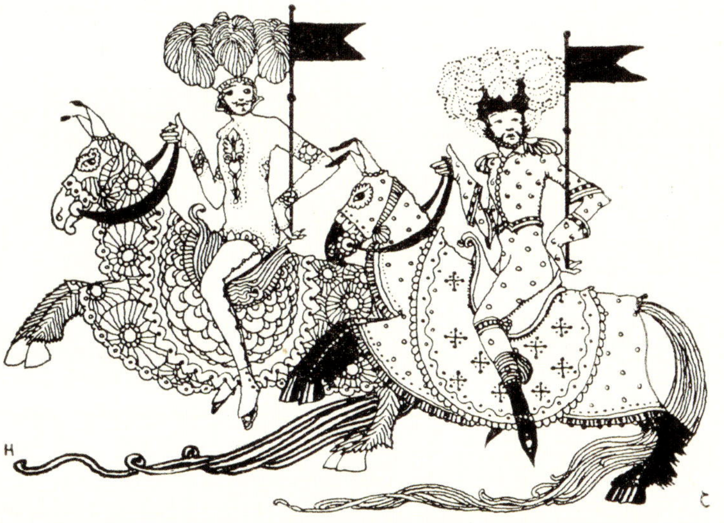

『ときは春』ミニカット　*Illustrations for Page Design*

余白やページの間にデザイン的に描かれたイラスト。小さなイラストも細部まで細かく描きこまれている。

シャルル・ペロー童話集

The Fairy Tales of Charles Perrault

★

ロココ・スタイルのファンタジー

ペローはグリム、アンデルセンとともに、この時代の絵本画家がだれでも描きたいと思ったおとぎ話であった。クラークもアンデルセンにつづいてペローを描きたいと思ったが、出版社が見つからなかった。結局、アンデルセンを出したハラップで1922年に『ペロー童話集』を出した。

クラークはこの本で、刺繍のような細かい装飾をちりばめたロココ・スタイルを使った。楕円のフレームなどもそうである。カイ・ニールセン、バレエ・リュスのレオン・バクストの影響も見られる。装飾的で優雅で、ほのかにエロティックな表現が、ちょっと大人の世界を感じさせるおとぎ話の世界となっている。芝居の1シーンをのぞくような印象的な構図は何度見ても面白い。

見るたびにちがった細部が見えてくるというクラークの絵の複雑な面白さがこの本でも存分に発揮されている。

Rococo Style Fantasy

Along with the Brothers Grimm and Hans Andersen, Charles Perrault's fairy tales were a dream job for any book illustrator of this era. Clarke employed Rococo style for this book, sprinkling his drawings with intricate, embroidery-like patterns and decorations. The oval frame, for instance, was a very Rococo feature. We can also see the influence of Kay Nielsen and Leon Bakst of the Ballet Russe in his work here. Decorative and elegant, the slight erotic touches seems to offer a glimpse into the mature aspect of the fairy tale world. The composition of each illustration, which gives us a feeling of catching memorable moments of a play, never ceases to fascinate.

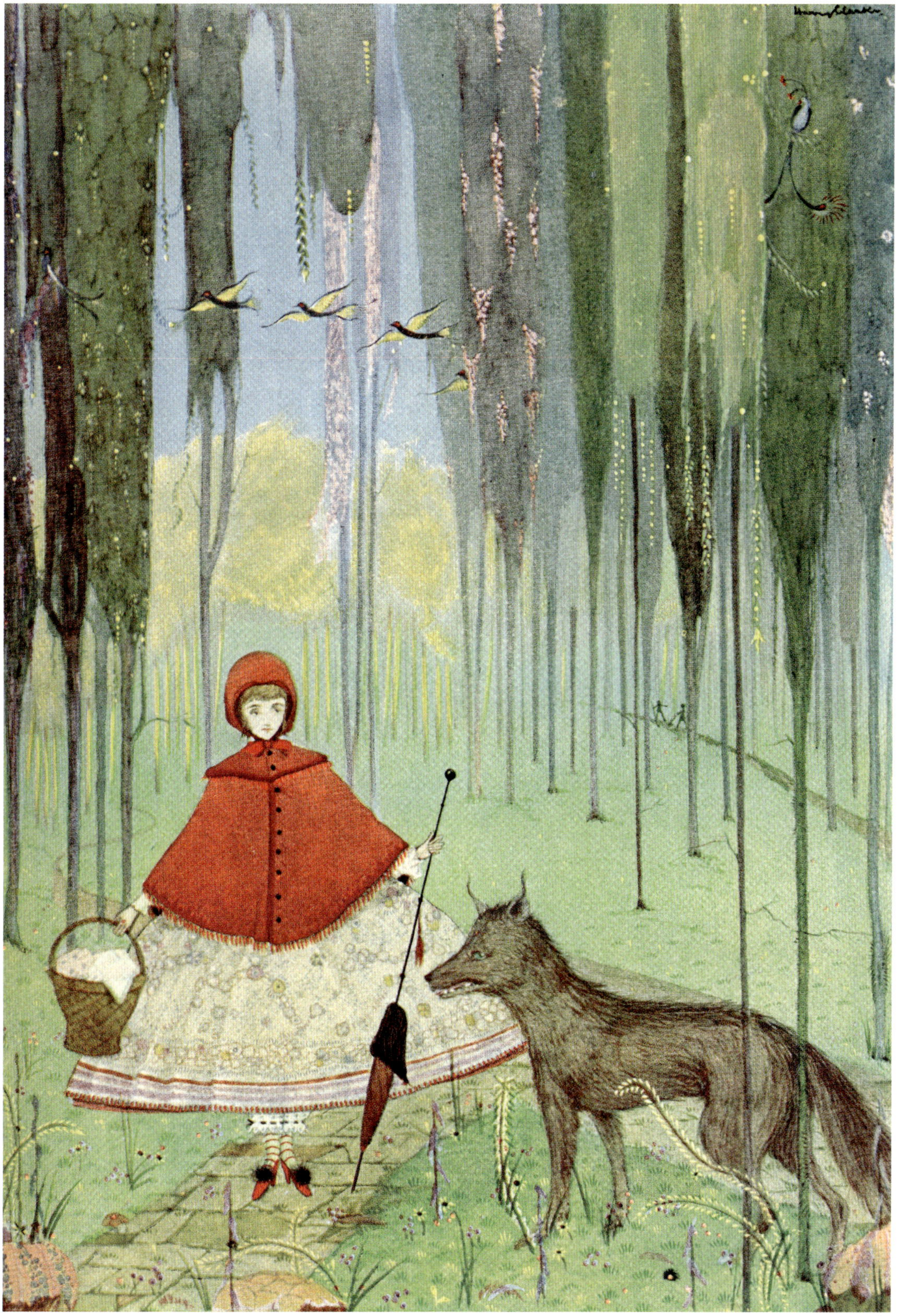

赤ずきん *Little Red Riding-Hood*

ハリーの〈赤ずきん〉は顔が小さく、手も足も小さい。森の描き方も特徴的で、木はほっそりし、
緑の雨が上から落ちてくるようでも、水蒸気のように立ちのぼっているようでもあり、幻想的な雰囲気を高めている。

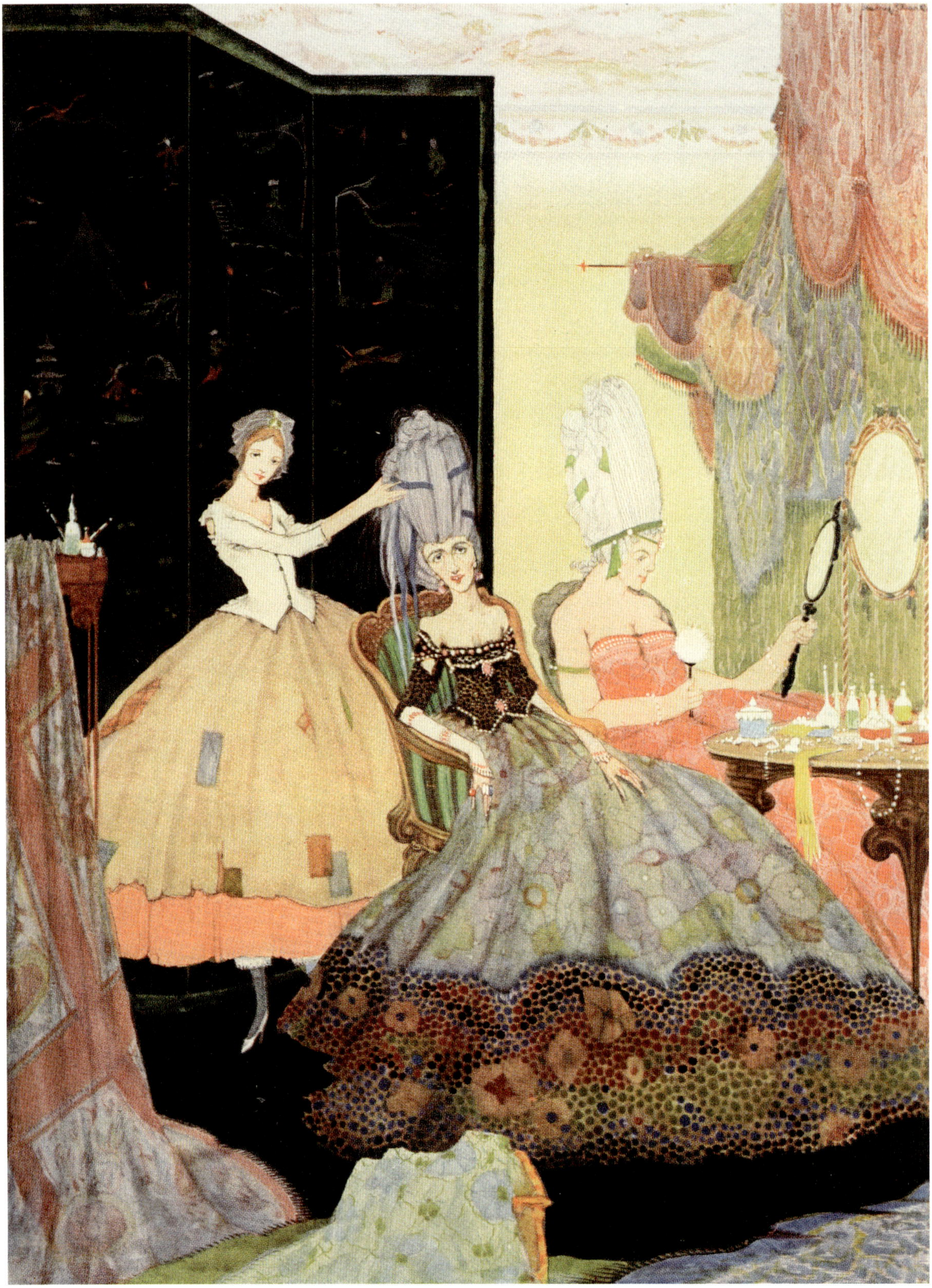

シンデレラ 1 *Cinderilla; or, The Little Glass Slipper*

2人の姉が舞踏会へ行く準備をしているのを、穴のあいたボロ服のシンデレラが手伝っている。
しかし彼女の背景となっているコロマンデルの屏風（中国の漆絵の屏風）の黒が彼女を引き立てている。

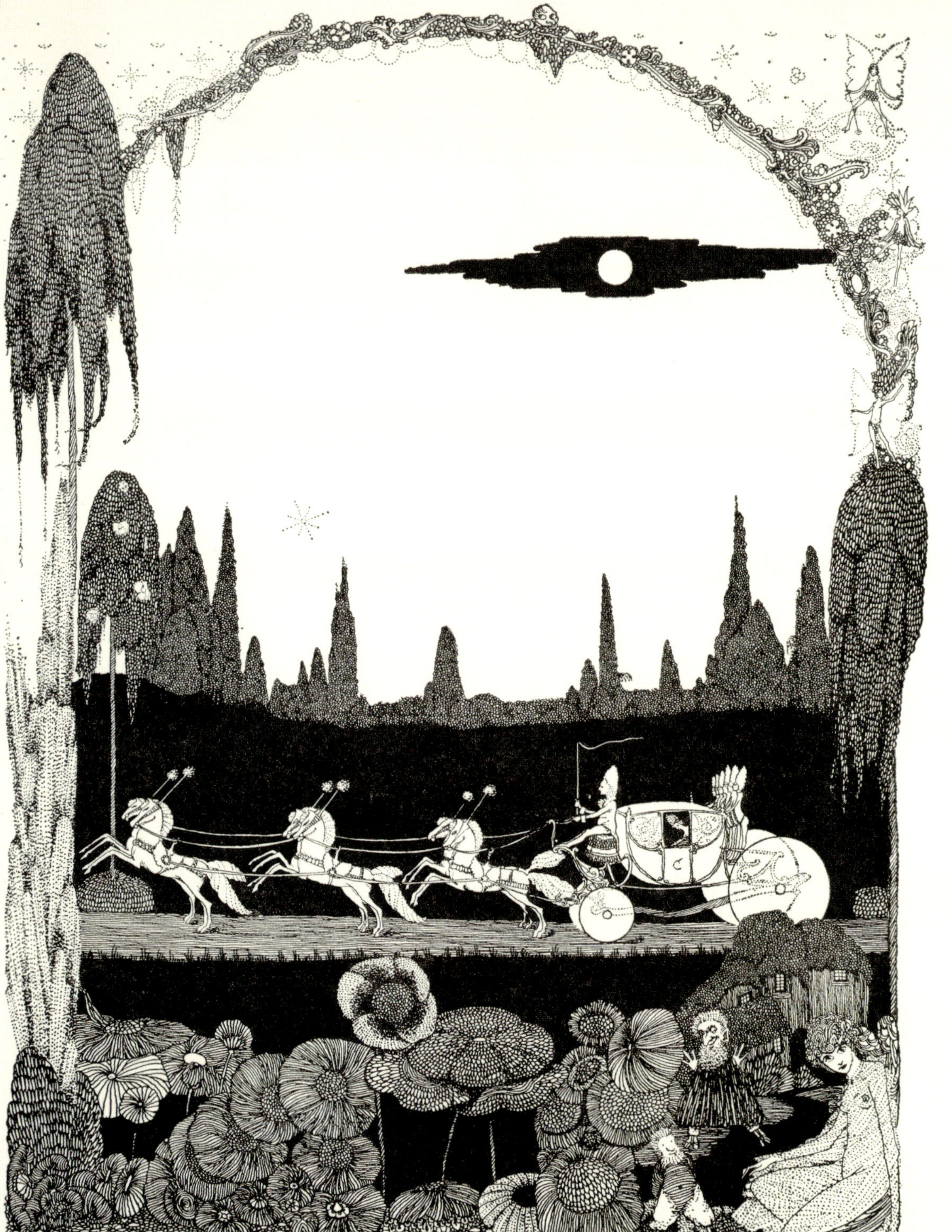

シンデレラ 2 *Cinderilla; or, The Little Glass Slipper*

シンデレラが魔法の馬車で宮廷舞踏会へ向かうシーン。ニールセンの影響を受けているが、ハリー・クラークの遠・中・近(上・中・下)景の3層構造がくっきりわかる。空はアーチ状の飾り枠がかかっている。中景を馬車が走る。そして近景には植物と妖精の世界が広がっている。

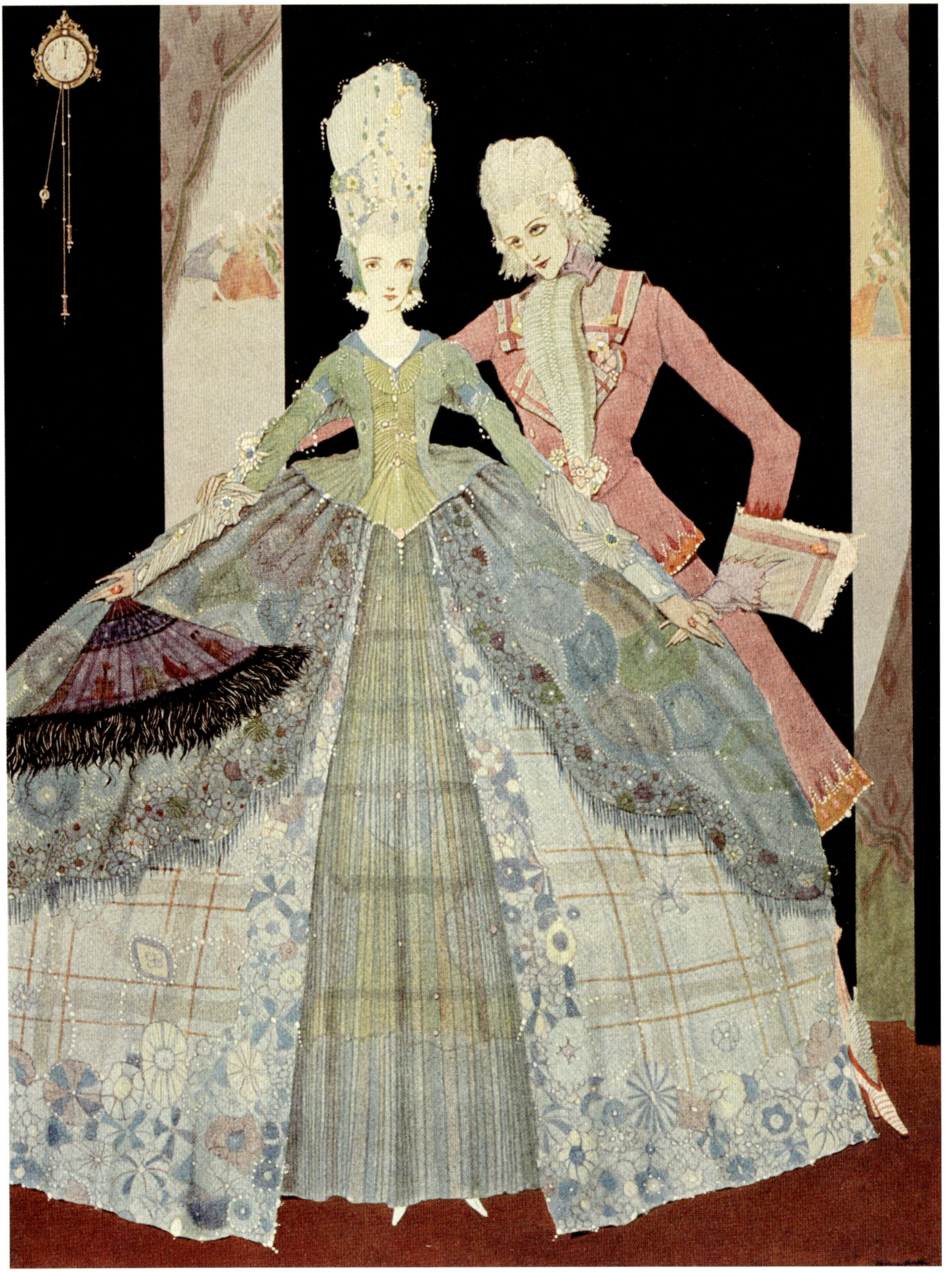

シンデレラ 3 *Cinderilla; or, The Little Glass Slipper*

シンデレラと王子。2人の手の位置が微妙である。黒いカーテンの2つのスリットから広間の様子がちらりとのぞく。
そして左上の時計は12時を過ぎようとしている。シンデレラのスカートのさまざまな色が透けている玄妙なゆらぎに見とれてしまう。

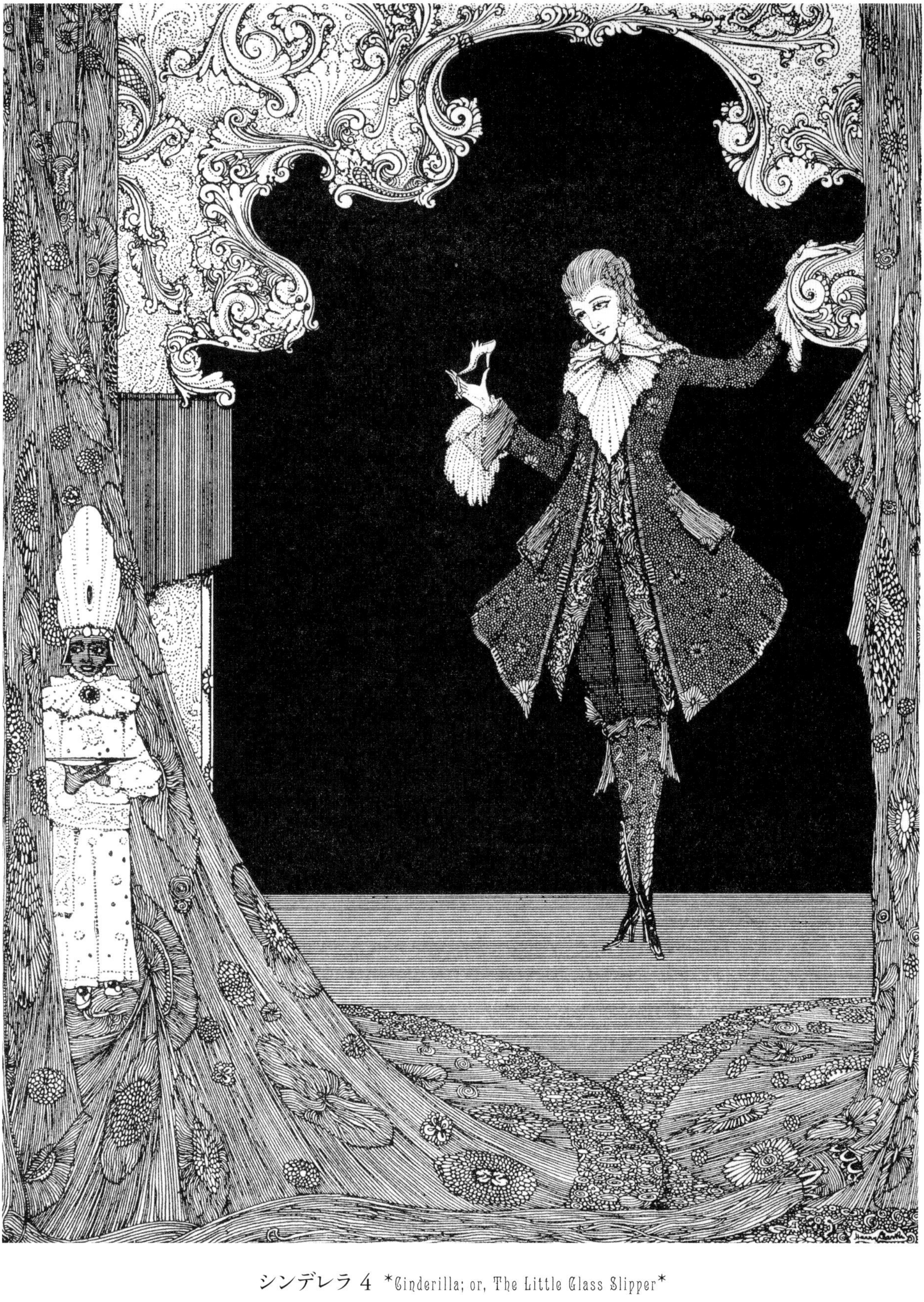

シンデレラ 4 *Cinderilla; or, The Little Glass Slipper*

シンデレラが深夜12時に消えた後、ガラスの靴が落ちている。王子はその靴の持ち主をさがす。
王子は舞台に登場して、その靴を見せている。まわりはカルトゥーシュといわれる唐草のフレームで囲まれている。

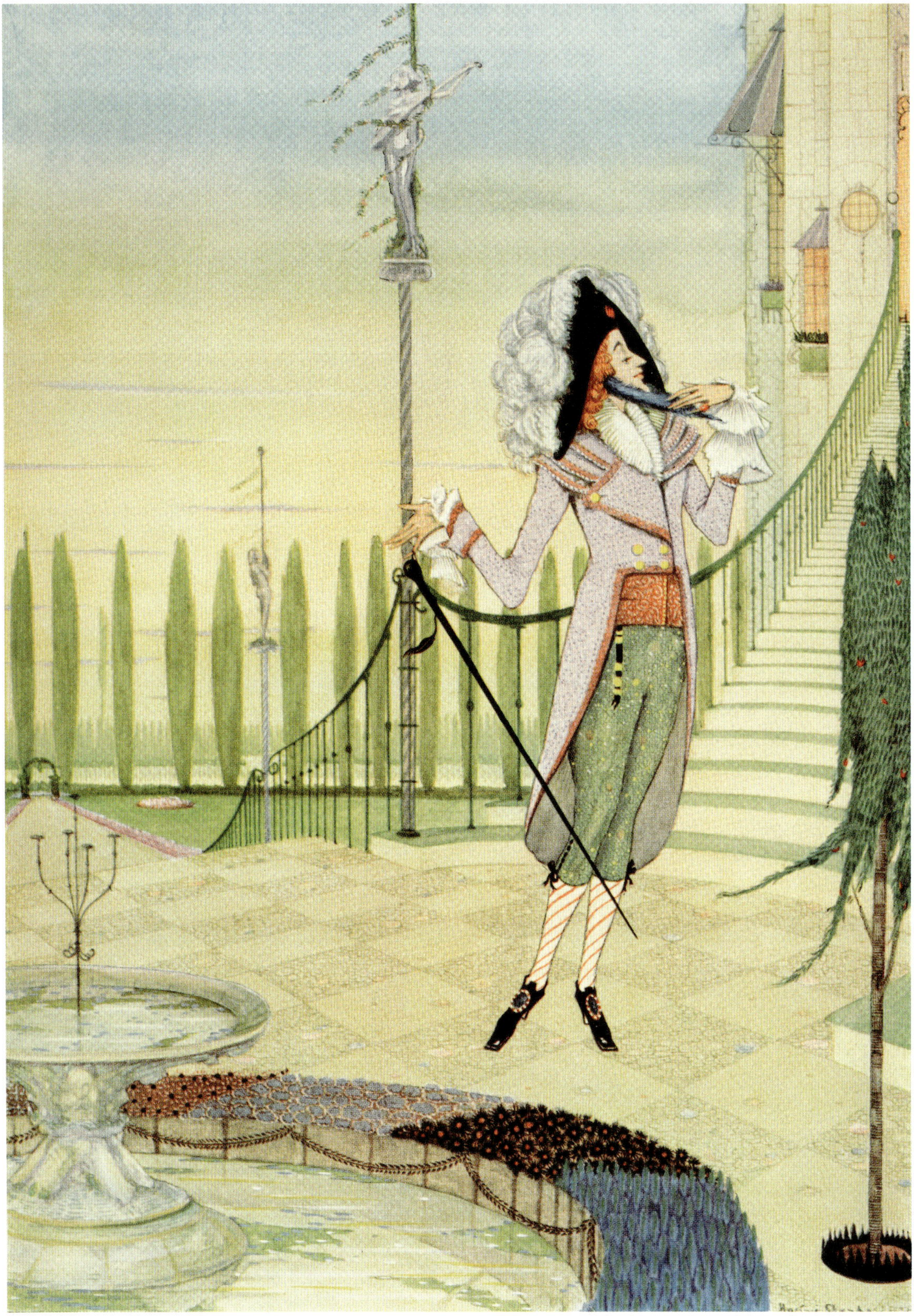

青ひげ 1 *Blue Beard*

男のひげは青かった。そのひげと同じく、彼は風変わりな趣味を持っていた。彼の手と剣の柄はちょうど飾り柱の位置と重なっている。その柱にはギターを弾く女性像が載っている。彼が女性（妻）を殺すことを暗示している。

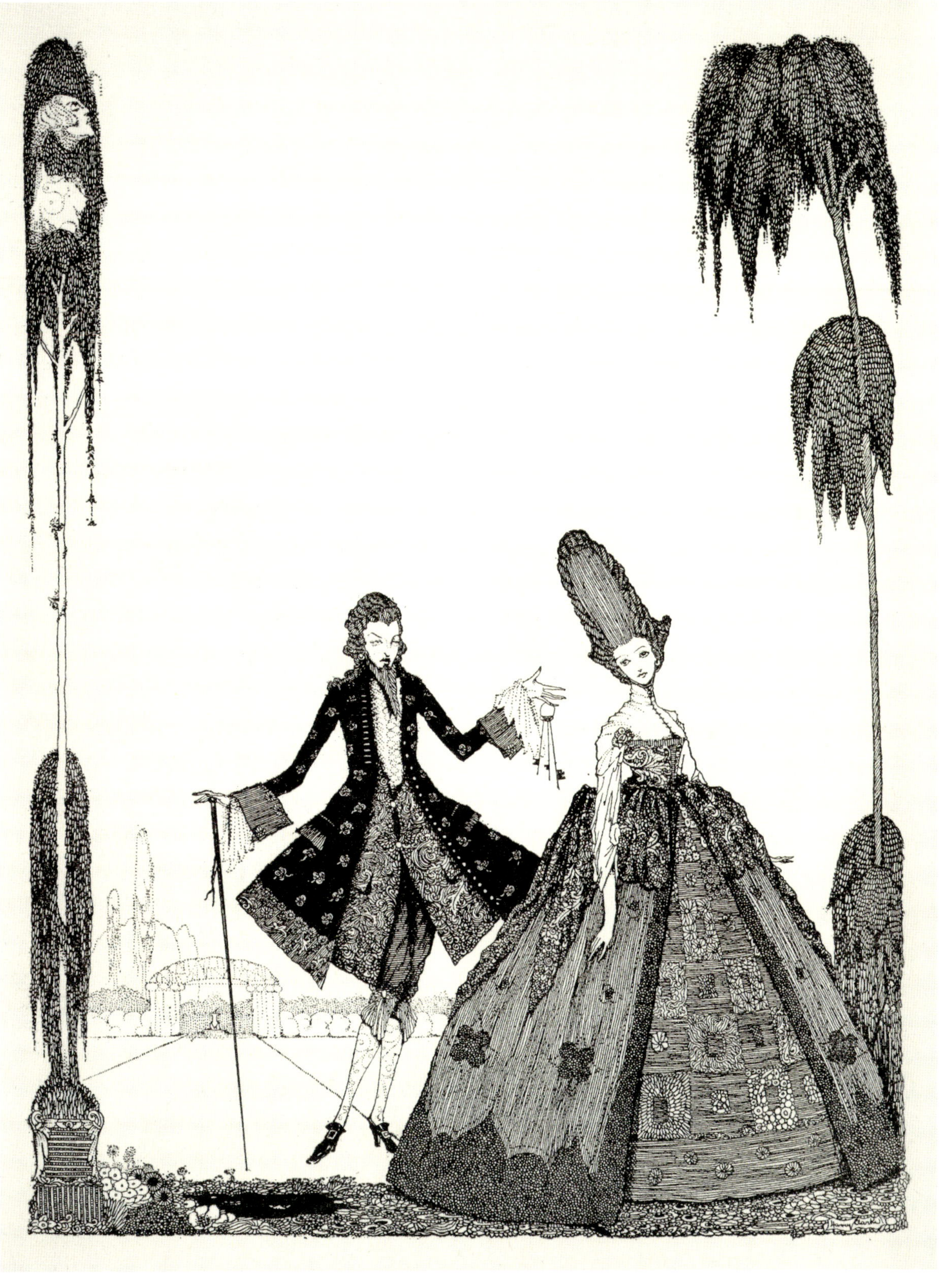

青ひげ 2 *Blue Beard*

新しい妻は、のぞいてはならない、という秘密の部屋をのぞいてしまう。そこの鍵を持っていることを問いつめられているシーン。
両側の飾り柱のような木、そして背後の遠景など、ジェシー・キングなどのグラスゴー・グループに似たスタイルである。

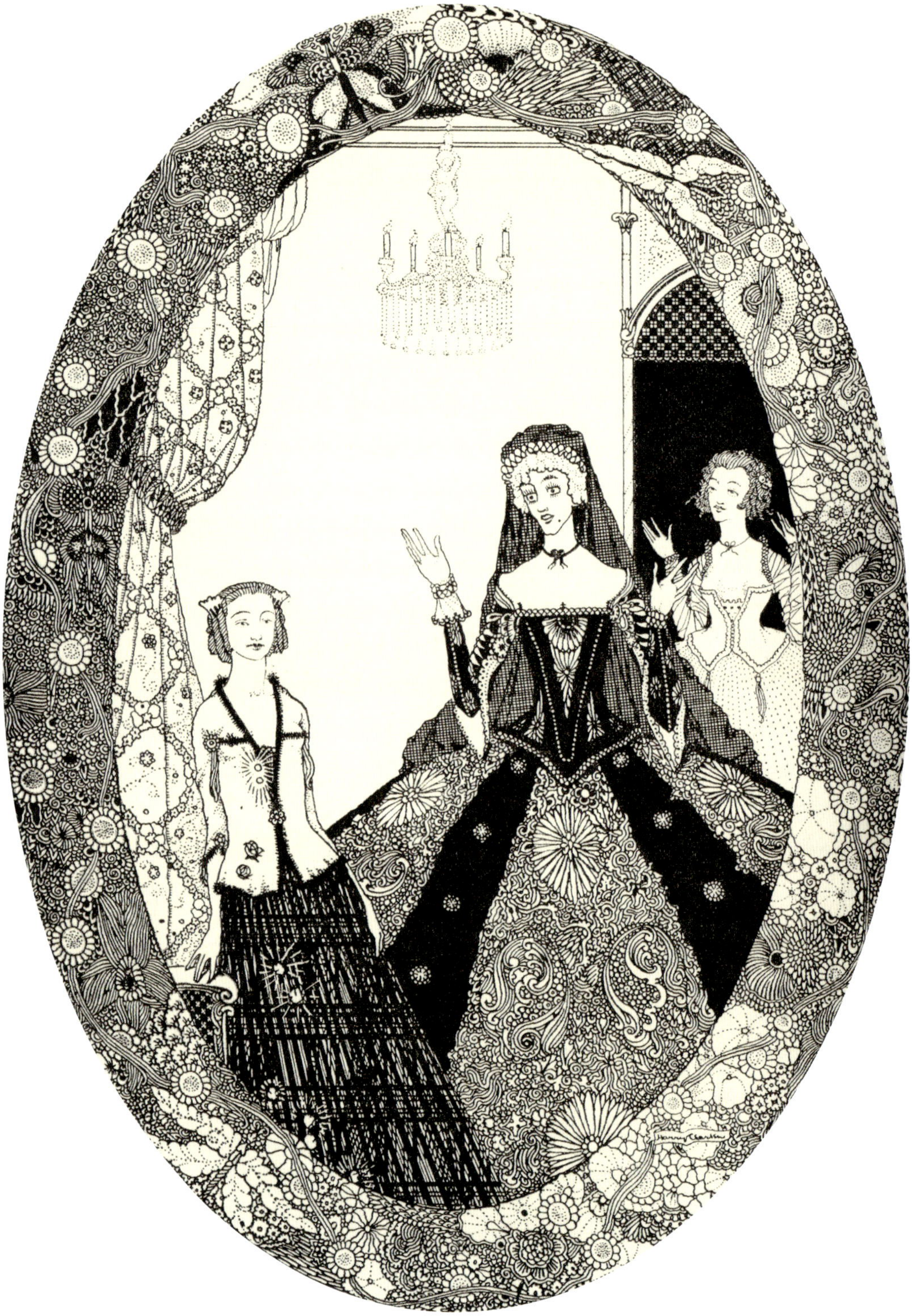

妖精の話 1 *The Fairy*

意地悪な姉と親切な妹の話。妹は、泉に水汲みに行き、妖精にやさしく水を飲ませたので、口から花や宝石が出るようになった。妖精に意地悪な姉は蛇や蛙が出てくる。この絵では意地悪な母と姉は手を上にあげ、やさしい妹は手を下にさげている。

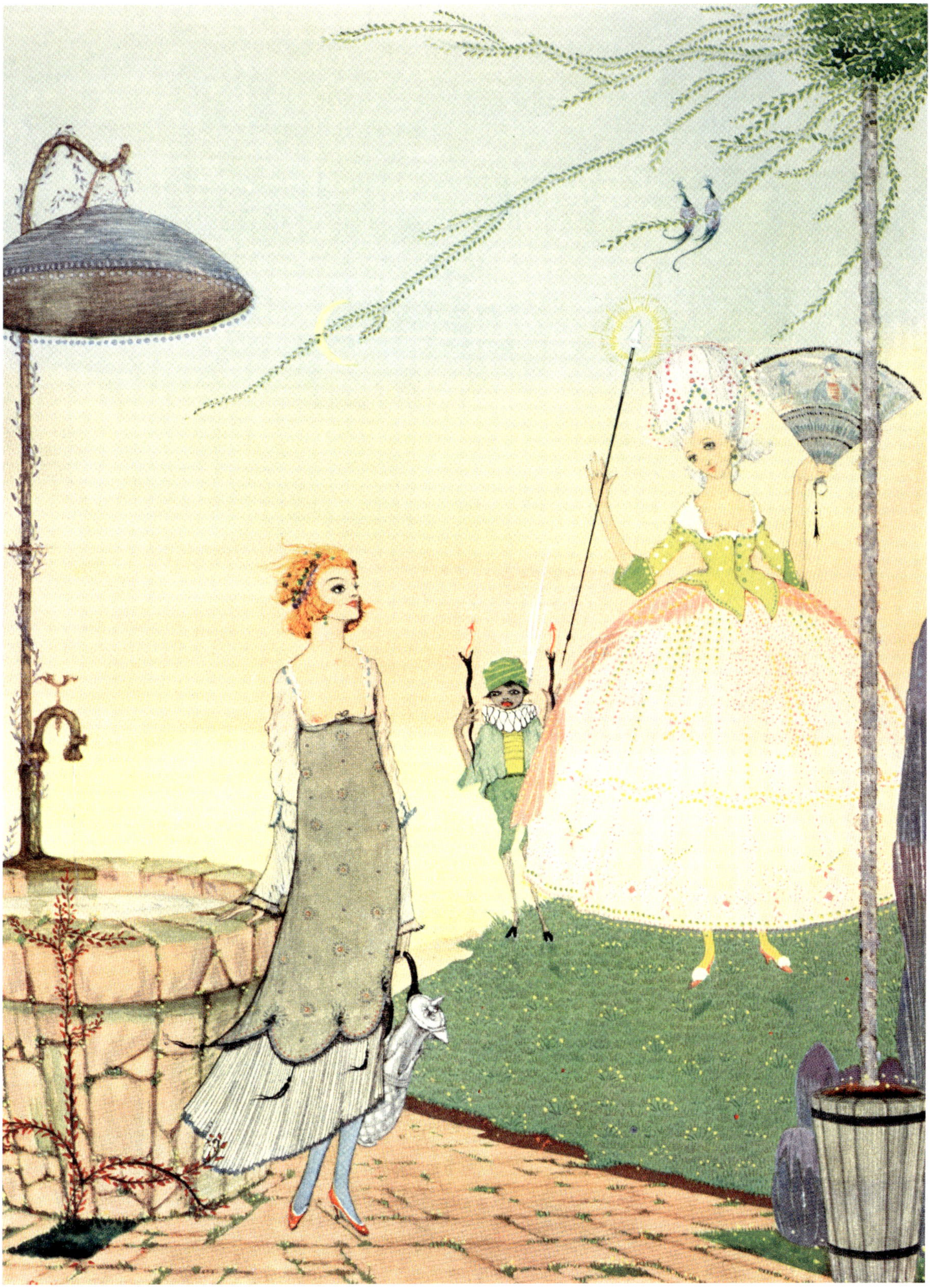

妖精の話 2 *The Fairy*

泉の井戸のところで、娘は妖精に出会う。井戸に水道の蛇口のようなものがついているのがおかしい。
また娘も妖精も胸を出しているのはなぜだろう。ハリー・クラークの好みであろうか。

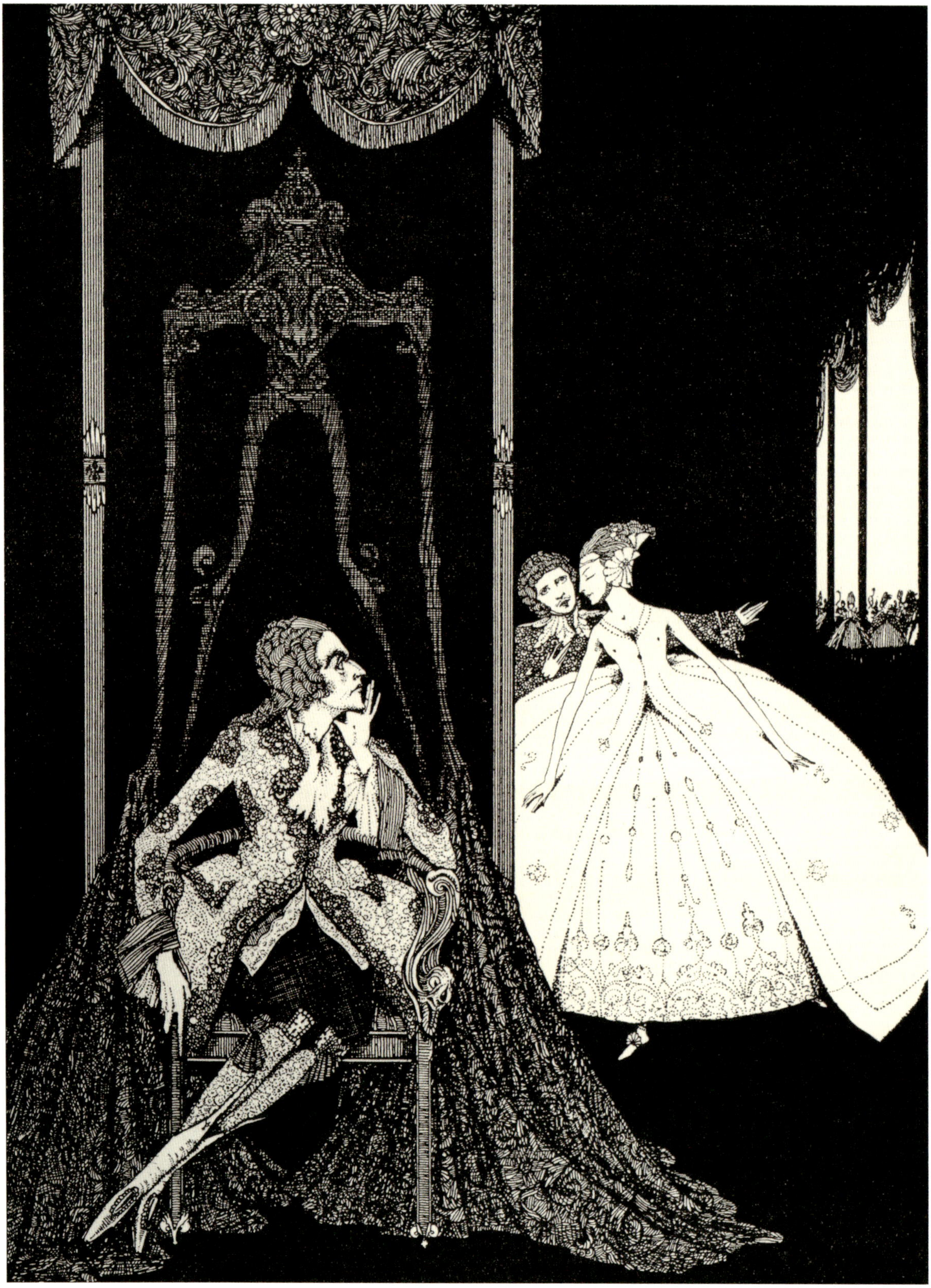

ロバの皮 1 *Donkey-skin*

王は妃を亡くし、再婚を考えるが、なんと実の娘である王女を新しい妃にしたいと考える。
王座で妄想にふける王と広間で話している王女という劇的な構図が工夫されている。闇の中に白く浮かぶ王女の衣裳が鮮やかである。

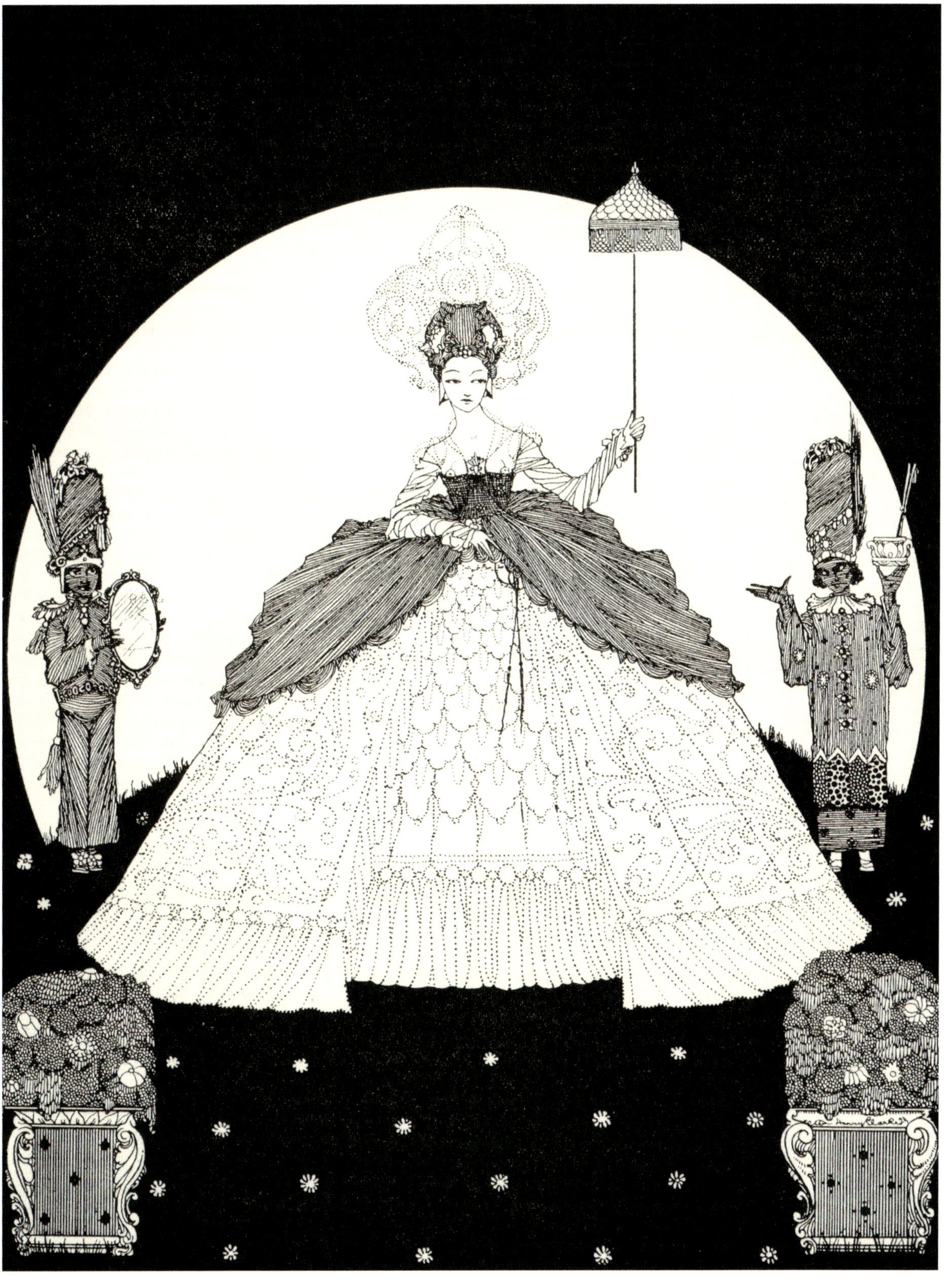

ロバの皮 2 *Donkey-skin*

王女は王との結婚をことわるため、月色のドレスを欲しいという条件を出す。
しかしそれを見事につくられたので、さらに無理な注文を考えなければならなくなる。月を背景にした月色のドレスが描かれている。

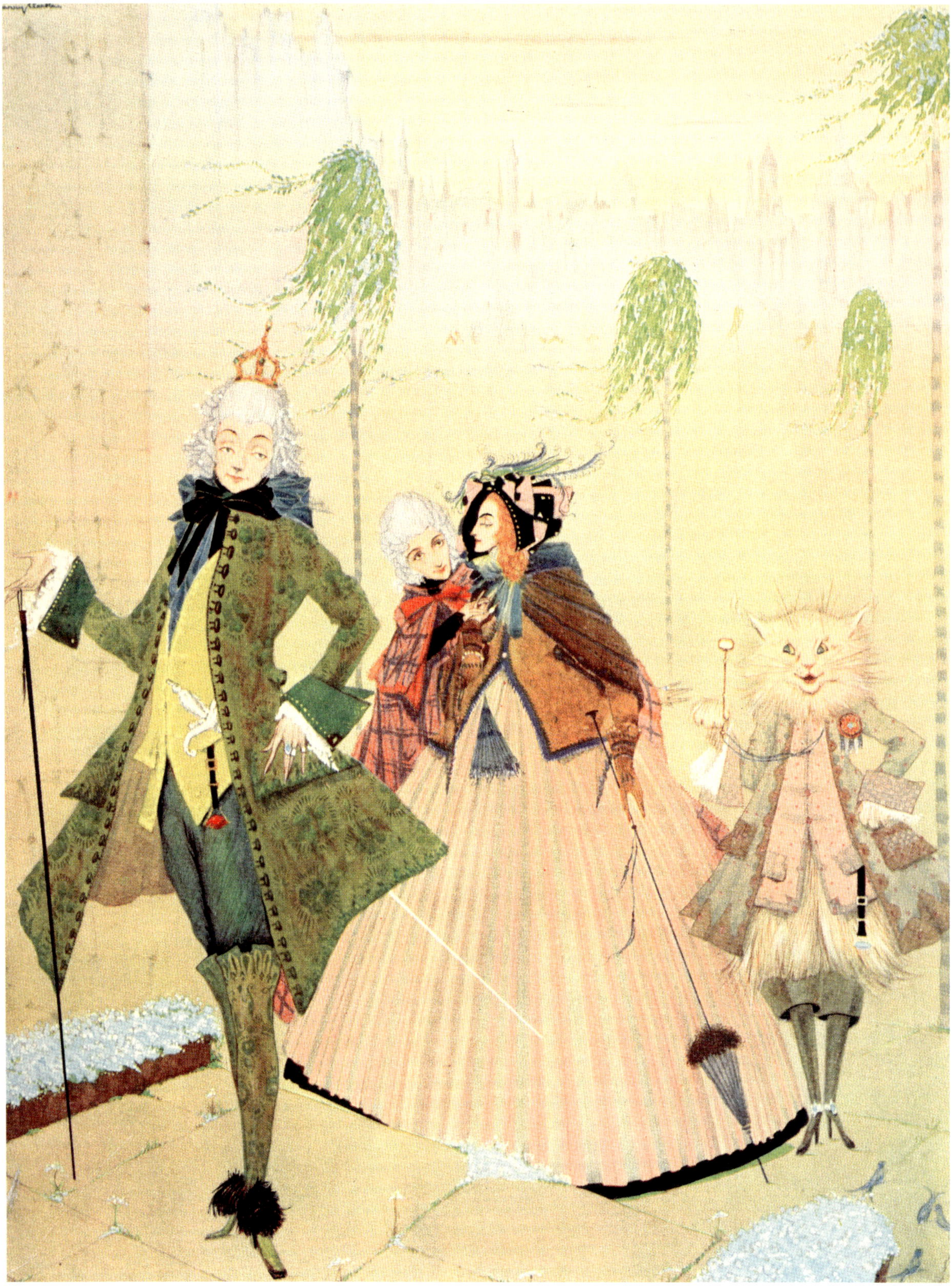

長靴をはいた猫 *The Master Cat; or, Puss in Boots*

長靴をはいた猫が宮廷で出世してゆく。それにしてもハリー・クラークが描く猫の長靴の華奢なことには思わず笑ってしまう。そして王様の上衣のぜいたくなこと、複雑な色合いにもおどろかされる。

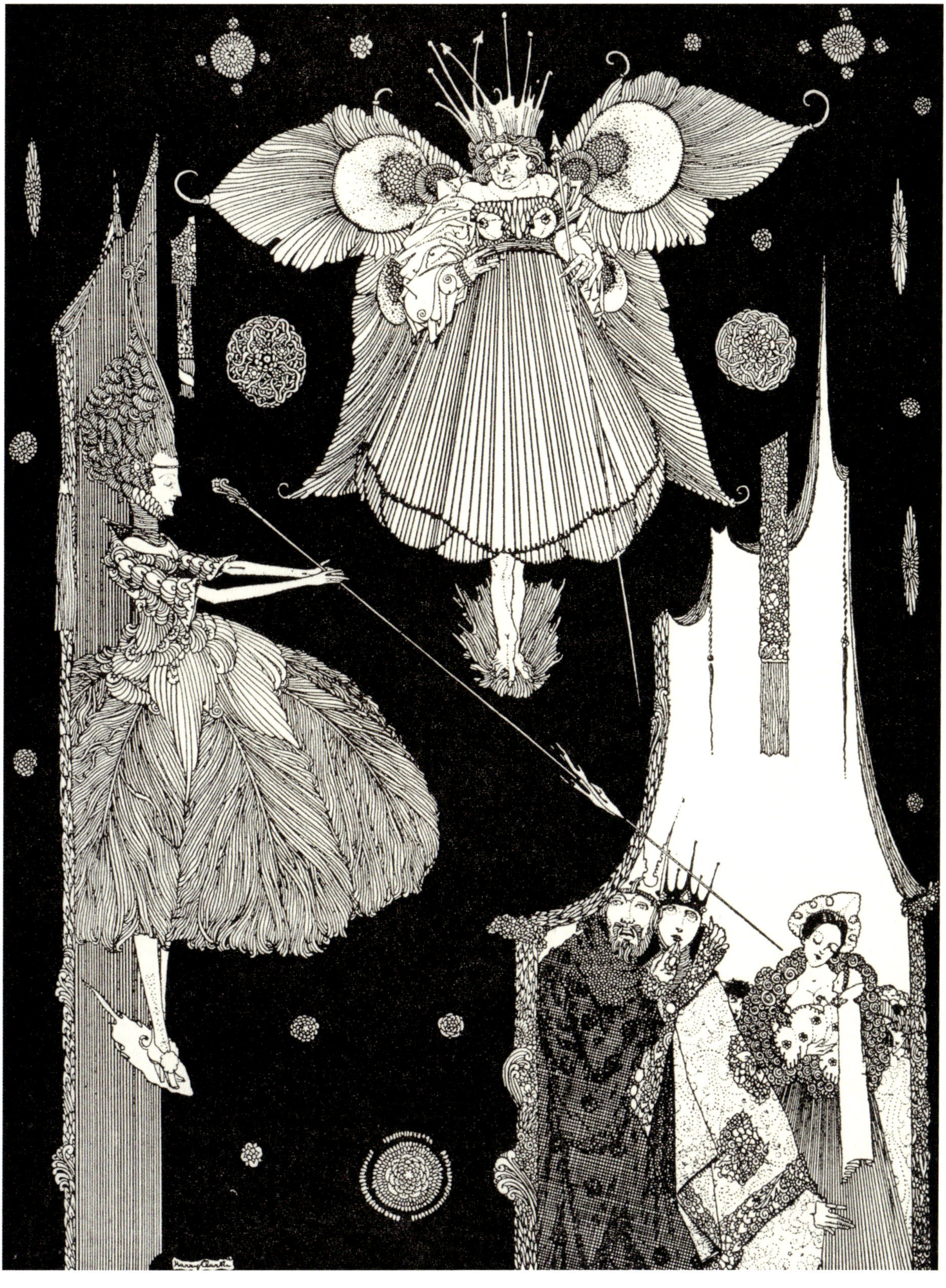

眠れる森の美女 1 *The Sleeping Beauty in the Wood*

王女の誕生祝いに招かれなかった妖精が呪いをかける。しかし残っていた若い妖精が登場し、死の呪いをやわらげ、眠りに変える。ハリーは中央上部に悪い妖精を描き、左の帳（とばり）から出てくる良い妖精を面白い描き方で表現している。

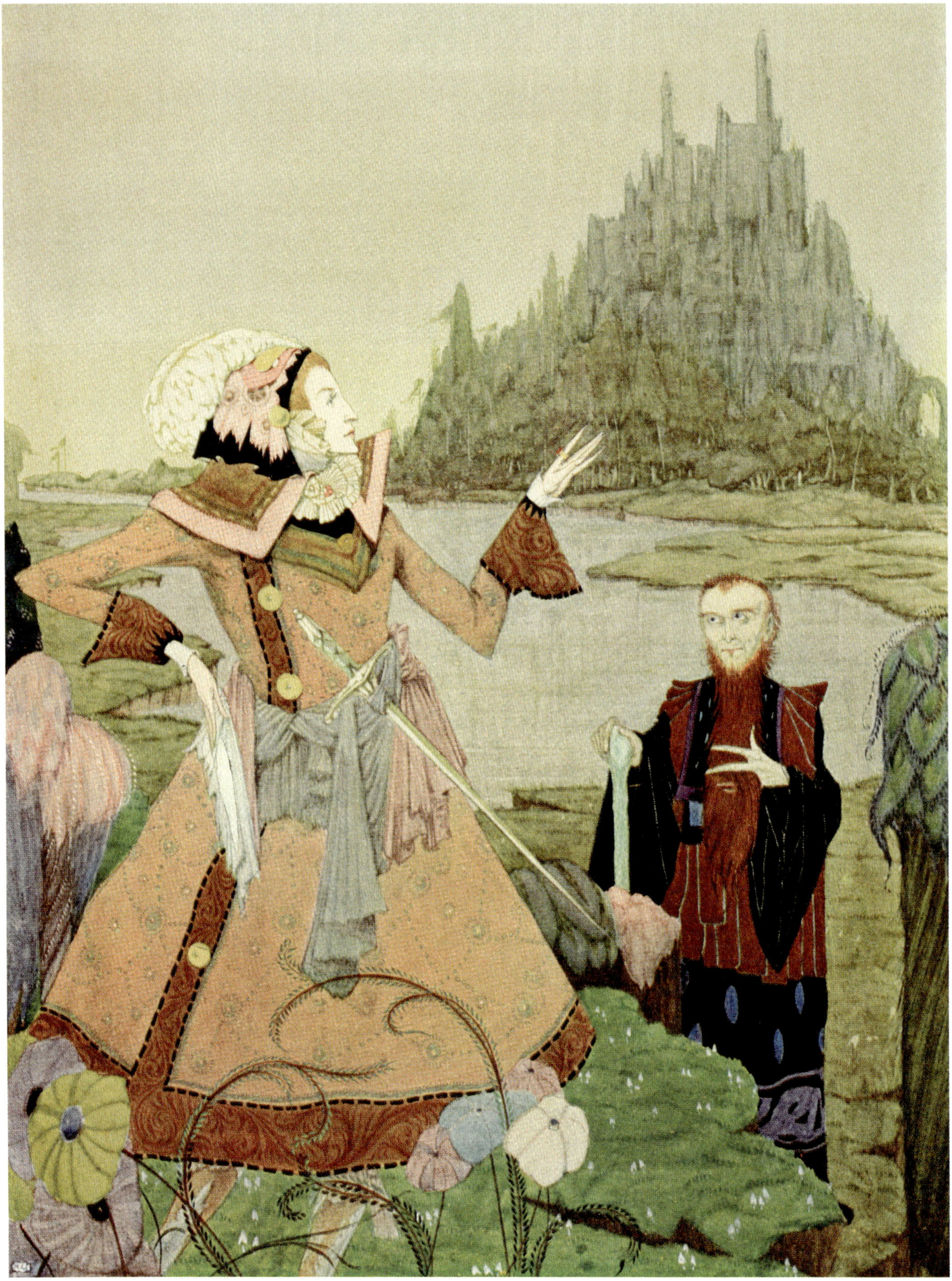

眠れる森の美女２ *The Sleeping Beauty in the Wood*

眠れる美女を救うために王子がやってくる。村人に様子を聞いている。ここでもハリーのほっそりした手の動きが特徴的である。
王子のしゃれたコートや髪飾りなどは女性とも見えるくらいだ。

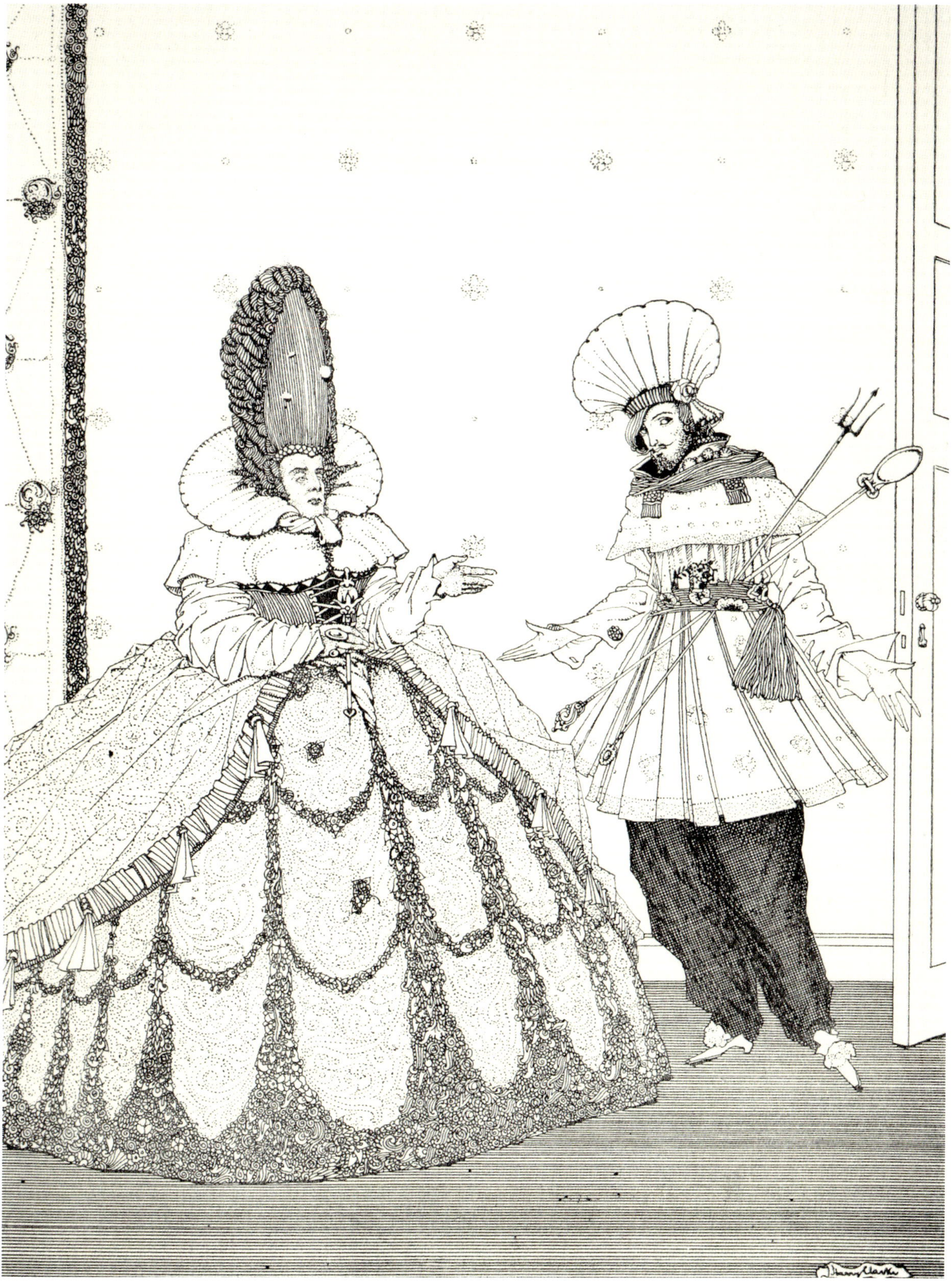

眠れる森の美女 3 *The Sleeping Beauty in the Wood*

王子によって眠りからさめた王女は、王子と幸せに暮らし、2人の子どもが生まれた。ところが王子の母は人食いの魔女で、その子どもを食べようとする。この絵では人食い女王が料理長にロベール・ソースで食べたいといっている。

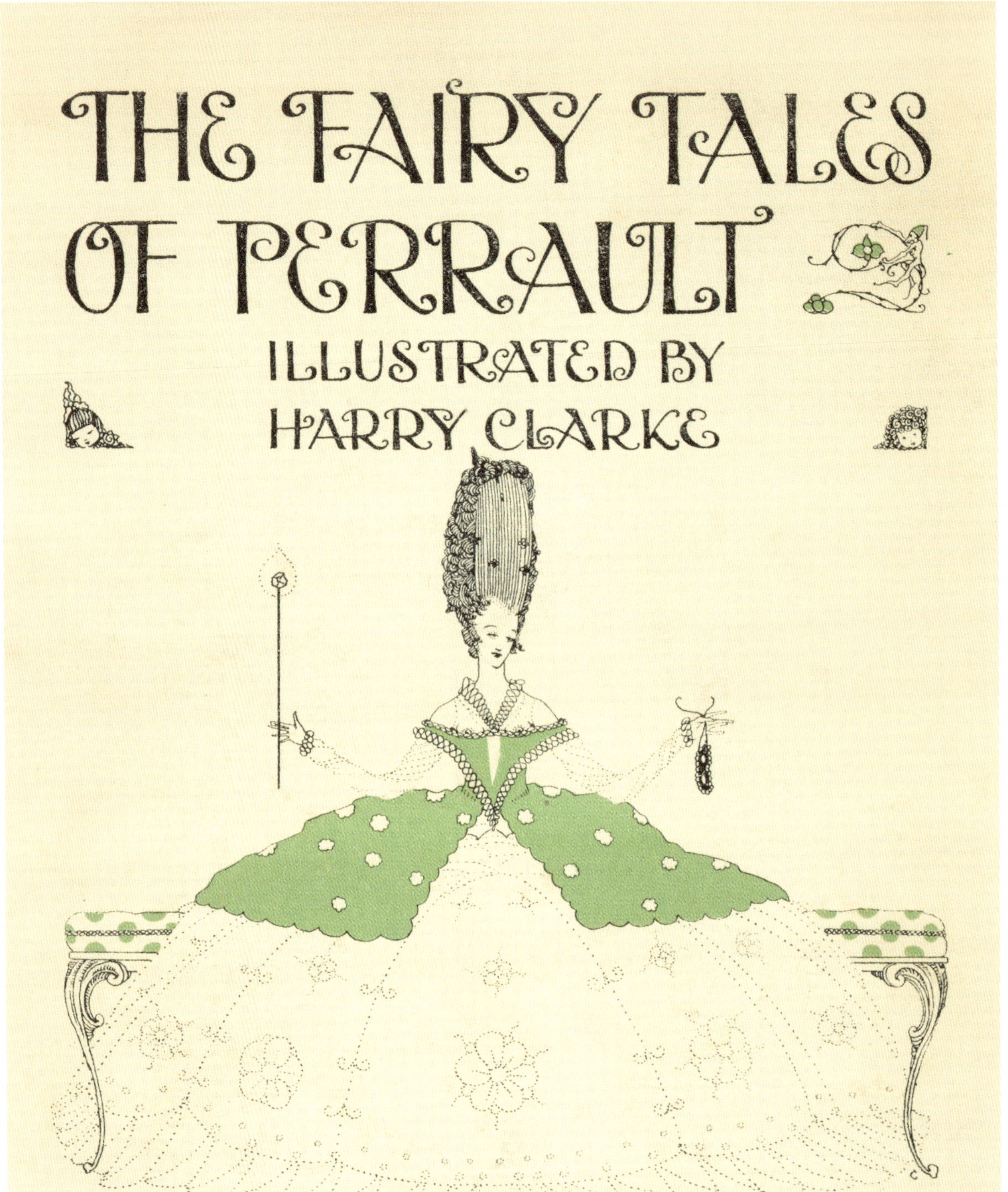

『シャルル・ペロー童話集』カバーデザイン　*Jacket Design*

『シャルル・ペロー童話集』はロココ調のイメージでまとめられている。
ふんわりと広がるスカートのレースが繊細な点描であらわされ、女性らしく軽やかな印象を与えている。

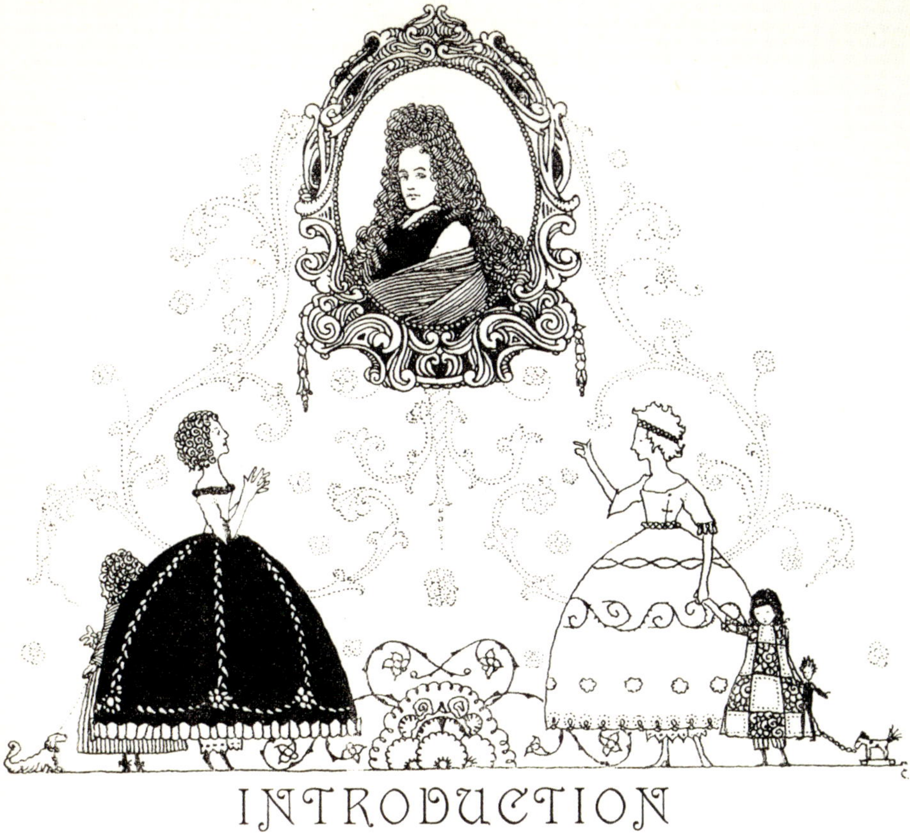

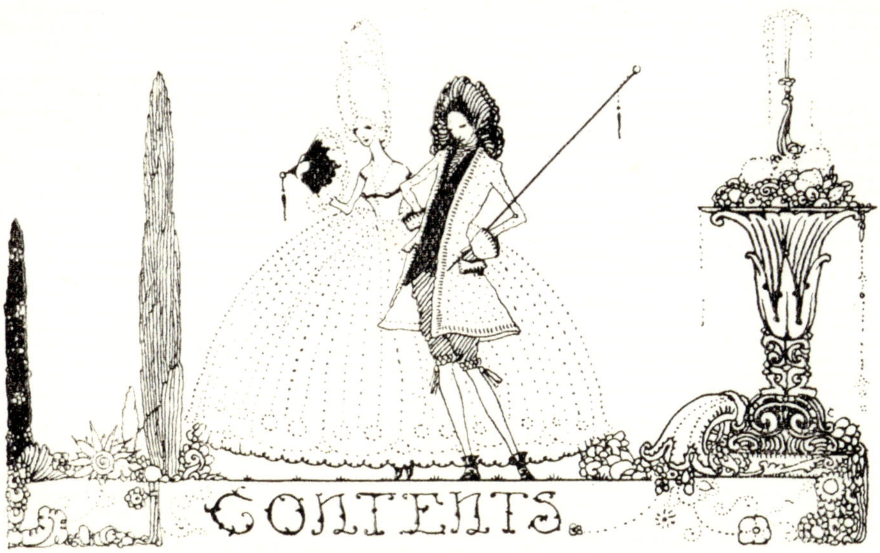

『シャルル・ペロー童話集』ミニカット 1 *Illustrations for Page Design*

［上］"Introduction"（導入）ページのデザインカット
［下］"Contents"（目次）ページのデザインカット

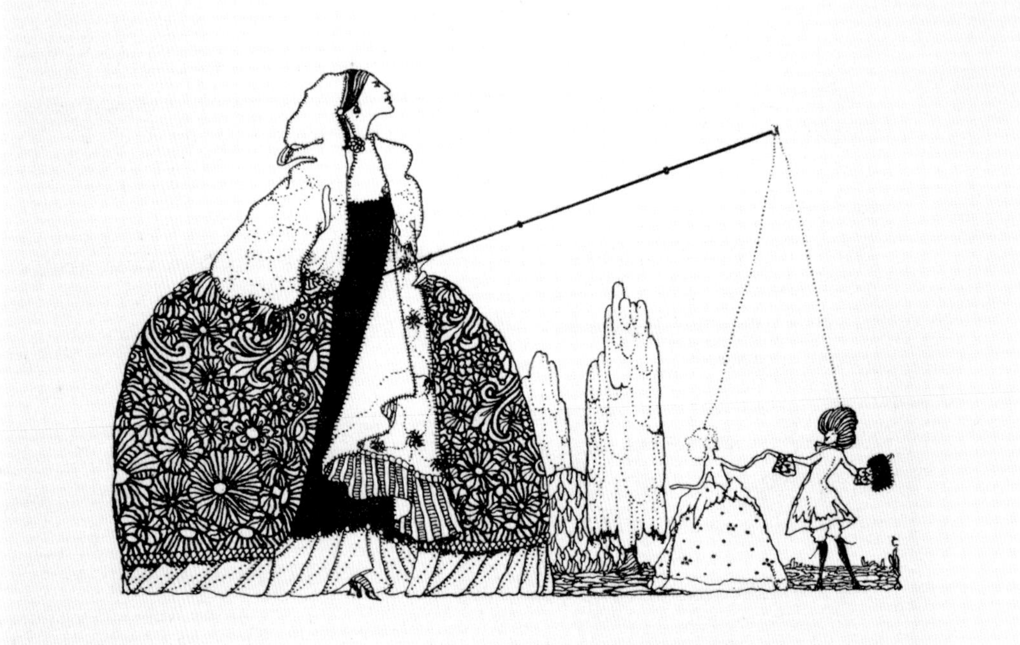

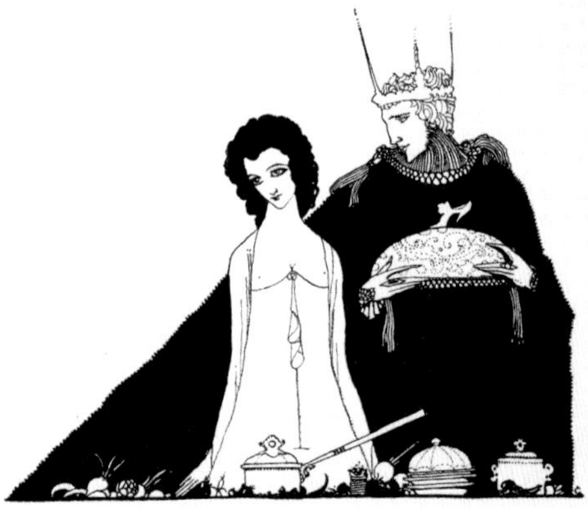

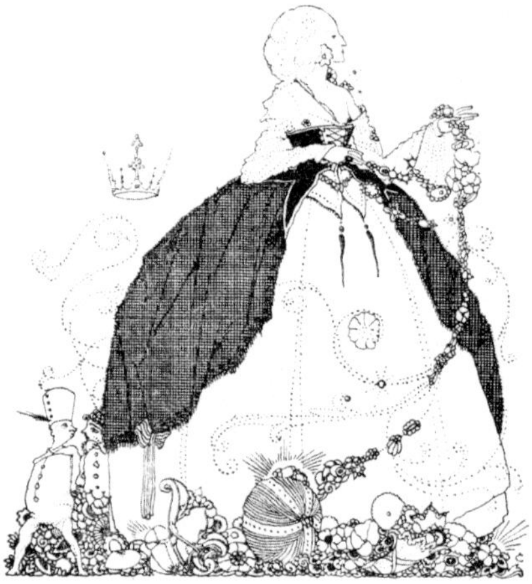

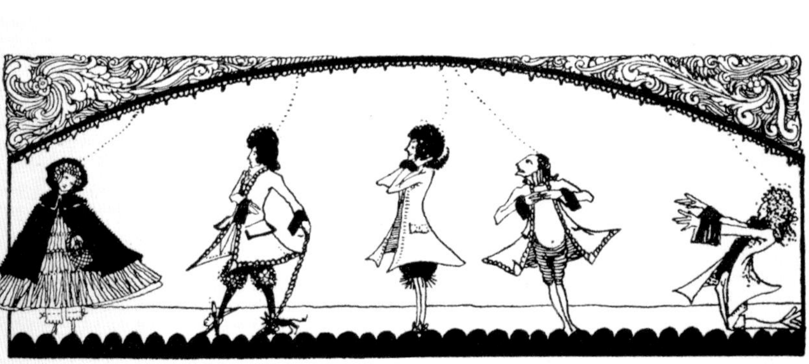

『シャルル・ペロー童話集』ミニカット 2　*Illustrations for Page Design*

[上] 前書きページのデザインカット／ [中左] 〈シンデレラ〉の章扉カット
[中右] 〈妖精の話〉の章扉カット／ [下] 〈赤ずきん〉の章扉カット

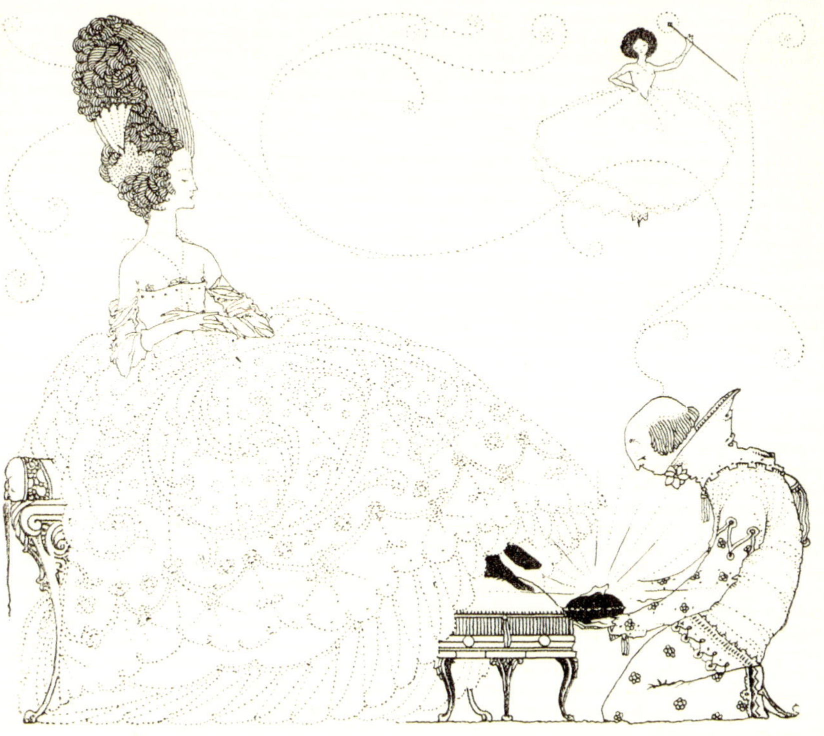

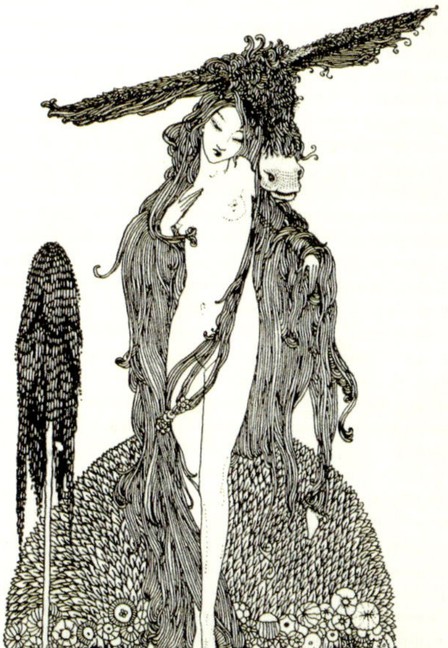

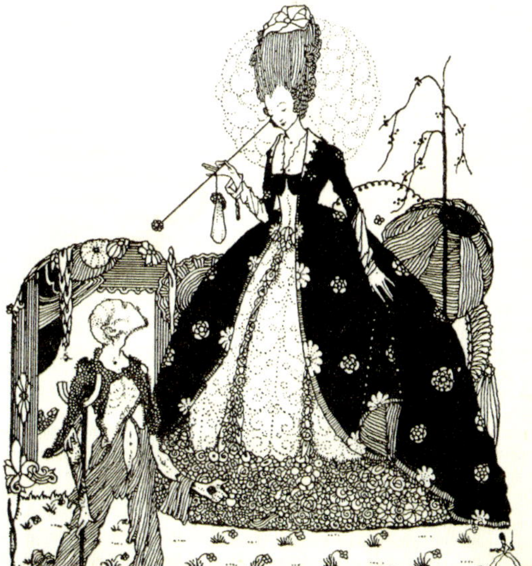

『シャルル・ペロー童話集』ミニカット 3 *Illustrations for Page Design*

[上]大扉のデザインカット(シンデレラのイメージ)

[下左]〈ロバの皮〉の章扉カット/[下右]巻末の休憩ページのデザインカット

CHARLES PERRAULT
AND
ILLUSTRATORS

ペローの世界を描いた画家たち

グリム、ペロー、アンデルセンの3大童話集はそれぞれ特徴を持っている。グリムは、昔話をできるだけ原形に忠実に蒐集しようとしている。ペローは昔話を、なにか教訓を与えるものとして語っている。お話の面白さだけでなく、それぞれ、人間の生き方を教えるものでなければならない。アンデルセンは、近代人の個人的、ロマンティックな心情を語ろうとしている。人間の心を動かす悲しみやおそれ、愛が漂っている。

ウォルター・クレインはペローの教訓的、思想的なものをストレートにとらえている。狼は見るからに悪そうで、こわい。

アーサー・ラッカムは、古い物語の風景をできるだけリアルに、古い時代にタイム・スリップしたかのように、幻想のリアリズムとでもいう表現を展開している。

デュラックは、やはり幻想的リアリズムであるが、その世界は、古代というよりは、東方的でエキゾティックな色彩を帯びている。幻想のおとぎの国は、すでに失われた過去のものではなく、未知の異国に現実にあるかもしれない夢の世界なのである。

ハリー・クラークの友人であったオースティンにおいては、ペローのおとぎの国は、過去や異国ではなく、現代のすぐそこに踊っている白昼夢のような、モダンでファッショナブルな世界であるかのようだ。そこで踊っているのは、おとぎ話のお姫さまではなく、ジャズのリズムに乗ったモダン・ガールなのだ。

ハリーの『シャルル・ペロー童話集』(1922) はオースティンと同時代である。ハリーはさらに子ども向けの絵本から自由になって、モダン・ガールのファッション、そしてバレエ・リュスのシーンの影響を受けながら、ペローのおとぎ話の自由な解釈を楽しんでいる。描写はますます細部の装飾へと向かい、それを追うまなざしを迷わせる。

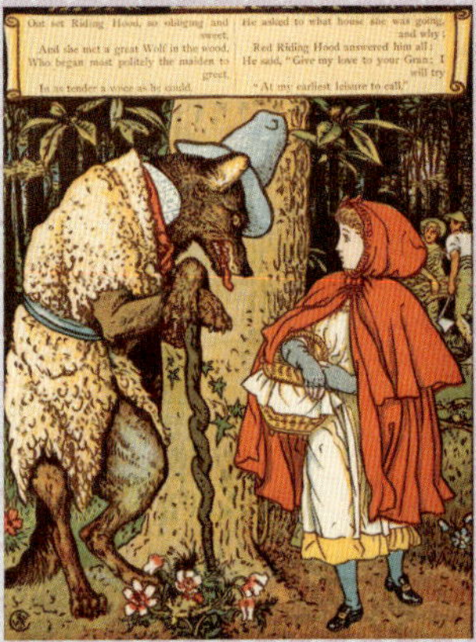

ウォルター・クレイン画
「赤ずきん」1875年

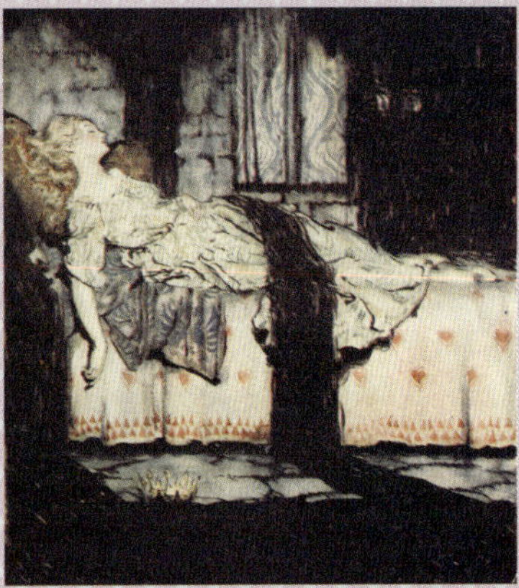

アーサー・ラッカム画
「眠れる森の美女」1920年

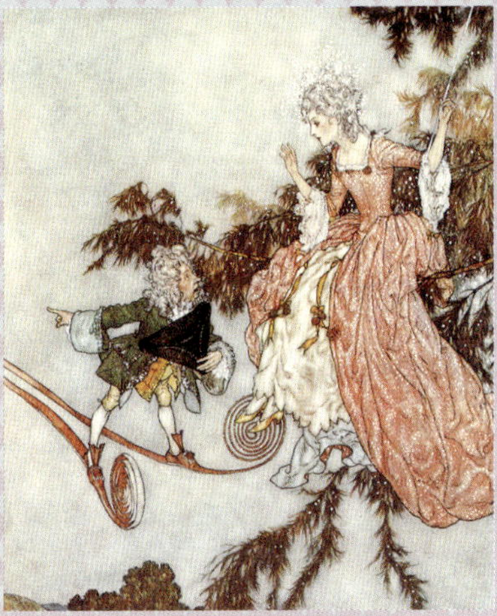

エドマンド・デュラック画
「眠れる森の美女」1910年

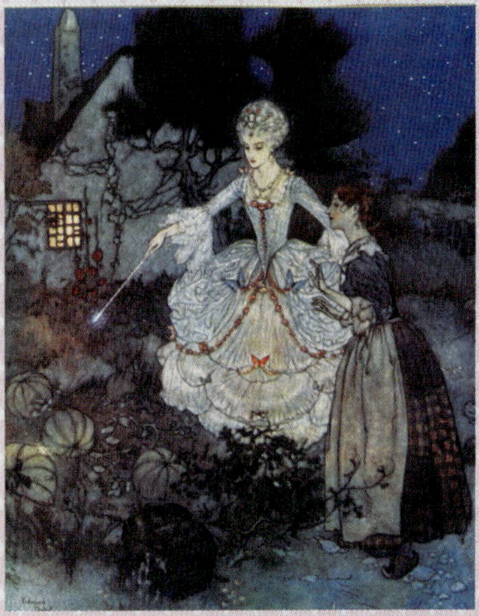

エドマンド・デュラック画
「シンデレラ」1915年

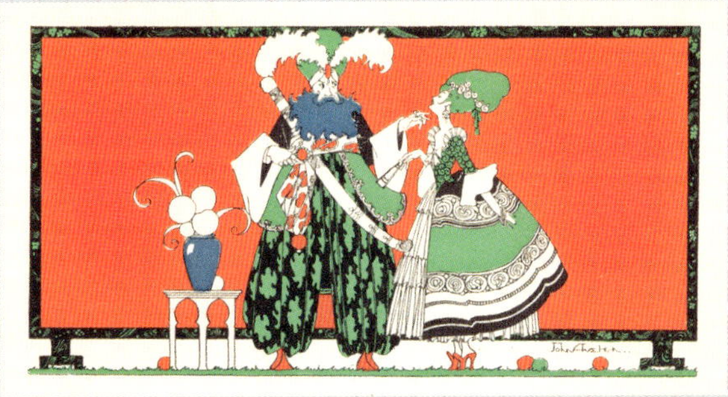

ジョン・オースティン画
「青ひげ」1922年

ファウスト

Faust

★

黒い魔術への招待

1925年、クラークの芸術はそのピークに達しようとしている。彼はゲーテの『ファウスト』を描いた。ポーの幻想怪奇な世界が甦ってくる。ファウスト博士の魔術の旅がくりひろげられる。クラークのタッチは濃密さと細密さを増し、複雑な光と闇の織物が私たちの眼をさまよわせる。

クラークは怪奇やエロスにひかれながらもその表現をぎりぎりのところで抑制してきたようである。しかし、1920年代の半ばまでに、彼はその遠慮から解き放たれ、自分の想像力を自由に飛翔させ、そこで出会う、異様な怪物と思うままに戯れようと思ったようだ。

『ファウスト』では人間の中に潜む邪悪な、魔的な、淫らで快楽的なイメージに私たちは誘惑される。しかしそれらの邪悪さやデカダンなものは、人間という不可思議な存在のはかない哀しみやいとおしさで私たちを魅惑してくれる。

An Invitation to the World of Black Magic

Although Clarke had long been attracted to the world of the grotesque and erotic, he had never completely explored that side of his imagination. In the mid-1920s, he finally allowed himself to break free from his self-imposed restrictions. With "Faust", Clarke lures us into the dark, wicked side of humankind with his hedonistic images. But the enticing decadence only seems to underscore the mystery of the human mind, and grief and compassion for our fleeting existence.

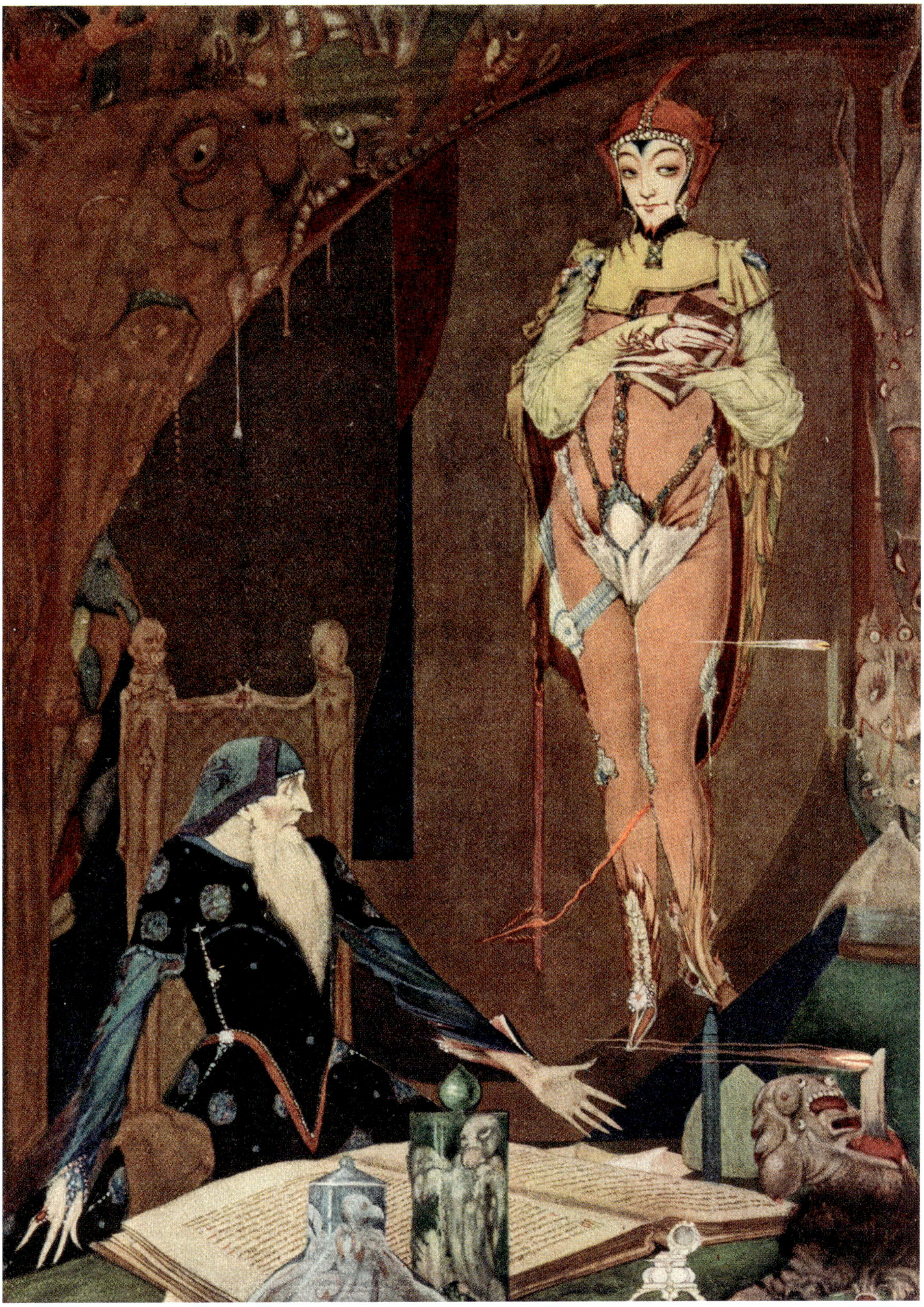

ファウストの書斎 *The Study*

ファウスト博士は、魔法の呪文を唱え、悪魔メフィストフェレスを呼び出してしまう。カーテンや柱に怪物たちがうごめいている。緋色のタイツをはいたハリーのメフィストは、イタリア喜劇の道化に似ているし、女性のようにも見える。セクシーな悪魔である。

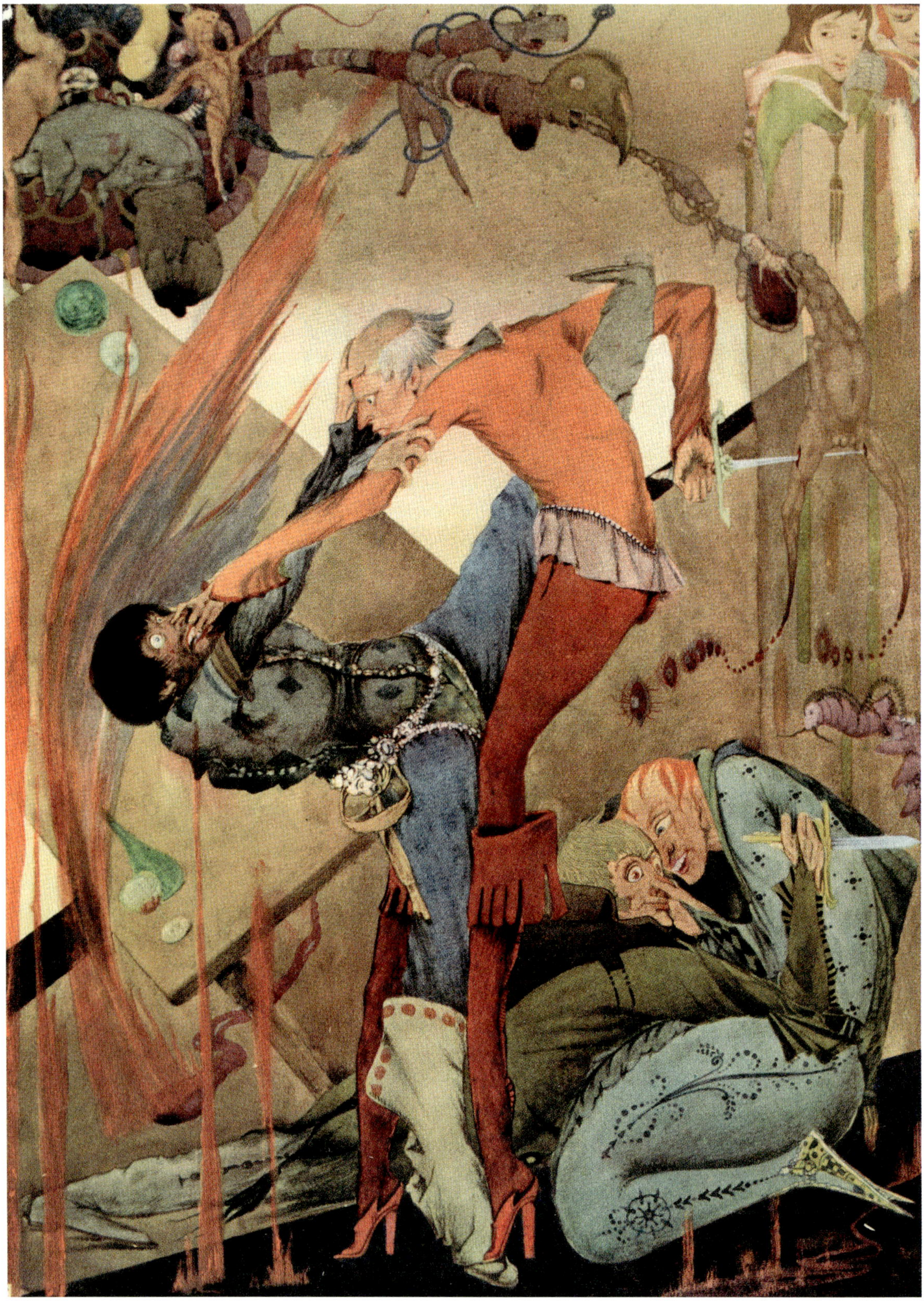

アウエルバッハの地下酒場 *Auerbach's Cellar*

メフィストフェレスはファウストに世間を見せてまわる。まず地下酒場で、
メフィストは酔っぱらいたちにブドウ畑にいるという夢を見せる。彼らは、相手の鼻をブドウの房と思ってむしろうとし、争う。
右上で、ファウストとメフィスト(右)がその愚行を見ている。「地獄と怪物の画家」といわれたボスの絵のパロディである。

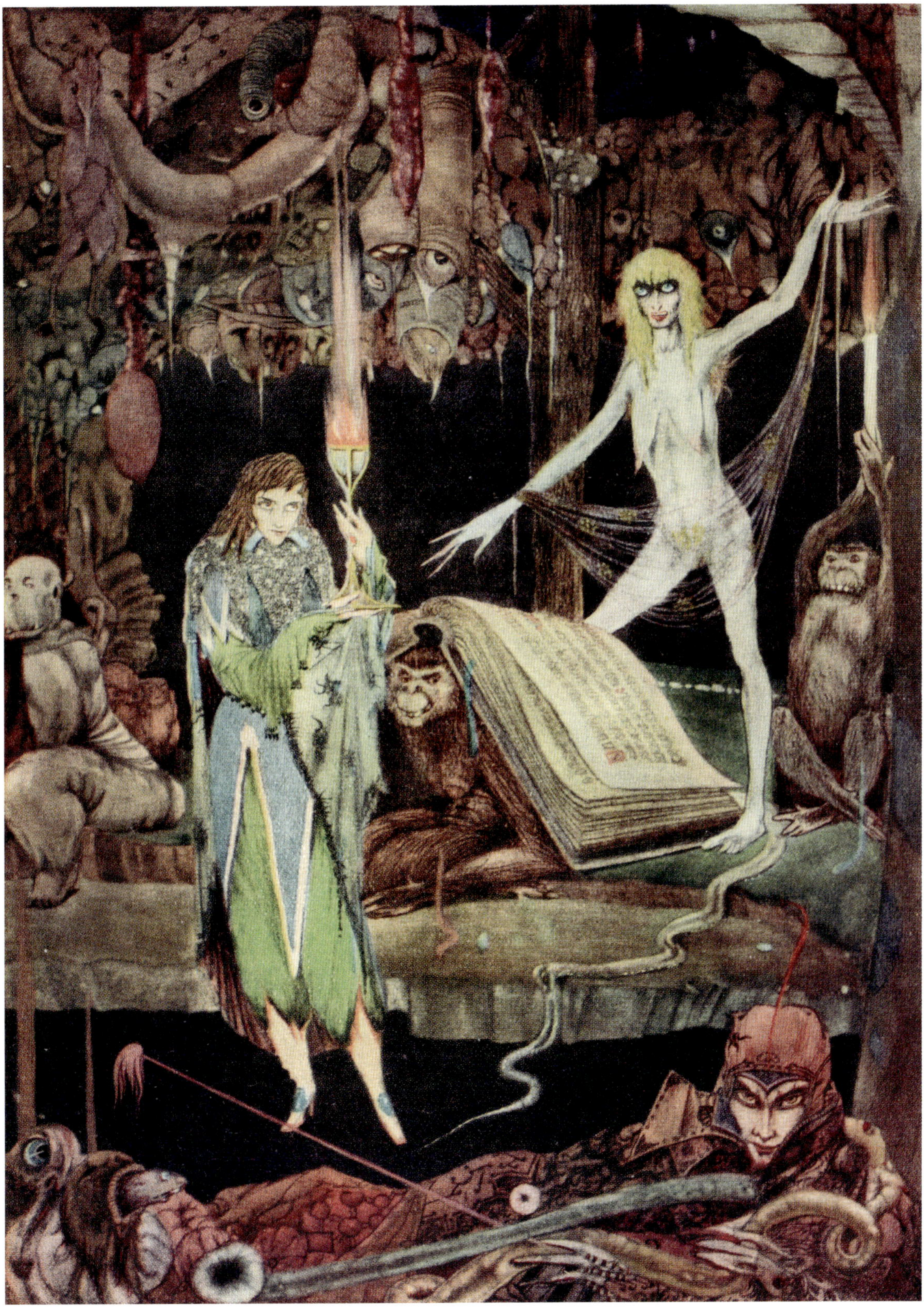

魔女のキッチン *Witch's Kitchen*

メフィストフェレスはファウストを魔女のキッチンに連れてくる。下にうずくまっているのはメフィストである。
右側で魔女が魔術の本を見ながらファウストに若がえりの魔法の酒を与えている。ファウストは燃える酒を飲み干そうとしている。

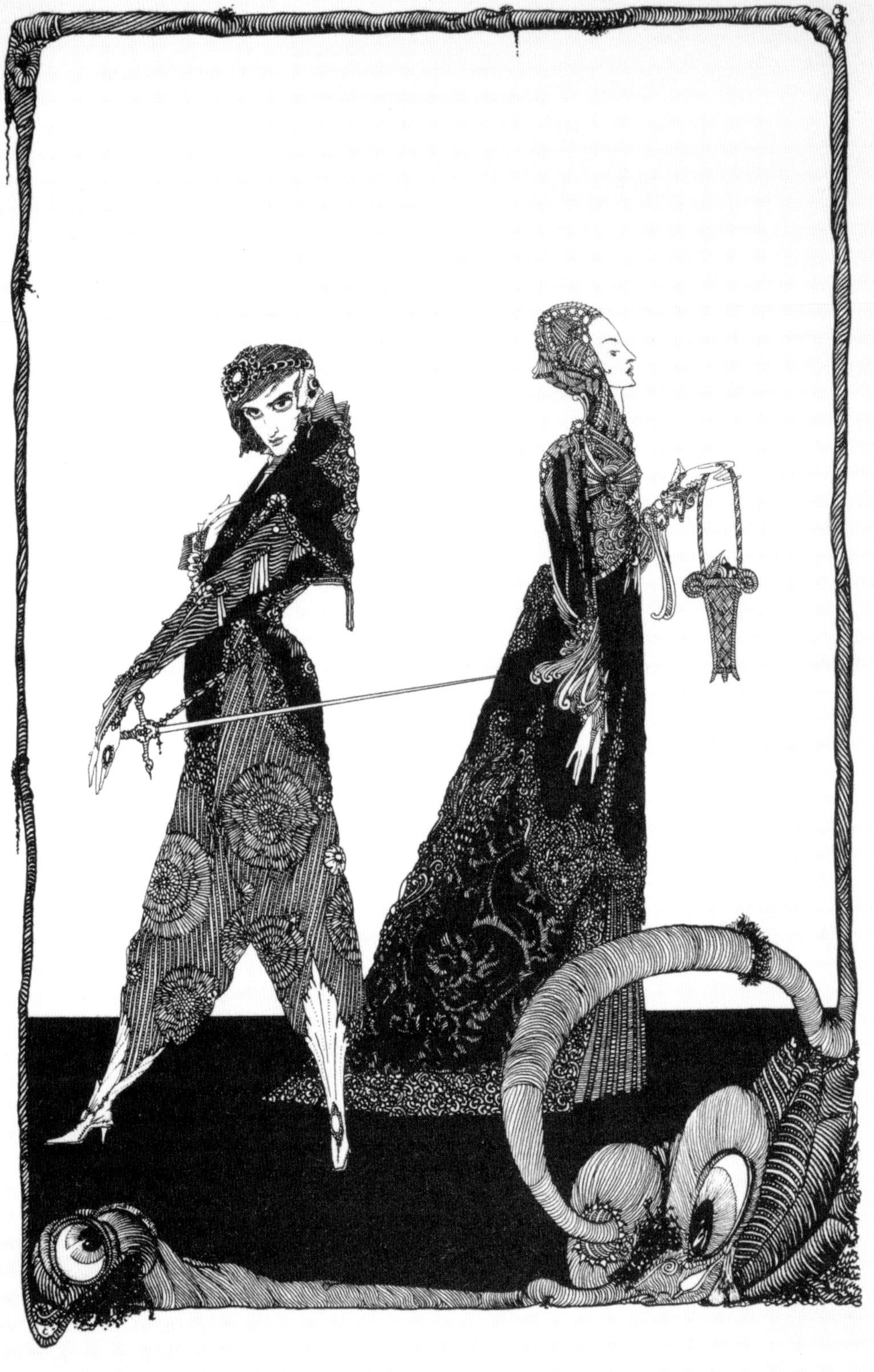

ストリート　*A Street*

魔女の酒で性的刺激を受けたファウストは通りでマーガレット（グレートヒェン）とすれちがって心ひかれる。ファウストの剣先が彼女のお尻を突いている構図である。右下の、植物とも動物ともわからない怪物がグロテスクでいやらしい欲望を象徴している。

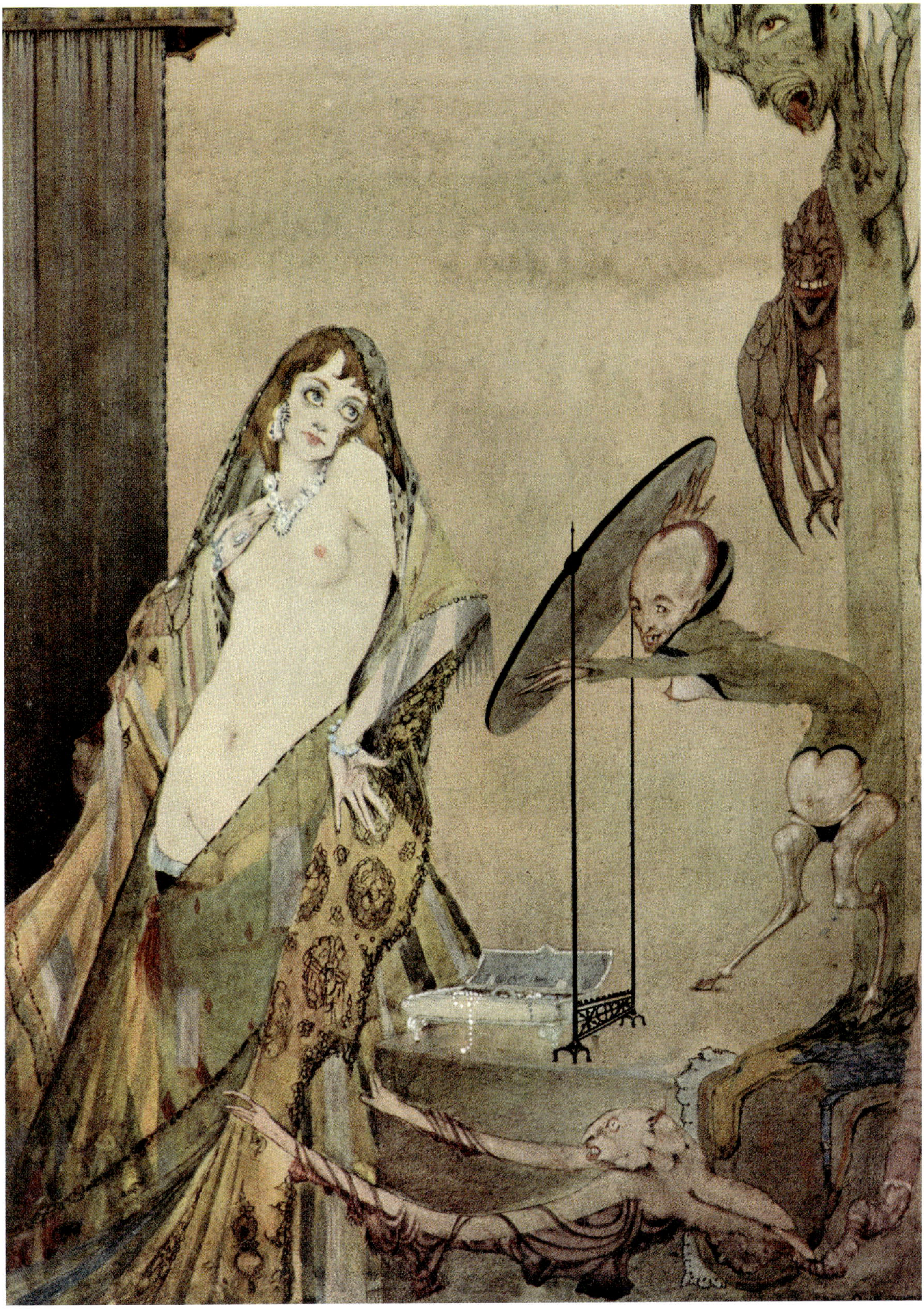

夕方 *Evening*

メフィストフェレスとファウストはマーガレットの部屋にしのびこみ、宝石箱を置いてくる。純粋な処女も、宝石を見ると魅せられてしまい、欲望を抑えられない。彼女は首飾りを着けてみる。虚栄の怪物たちが鏡を見せたり、彼女を誘惑している。

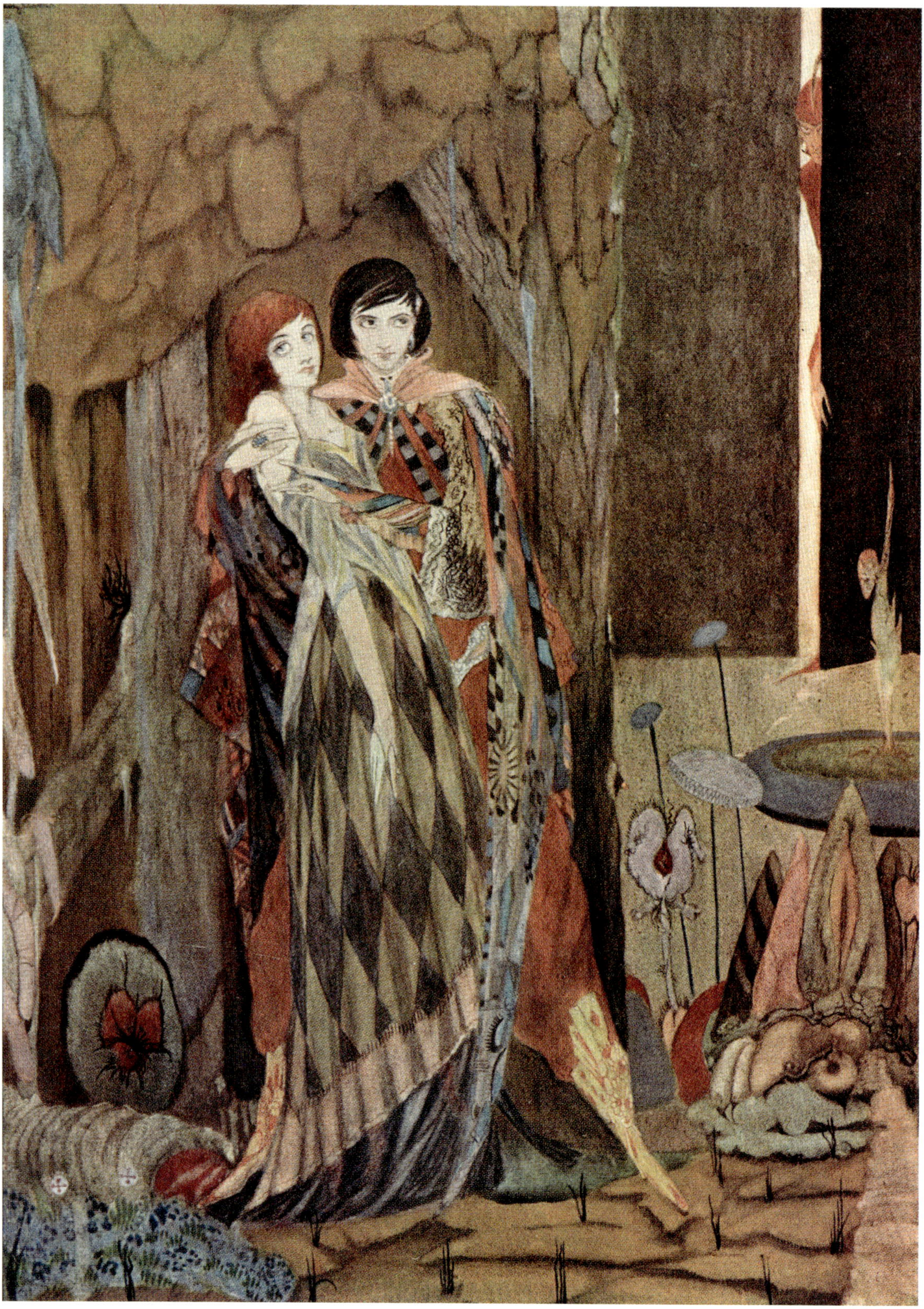

サマーハウス　*A Summer house*

ファウストはマーガレットと愛しあい、庭園を歩き、小屋に入って抱きあう。2人の衣服の文様も派手であるが、小屋の内部にはおびただしい性的なパターンが描きこまれ、エロティックな雰囲気が立ちこめている。右手のすき間からメフィストフェレスがのぞく。

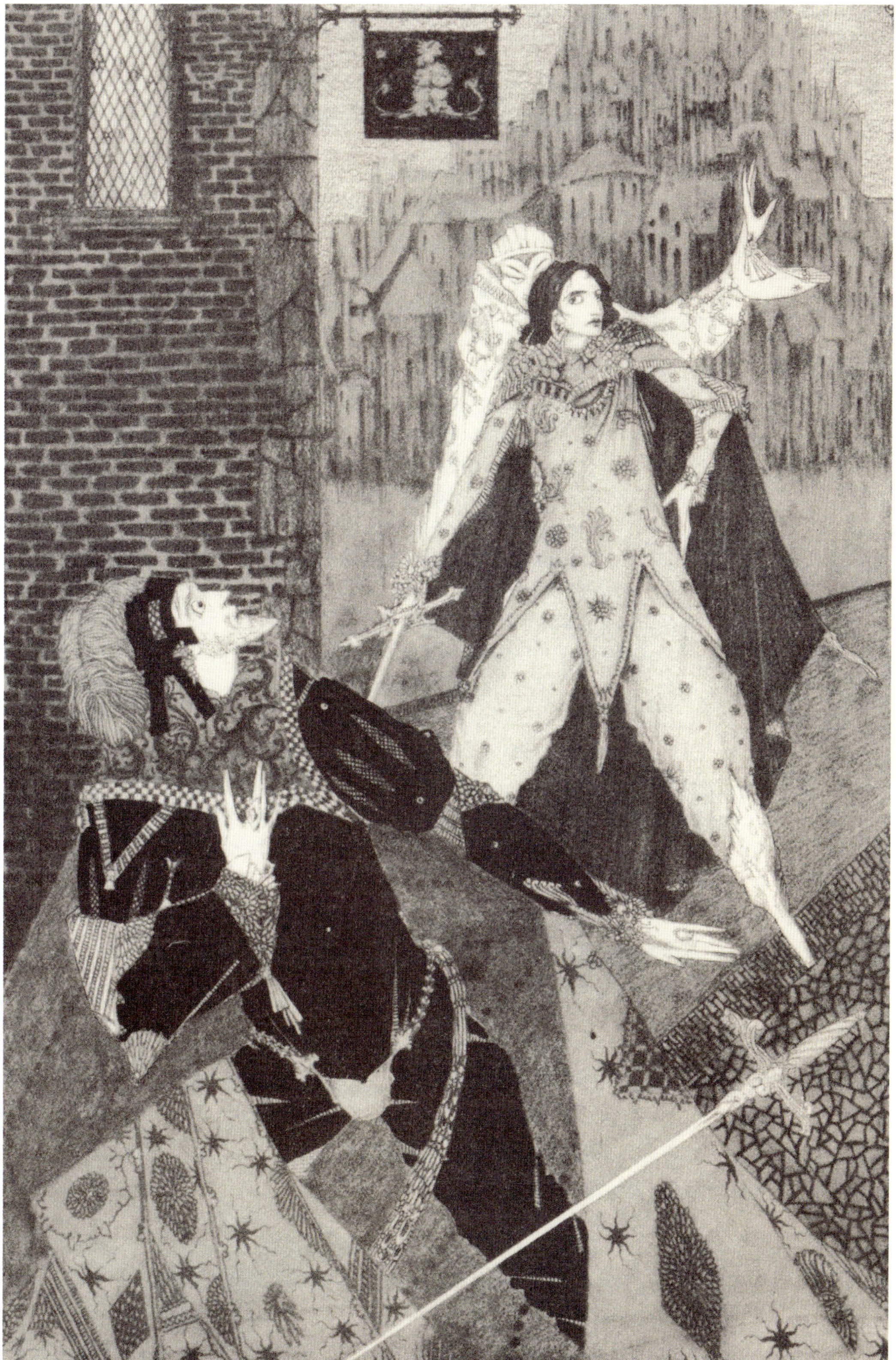

夜 *Night*

マーガレットの兄ヴァレンティンは妹を守ろうとしてメフィストフェレスとファウストに殺されてしまう。
倒れるヴァレンティン、剣を持つファウスト、そのうしろであやつるメフィストフェレスが描かれている。

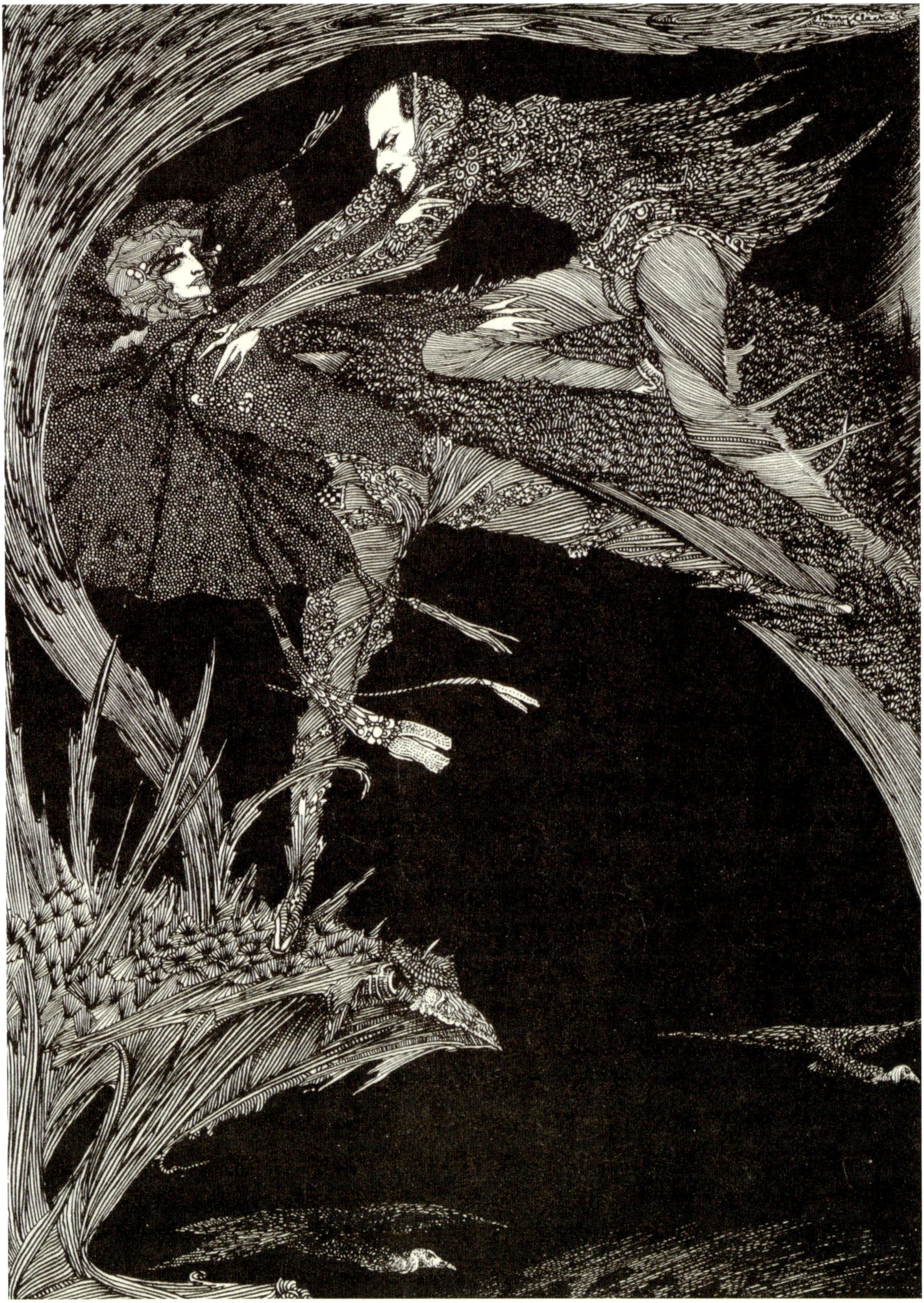

ワルプルギスの夜 *Walpurgis-Night*

ファウストはメフィストフェレスに連れられて、ハルツ山地のブロッケン山で開かれる魔女の宴へ向かう。嵐で吹きとばされそうになる2人。渦巻きのように流動的なハリー・クラークの構図を見ることができる。

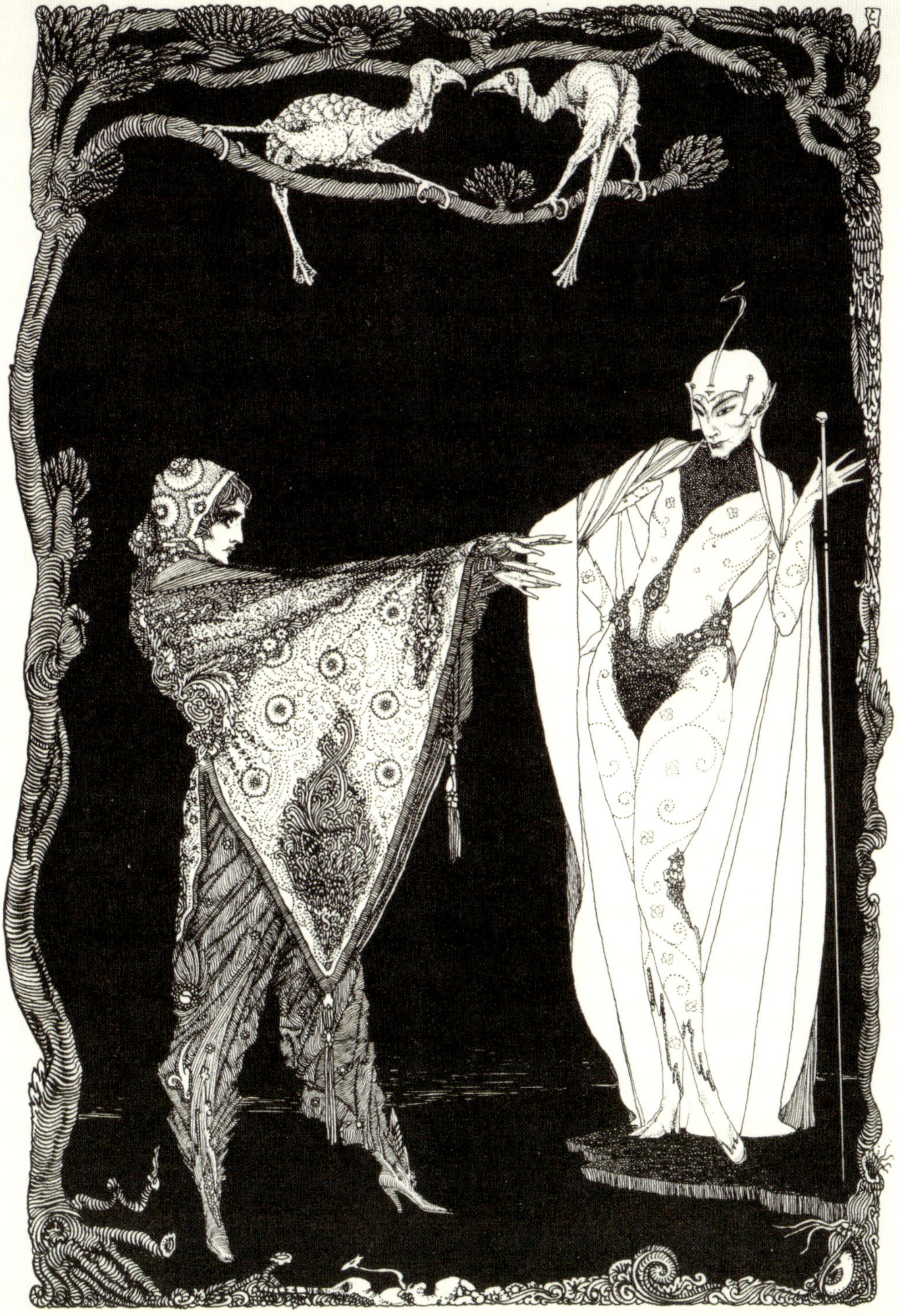

AY! ROLL THE DEVIL EYES FURIOUSLY ROUND IN THY HEAD! 242

曇れる日―野原にて *Dreary Day*

マーガレットはファウストの子を産み、それを殺した罪で打ち首にされようとしている。それを知ったファウストはメフィストフェレスを責める。この絵の左のファウストは女性的に見える。メフィストフェレスも両性的である。

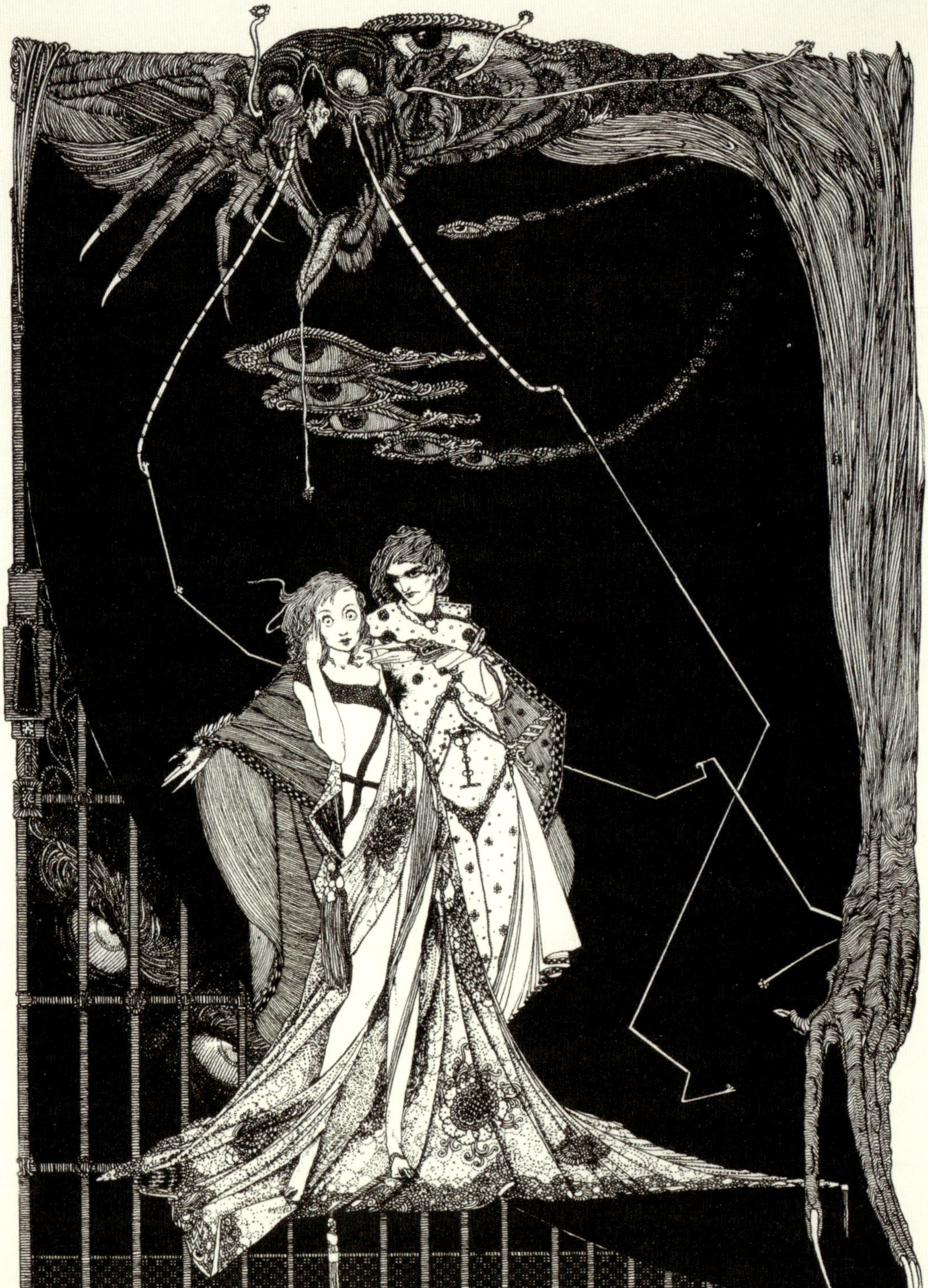
DOES NOT DEATH LURK WITHOUT ?

250

牢獄 1 *Prison*

ファウストは牢獄にしのびこみ、マーガレットを救い出そうとする。しかし彼女は動こうとしない。外には死が待っているという。
蜘蛛のような怪物が上で口をかっと開いて、触角のような、糸のような線をのばしている。

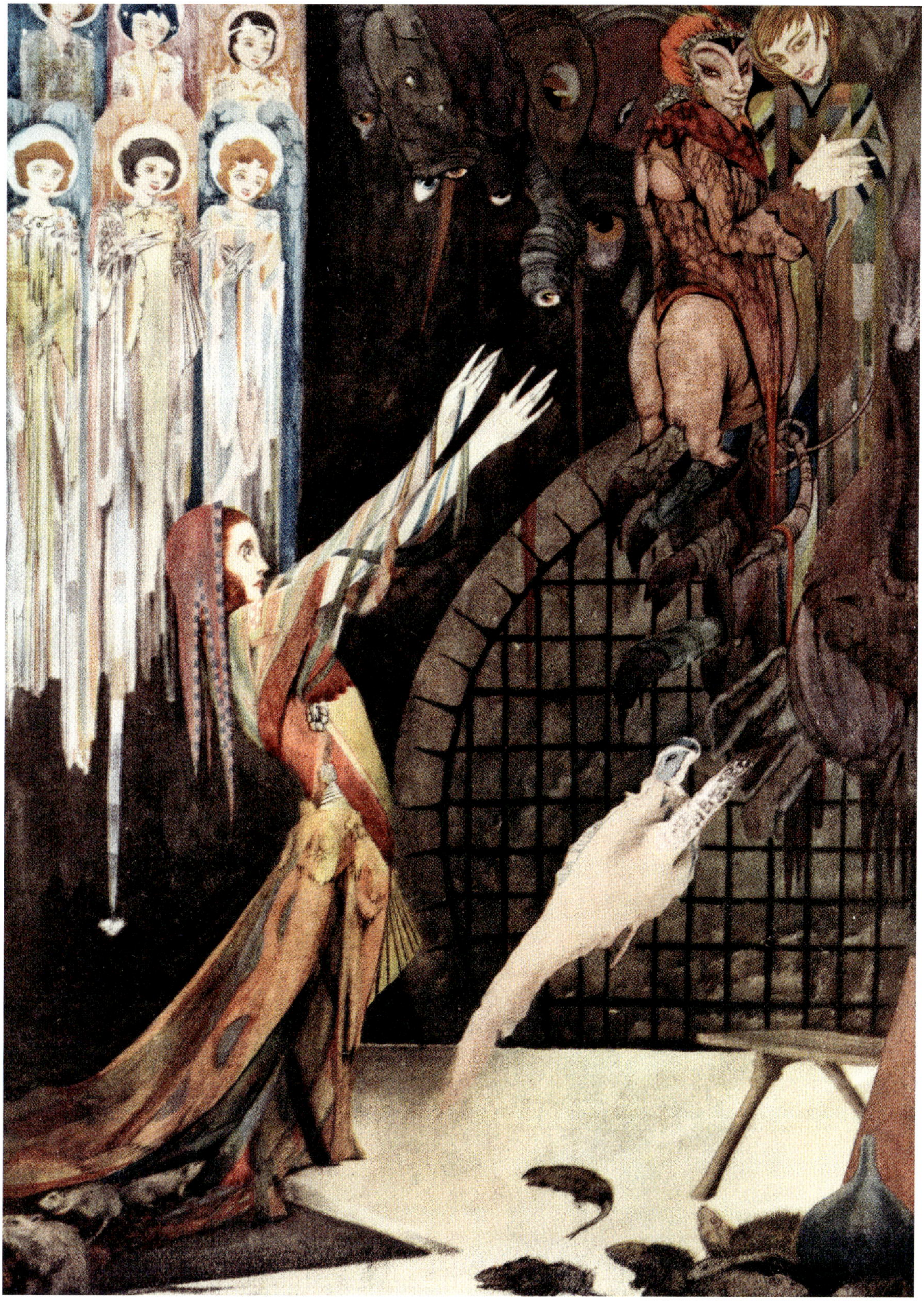

牢獄 2 *Prison*

マーガレットはもうファウストについていこうとしない。メフィストフェレスはファウストに、もう行かないと逃げられなくなる、という。彼の下半身はおぞましい怪物となっている。左上には天使があらわれ、マーガレットを救おうとしている。

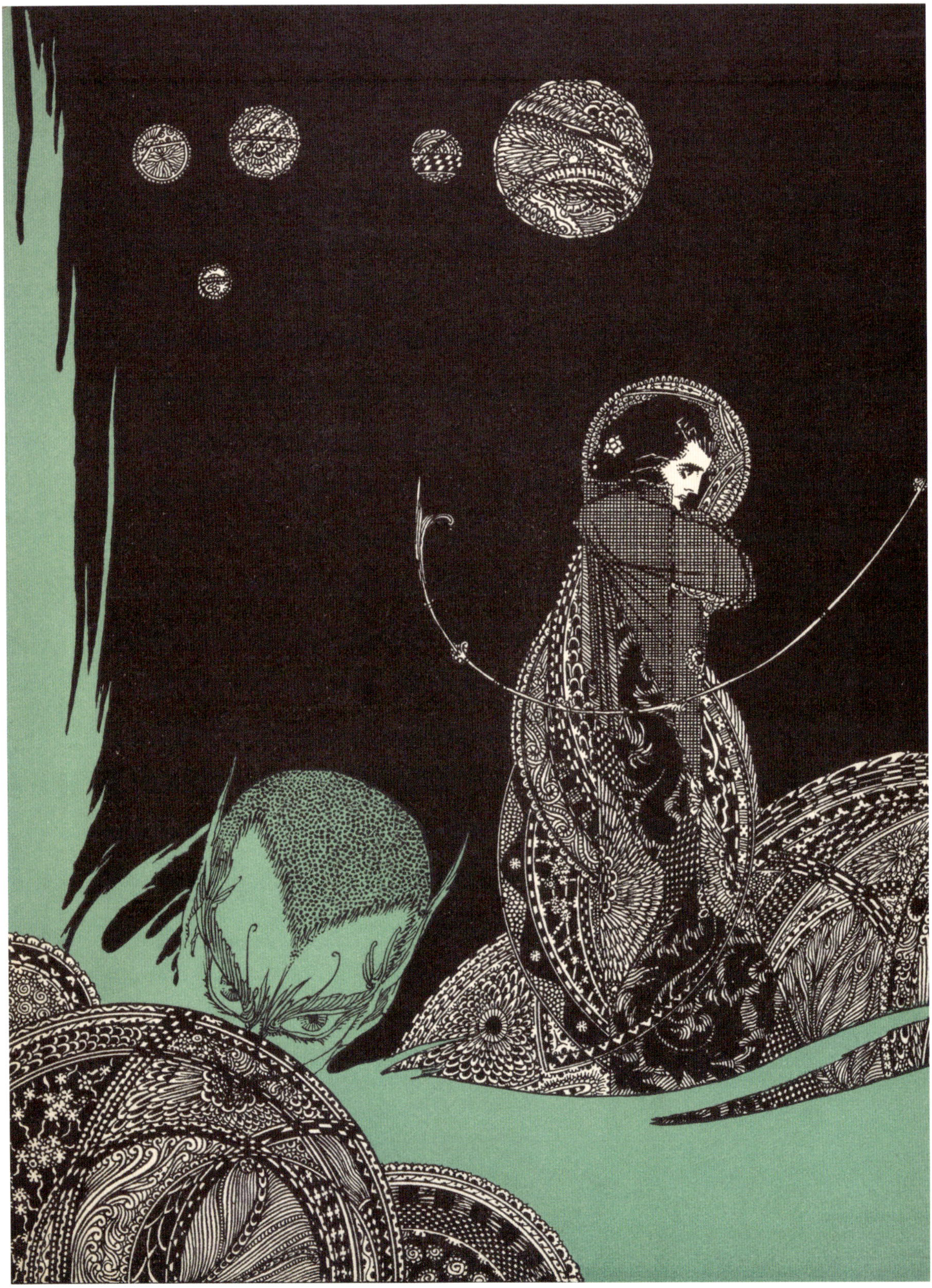

『ファウスト』見返しのデザイン *Illustration for Endpapers*

右上に天使があらわれ、マーガレットを招いている。救いの輪にすでに彼女は入っている。
そのうしろのファウストには輪の一端が少しかかっている。その左に巨大な悪魔メフィストフェレスの顔がのぞいている。

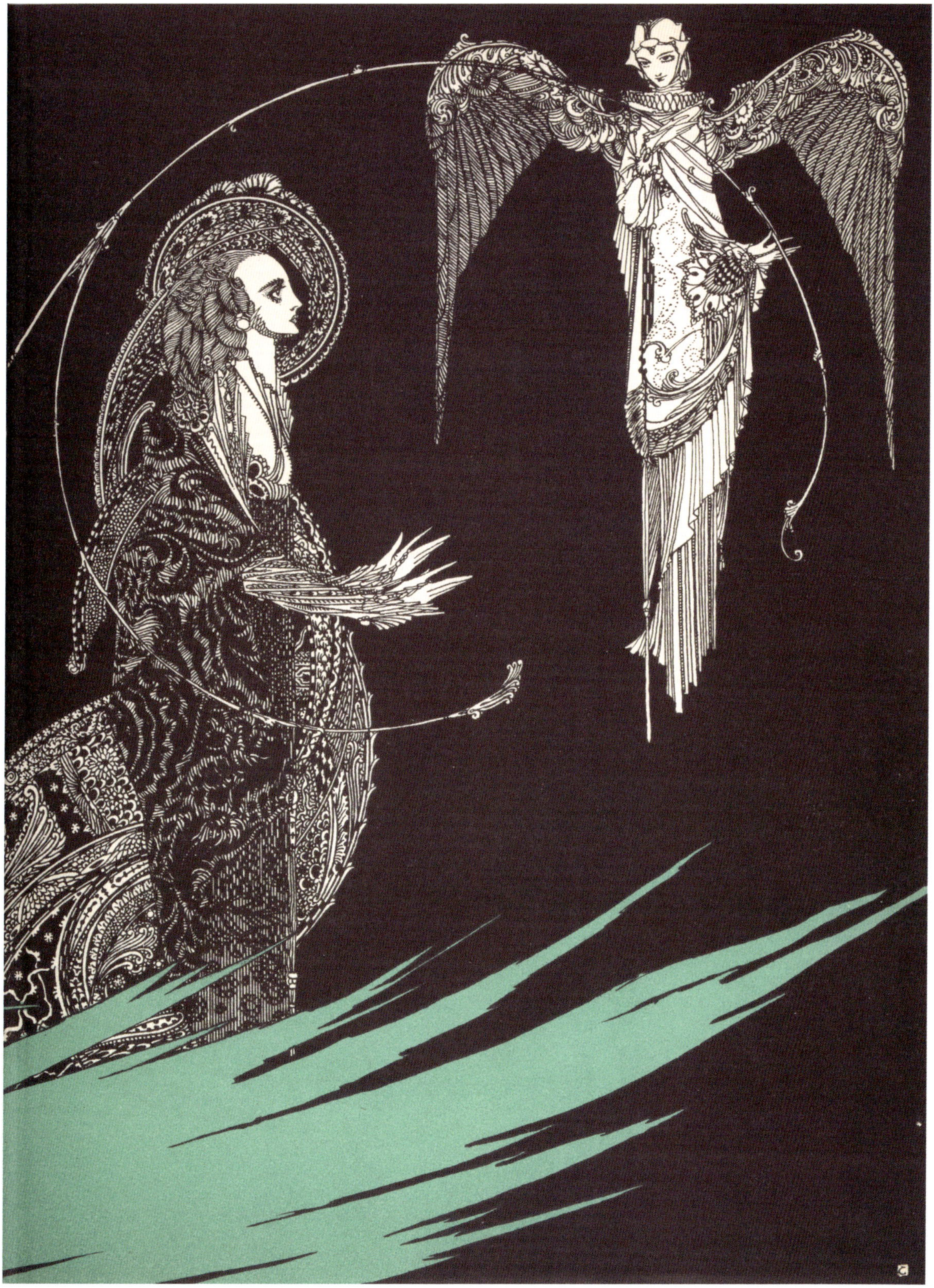

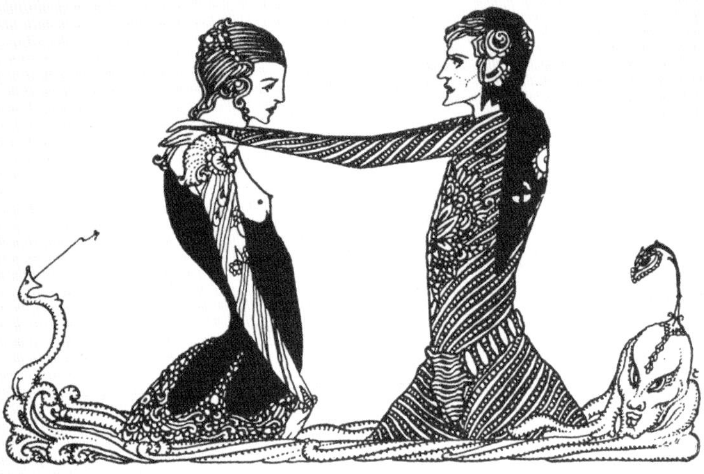

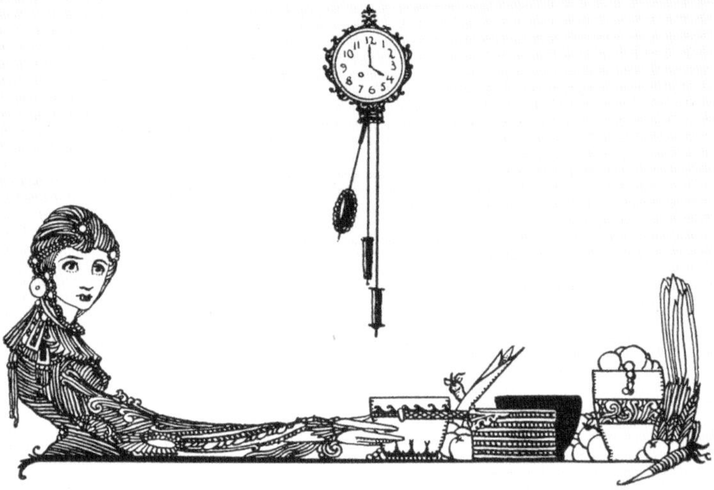

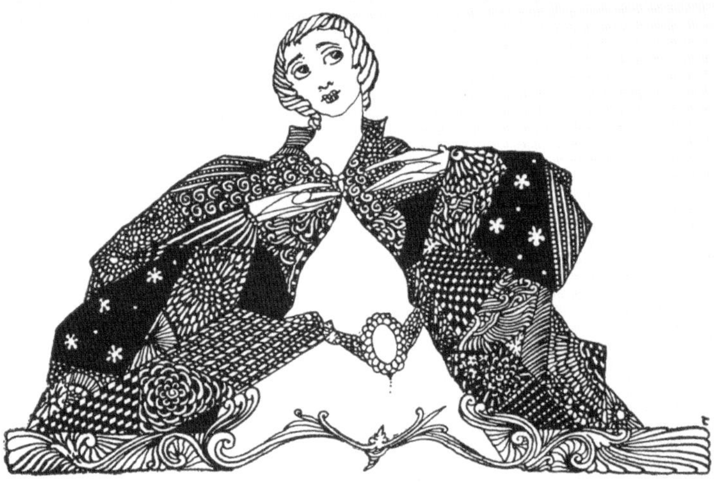

『ファウスト』ミニカット 1 *Illustrations for Page Design*

各章のはじまりにデザイン的に描かれたイラスト。

[上]〈サマーハウス〉の章のデザインカット／[中]〈庭〉の章のデザインカット／[下]〈マーガレットの部屋〉の章のデザインカット

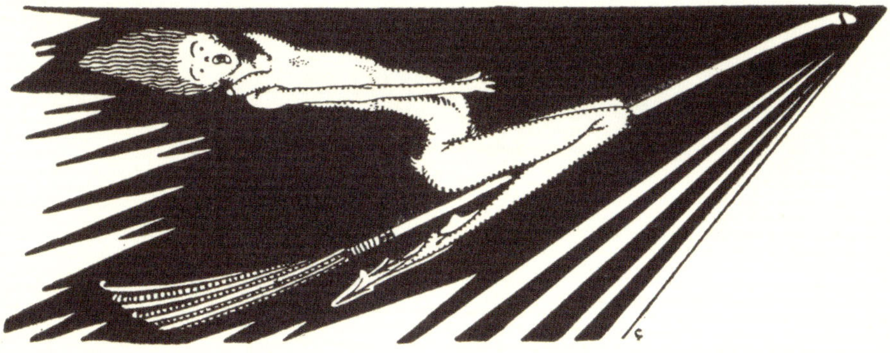

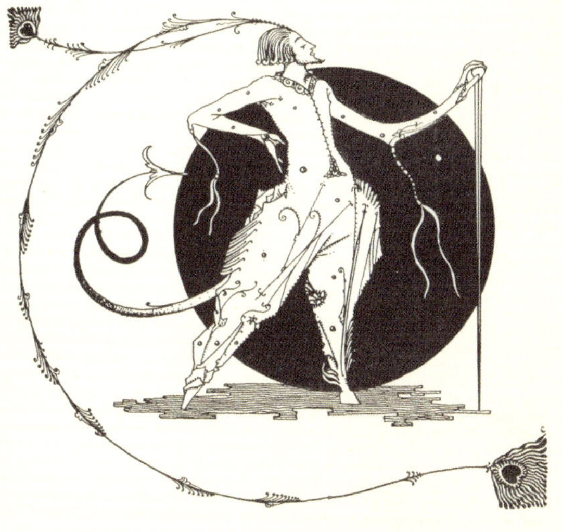

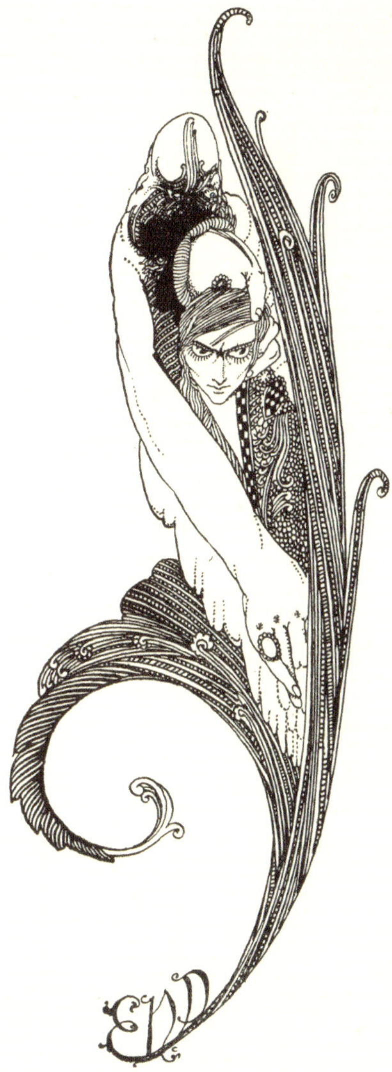

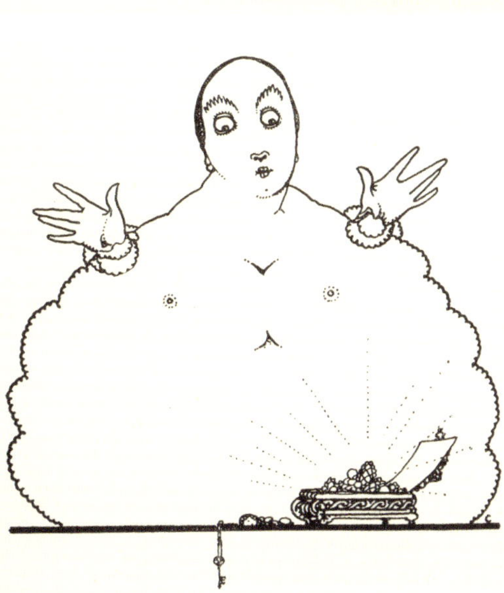

『ファウスト』ミニカット 2 *Illustrations for Page Design*

余白やページの間にデザイン的に描かれたイラスト。グロテスクなものから、コミカルなものまで、さまざまなものがあるが、いずれも優れた構成でデザイン化されている。

TOPICS
03

ハリー・クラークと
アイルランド・ルネサンス

Harry Clarke and the Irish Renaissance

アイルランドはイギリスに支配を受け、近代化されていった。しかし19世紀末から20世紀のはじめにかけて、アイルランド独自の国民文化の復興運動が起こる。ハリー・クラークも〈アイルランド・ルネサンス〉の大きな流れによってあらわれた画家なのである。

〈アイルランド・ルネサンス〉はまずことばから出発する。アイルランド古語ゲール語が復活し、古文化であるケルト文化が再発見される。そしてケルトの神話、叙事詩が読めるようになり、さらにフォークロア、おとぎ話、妖精物語などが集められ、読まれるようになる。

そしてアイルランドの詩や演劇が盛んになり、オスカー・ワイルドなどアイルランド出身の作家がロンドンで成功する。そして詩人のイェイツが登場する。ワイルドはアイルランドにもどらなかったが、イェイツはアイルランド国民文化の復興の中心となる。グレゴリー夫人とともにダブリンに国民劇場アベイ座（劇場）を設立し、J・M・シング、ショーン・オケーシーなどの劇作家を登場させる。

詩や演劇に比べると、絵画はかなりおくれ、ロンドンのアカデミーに支配されていた。美術ではむしろ工芸が新しい動きに反応していた。ウィリアム・モリスなどのアーツ・アンド・クラフツ運動がスコットランドやアイルランドに広がっていた。

ハリー・クラークはアイルランドのアーツ・アンド・クラフツ運動に参加し、積極的に活動し、スコットランドのグラスゴー・グループと交流していた。
〈アイルランド・ルネサンス〉の波は少しおくれて、20世紀はじめにステンドグラスに及び、アイルランドのステンドグラス・ルネサンスがはじまった。ハリーはそこで自らの芸術を開花させたのである。

ハリーのもう一つの仕事、〈挿絵〉もアーツ・アンド・クラフツ運動によって〈アート〉として発展したものである。ハリーは本の挿絵を描くことで、文学の世界と接し、イェイツなどと知り合った。ダブリンのステンドグラス工房で仕事をしながら、ロンドンに出かけて、文学者たちとつきあい、出版社をまわって絵本の交渉をする、という生活の中で、ガラスと紙という2つの世界を往復し、アイルランドと英国という2つの国の文化の間で、ケルトから日本にいたるさまざまな神秘と幻想の王国を描きつづけていた。

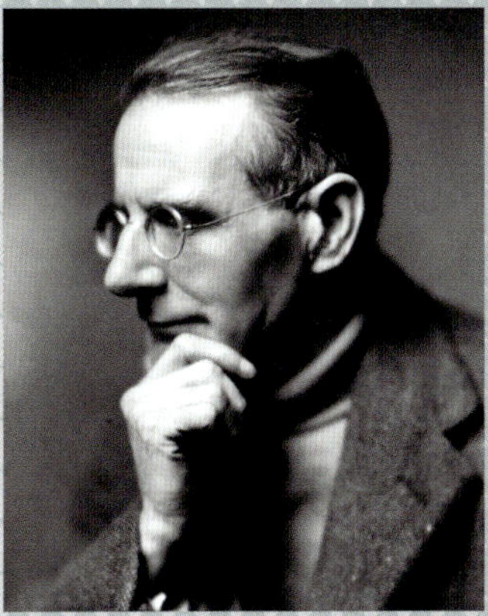

アイルランドの劇作家
ショーン・オケーシー

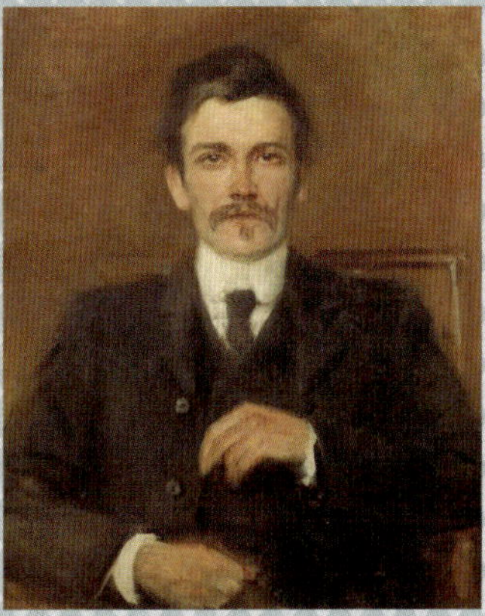

詩人イェイツの父、ジョン・バトラー・イェイツ
が描いたJ・M・シングの肖像 1905年頃

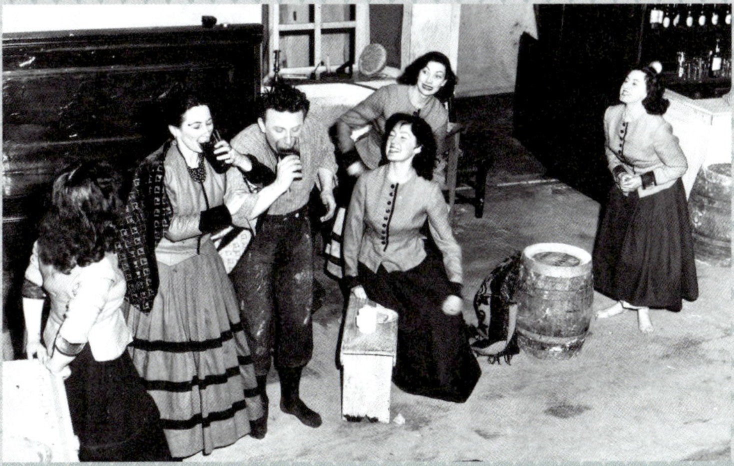

アベイ劇場で上演された
シングの戯曲『西国の人気者』1928年頃

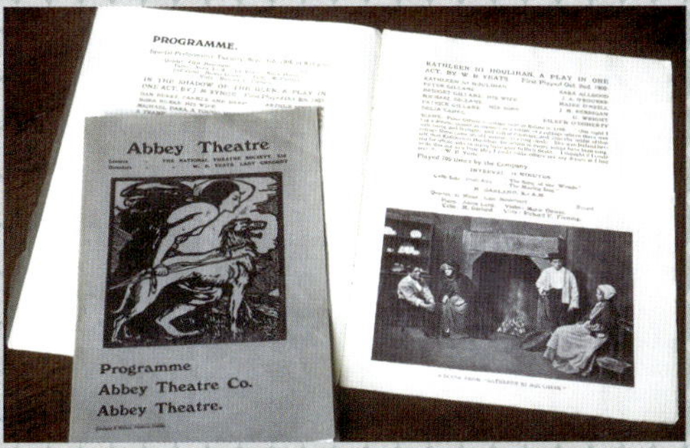

イェイツとグレゴリー夫人が
ディレクターを務めていた時代の
アベイ劇場のプログラム
1908年9月号

スウィンバーン詩集

Selected Poems by Algernon Charles Swinburne

★

世紀末の愛と死

アルジャーノン・チャールズ・スウィンバーン（1837-1909）はイギリスの世紀末詩人で、ギリシアや中世を舞台にしたロマンティックな詩で知られる。そのデカダンな生活でも知られ、エロティックでポルノグラフィックな作品も書いている。聖なる世界と性的な世界の両極の間を揺れ動いた。

『ファウスト』のあたりからヌードなどの性的な表現を解禁したクラークは、スウィンバーンのエロティックな詩集ではさらにエスカレートして裸女たちが乱舞している。時代がそのような表現を許容するようになったことと、クラーク自身がヴィクトリア期のモラルから自由になったことが重なっているのだろう。

クラークのデカダンスの開花は、その後を期待させるのだが、残念なことに、この作品は彼の最後の絵本になってしまった。彼が描こうとした多くの本を私たちはもう見ることができない。

Love and Death at the End of the Century

Charles Swinburne (1837-1909) was a British fin-de-siècle poet best known for his romantic poems set in Greece and the Middle Ages. Famous for his decadent lifestyle, he also wrote erotic and pornographic pieces. Throughout his career, his work swayed between the extremes of sacredness and eroticism. It is unfortunate that this became Clarke's last illustrated book, as his Decadentism flourishes here. We can only imagine how his art might have developed in the other books he wished to draw for.

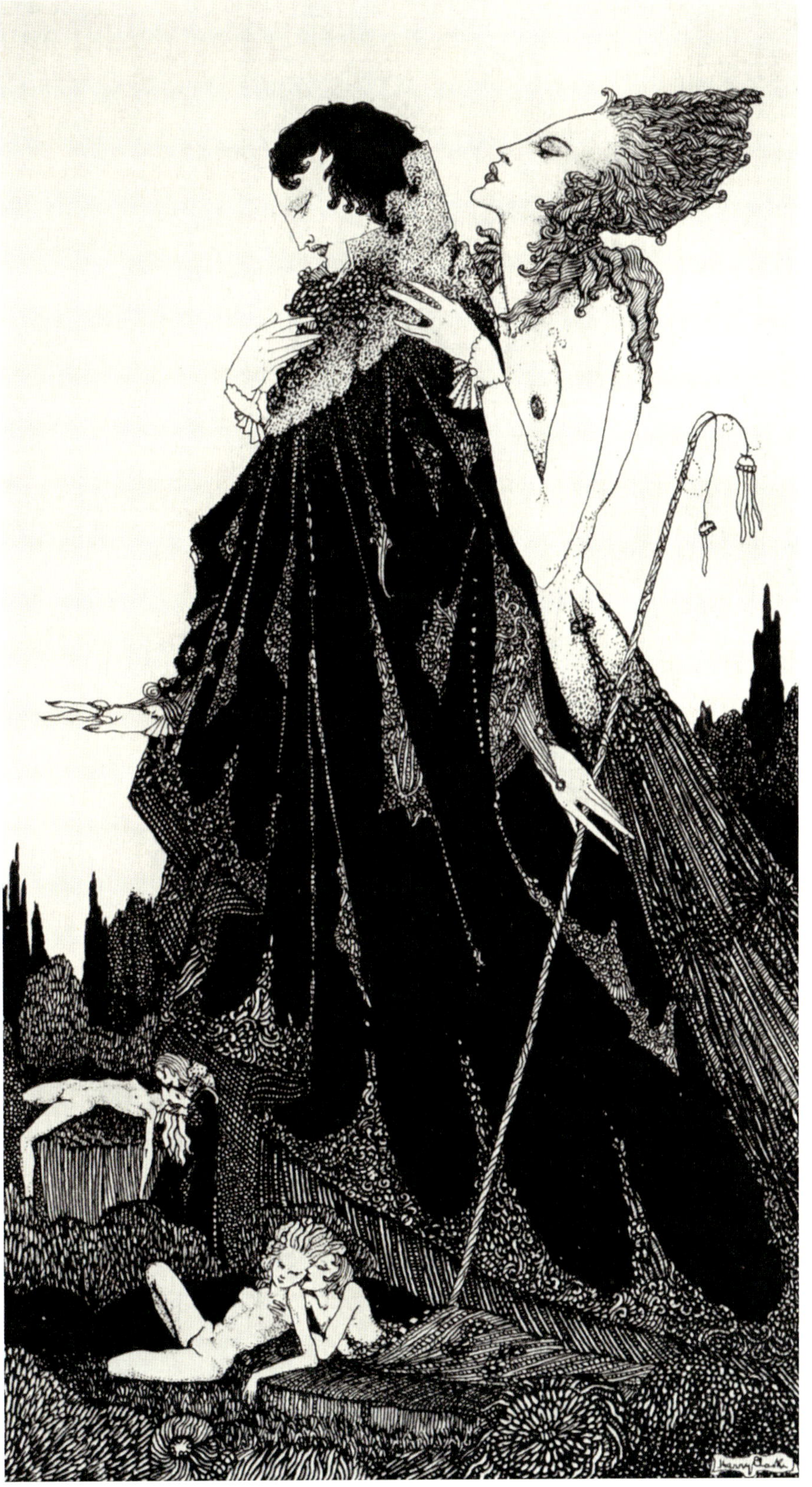

フェリーゼ ＊Felise＊

美しいフェリーゼを愛する。しかしその恋もいつか消えていく。死と忘却がやってくる。失われるから、愛するのかもしれない。
フェリーゼにうしろから抱かれた〈私〉は、複雑な想いに沈んでいる。

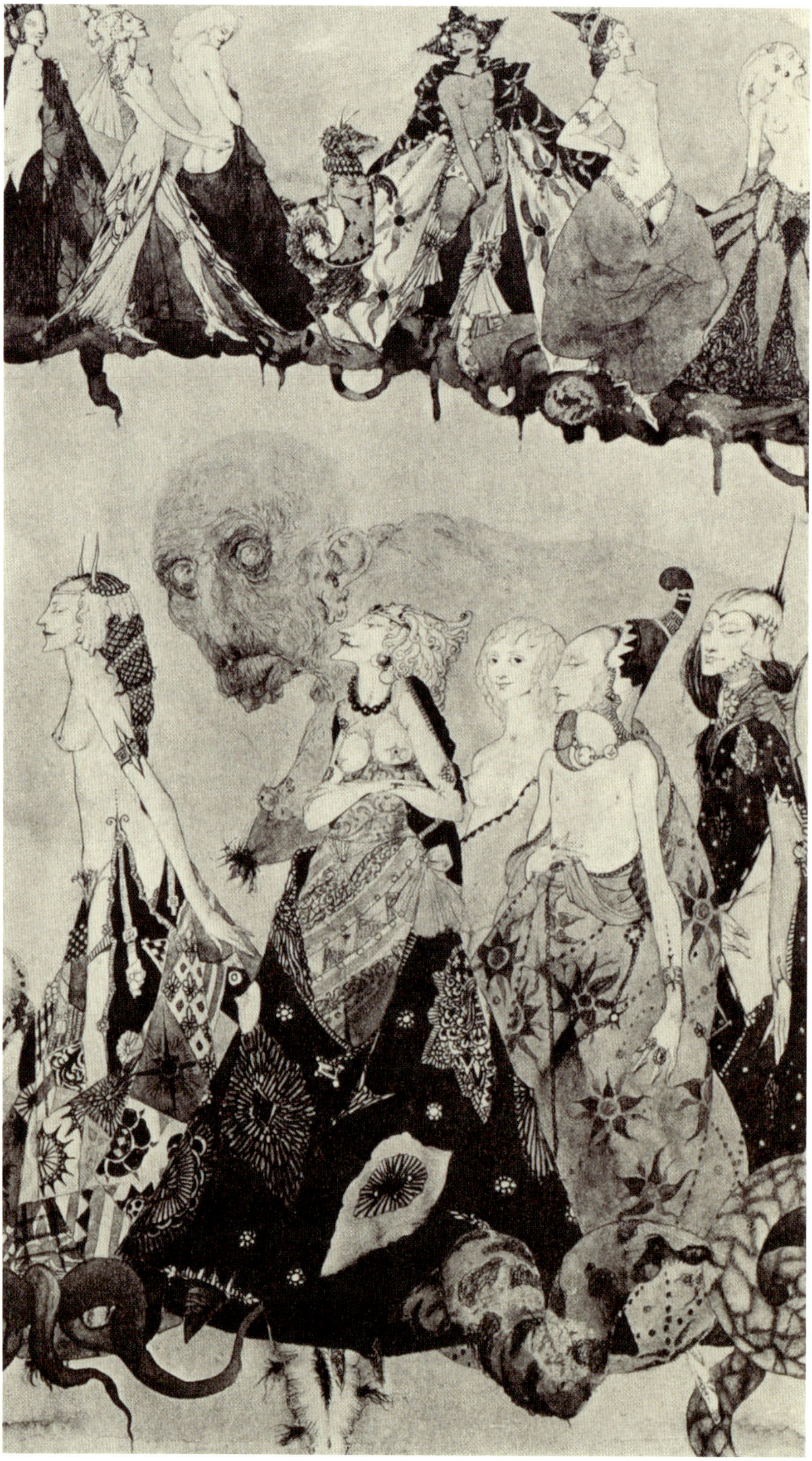

ベルサベ女王の仮面劇 *The Masque of Queen Bersabe: A Miracle-Play*

ベルサベ(一般にはバテシバ)は、旧約聖書でダヴィデ王が異教徒から奪って結婚した王妃である。預言者ナタンは、そのことを諫めて、さまざまな女王を例として登場させる。ハリー・クラークはこの絵で、それらの女王たちの行列を描いている。

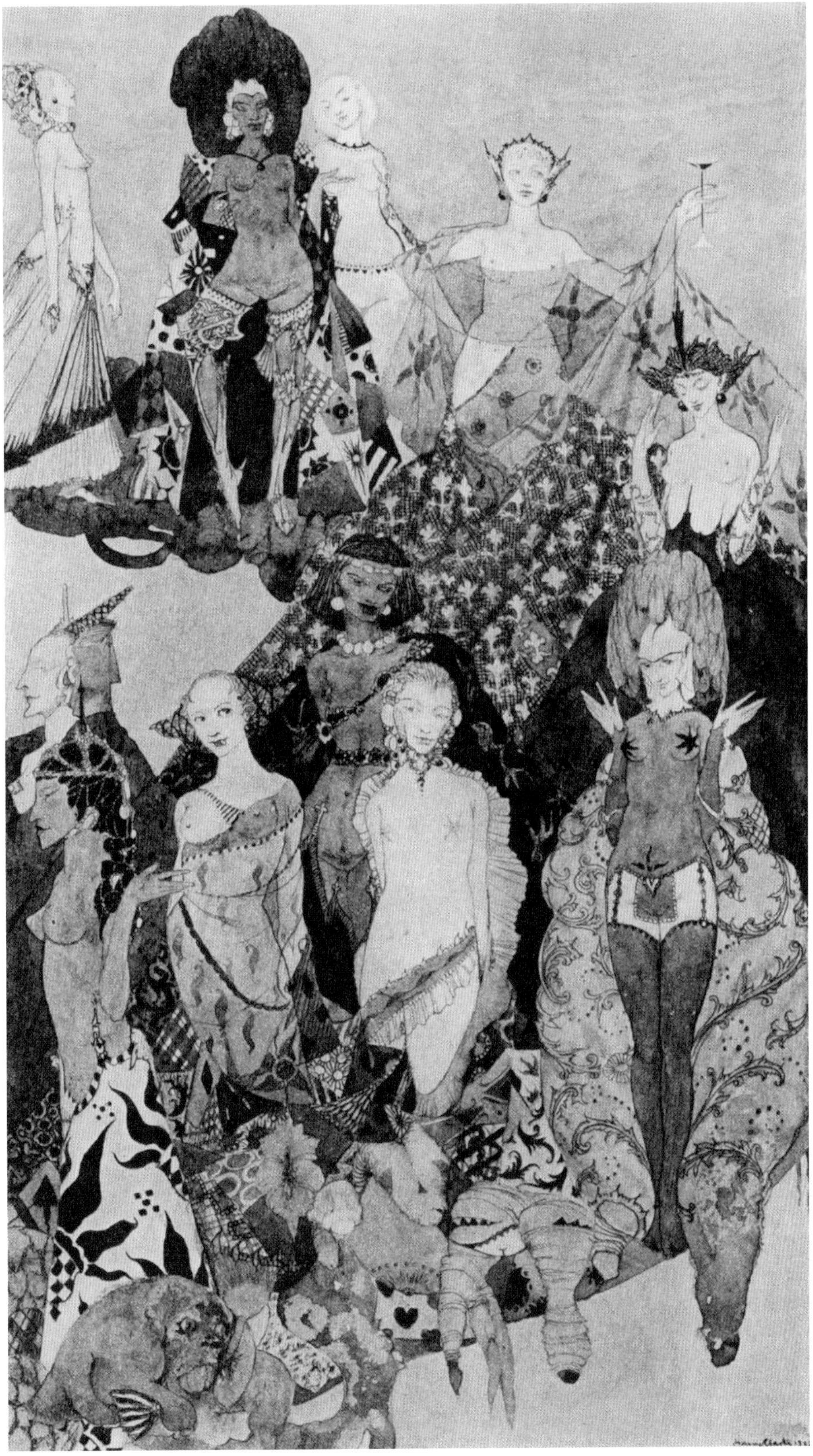

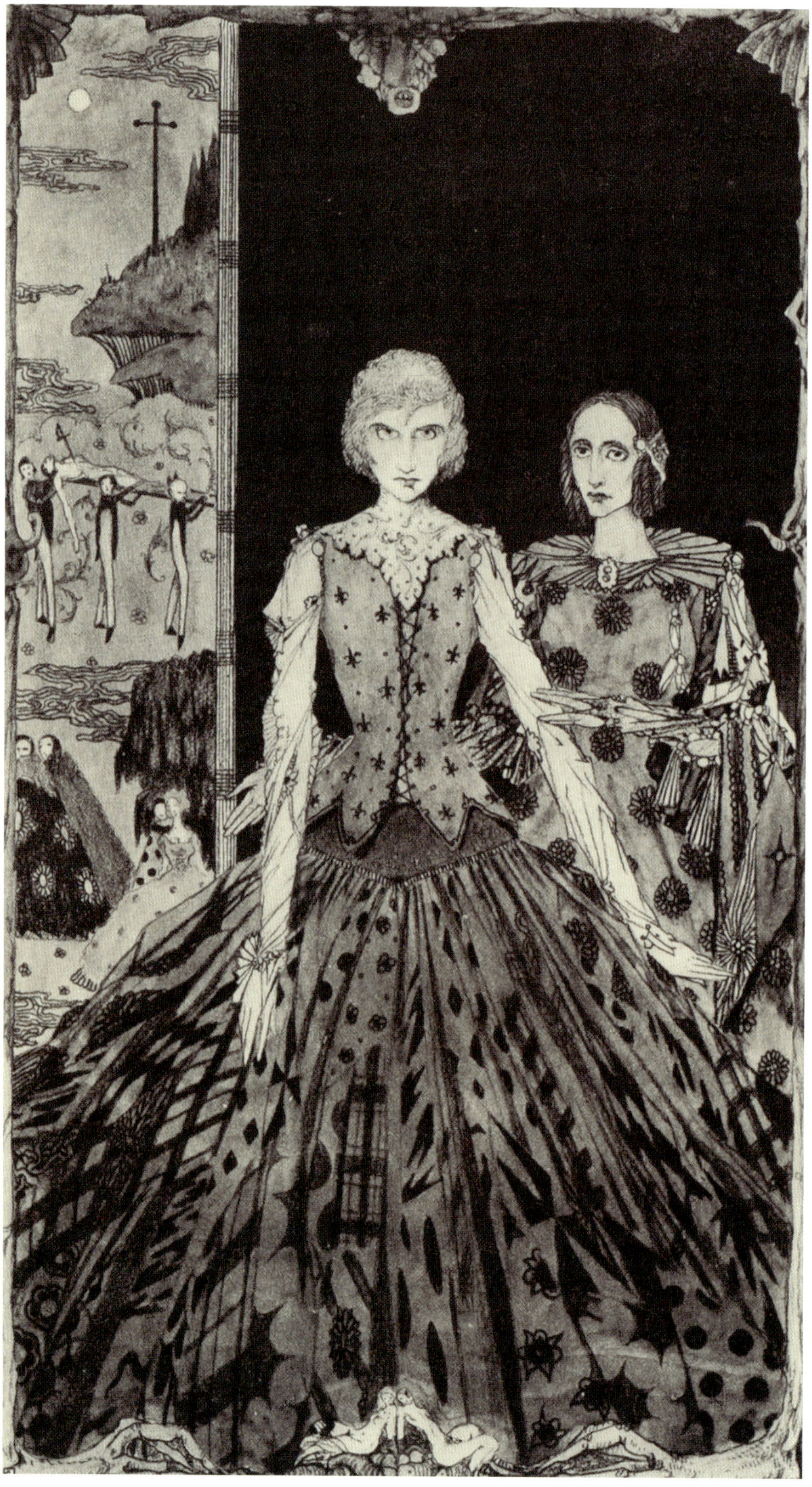

うんざりな結婚式 *The Weary Wedding*

娘が母に、気乗りのしない結婚について、次々と文句をいう、という娘と母の掛け合いの詩である。
絵では、うんざりした様子の娘を母がなだめている。左手の窓には、十字架が見え、その下を胸を剣で一突きされた男が運ばれている。

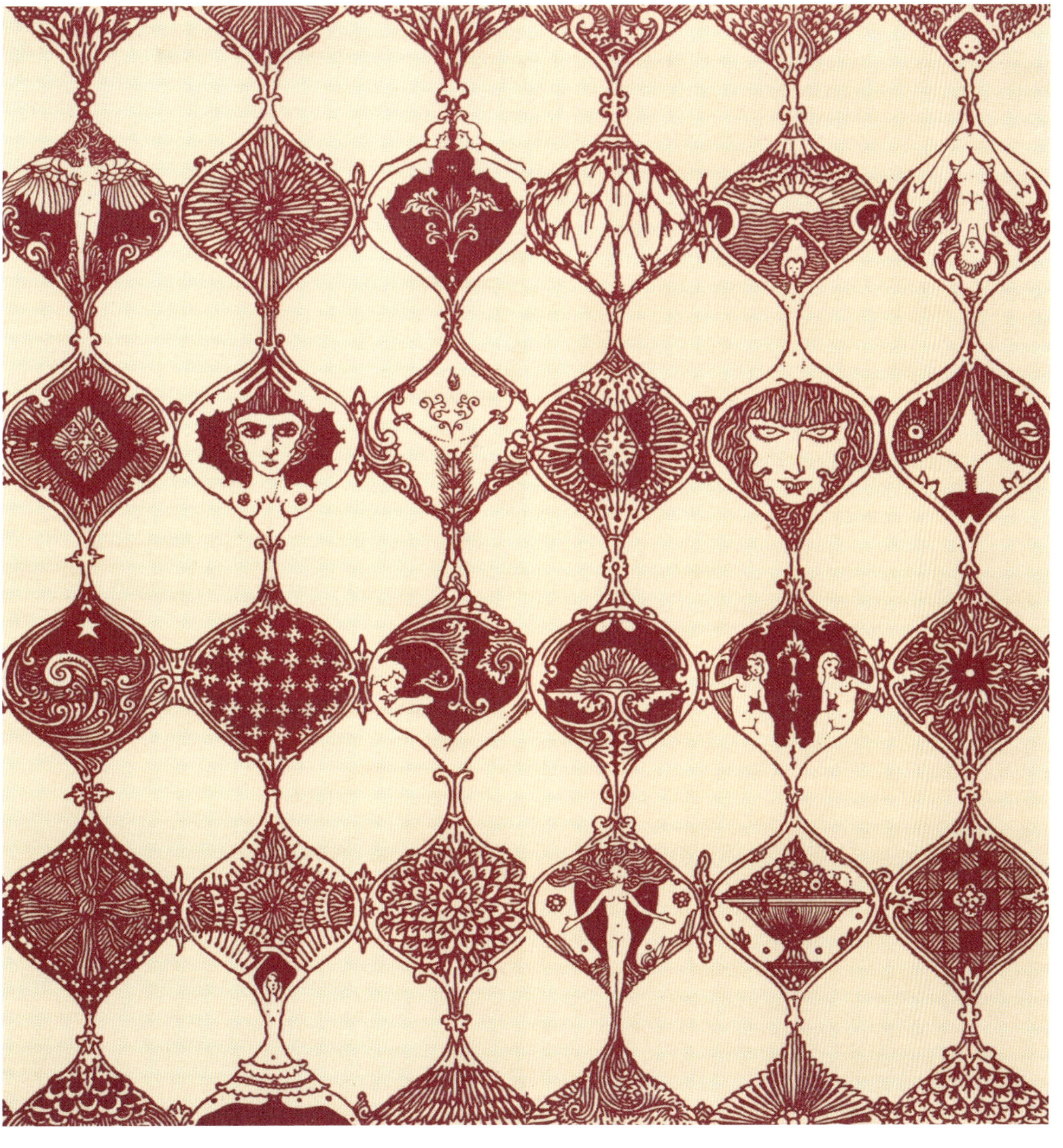

『スウィンバーン詩集』見返しのデザイン *Illustration for Endpapers*

見返しには、ハリー・クラークが描いたオリジナルパターンが採用されている。
連続パターンの一つ一つに、それぞれ、人物や文様など異なる絵柄がデザインされている。

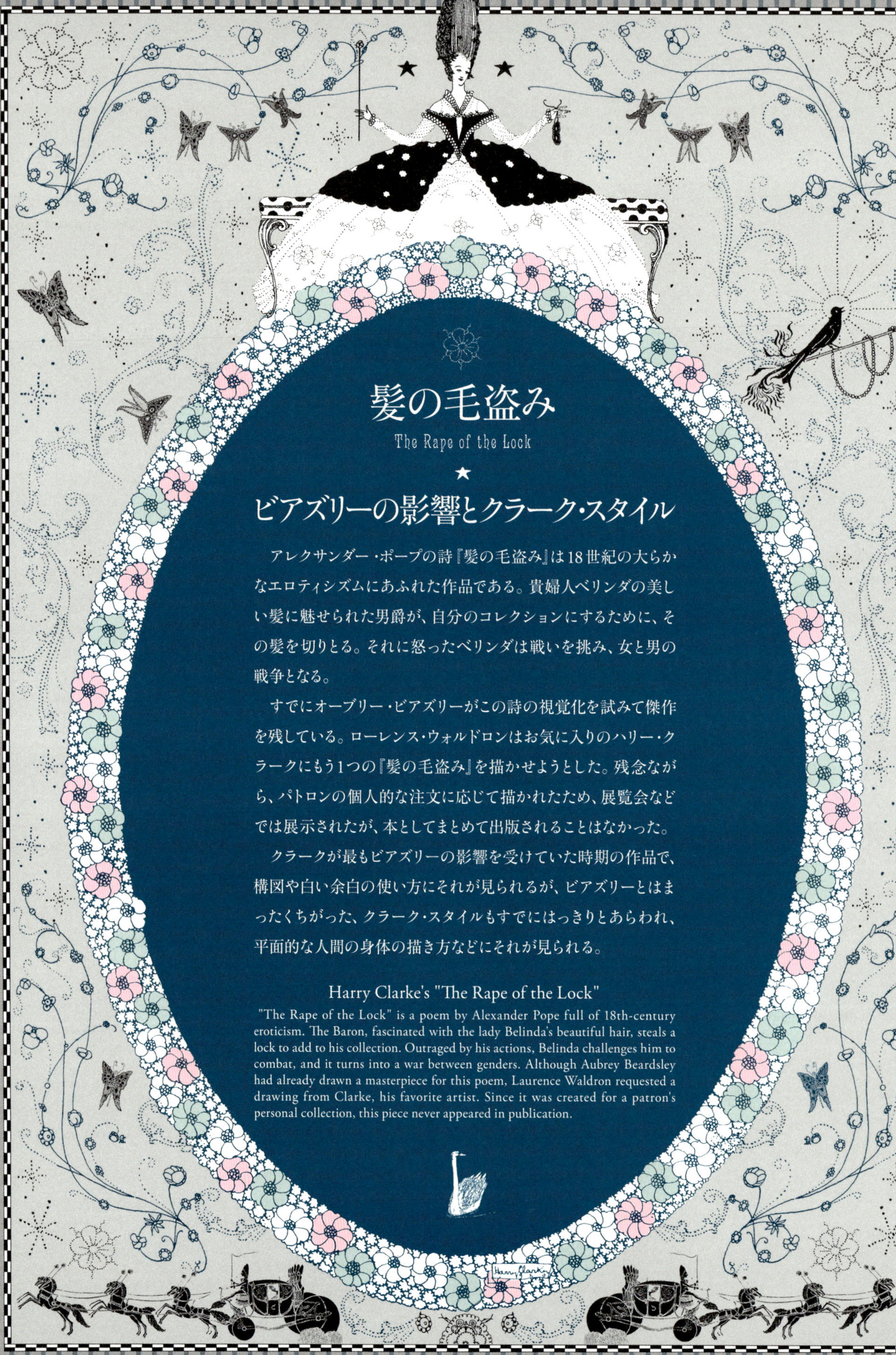

髪の毛盗み

The Rape of the Lock

★

ビアズリーの影響とクラーク・スタイル

アレクサンダー・ポープの詩『髪の毛盗み』は18世紀の大らかなエロティシズムにあふれた作品である。貴婦人ベリンダの美しい髪に魅せられた男爵が、自分のコレクションにするために、その髪を切りとる。それに怒ったベリンダは戦いを挑み、女と男の戦争となる。

すでにオーブリー・ビアズリーがこの詩の視覚化を試みて傑作を残している。ローレンス・ウォルドロンはお気に入りのハリー・クラークにもう1つの『髪の毛盗み』を描かせようとした。残念ながら、パトロンの個人的な注文に応じて描かれたため、展覧会などでは展示されたが、本としてまとめて出版されることはなかった。

クラークが最もビアズリーの影響を受けていた時期の作品で、構図や白い余白の使い方にそれが見られるが、ビアズリーとはまったくちがった、クラーク・スタイルもすでにはっきりとあらわれ、平面的な人間の身体の描き方などにそれが見られる。

Harry Clarke's "The Rape of the Lock"

"The Rape of the Lock" is a poem by Alexander Pope full of 18th-century eroticism. The Baron, fascinated with the lady Belinda's beautiful hair, steals a lock to add to his collection. Outraged by his actions, Belinda challenges him to combat, and it turns into a war between genders. Although Aubrey Beardsley had already drawn a masterpiece for this poem, Laurence Waldron requested a drawing from Clarke, his favorite artist. Since it was created for a patron's personal collection, this piece never appeared in publication.

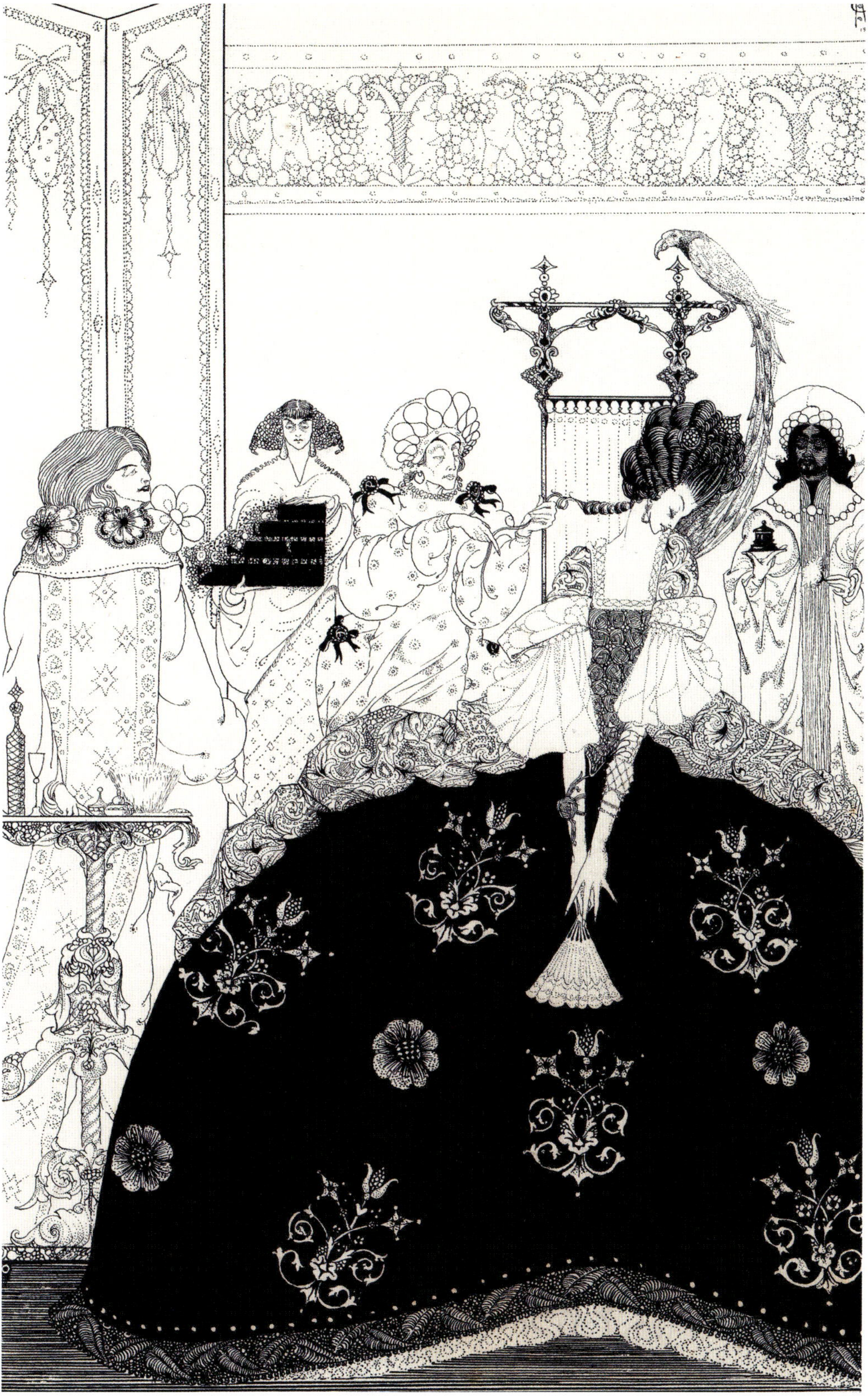

あらゆる技術を凝らしたおそろしい美しさ　*Now Awful Beauty Puts on all its Arts*

19世紀末から〈化粧する女〉が誘惑的な女性像のイコノロジー（図像学的テーマ）の中心となる。寝室のシーンでは乱れていた髪が美しく結い上げられる。ビアズリーでは人間の身体にふくらみがあるが、クラークではより平面的で幾何学的フォルムになり、装飾性はさらに強調される。

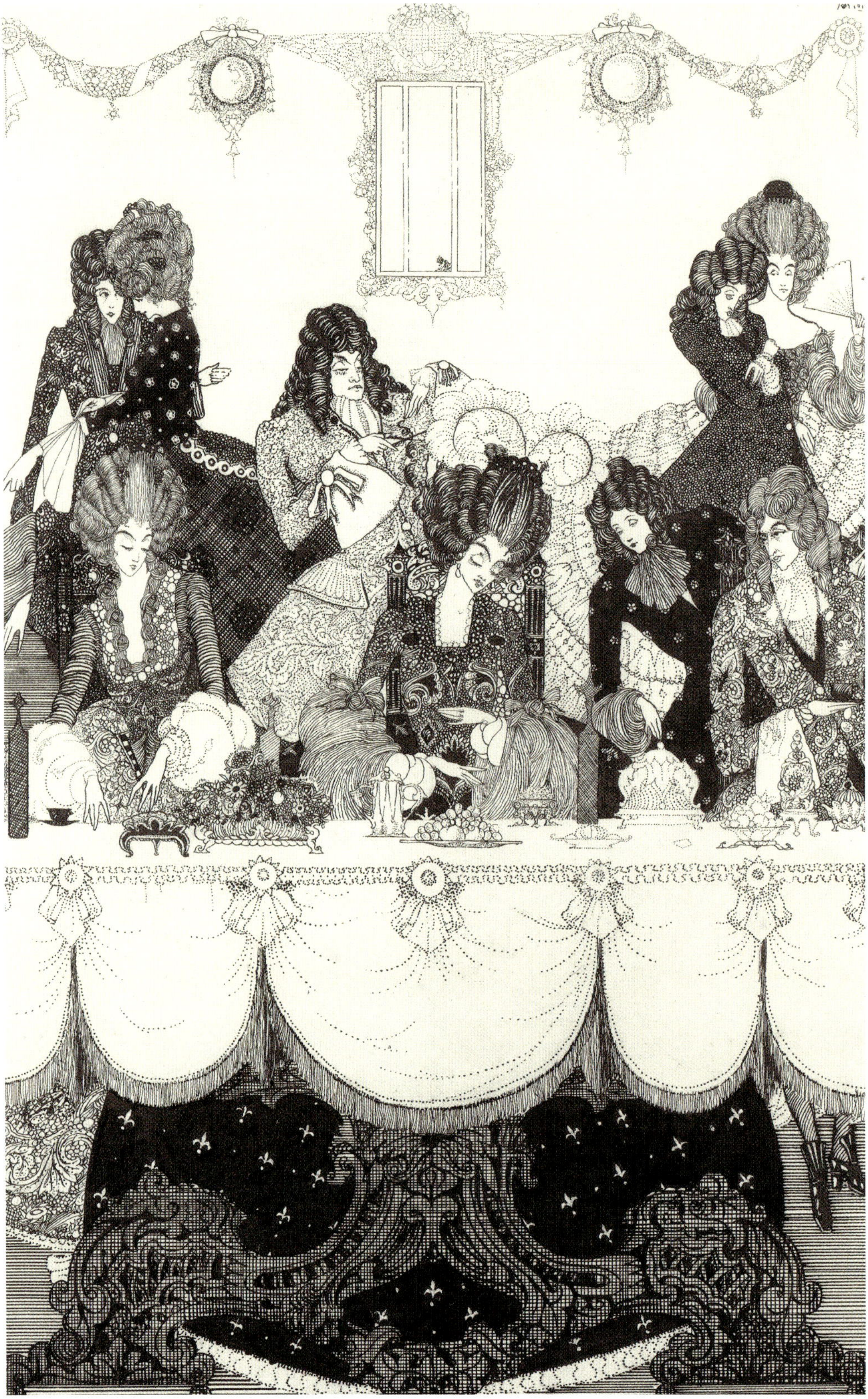

彼はうやうやしく髪を引っぱり切り取る　*He Takes the Gift with Reverence and Extends*

男爵はベリンダの美しい髪を背後からしのび寄り、切り取る。ビアズリーはそのシーンを横から描いたが、クラークは正面から描いている。下半分のテーブル・クロスやテーブルの脚が織りなす装飾面と、上半分の人間的ドラマが対比されている。

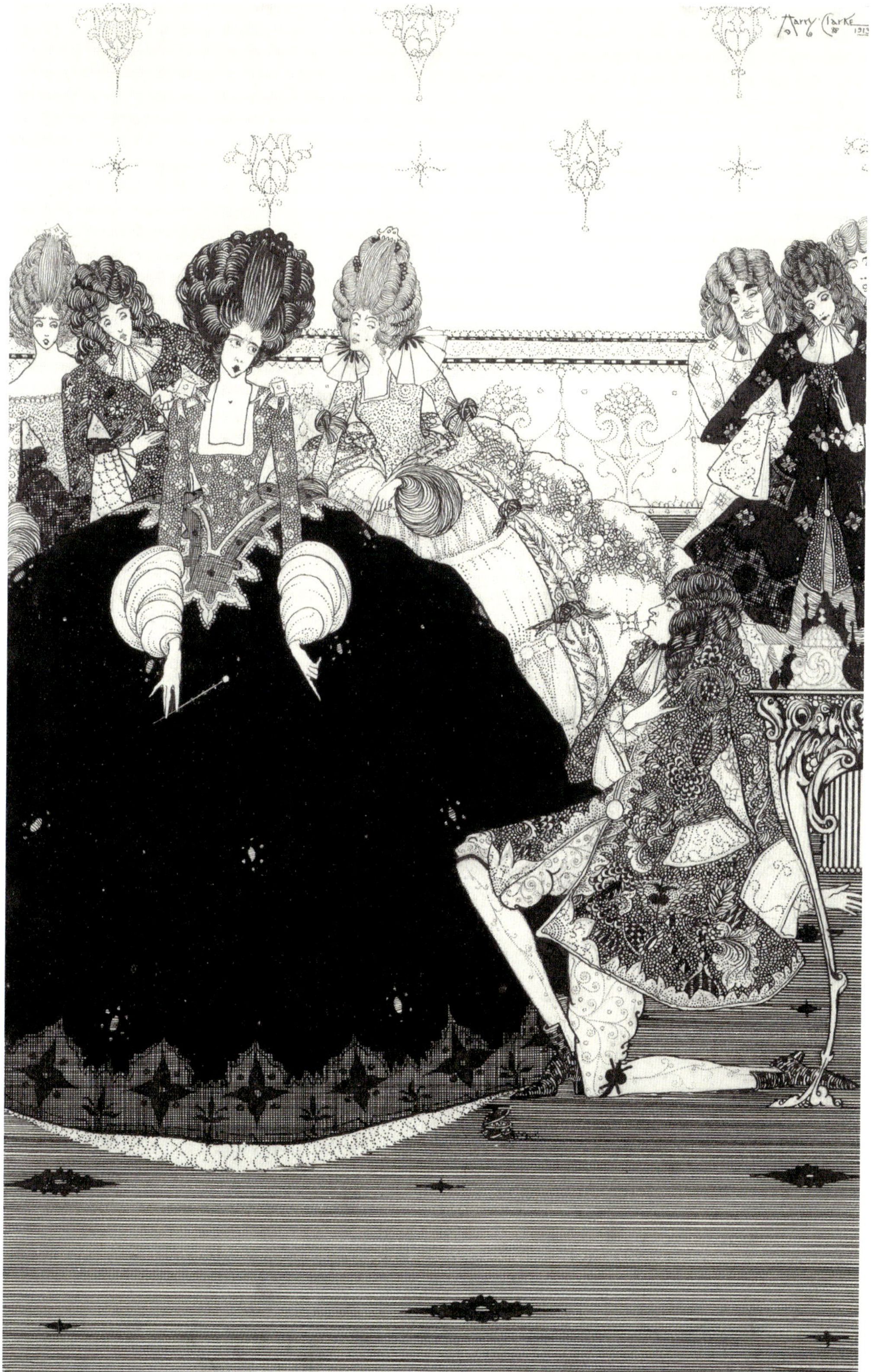

見よ、ベリンダは激しく男爵を責めている　*See Fierce Belinda on the Baron Flies*

このシーンはビアズリーの構図に近い。しかしビアズリーでは、ベリンダは左を向いて、男爵を責めているが、クラークは彼女を正面から描いている。ビアズリーのベリンダは手を突き出し、平手打ちをくらわせているようだが、クラークの彼女は両手を腰に当て、人指し指を立てて怒りを示している。指の表現はクラークの特徴である。

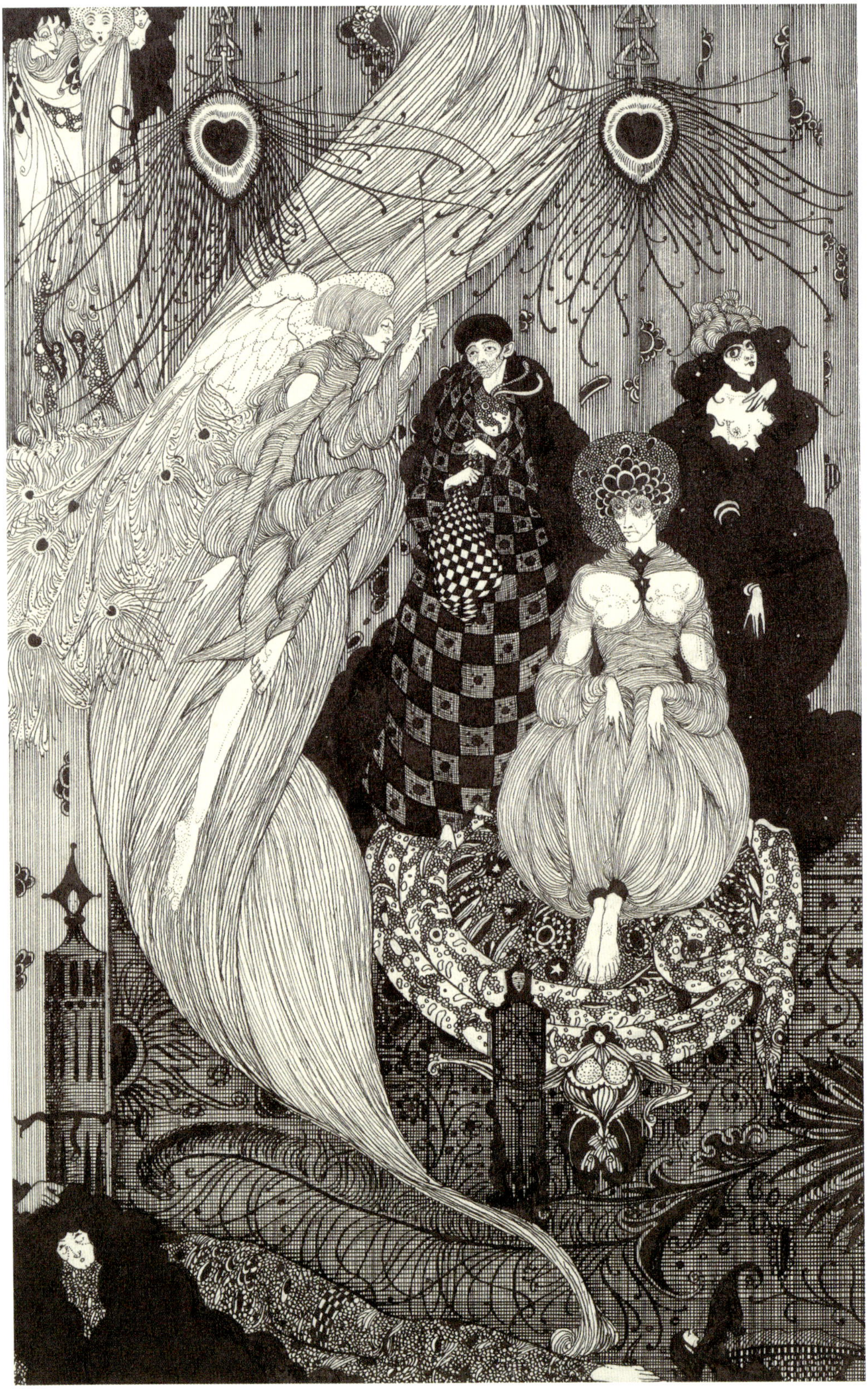

地中深く、精霊たちのひそむところ *Down to the Central Earth, his Proper Scene*

ベリンダと男爵の争いは、妖精や神々など、人間ではない存在たちをも巻き込む。彼らは地下の闇の世界で言い争う。ビアズリーの『髪の毛盗み』でもこのシーンだけ悪魔的、幻想的である。クラークもここで思いきってファンタジーをくりひろげている。左側で細い棒を持って話しかけているのはウンブリエルという妖精であるが、クラークは髪の毛を象徴する姿として描いている。

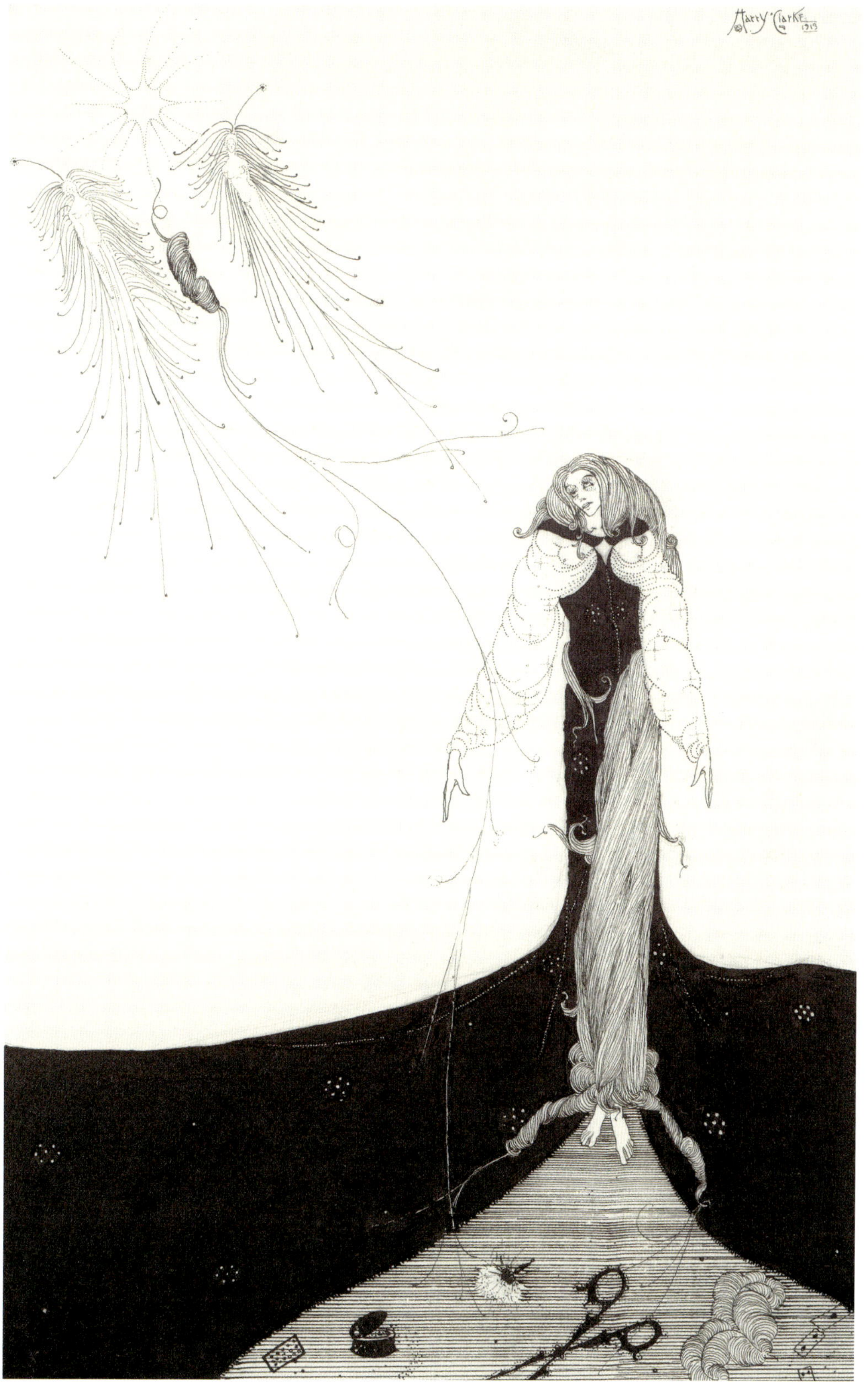

詩神にまかせよう、彼女の髪は天へと昇っていく　*But Trust the Muse, She Saw it Upward Rise*

ベリンダは戦いに勝ち、彼女の髪の毛は天に昇り、星となったという。クラークは天に飛び上がってゆく髪を見送るベリンダを描いている。黒と白の分割が印象的だ。切られたはずの髪はすっぽりと彼女の身体を包んでいる。そしてほっそりと尖った指先がクラーク・スタイルを見せている。

THE RAPE OF THE LOCK
ILLUSTRATED BY
AUBREY BEARDSLEY

オーブリー・ビアズリーの『髪の毛盗み』

1896年、ビアズリーの末期を飾る傑作である。18世紀のロココ・スタイルに魅せられたビアズリーが繊細な装飾をふんだんにちりばめ、華やかで艶（えん）な宴をくりひろげてくれる。それは世紀末アール・ヌーヴォーの最後のきらめきといえるかもしれない。ハリー・クラークの『髪の毛盗み』と比べてみると、ビアズリーはクラシックに見える。2人の髪の毛の描き方も対照的で、ビアズリーではゆるやかに曲線を描いて流れ、ハリーの髪の毛は神経質に縮れている。

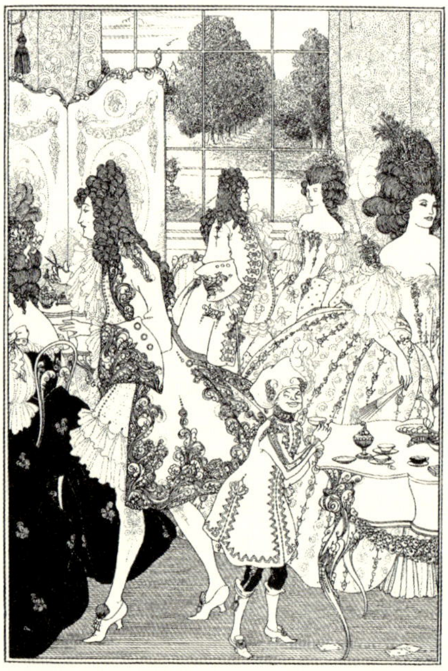

ビアズリー版の『髪の毛盗み』1896年
「彼はうやうやしく髪を引っぱり切り取る」
※ハリー・クラーク版はP144

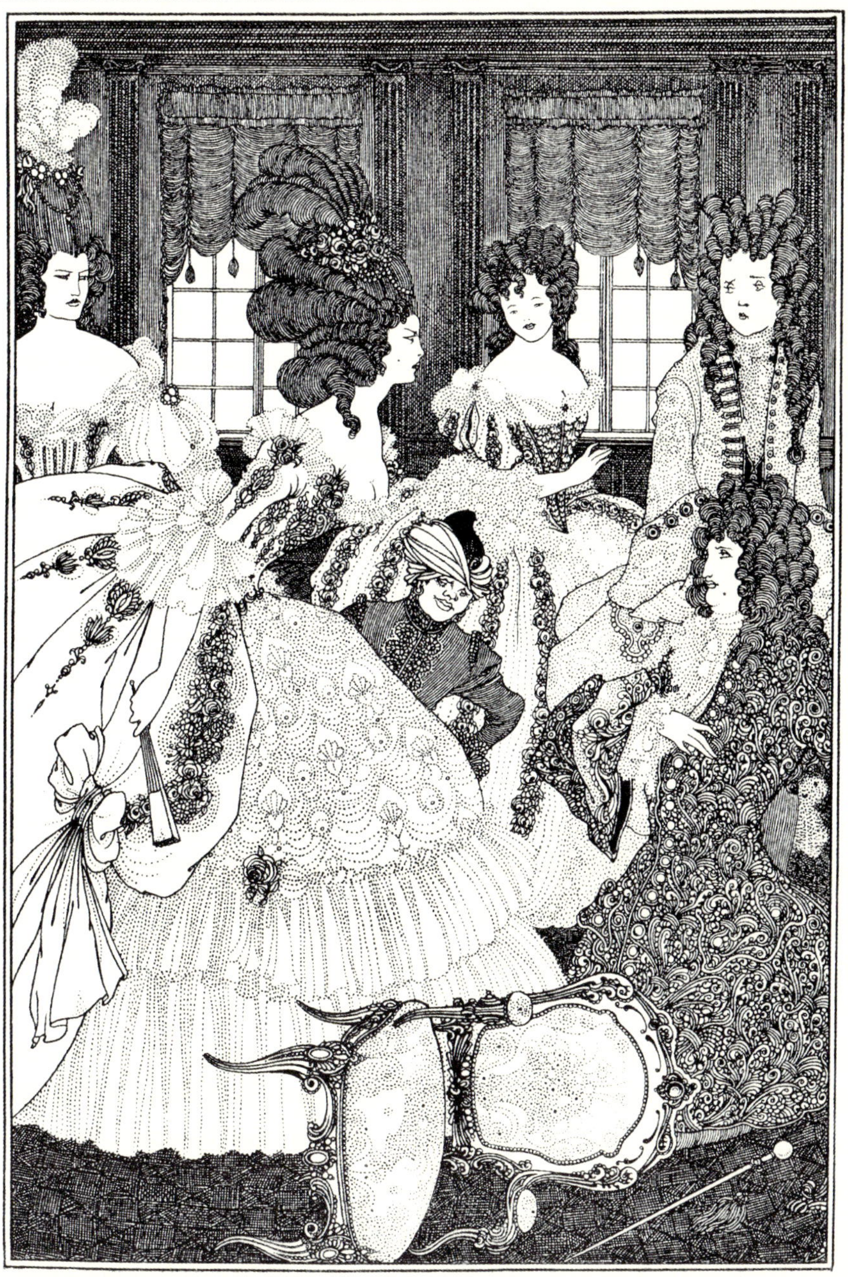

ビアズリー版の『髪の毛盗み』1896年／「見よ、ベリンダは激しく男爵を責めている」
※ハリー・クラーク版はP145

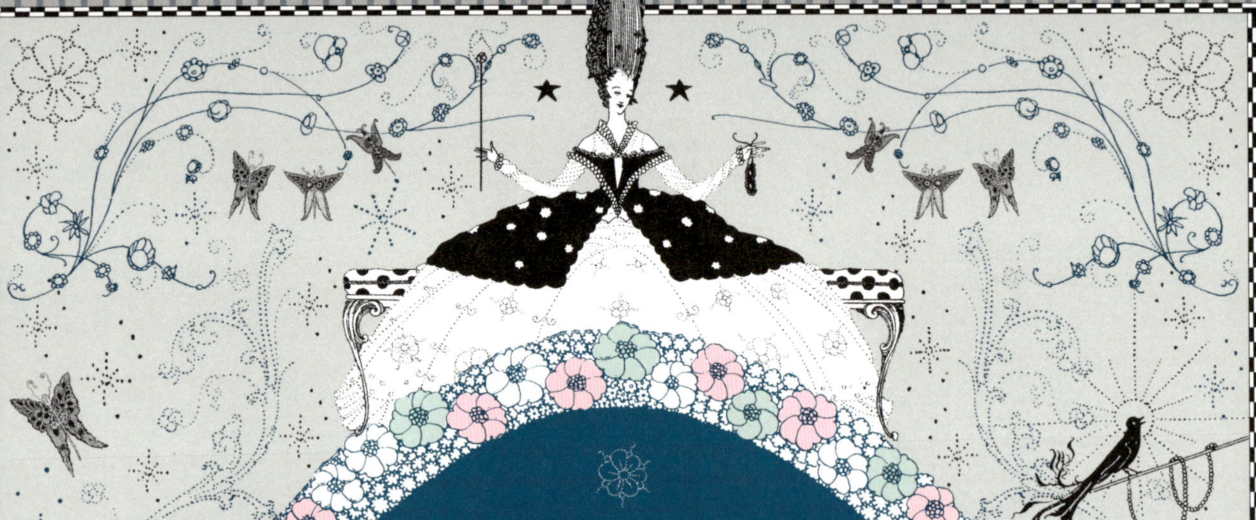

あるグレート・ハウスの歴史

The History of a Great House

★

おとぎの国のウィスキー

1924年、ハリー・クラークはジョン・ジェイムソン・アンド・サンズというダブリンのウィスキー製造会社の宣伝パンフレットを依頼された。ジェフリー・ウォーレンの「ジョン・ジェイムソン・ウィスキーの起源」という文章に、21枚の2色刷りの挿絵を描いたのである。

この本を見て思わず笑ってしまうのは、文章の内容はウィスキーづくりの話であるのに、ハリーの絵はそれにまったく関係がなく、まるでおとぎ話の挿絵のように幻想的でロマンティックなシーンが描かれているのだ。たとえばお姫様と王子様が空を見上げ、星を見ている。これは、ジェイムソン・ウィスキーの"スリー・スター"という銘柄が出てくる頁である。ウィスキーの味わいの説明の頁で、妖精と牧神が戯れているシーンが出てくる。これは酔ったときの幻想とでもいうのだろうか。ウィスキーの宣伝におとぎ話の世界が使われていたのだ。

Whisky of a Fairyland

In 1924, Clarke was commissioned by a whiskey company, John Jameson & Son, and created 21 two-color drawings for a brochure by Geofrey Warren titled "The Origin of John Jameson Whiskey." Even though the article was about whiskey production, Clarke's drawings were romantic and fantastical as if drawn for a fairy tale.

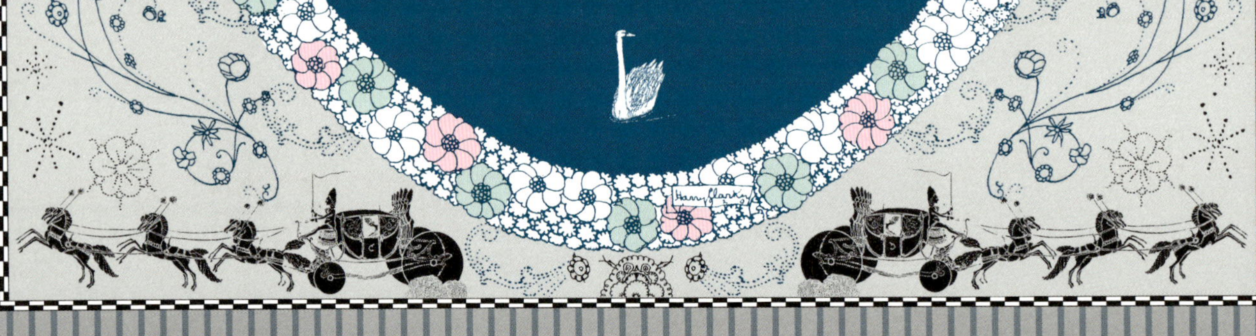

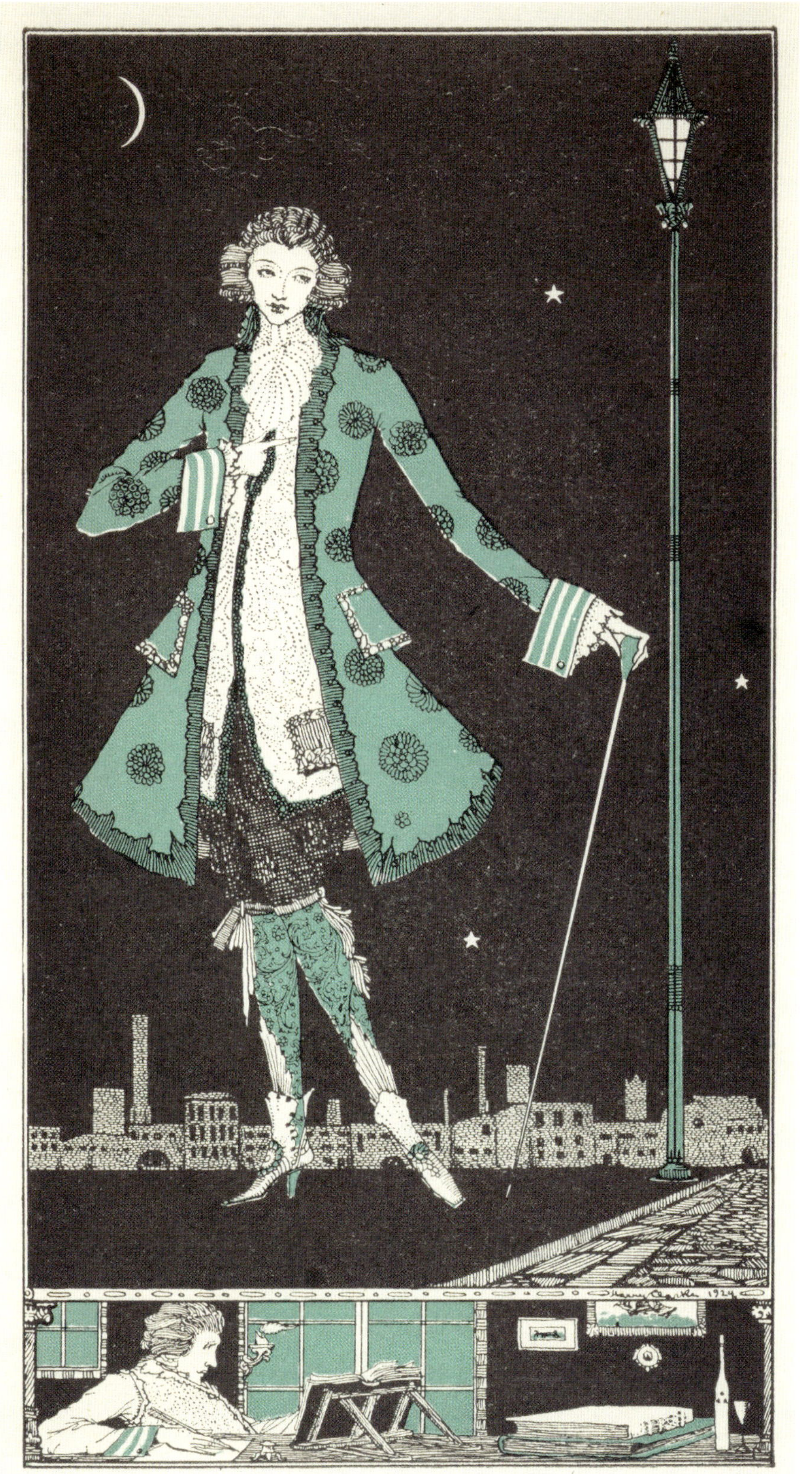

あるグレート・ハウスの歴史 1 *The History of a Great House*

18世紀にジョン・ジェイムソンがアイルランドでウィスキーづくりをはじめた。ジェイムソン・ウィスキーのはじまりである。
1880年までにダブリンのボウ・ストリートに工場を開く。ダブリンの街に立つジェイムソンが描かれている。

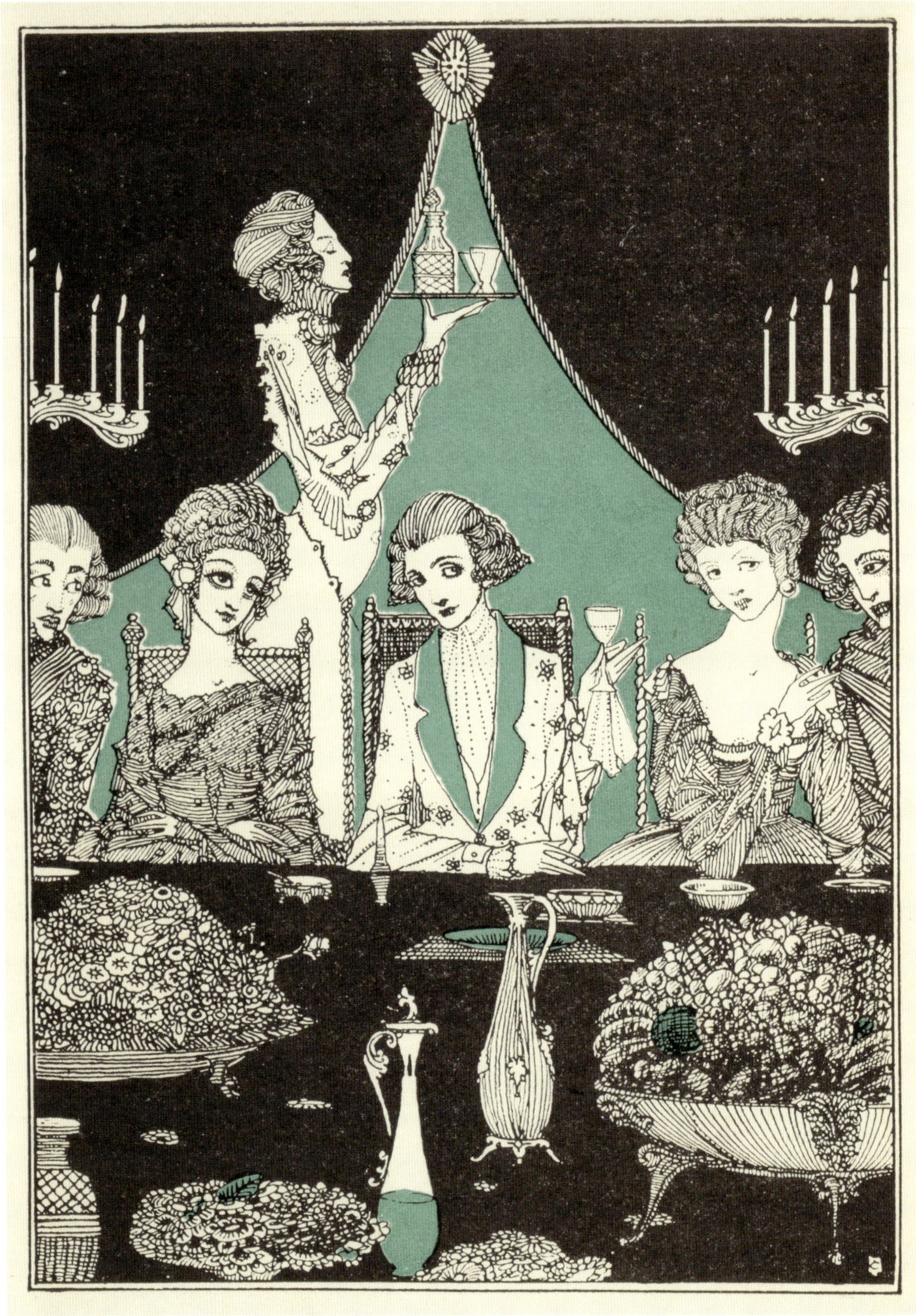

あるグレート・ハウスの歴史 2 *The History of a Great House*

ジェイムソン・ウィスキーの品質についてなどを説明するテキストと関係なく、ハリーは楽しげな宴会の様子を描いている。
黒のペン画にグリーンを刷ったシンプルな色調である。

VII.—Its UNIFORMITY OF QUALITY, and the complete absence of adulteration and artificial flavouring of any kind. It is a genuine Whiskey.

VIII.—Its GENERAL MERITS as a beverage, attested by its long continued popularity, always on the increase.

IX.—FINALLY, it is racy of the soil, and as such known the world over, not only at Home but Abroad, and in all the Dominions.

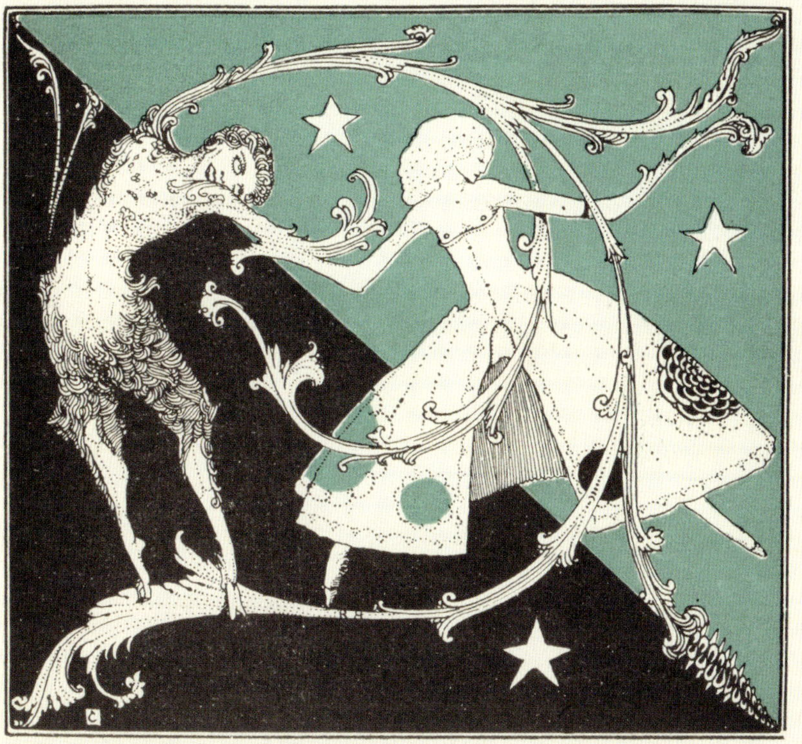

あるグレート・ハウスの歴史3 *The History of a Great House*

これまた本文とは関係なく、酔い心地をハリーが自由に想像した絵である。
半獣神と女性が戯れ、唐草が酔いのゆらぎを描いている。背景が斜めにカットされているのも、動きをあらわしている。

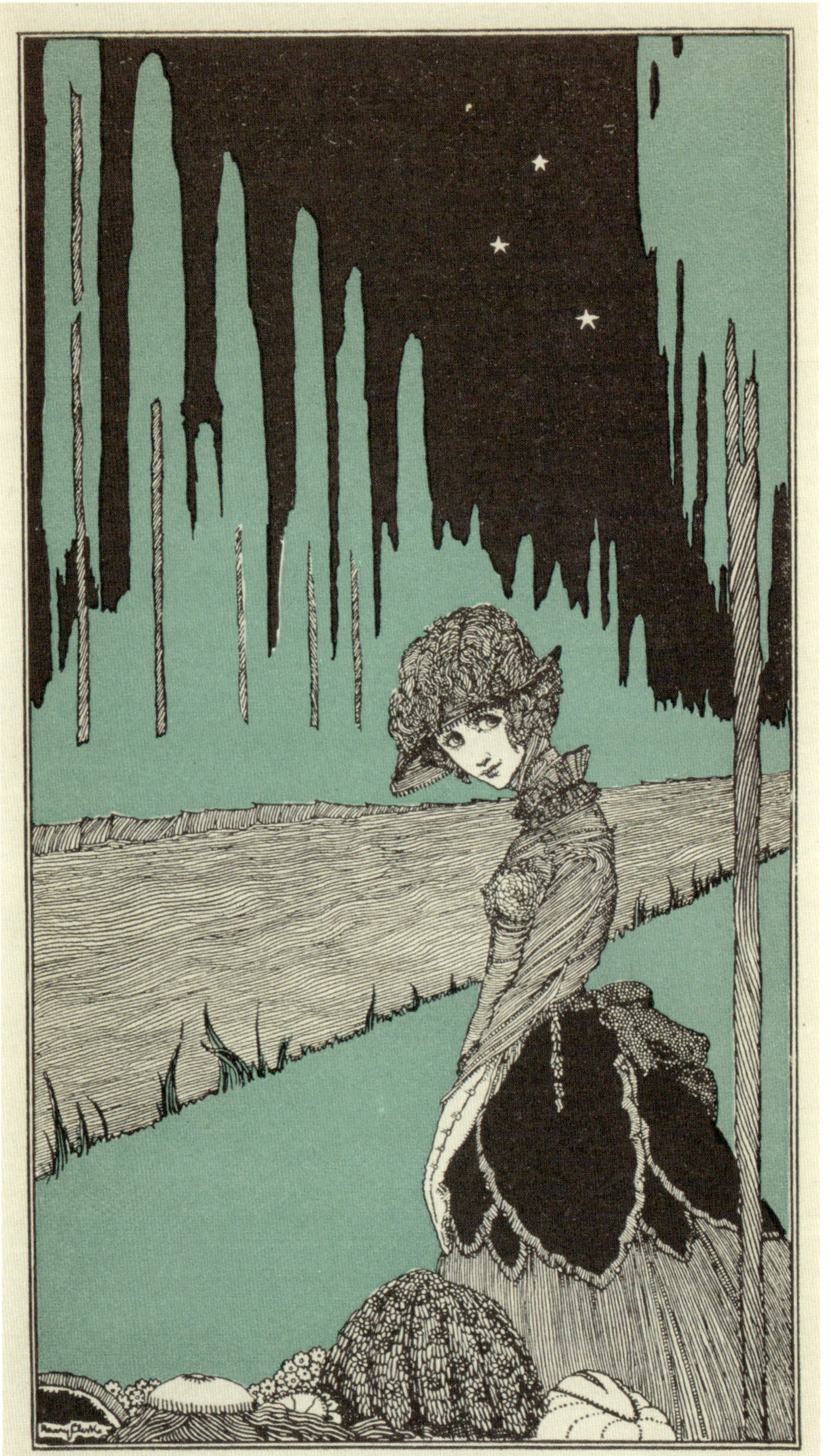

あるグレート・ハウスの歴史 4 *The History of a Great House*

ジェイムソン・ウィスキーに対する唯一の苦情は、品薄だ、ということだ。この絵の女性は、品薄でごめんなさい、といっているのだ。空の星は、〈三つ星（スリー・スター）〉というこのウィスキーの銘柄を示している。

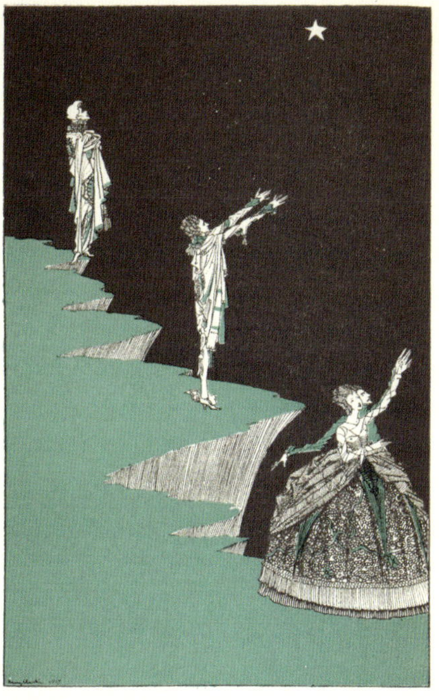

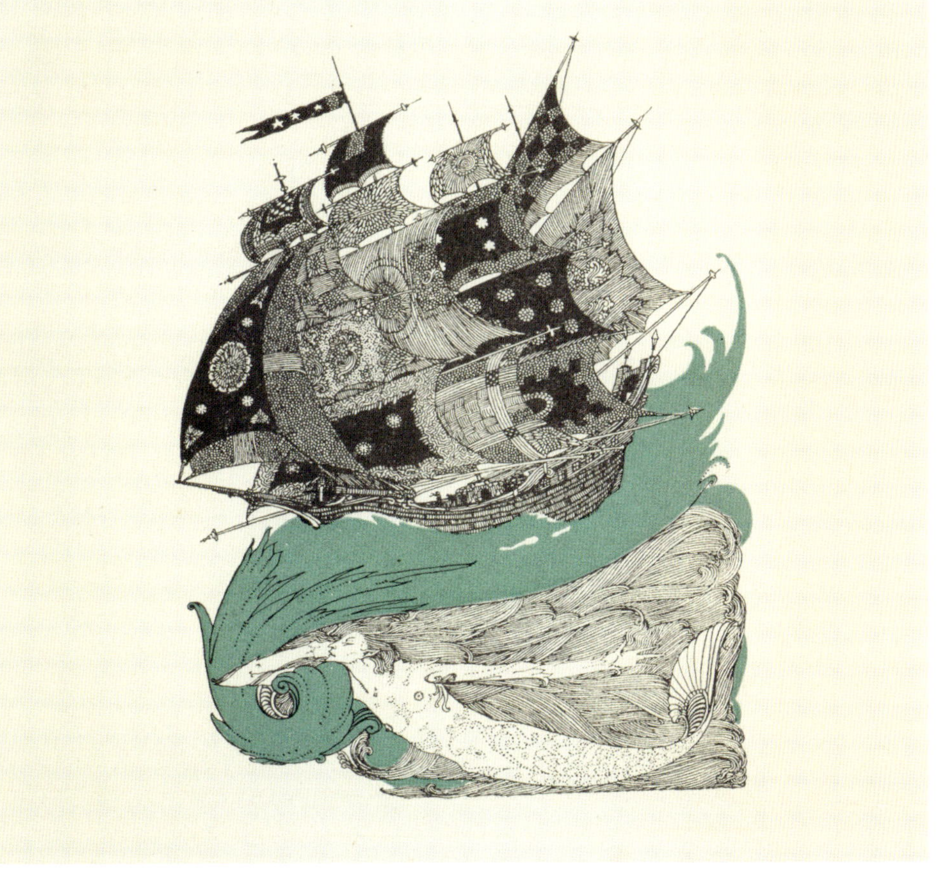

あるグレート・ハウスの歴史 5 *The History of a Great House*

空の〈三つ星(スリー・スター)〉をみんなが求めているところを示している。第一次世界大戦で物資が不足し、ウィスキーも不足した。しかし、やっと生産がもどってきたので、よろしく、というPRを、かくもロマンティックに描いている。人魚姫もがんばって、ウィスキーの船を運んでいる。

生命の水

The Elixir of Life

★

ウィスキーの魔術

『あるグレート・ハウスの歴史』が好評だったらしく、ジェイムソン・ウィスキーの宣伝パンフレット第2弾が1925年につくられた。同じくジェフリー・ウォーレンの文章であるが、今度はいくらかクラークのファンタジックな挿絵を意識したらしく、ウィスキーの醸造を、錬金術、魔術的なイメージに重ねて、〈生命の水〉として語ろうとした。しかし文章はかなり平凡で、説明的であった。

しかしクラークは〈生命の水〉のイメージを最大限に利用し、錬金術、魔術の図像を持ち込んだ。彼は同時に『ファウスト』の挿絵を手がけており、若返りの生命の水は、両方に共通するモチーフとなった。ファウスト博士の魔術世界は、ウィスキーづくりと結びつき、コマーシャルの図像と文学の図像は混ざり合った。ハリー・クラークにとって、コマーシャル・デザインと幻想文学のグロテスクな世界は目まぐるしく交錯していた。

Magic of Whisky

After the apparent success of "The History of a Great House," John Jameson Whiskey created another brochure in 1925. This brochure explained how to brew whiskey as if it were a magical process, calling the liquor "elixir." Clarke took advantage of the sound of the word, "elixir," and brought in images of magic and alchemy. This was around the same time when Clarke was drawing for "Faust," which shared the motif of the elixir of youth.

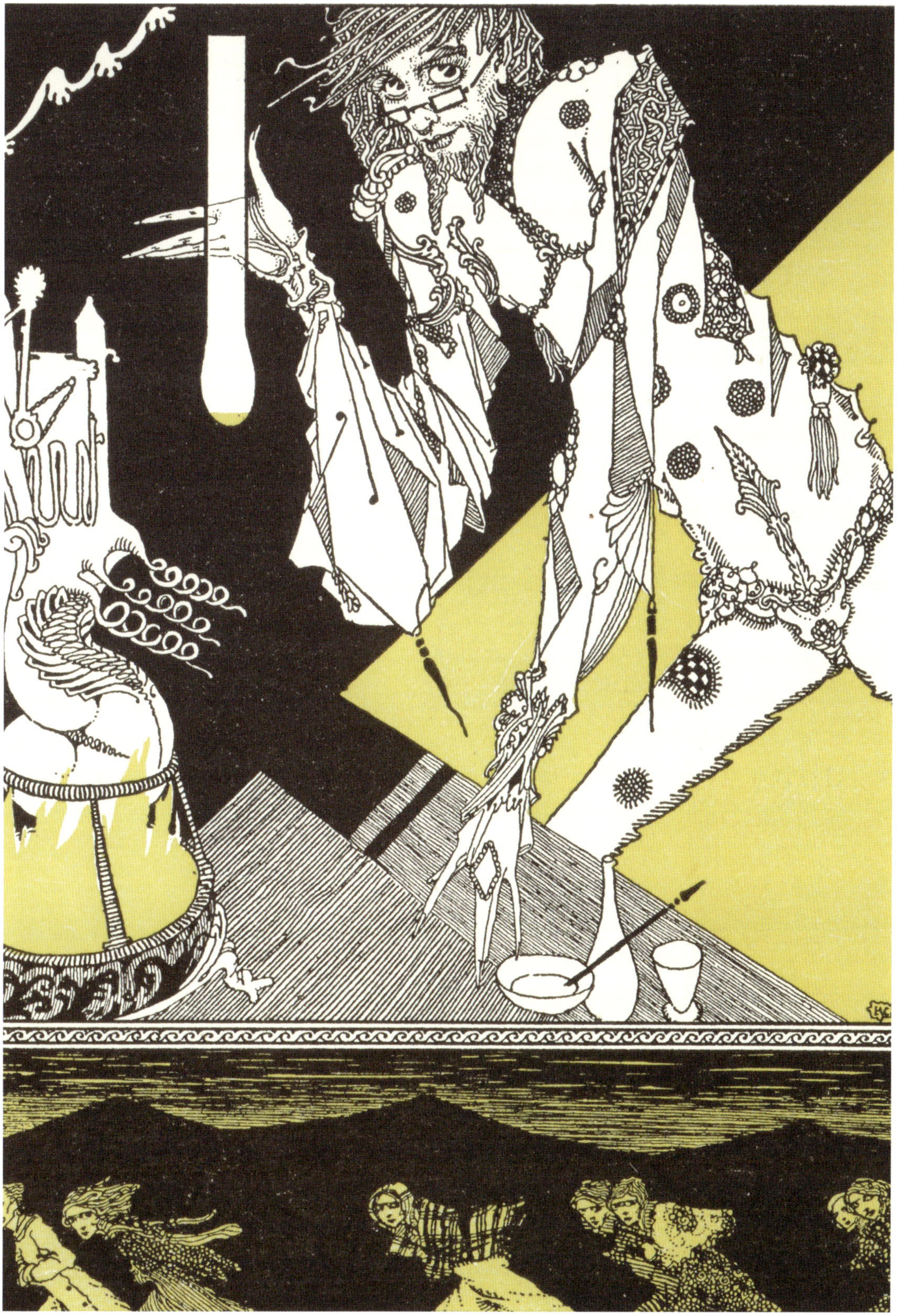

生命の水 1 *The Elixir of Life*

ごくあたり前な、ウィスキーの説明文は、ハリー・クラークによって魔術的なイメージに変貌する。ウィスキーづくりは、錬金術師の実験室の光景のようだ。魔法の試験管をファウスト博士が振っている。この本では黒い線に黄色が刷られている。

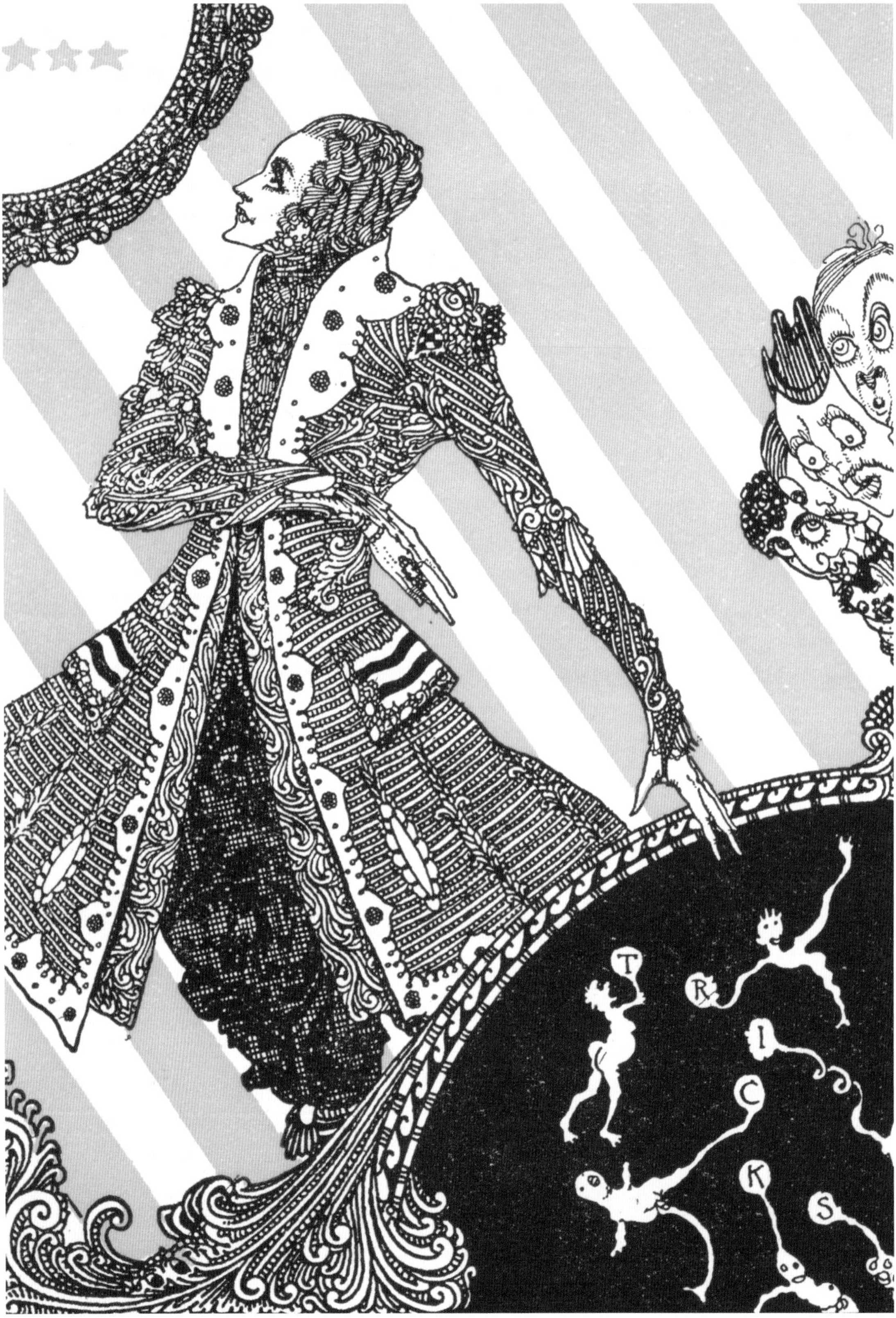

生命の水 2 *The Elixir of Life*

この絵のメッセージは、この会社は正直な商売をしています、というものだ。
貴族的なコスチュームの社長(?)は、右下の黒い穴に、トリックの小悪魔たちを投げ捨てている。

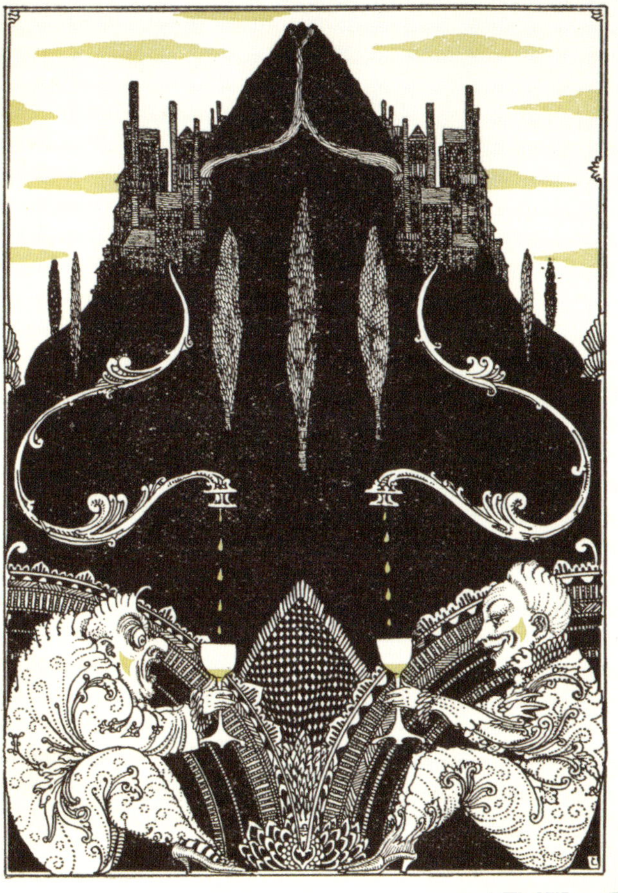

生命の水 3 *The Elixir of Life*

丘の下で2人の魔術師、いやウィスキーづくりが乾杯している。醸造の化学が錬金術のようなものと見られていたのだ。丘の中腹の2つの工場からパイプがうねり、そこから2人の盃にしたたっている。ビアズリー的な世界である。

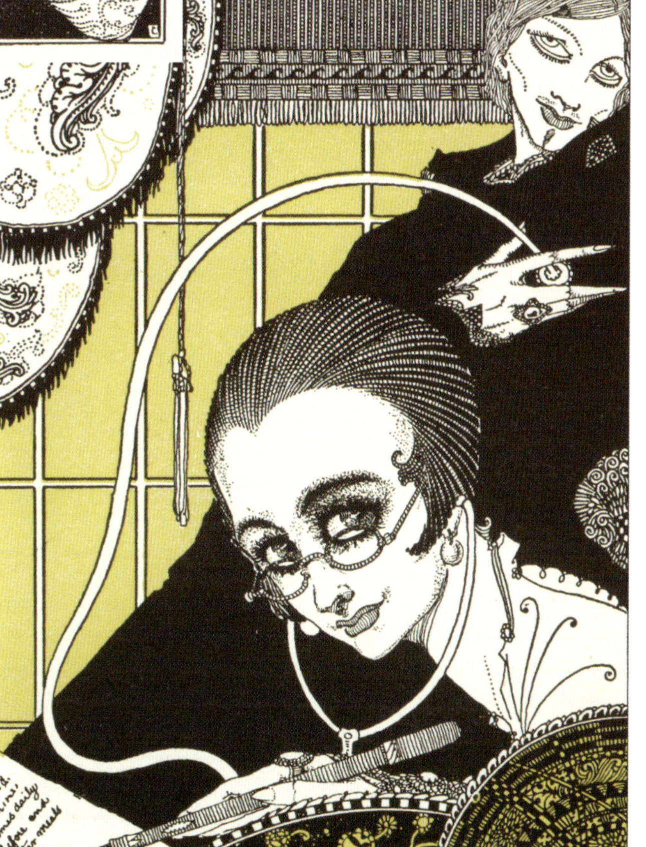

生命の水 4 *The Elixir of Life*

酒は百薬の長である。ジェイムソン・ウィスキーは身体にいい。色っぽい女医さんが聴診器を当ててくれて、そのことを診察してくれている。女医の髪の様式化、背景の黄色い格子などにアール・デコ・スタイルが見える。

ハリー・クラーク・ヴァラエティ

Harry Clarke Variety

★

ハリー・クラークは絵本としてまとめられた挿絵だけでなく、雑誌のカット、広告のデザイン、頁の飾り枠、パッケージ・デザインなどさまざまな断片的な仕事を残している。どんなに小さなスペースにも、彼は惜しげもなく、彼の想像力をつめこんだ。もし彼にもっと生きる時が与えられ、それらの1つ1つを開花させたら、どんなにかすばらしかったろう。

それらの断片的な作品には多様なアイデアがあふれ、それらの1つずつをくわしく語りたいほどだが、その主な特徴に触れておくと、画面の分割と構成、特にフレームの表現がすばらしい。それはおそらく、彼がステンドグラスのデザイナーであったことと関係があるだろう。窓の枠による画面の切り取りにおいて、彼は見事な感覚を持っているのだ。さらに、舞台への興味も、彼の絵のフレームに影響を与えている。人々は窓の中で、舞台空間の中で、夢幻劇を演じるのだ。

Other Works by Harry Clarke

Clarke's work was not limited to book illustrations. His work can also be seen in various forms including magazine illustrations, page frames, advertisements, and package designs. No matter the size of the job, Clarke never spared himself of imagination and creativity. If only he had been allowed more time to live, he would have surely left us with many more masterpieces.

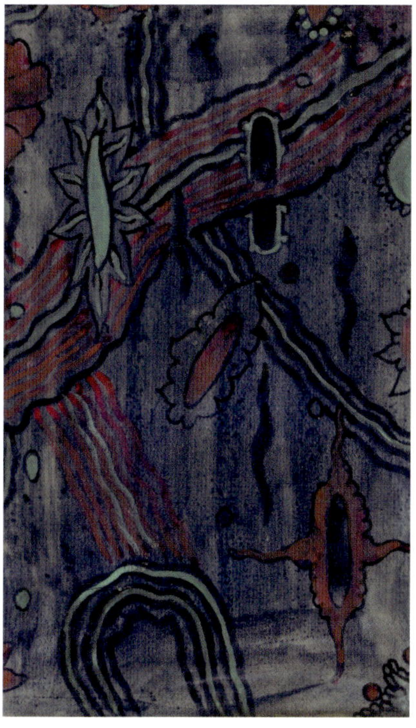
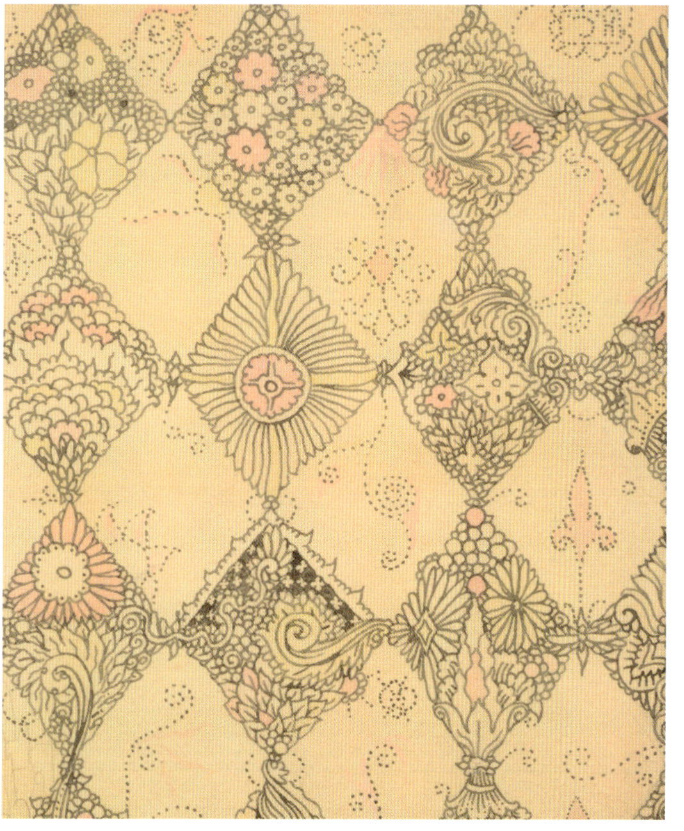
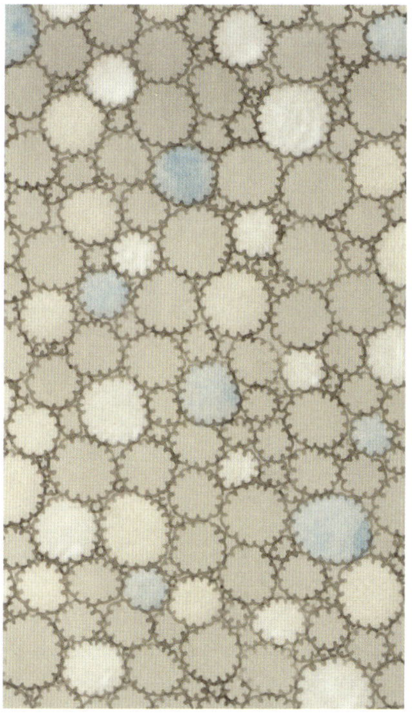
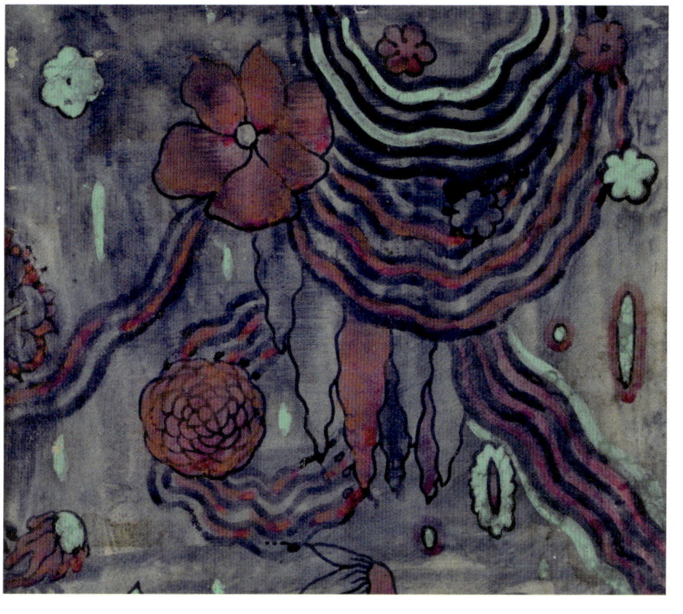

ハリー・クラークのテキスタイル・デザイン(1925年頃)

Textile Designs, c.1925

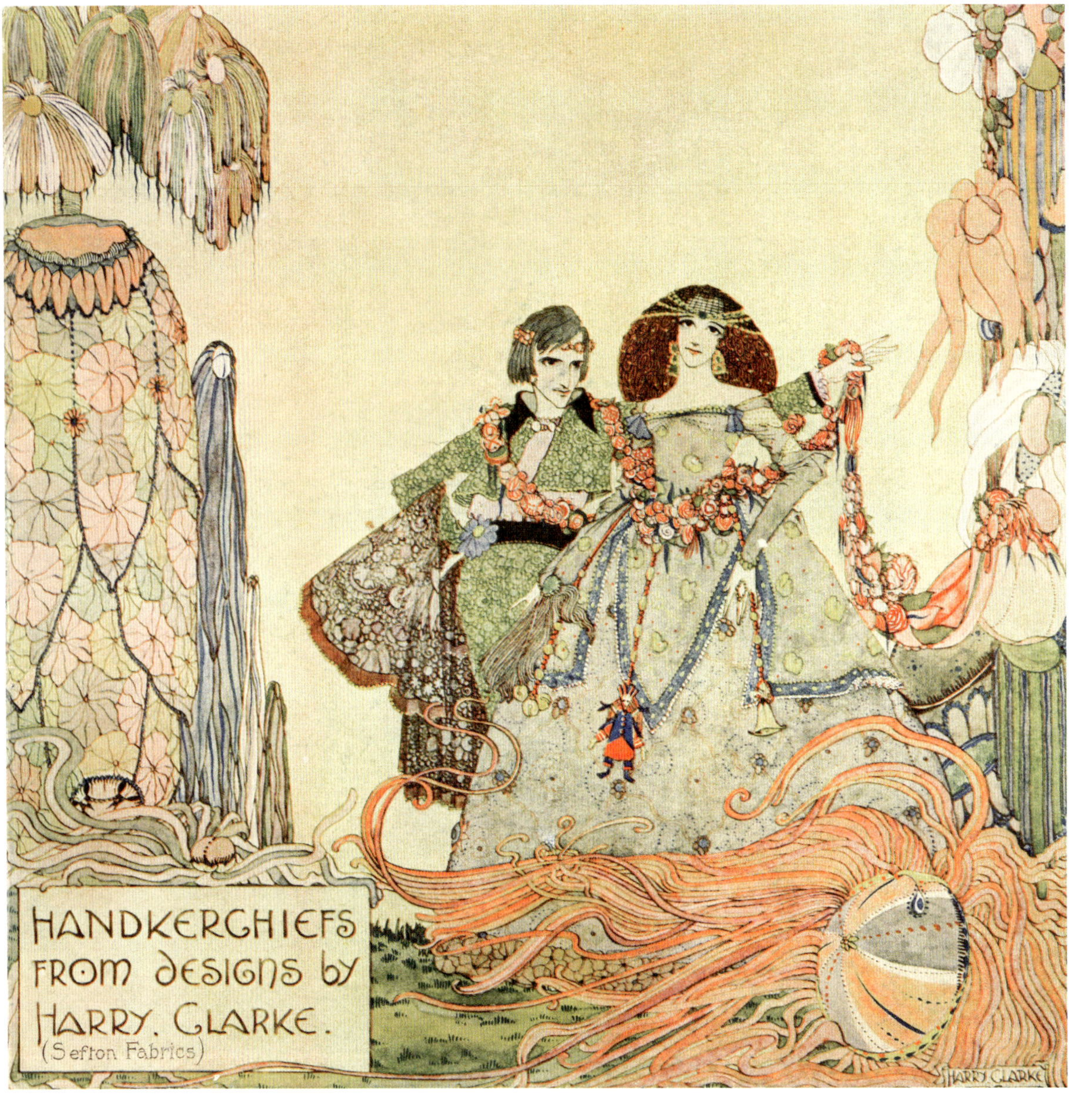

セフトン織物社のハンカチ・セットのための箱のデザイン（1919年）

The Box Design of the Set of 8 Handkerchiefs for Sefton Fabrics, 1919

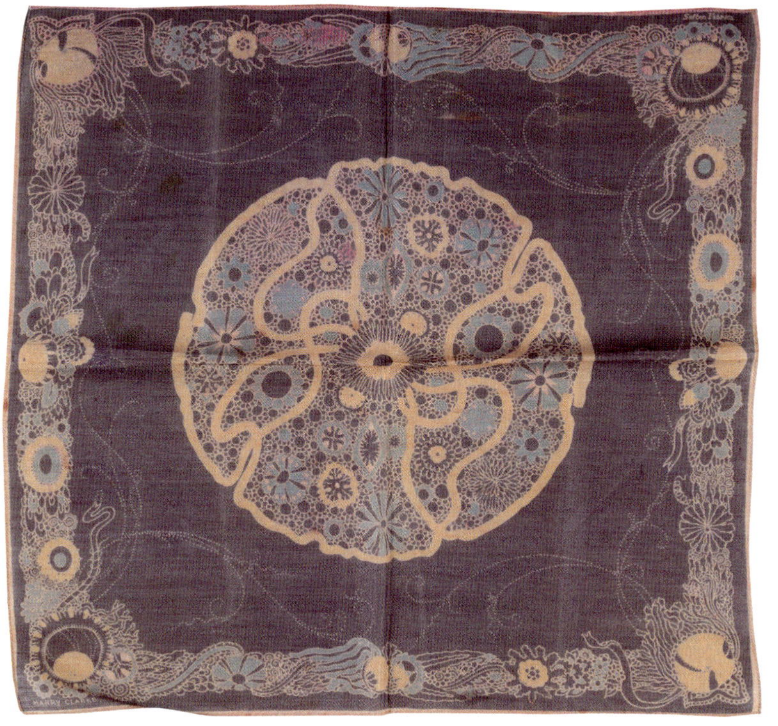

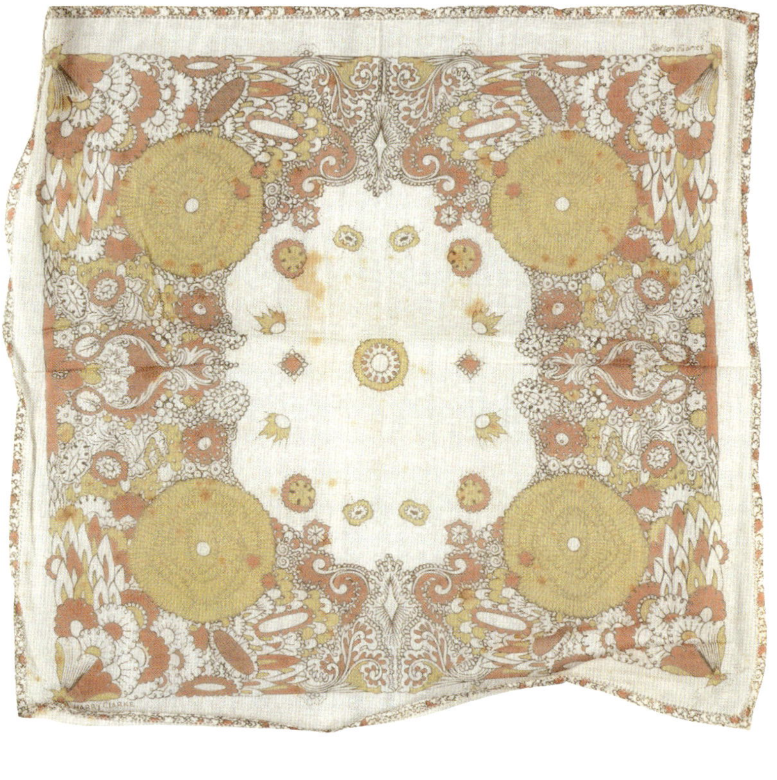

ハリー・クラークがデザインしたセフトン織物のハンカチ(1919年)

Handkerchiefs Designed for Sefton Fabrics, 1919

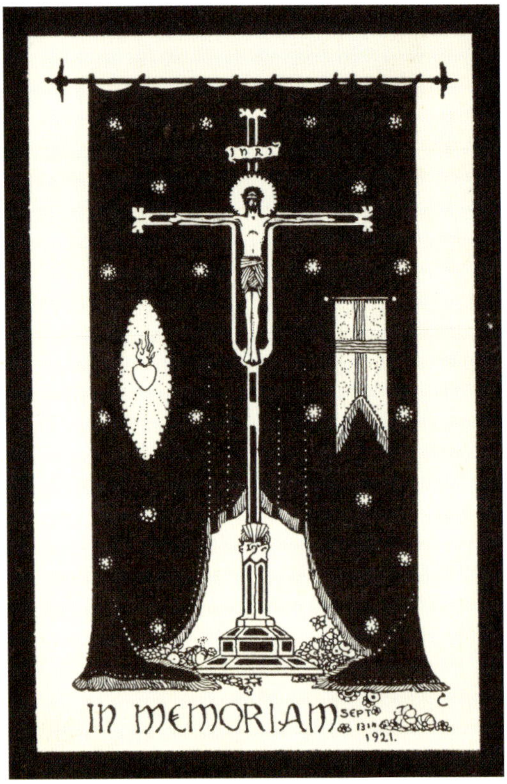

"It is the Lord who healeth the broken of heart and bindeth up their bruises."

IN LOVING MEMORY OF

JOSHUA JOSEPH CLARKE

Died September 13th, 1921

AGED 63 *YEARS*

Sacred Heart of Jesus, have mercy on him.

Immaculate Heart of Mary, pray for him.

Oh Sweet Jesus, for the sake of Thy bitter Passion and the sorrow of Thy Immaculate Mother, have mercy on his soul and let the light of Thy countenance shine upon him.

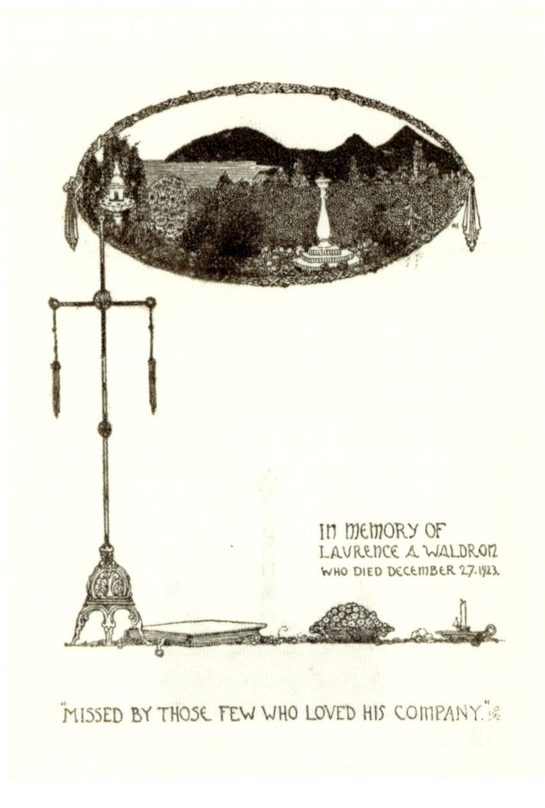

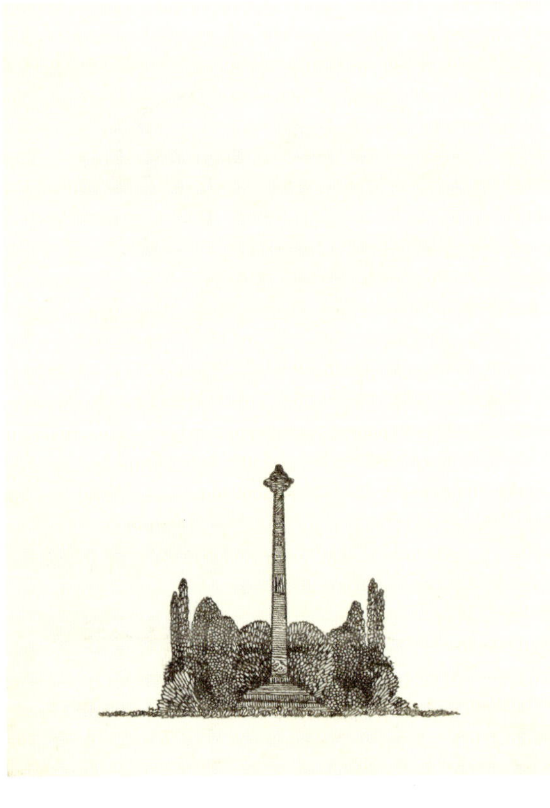

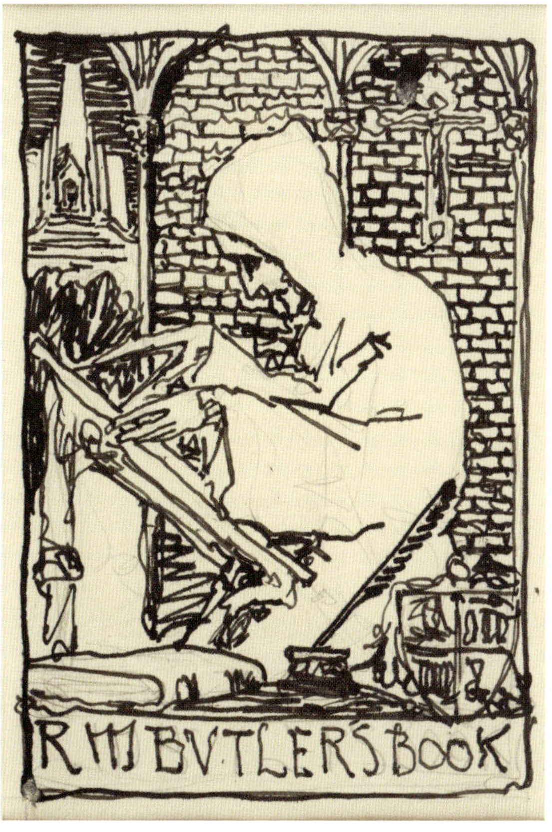

小さなカードのデザイン

Little Pieces

［P164上］父ジョシュアの追悼カード（1921年）／［P164下］ハリーのパトロン、ローレンス・ウォルドロンの追悼カード（1923年）／［P165］建築家で『アイリッシュ・ビルダー』誌の編集者R・M・バトラーのための蔵書票（1923年）

［P164 Above］In Memoriam Card for Joshua Clarke, 1921. ［P164 Below］In Memoriam Card for Laurence A. Waldron, 1923. ［P165］Bookplate for R.M. Butler with the Original Designs and an Un-used Alternative Design, 1923

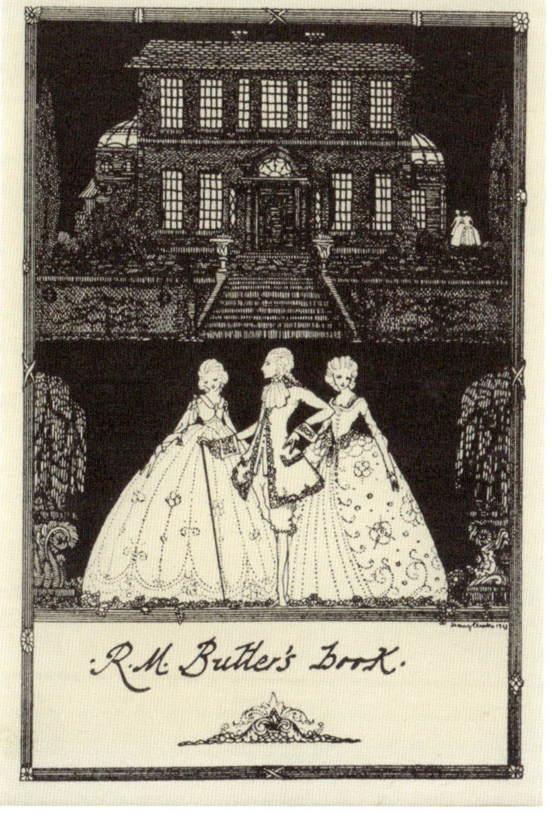

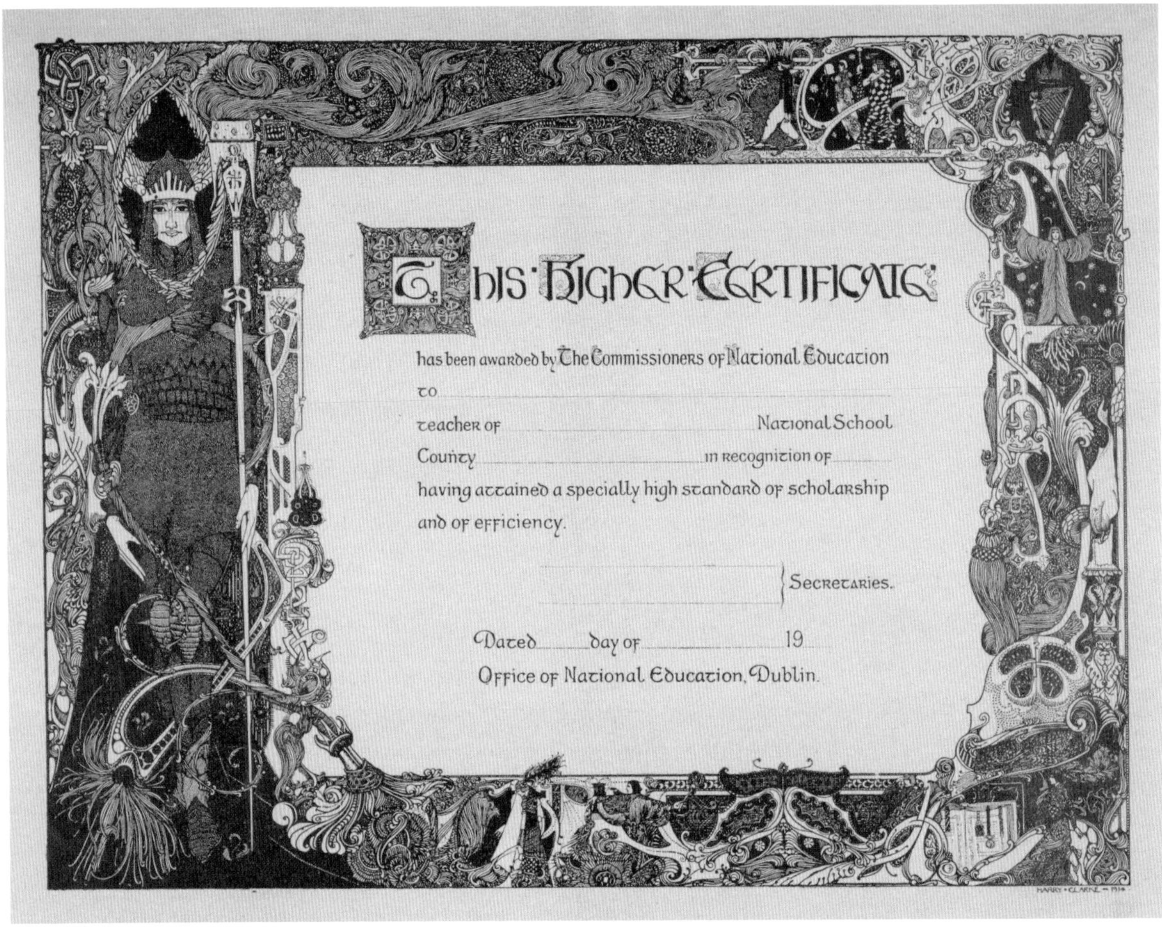

This Higher Certificate

has been awarded by The Commissioners of National Education

to ....

teacher of .... National School

County .... in recognition of ....

having attained a specially high standard of scholarship and of efficiency.

.... } Secretaries.

Dated .... day of .... 19 ....

Office of National Education, Dublin.

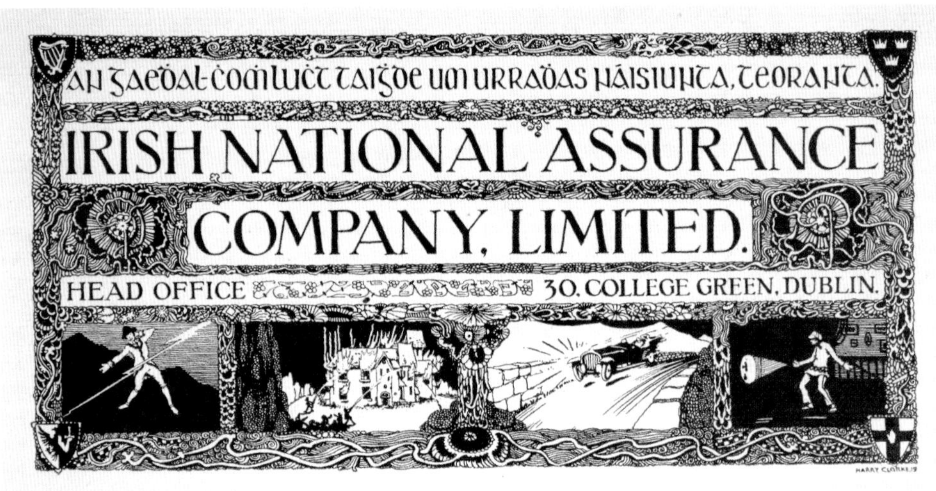

An Gaeḋal-Coṁluċt Taiġde um Urraḋas Náisiunta, Teoranta.

IRISH NATIONAL ASSURANCE COMPANY, LIMITED.

HEAD OFFICE 30. COLLEGE GREEN, DUBLIN.

企業や団体のためのデザイン　*Designs for Companies and Associations*

[P166上]国民教育委員会が発行する奨学金証書（1914年）／[P166下]アイルランド国内保険会社のレターヘッド（1919年）／[P167上]アベイ座演劇学校の入学許可証（1928年）／[P167下]ダブリンの鉄道会社の株券（1917年）

[P166 Above] Certificate of Scholarship Awarded by the Commissioners of National Education, 1914. [P166 Below] Printed Design for Letterhead of the Irish National Company Ltd., 1919. [P167 Above] Certificate for Admission to the Abbey Theatre School of Acting, 1928. [P167 Below] Preference Stock of the Dublin United Tramways Company, 1917

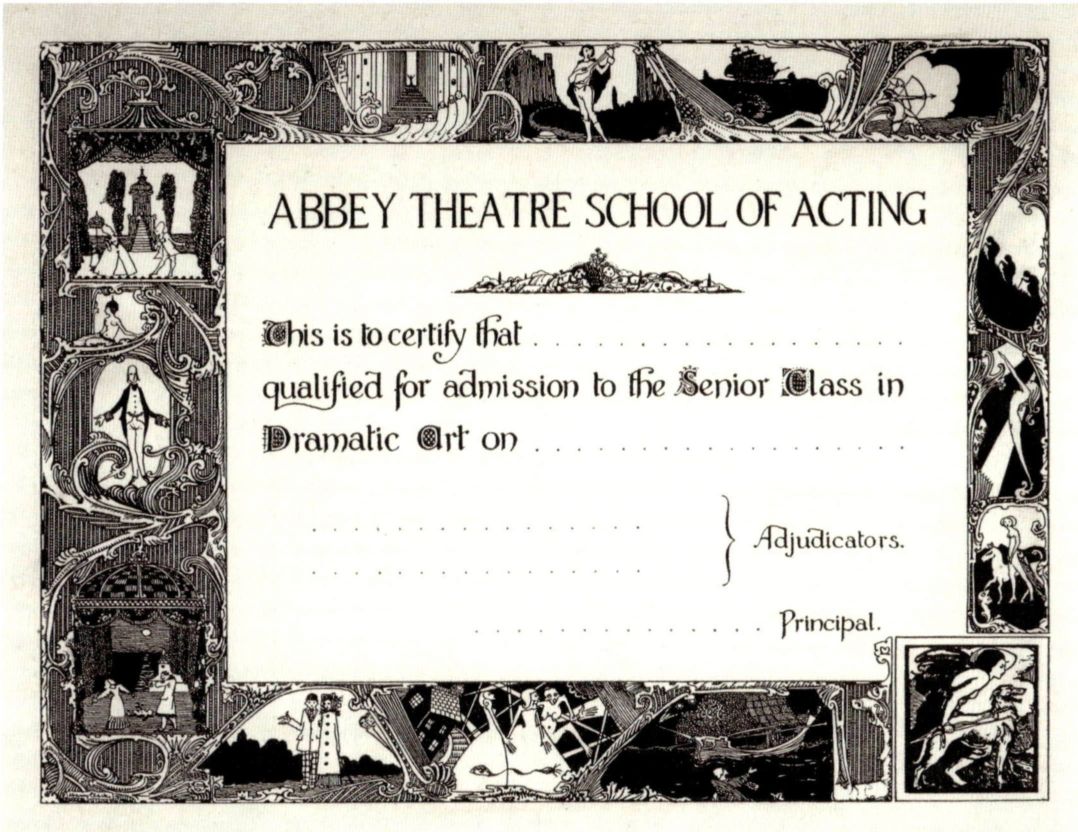

ABBEY THEATRE SCHOOL OF ACTING

This is to certify that . . . .
qualified for admission to the Senior Class in
Dramatic Art on . . . .

. . . . } Adjudicators.
. . . .

. . . . Principal.

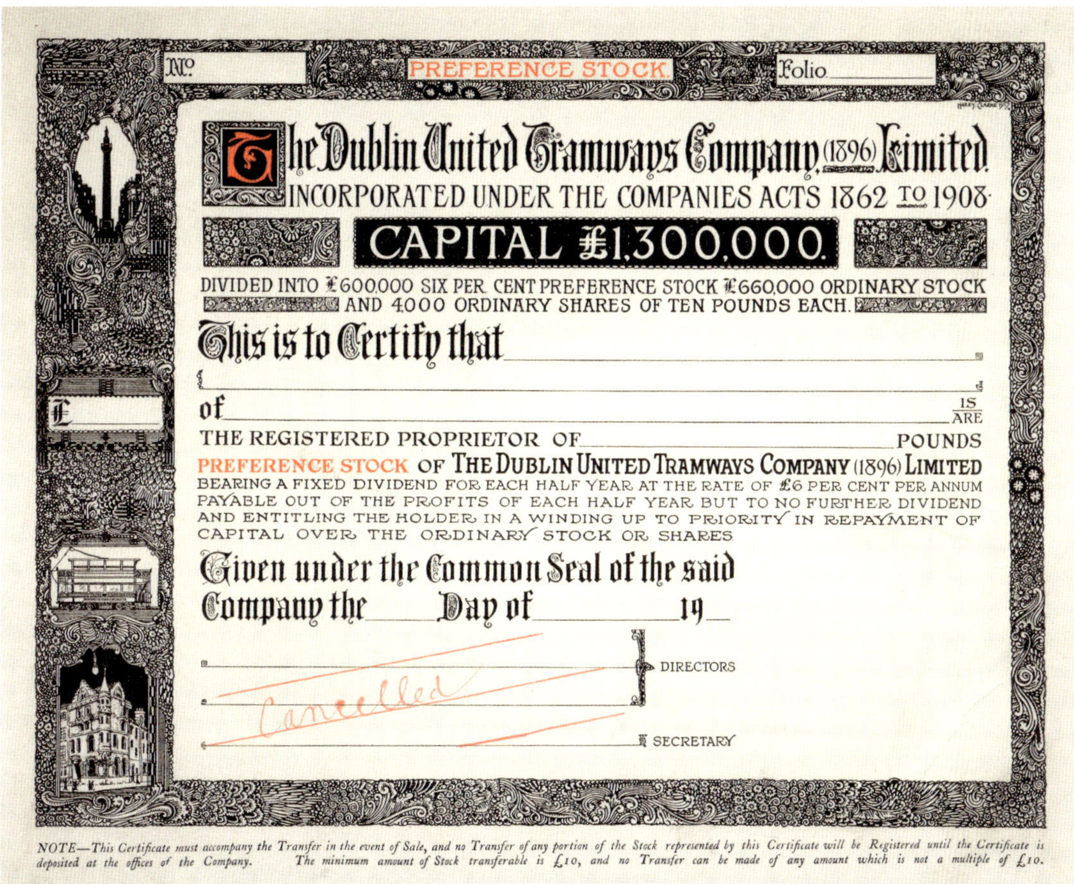

No. PREFERENCE STOCK Folio

The Dublin United Tramways Company (1896) Limited
INCORPORATED UNDER THE COMPANIES ACTS 1862 TO 1908

CAPITAL £1,300,000.

DIVIDED INTO £600,000 SIX PER CENT PREFERENCE STOCK £660,000 ORDINARY STOCK AND 4000 ORDINARY SHARES OF TEN POUNDS EACH.

This is to Certify that

of IS / ARE

THE REGISTERED PROPRIETOR OF POUNDS

PREFERENCE STOCK OF THE DUBLIN UNITED TRAMWAYS COMPANY (1896) LIMITED BEARING A FIXED DIVIDEND FOR EACH HALF YEAR AT THE RATE OF £6 PER CENT PER ANNUM PAYABLE OUT OF THE PROFITS OF EACH HALF YEAR BUT TO NO FURTHER DIVIDEND AND ENTITLING THE HOLDER IN A WINDING UP TO PRIORITY IN REPAYMENT OF CAPITAL OVER THE ORDINARY STOCK OR SHARES

Given under the Common Seal of the said Company the Day of 19

DIRECTORS

Cancelled

SECRETARY

£

NOTE—This Certificate must accompany the Transfer in the event of Sale, and no Transfer of any portion of the Stock represented by this Certificate will be Registered until the Certificate is deposited at the offices of the Company. The minimum amount of Stock transferable is £10, and no Transfer can be made of any amount which is not a multiple of £10.

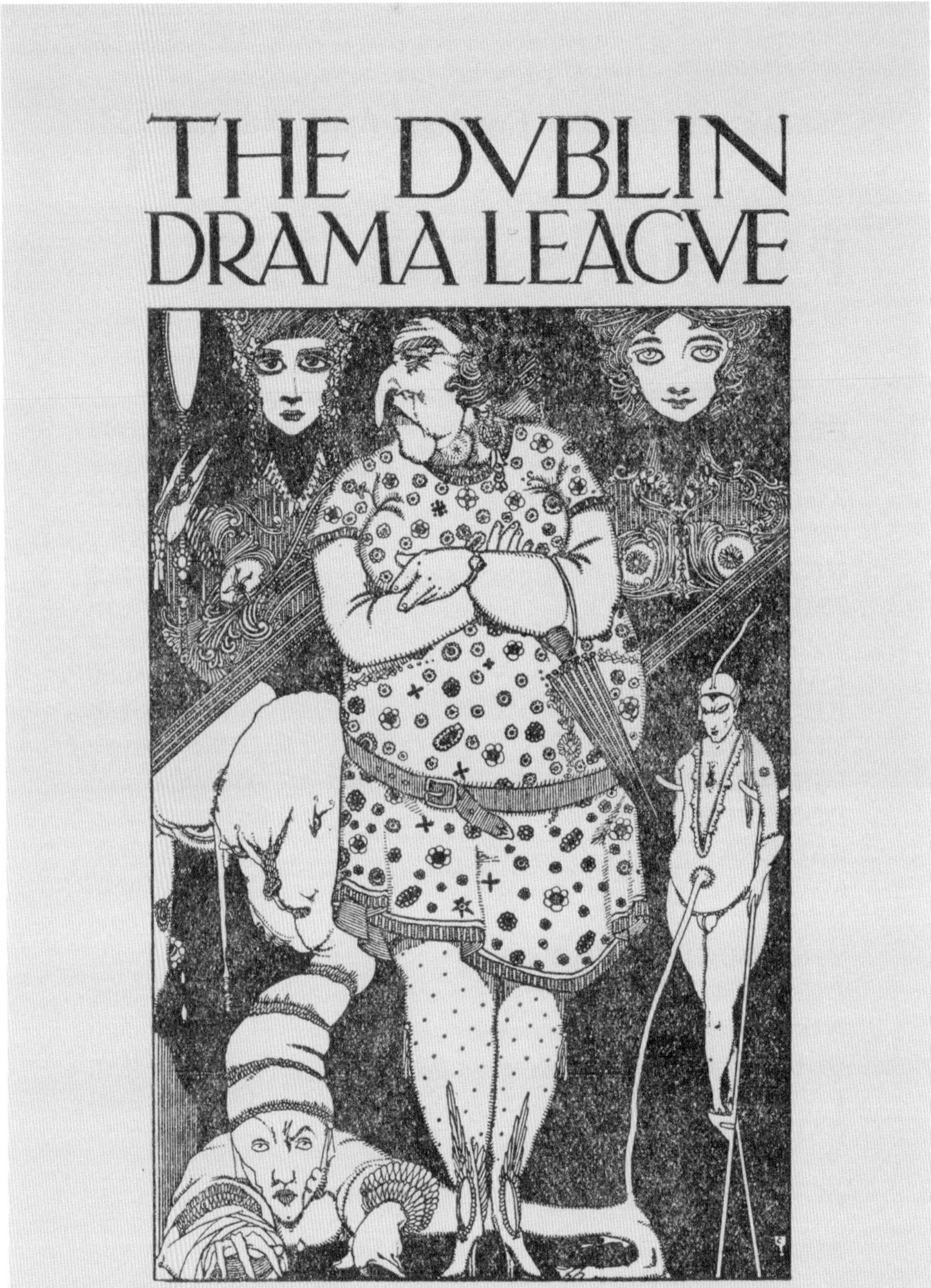

ダブリン演劇協会のプログラムの表紙デザイン(1925年)

Cover Design for the Dublin Drama League's Programes, 1925

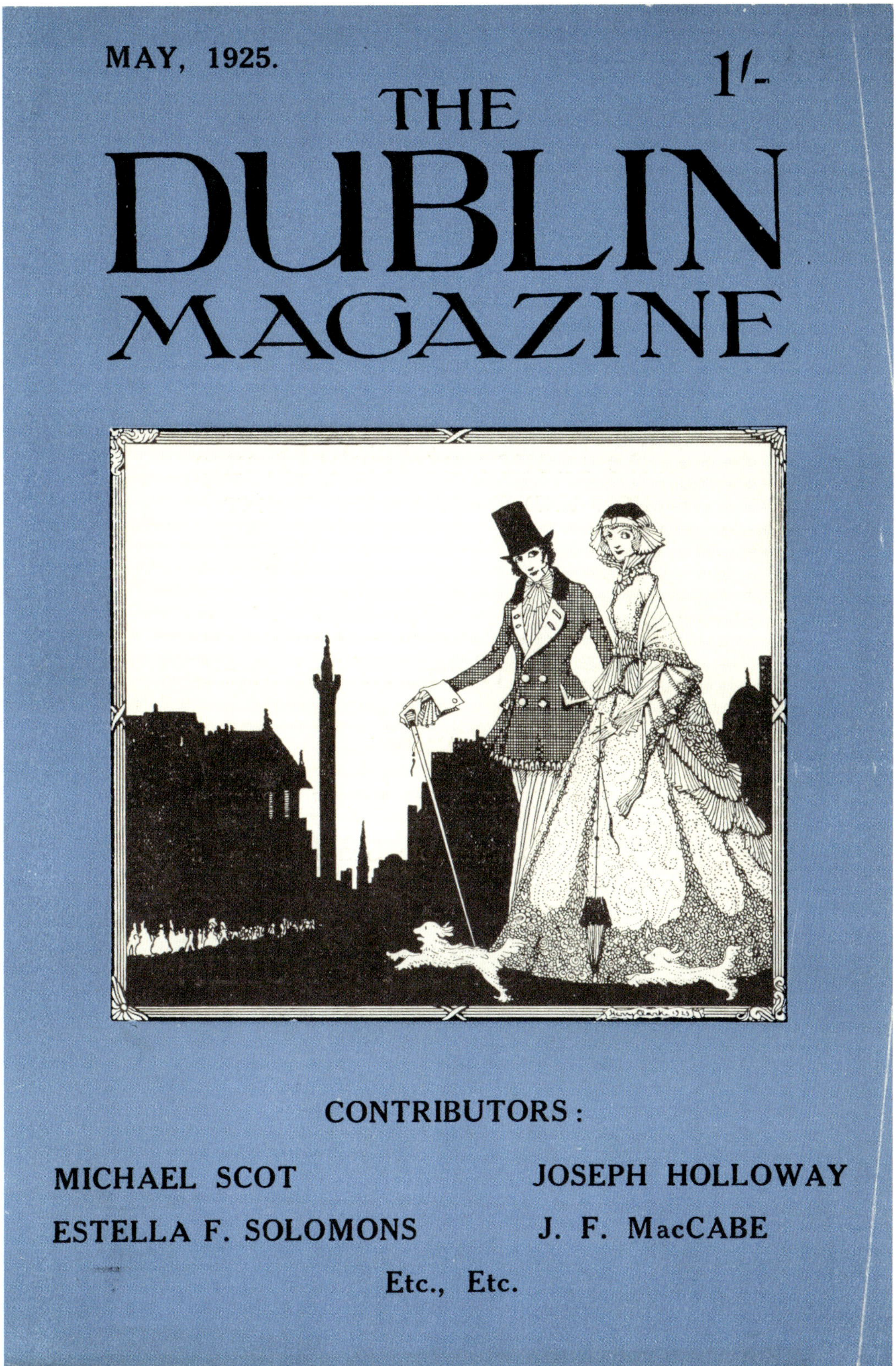

MAY, 1925. 1/-

THE DUBLIN MAGAZINE

CONTRIBUTORS:

MICHAEL SCOT
JOSEPH HOLLOWAY
ESTELLA F. SOLOMONS
J. F. MacCABE

Etc., Etc.

雑誌『ダブリン・マガジン』の表紙デザイン(1925年)

*Cover Design for *The Dublin Magazine*, 1925*

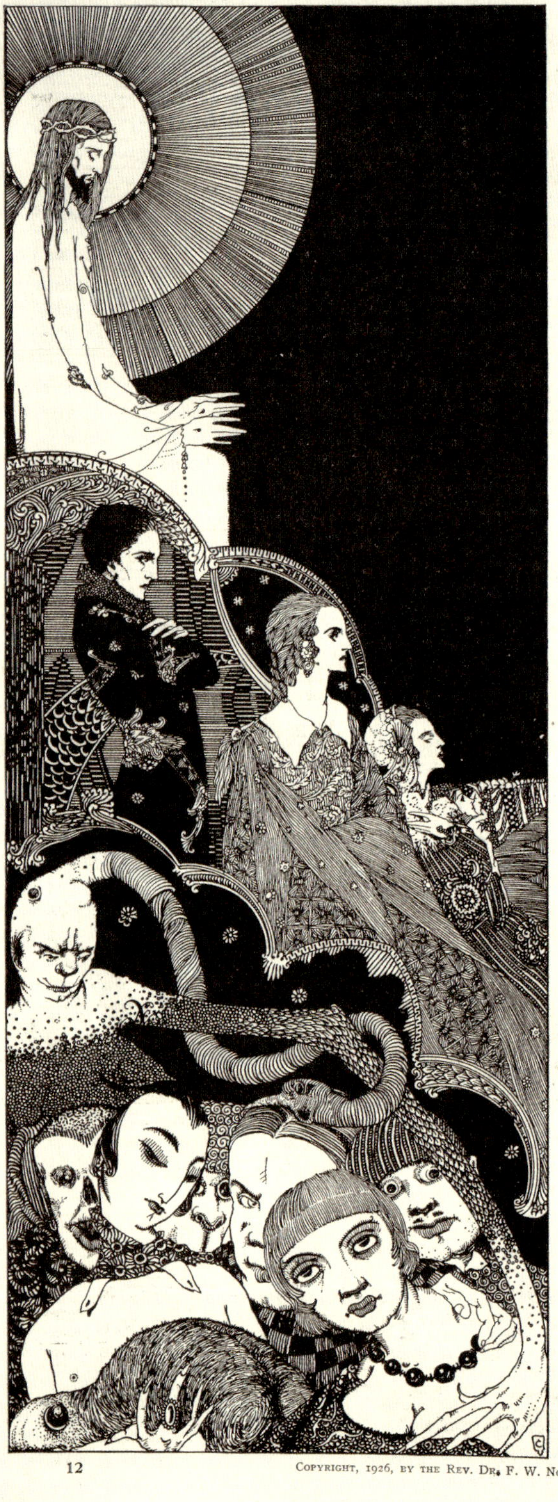

The RELI
Hunger

A stimulating and hopeful review
religious sense innate

By the Rev. Dr.
Pastor of the

Decoration by

THERE is a spirit of religious expectancy pervading the world. There is the sound of wind among the tree-tops. There is a coming together of the dry bones in the valley. The long night is now far spent and the day is at hand. There is a touch of spring in the air.

I believe that I shall not die before I have seen one of the greatest religious movements of the centuries. I state it in that form not that it makes any difference whether I live or die, but merely to indicate my profound belief that we stand upon the very verge of a great manifestation of the power of true religion.

Some man will say, "But where do you get the evidence for your hope?" There are many who say that religion is declining. They point to the neglect of religious institutions. I admit it. They draw attention to the fact that multitudes of people are devoting their lives to materialistic ends. I cannot deny it. They speak of the shaking of dogmatic assumptions. I am forced to admit it. They run through the list of our social sins and tell me that in all of them the present generation goes to excess. It is not for me to whitewash these things.

But there is another side to it all. There is an irresistible attraction for men in God. They always turn back to Him. There are deep needs of the human soul that are not satisfied except through faith in Him. Anti-theistic philosophies never are secure; they are strewn along the beach like wrecked ships. There is at this time more deep and earnest questioning about religious realities than perhaps ever before. Youth may be adrift but it is scanning the horizon wistfully. There are signs that men are turning back to God, multitudes of signs convincing and conclusive to those who stand upon the watch-tower with experienced eyes.

You will say, then, "In what form will this revival come?" And I would answer, "That is not the first question. Revivals do not come by the devisings of men, they are not organised into existence, they are invasions of life by spiritual forces. They are in the hands of God."

The first great necessity is not that we should discern or decide upon the form in which the quickening of religious life should come, but rather that we should wait upon God. He will send it in His own time as He has always done. The coming of God's quickening is like the coming of spring; it is often upon us before we are aware of it; revealed to us and not achieved by us.

Great religious movements of a sweeping character have always brought with them something of excess. They have never been entirely unmixed blessings. There has always been reaction afterward, and a one-sided emphasis upon some things that were not profoundly true. If it were permitted for one to wish and to decide by one's wish what

12

雑誌『グッド・ハウスキーピング』よりノーウッド博士の論文「若者の宗教への渇望」の挿絵（1926年）

*Illustration to Dr.F.W. Norwood's '*The Religious Hunger of Youth*' Published in *Good Housekeeping*, 1924*

GIOUS

of Youth

of the present-day expression of the
in every human being

F. W. Norwood,
City Temple

Harry Clarke

would be the manner of the next religious awakening, a wise man, I think, would not really desire that it should come with great noise and demonstration. Much better were it to come as the tides come, by a silent raising of the general level due to apparently remote attractive forces. Maybe it is coming even now in that way.

It is quite possible that generations subsequent to ours will look back upon this very period through which we are passing, and which mayhap seems to us very chaotic and disturbed, as one of the great epochs in history. These periods are judged only in a secondary way by their events; their distinguishing characteristic lies in the widening of the thoughts of men.

In our time, I honestly believe we are being guided to a clearer apprehension of the things that are true and real. We are feeling out after the permanent, we are throwing aside much that is useless and encumbering.

There are perils in religious revival as it is ordinarily conceived. It is doubtful if at this precise moment we are ready for it. One would not wish for a great religious awakening that would stereotype some of the present features of our religious life but against which our souls are in revolt.

If revival came to the forces which are obscurantist, it would confirm them in their obscurantism. If it came to the forces that are reckless in their modernism, it might destroy much that has been valuable in the past. If revival came in a form that blurred over and obscured great social anomalies, it would be a calamity. If revival came to the Church in a way that confirmed it in its bourgeois attitude to life and stripped it of the spirit of adventurous self-denial, we might check the wheels of progress. It will be for the good of the Church in the long run if she learns her lesson yet more deeply in the midst of failure. If we recapture the note of heroism which is the very key-note of Christianity, if we discern more clearly that it is the highest of all enterprises to attempt to follow in the footsteps of Jesus Christ, all the present disorganisation will have been well worth while.

Always those who bring religious quickening are those who are most conscious of God and who wait upon Him.

They who seem to do nought but pray are perhaps making a greater contribution than those who run before they are sent.

I want to stress this point, that the supreme duty of the time is to wait upon God; He will send the quickening when His time is come.

But you will say, "Have you no ideas at all to set forth concerning the characteristics of this revitalised religion you seem to visualise?" And in response to that demand I want now to state at least a few of the things (*Continued on page* **99**)

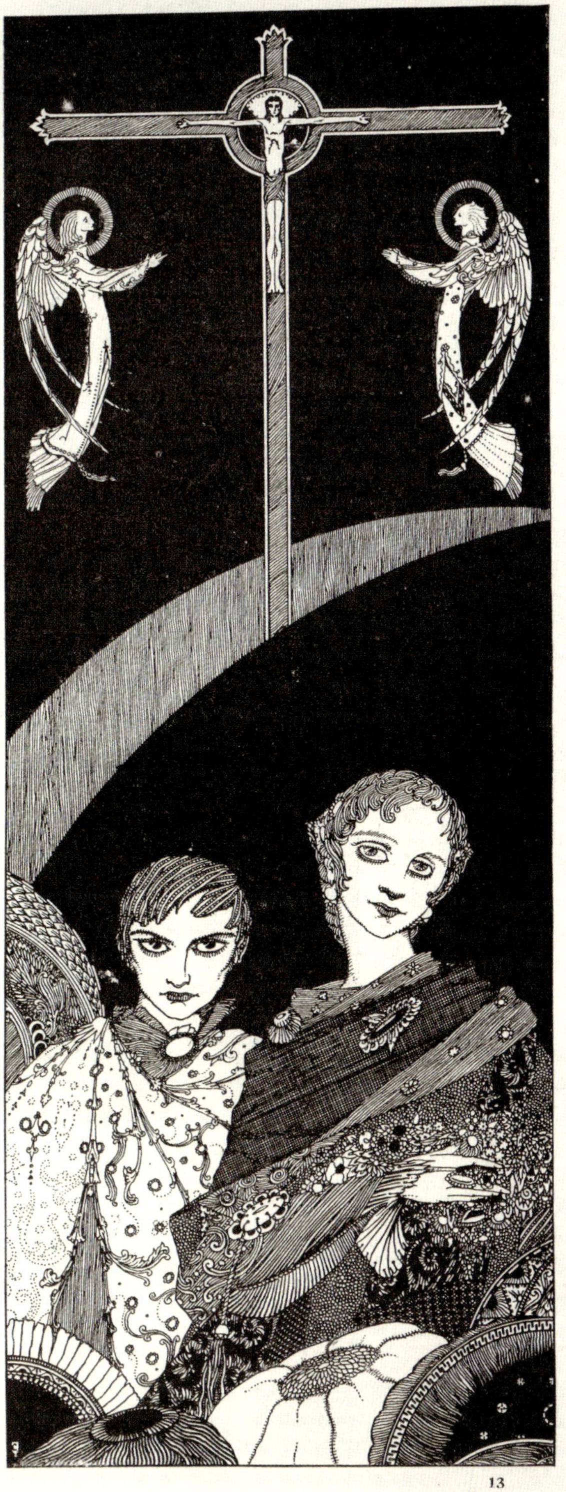

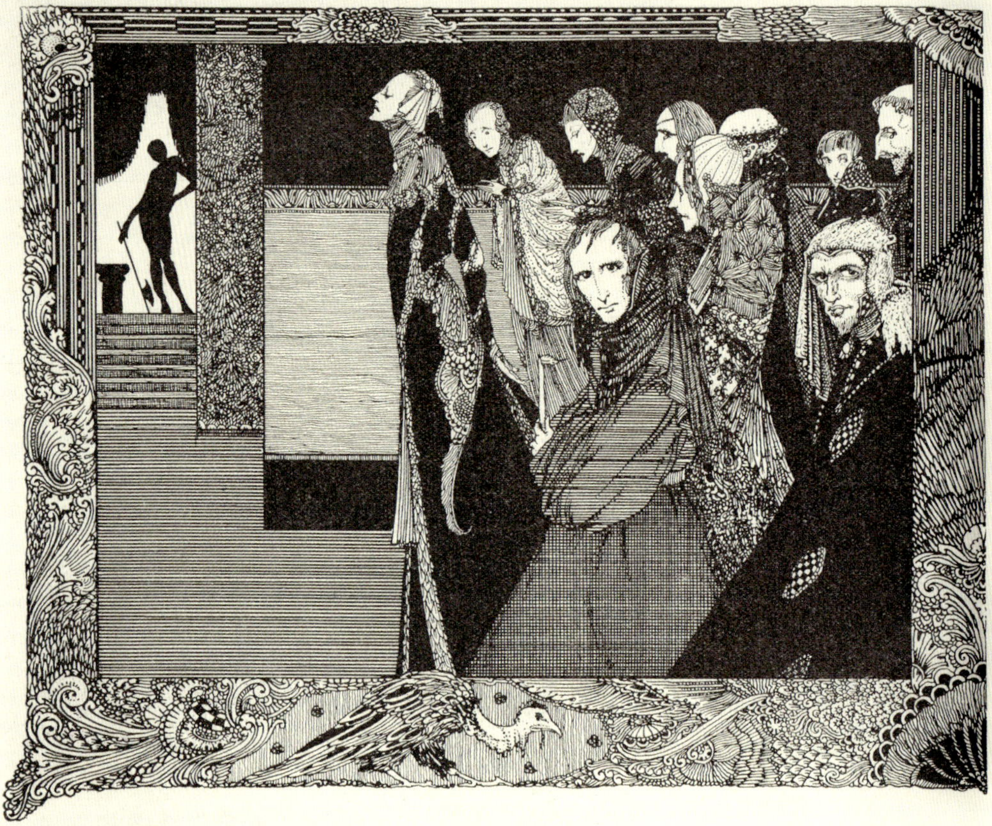

Women Voters & the

Decoration By

A LITTLE while ago, and the first time in England for seventeen years, a woman was hanged for murder. Because she was young, beautiful, because it was possible as some thought to treat the sordid story as an echo of the old great stories of disastrous passion, but above all because she was a woman, her trial and execution were accompanied by a wave of excitement that has not yet subsided. Now it is easy to call such excitement morbid. 'As applied to mental conditions it implies an over-sensitive state in which matters affecting the emotions assume an exaggerated significance,' is the dictionary definition of 'morbid': whether the emotions roused when the life or death of a fellow-creature hangs in the balance deserve to come under that definition is an arguable matter. The fact remains that the excitement was aroused, and that its effect has been to bring once more into the foreground of the nation's mind the question, "Should the death penalty be retained?" It is a problem upon which it is peculiarly difficult for the woman voter to make up her mind, because, as I say, the objection to the recent execution originated in dislike of hanging a woman. Of course, from the angle of abstract justice, such a dislike is purely sentimental. If a woman can murder, she can pay the penalty. Eye for eye, tooth for tooth, murder for murder! And what has sex to do with it? Such an argument is perfectly sound, and yet there remains in one's mind the feeling that it isn't fair to fling the phrase 'sentimental' at every one who, admitting the justice of 'kill and be killed,' yet feels an instinctive repulsion from the idea of stringing up a woman. Such people will themselves admit that their instinct is unreasonable. Exactly! That is the trouble! It just exists, and you can't reason it away.

"IF 'a life for a life' is really the best of all systems, why not carry the thing out logically: if your murderer has shot his victim, he should be shot himself; if he has stabbed or poisoned or tortured, he should be stabbed, poisoned, or tortured in turn. If we are to obey the 'eye for eye' commandments at all, why pick and choose?"

I remember as a child, at the time when the Mary Anne Ansell trial, the horrible 'And shall Trelawney die?' headlines, and the final account of her execution filled all the newspapers, reading a story-book (by Robert Chambers, I fancy), of the American Civil War. The tale has gone from me; but I remember one chapter in which the heroine carrying dispatches is captured and sentenced to be hanged there and then as a spy. She begs the officer in charge to shoot her, or to let her shoot herself instead, saying, "You couldn't hang me before a lot of men: it wouldn't be decent!" I remember how the phrase struck me, how I applied it, even then, to those gruesome headlines, and it still occurs to me whenever the problem of the death penalty is discussed. And I think the phrase struck and still strikes

18

雑誌『グッド・ハウスキーピング』よりクレメンス・ダンの論文「女性の有権者と死刑」の挿絵（1924年）

*Illustration to Clemence Dane's '*Women Voters & the Death Penalty*' Published in *Good Housekeeping*, 1924*

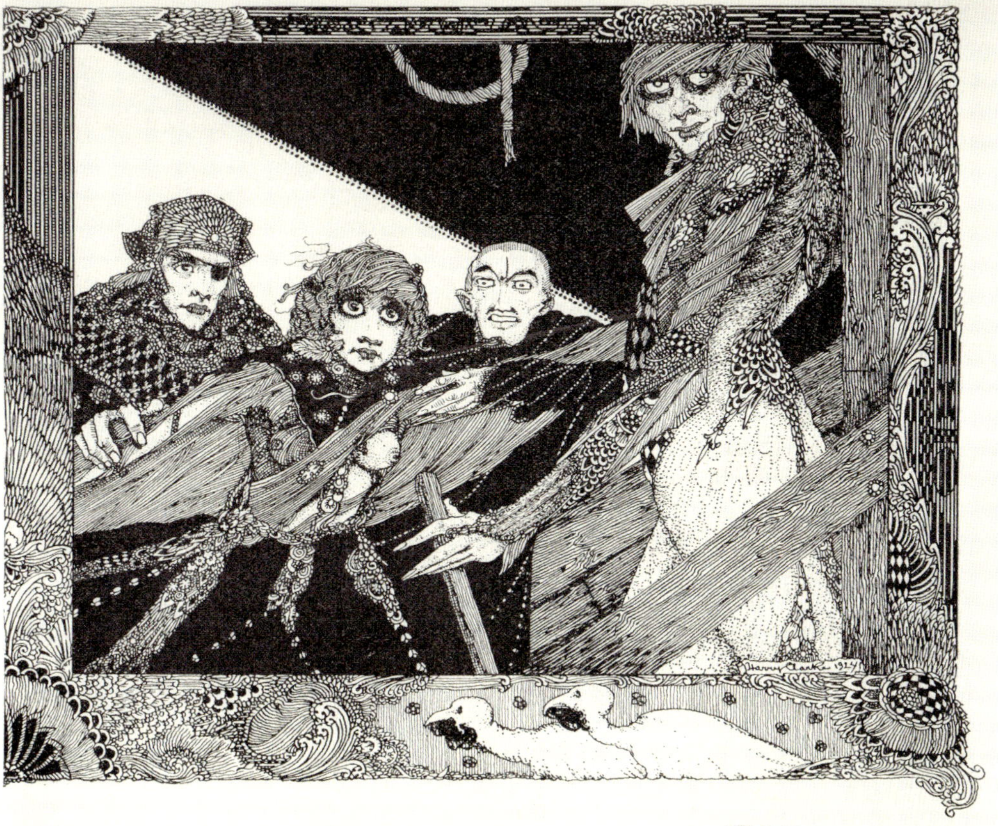

Death Penalty

BY CLEMENCE DANE

Harry Clarke

me, because it exactly expresses the unreasonable but very strong instinct that so many of us possess, and that has been, rather unfairly, labelled false sentiment. I don't believe it is false sentiment. It is purely the feeling that, justice or no justice, hanging a woman is indecent.

But if it is indecent for a woman, is it much less revolting, come to that, in the case of a man? Personally, the consideration of those last hours, last moments, of a murderer's life makes me feel sick. Nor does the fact that he has killed a fellow-man make them in themselves less revolting to contemplate. If 'a life for a life' is really the best of all systems, why not carry the thing out logically: if your murderer has shot his victim, he should be shot himself: if he has stabbed or poisoned or tortured, he should be stabbed, poisoned, or tortured in turn. If we are to obey the 'eye for eye' commandments at all, why pick and choose? But if, on the other hand, we

"BUT if we disclaim the 'revenge' theory altogether and take our stand on the less romantic but safer ground of expediency, arguing that a murderer is a danger to the community, a dead branch to be lopped off, that we execute him dispassionately, not in punishment but in self-defence, why then the parade of the gallows or the chair?"

disclaim, as we are beginning to do, the 'revenge' theory altogether and take our stand on the less romantic but safer ground of expediency, arguing that a murderer is a danger to the community, a dead branch to be lopped off, that we execute him dispassionately, not in punishment but in self-defence, why then the parade of the gallows or the chair? There are less dramatic and more decent ways of extinguishing life.

But slaughter is a filthy business; nor am I, for one, completely convinced that two blacks make one white, that a second slaughter on the top of the first does much to remedy matters, or to cleanse our national honour of the stain that every individual crime puts upon it. It is certainly a difficult business to make up one's mind upon. And yet we women voters have got to make up our minds, and soon too, for the question is bound to come once again before Parliament in the near future. Are you for the abolition of the death penalty or against it? Is it thumbs up, mothers and sisters and sweethearts, or thumbs down? 'The quality of mercy is not strained——' Is that sentimental? It is the sentimentality of Shakespeare then. 'Condemn not, and ye shall not be condemned.' Is that sentimental? Christ said it. 'The quality of mercy——' But is it mercy to condemn a man or woman to penal servitude, that is to four walls and their memories, if not for the rest of their lives, at any rate for twenty years? We pray on Sundays for all prisoners and captives: do we quite know how they exist, those for whom we pray? Read such a sketch as *The Prisoner* in Galsworthy's (*Continued on page* **93**)

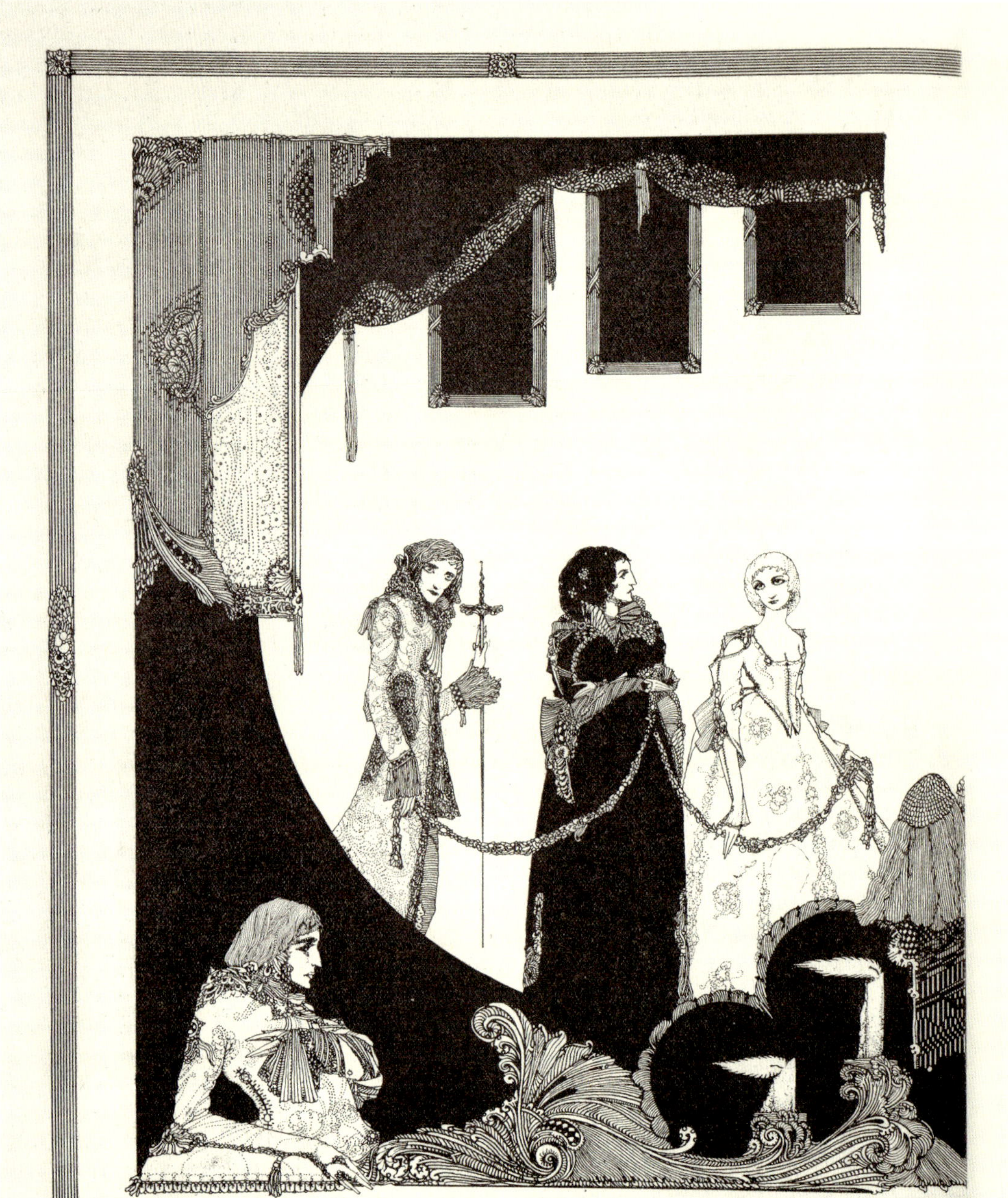

雑誌『ナッシュズとペル・メル・マガジン』よりトーマス・ハーディの詩「肖像」の挿絵（1924年）

*Illustration to Thomas Hardy's Poem '*The Portraits*' Published in *NASH'S and PALL MALL MAGAZINE*, 1924*

The Portraits *by* Thomas Hardy

Decoration by Harry Clarke

Three picture-drawn people stepped out of their frames—
The blast, how it blew!—
And the white-shrouded candles flapped smoke-headed flames;
The picture-drawn past ones came down from their frames,
And dumbly in lippings they told me their names,
So well though I knew!

The first was a maiden of mild wistful tone,
Gone silent for years,
The next a dark woman aforetime well known:
But the first one, the maiden of mild wistful tone,
So wondering, unpractised, so vague and alone,
Nigh moved me to tears.

The third was a sad man—a man of much gloom;
And before me they passed
In the shade of the night, at the back of the room,
The dark and fair woman, the man of much gloom,
Three persons, in far-off years forceful, but whom
Death now fettered fast.

They set about acting some drama obscure—
The women and he,
With puppet-like movement of mute, strange allure:—
Yea, set about acting some drama obscure—
Till I saw 'twas their own lifetime's tragic amour,
Strangely bearing on me.

"Why wake up all this?" I inquired. "Now, so late!
Let old ghosts be laid!"
And they stiffened, drew back to their frames and numb state,
Gibbering: "Such your own story will be, know too late!"
Then I grieved that I'd not had the patience to wait,
And see the play played.

For why should it not have been? Could it have hurt,
Had they paced again through
Those orbits that once they had trod when expert
In the laboursome passions of life—of deep hurt
To them, maybe to me? But I found them inert,
And the blast again blew.

I have grieved ever since; for I fed my own pain
By the interdict thrown:
Years, long night by night stretched awake I have lain
Perplexed in endeavours to heal my own pain
By uncovering the drift of their drama. In vain!
Yet they called it my own.

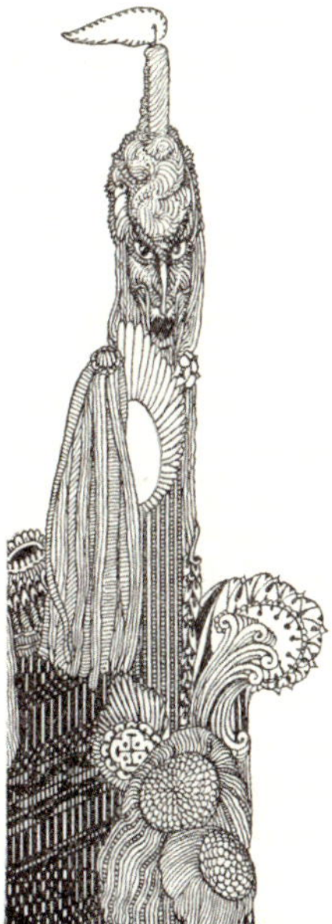

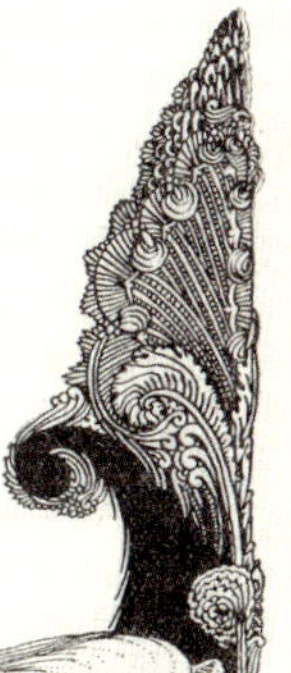

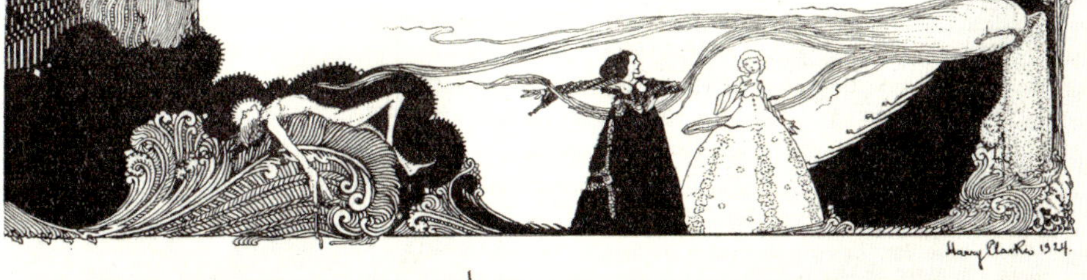

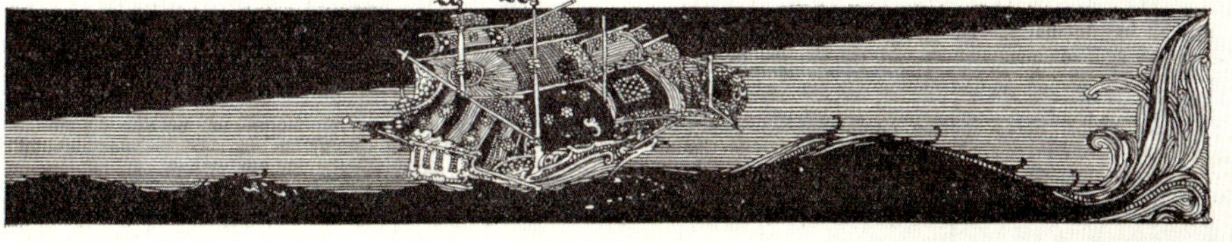

27

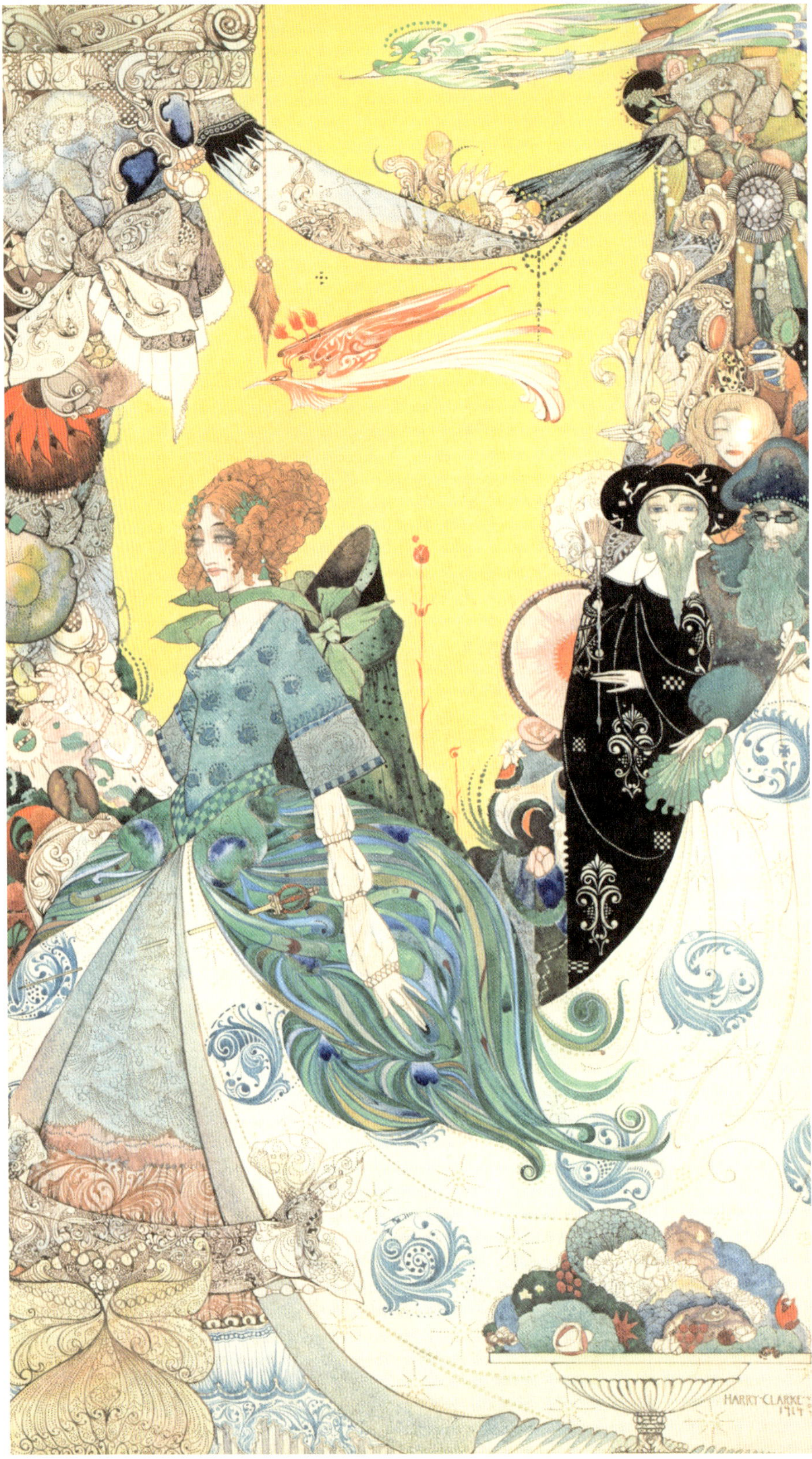

カレンダーのためのイラスト「ザ・レディ・オブ・ザ・デコレーション」(1914年)

The Lady of the Decoration; Painted for a Calendar, 1914

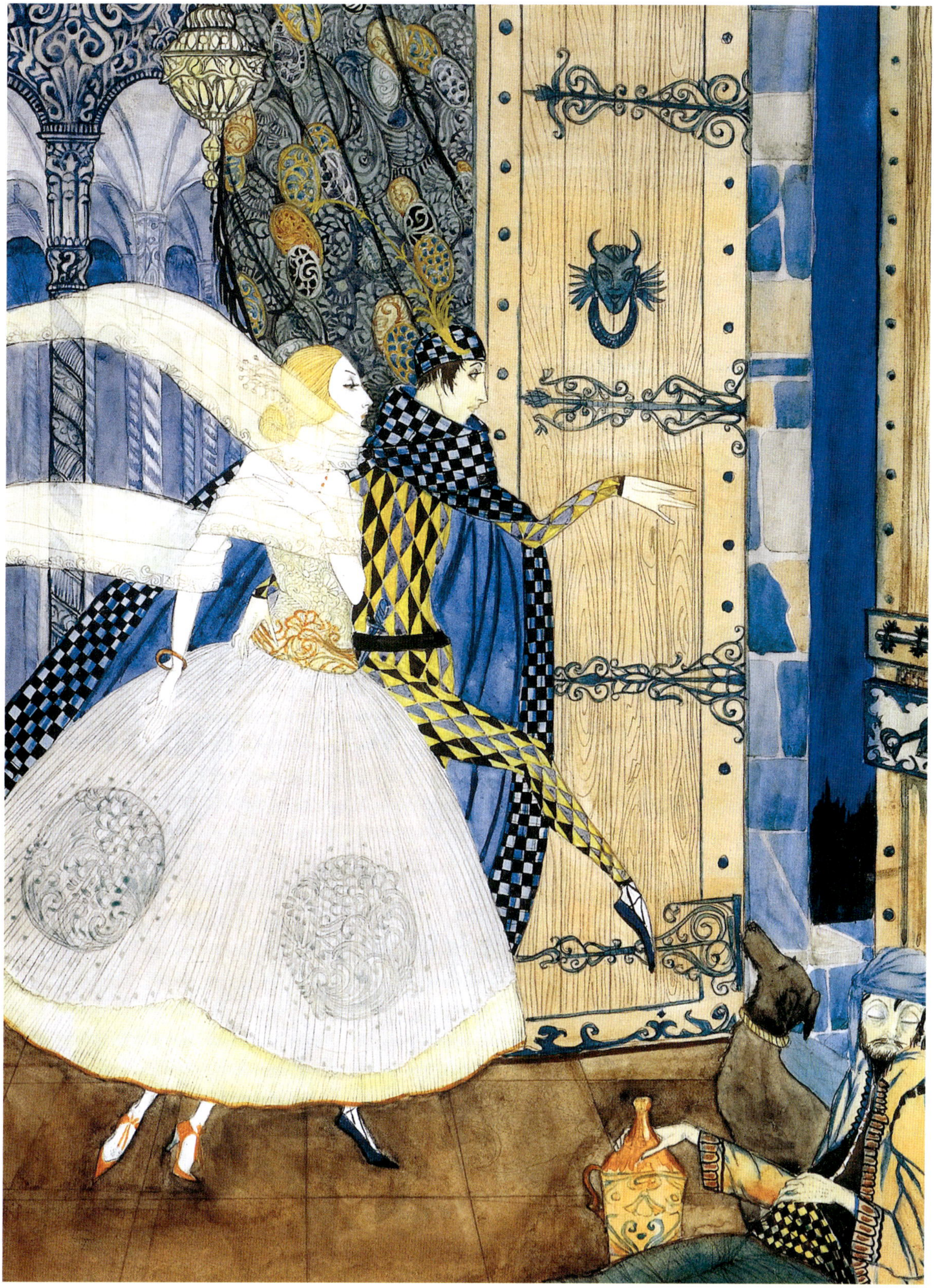

ジョン・キーツの詩「聖アグネスの前夜」の最後のシーン(1914年)

*Illustration of the Final Scene from John Keats Poem, *The Eve of St Agnes*, 1914*

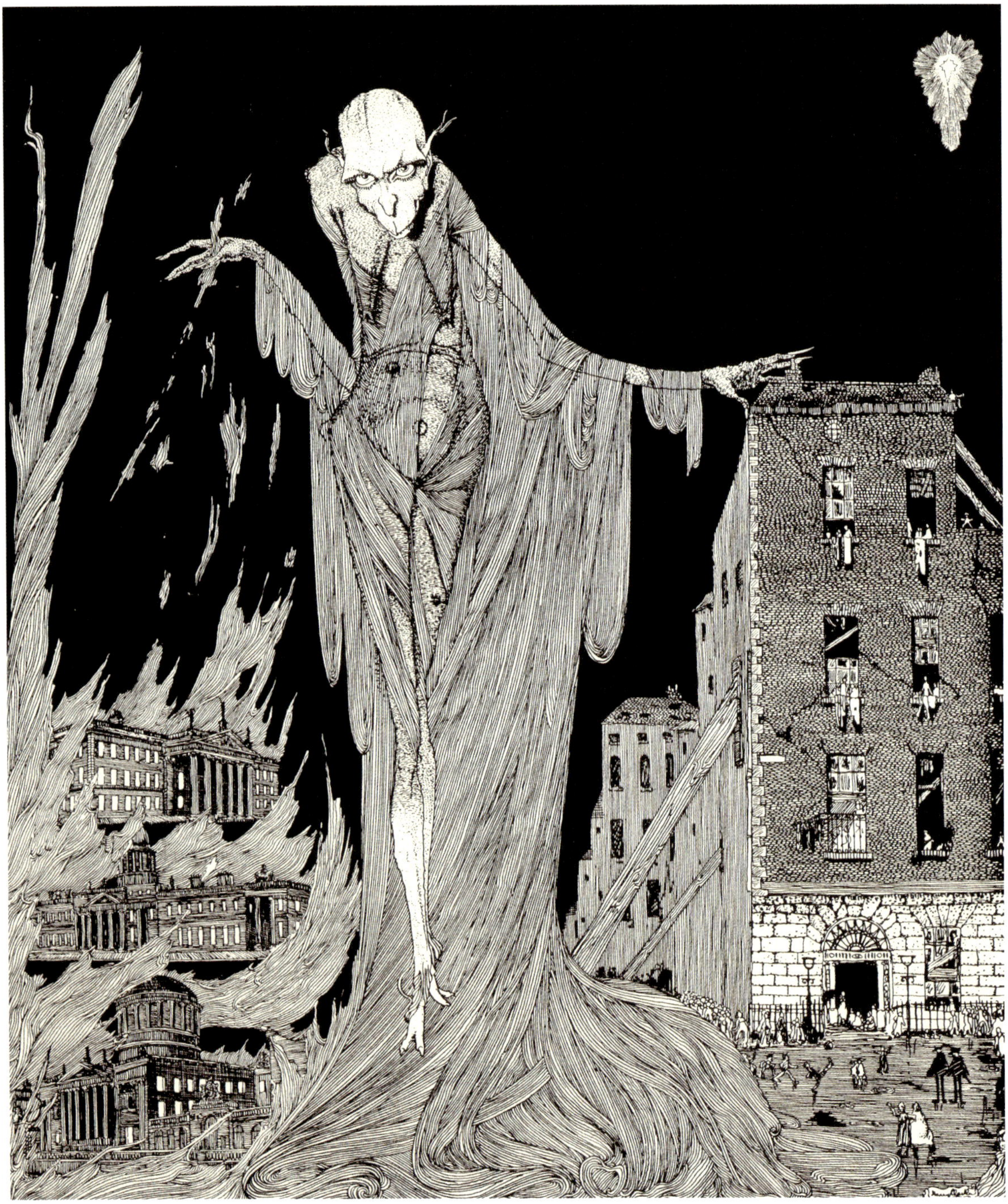

『ダブリンの未来』の口絵「ザ・ラスト・アワー・オブ・ザ・ナイト」(1922年)

**The Last Hour of the Night*, Frontispiece Illustration to *Dublin of the Future*, 1922*

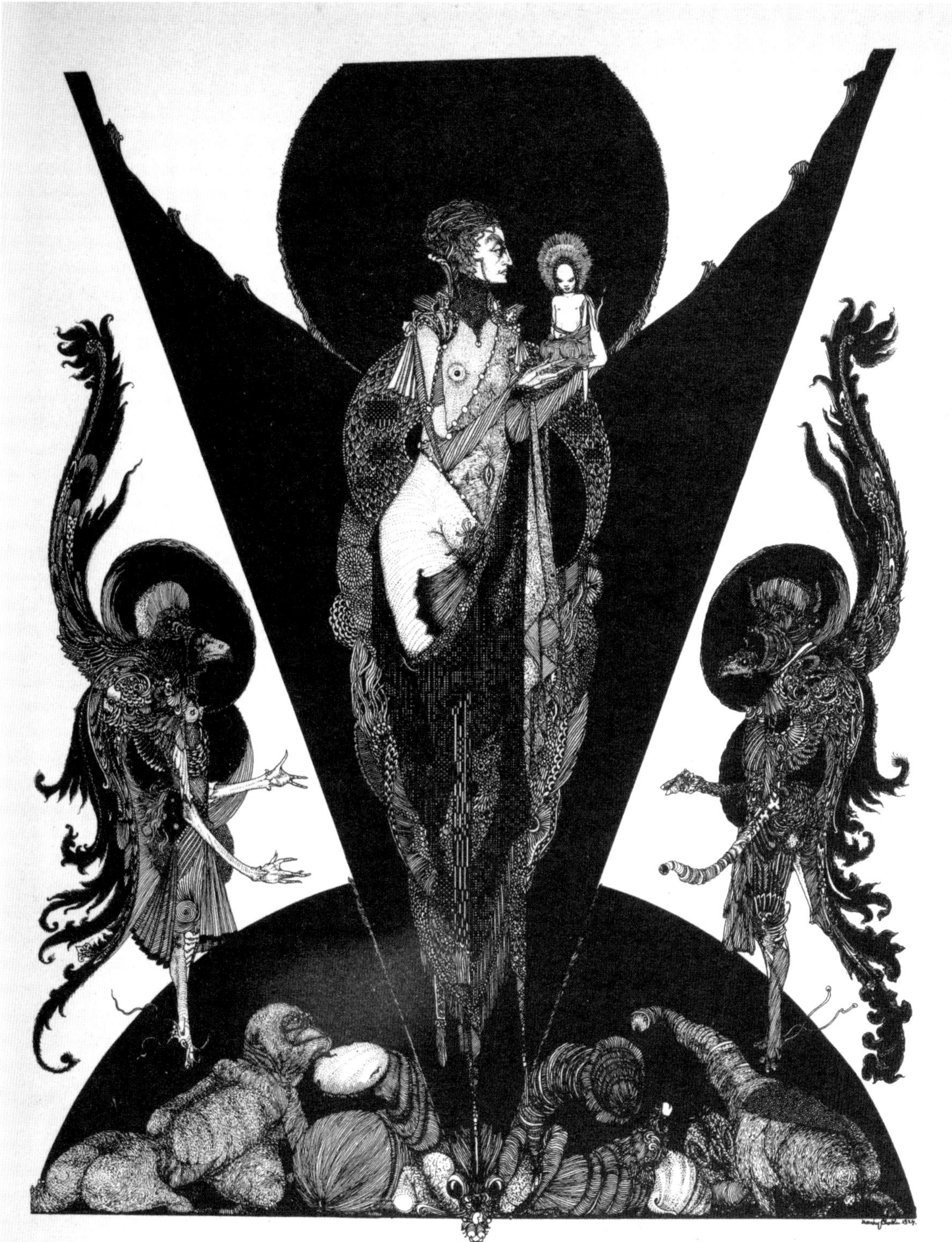

雑誌『ゴールデン・ハインド』に掲載されたイラスト「悪魔の妻と長男」(1924年)

The Devil's Wife and her Eldest in The Golden Hind, 1924

TOPICS
04

ハリー・クラークの
時代の印刷

Harry Clarke and the Printing Process

●

ハリー・クラークの時代は印刷・出版の大転換期であった。その変化の一つは写真製版の発明であり、もう一つはカラー印刷の発達であった。19世紀には図版は画家の原画をもとに版画家が木版に彫るという木口木版によって印刷されていた。世紀末から原画を木版師を経ないで直接、機械製版できるようになった。画家は自分の線を直接、印刷に反映できるようになった。

そして、カラー印刷も、3色分解の色版をつくって重ねる方法が発達した。これらの変化は1900年前後に起きている。安価な色刷り絵本がつくれるようになり、絵本の黄金時代がはじまる。

ハリー・クラークはそのような印刷の新時代に活動した。彼の細密なペン画、そして微妙な色彩の変化は、印刷技術革命の中で可能となった。

ハリーはステンドグラスの作家であったから色彩や光に特別の関心を持っていた。それだけに、透明なステンドグラスの色彩と不透明な紙の上の挿絵の色彩のちがいに悩んだようだ。当時、まだカラー印刷の技術ははじまったばかりで、それを使いこなせる印刷所は少なかった。ロンドンの印刷所とダブリンの印刷所ではかなりレヴェルがちがっていたようだ。

ステンドグラスの色彩については、ハリーはかなり自分で関わり、コントロールできた。しかし挿絵の場合は印刷所にまかせなければならなかった。そのために、挿絵の仕事は、その色彩などの上がりに、彼はいつも不満だったようだ。

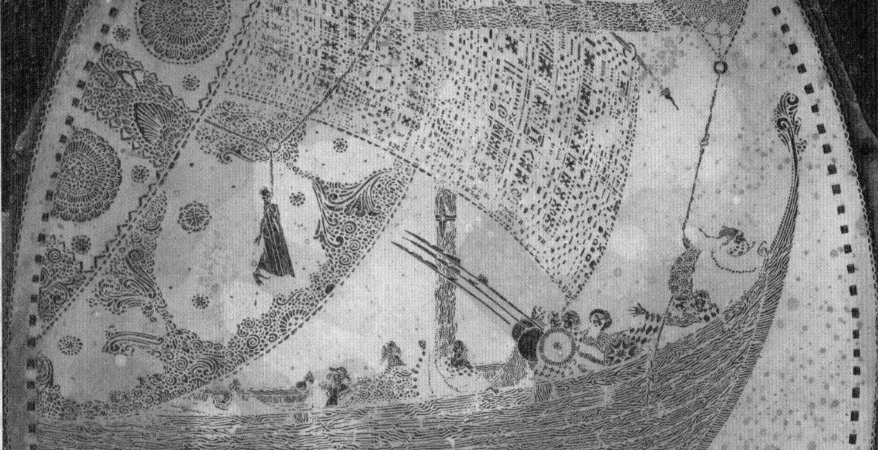

写真製版の発達によりハリー・クラークのような細密なペン画も製版できるようになった。
アンデルセンの「沼地の王の娘」(P57)の印刷用製版。

HARRY CLARKE

第2章

ハリー・クラークの
ステンドグラス作品

Stained Glass

ハリー・クラークの
ステンドグラス

Stained Glass of Harry Clarke

ハリー・クラークの父ジョシュアは19世紀末にアイルランドにやってきて、ステンドグラスの工房を開いた。しかしそれは、かつてのステンドグラスとは比較にならないほど技術的にも芸術的にも低いレヴェルのものであったという。ガラスだけでなく、工芸全体が機械化の波に押されて凡庸なものになっていた。

ステンドグラスの革新を行ったのはウィリアム・モリスのアーツ・アンド・クラフツ運動であった。それをアイルランドに伝えたのはアルフレッド・アーネスト・チャイルドで、風景画家のサラ・パーサーが財政援助し、1903年、ダブリンにアン・トゥル・グロワーヌ（ガラスの塔）というガラス工房がつくられた。チャイルドはダブリンのメトロポリタン美術学校でステンドグラスを教え、ハリー・クラークはそこで学んだのである。

チャイルドによってアーツ・アンド・クラフツ運動の新しいステンドグラスを学んだハリー・クラークは、ビアズリー、ギュスターヴ・モロー、レオン・バクストなどのシンボリズムをとり入れ、鋭い線と強烈な色彩によって新しいアイルランドのステンドグラスのスタイルをつくり出した。

THREE OF THE SEPARATE PROCESSES IN THE PRODUCTION OF A STAINED GLASS WINDOW

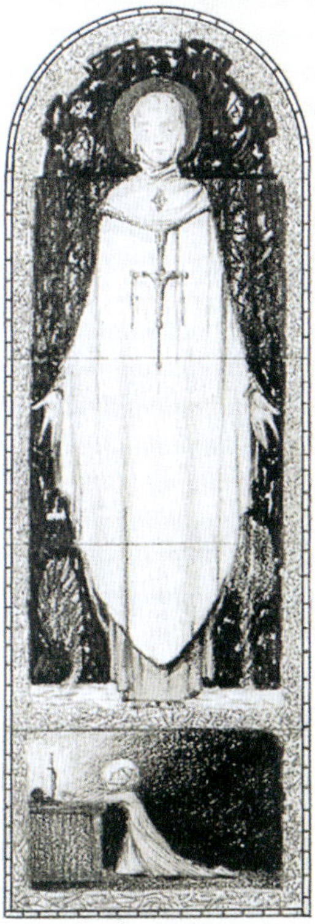

(1) *Working Drawing*

When the sketch has been approved, the next step is cartooning the window full size. A 'cutline' is then made, and the glass is cut to the different shapes.

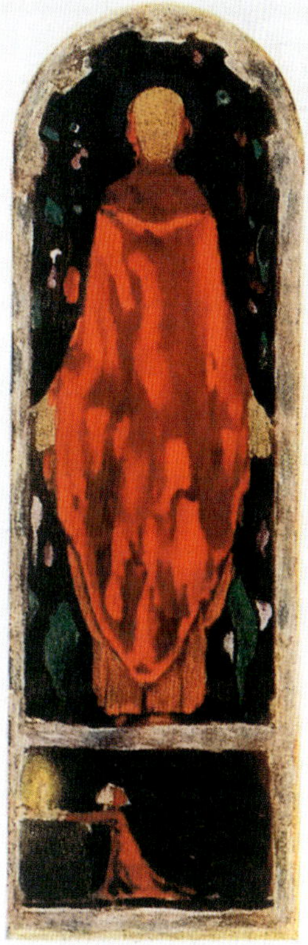

(2) *The Colour Scheme*

The different pieces of glass are stuck to a glass easel with hot beeswax; should no alteration be necessary the process of painting in with pigment, and a 'matte' and outline begins.

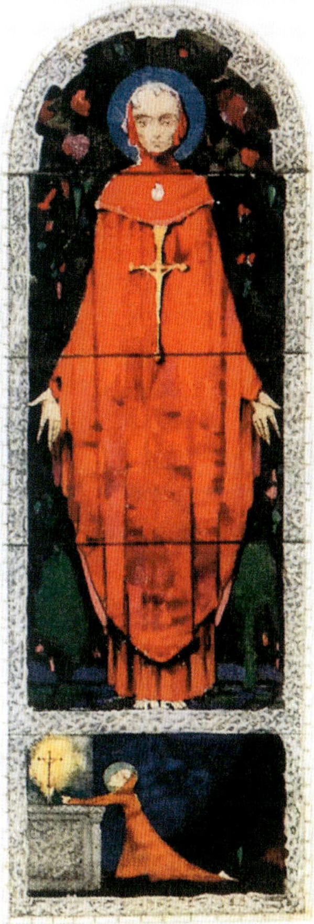

(3) *The finished Window*

After painting, the glass is fired in a kiln, cooled, stuck up again, and second painted and fired. It is again stuck up for final inspection, and then goes to the glazier, who leads it up, cements it, and the window is completed.

Stained Glass Commissions in Progress at Present

One Window: Repeat order St. Stephen's Cathedral, Brisbane.
Four Windows: Rt. Hon. Lord Rathdonnell, Rathvilly.
Four Windows: Parish Church, Drumcar, Co. Louth.
Two and Four Light: St. John's Church, Blackrock, Dublin.
One Window: Lady Coghill, Skibbereen, Co. Cork.

Decoration Commissions in Process of Completion

Oblate Fathers, St. Joseph's, Colwyn Bay, N. Wales.
Sisters of Charity, Mount St. Anne's, Miltown, Dublin.
Oblate Fathers, St. Mary's College, Belcamp, Raheny, Dublin.
St. Jarlath's Cathedral, Tuam, Co. Galway.
St. Agatha's Church, North William Street, Dublin.

J. CLARKE AND SONS

ハリー・クラークと父ジョシュアの工房「J・クラーク アンド サンズ」が1926年の教会の規則書に掲載した広告物。
ハリーのデザインの工程が3段階で解説されている。

聖ジョセフ教会

ダブリン［アイルランド］

200平方フィートという非常に大きな窓の装飾であった。父のジョシュアもこの仕事を望んだが、ハリーが選ばれた。テーマはキリスト磔刑（たっけい）であった。窓は3面（スリー・ライト）からなり、中央に十字架にかけられたキリスト像、左右に、それを礼拝するアイルランドの聖者たちの群像が描かれた。アイルランドの聖者の像をつけるのはハリーのアイデアであったという。単なるキリスト磔刑像ではなく、アイルランドのキリスト教文化を表現するのが、ケルト・ルネサンスの特徴であった。

中央のキリスト像は、ハリー自らが裸で十字架にかけられて写真を撮り、それをもとに描かれたという（P21写真参照）。キリストの足下には、聖母マリアと聖ヨハネが向き合っている。その下にひざまずいているのはマグダラのマリアである。娼婦である彼女を主役的なあつかいで示しているのは、19世紀末以降の新しい解釈である。

左右の面の上部に天使、下部には聖者たちが描かれている。

St Joseph's Church, Terenure, Dublin

This massive window is 200 square feet in size. Harry Clarke's father, Joshua, wanted to work on this piece, but Harry was selected for the job. The theme was Jesus's crucifixion. It is a three light window, and in the middle is the crucified Jesus; on both sides are groups of Irish saints. It was Clarke's idea to put the Irish saints there, which was characteristic of the Celtic Revival. He did not want to simply depict Christ's crucifixion but also capture the spirit of Irish Christianity in the piece.

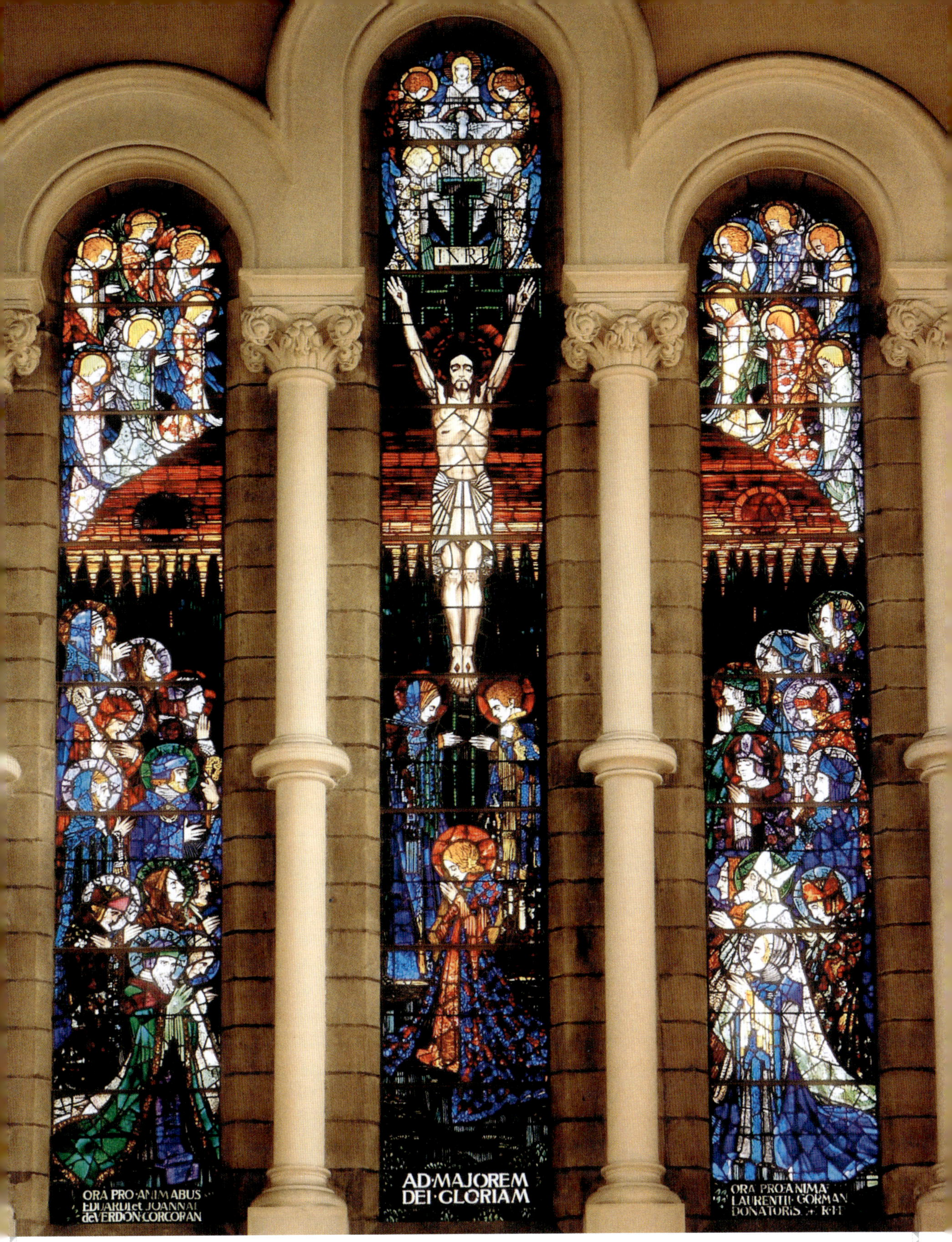

《キリスト磔刑とアイルランドの聖人による十字架の礼拝》1920年

The Crucifixion and the Adoration of the Cross by Irish Saints

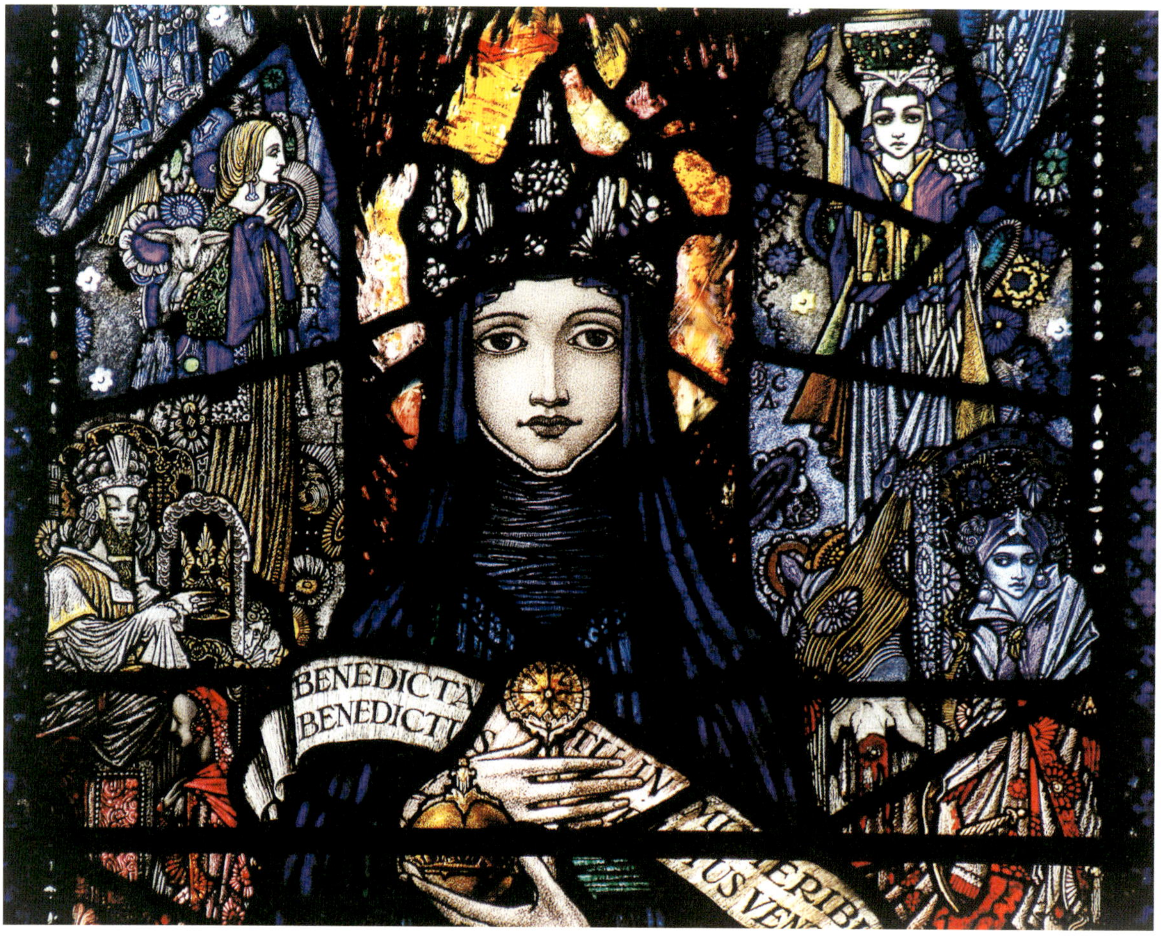

《受胎告知》1922年・《聖母戴冠》1923年

The Annunciation and The Blessed Virgin in Glory

★★★

キリスト磔刑の窓が好評だったので、ハリーはさらに2面の窓のデザインを依頼された。女性のための礼拝堂のものである。右ページの写真の向かって左が「受胎告知」、右が「聖母戴冠」である。この2つの窓は、ハリーのステンドグラスの新しい時代を告げている。キリスト教的な堅苦しいスタイルがほどけて、若々しく、繊細で、女性らしさがあふれた表現がはじまる。「受胎告知」の聖母マリアはういういしい。そして「聖母戴冠」のマリアは大人の女性の美しさを輝かせている。また、マリアのドレスの微妙な文様や色彩にもそれぞれ見とれてしまう。少女から大人になっていくマリアの変貌を2つの窓は鮮やかに示しているのだ。

この2つのステンドグラスはケルト・リヴァイヴァルの展覧会に出品され、ハリー・クラークはステンドグラス作家として高く評価された。「聖母戴冠」のマリアの足下には裸のアダムとイヴが描かれている。

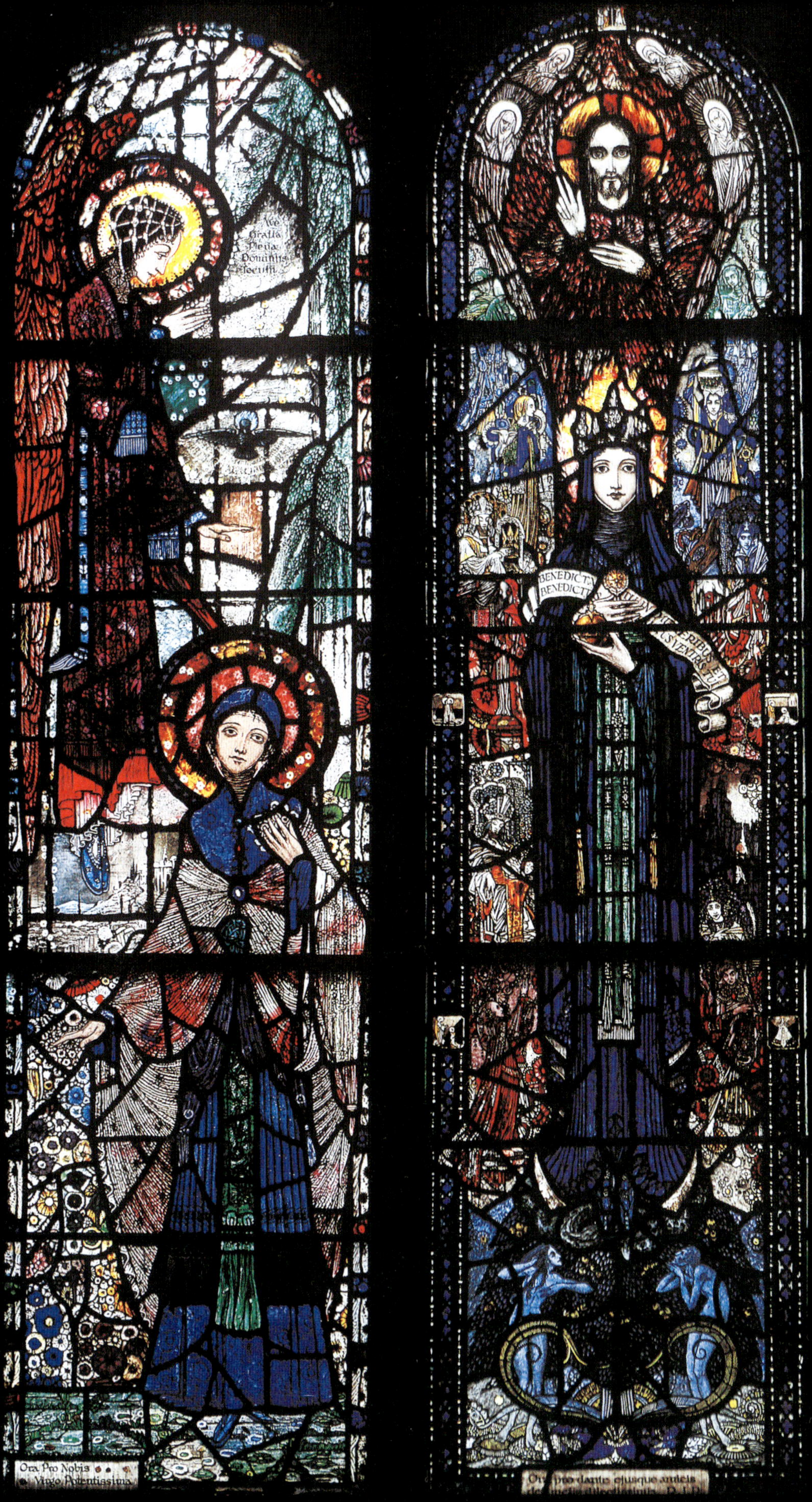
Ora Pro Nobis
Virgo Potentissima

TOPICS
05

ハリー・クラークとダブリン

Harry Clarke and Dublin

ハリー・クラークが、その生涯のほとんどを生きたダブリンとはどんな都市だろう。ダブリンはアイルランド東海岸の中央にあり、アイリッシュ海をはさんでイギリスに面している。リフィ川がダブリン湾に流れこむ河口にある港町である。リフィ川が中央を流れ、町を南北に分けている。古アイルランド語のゲール語で、ダブは黒い、リンは淵のことで、リフィ川の水の色からつけられたという。5世紀に聖パトリックによってキリスト教が伝えられた。1800年、アイルランドがイングランドに併合されると独立運動が絶えなかった。1916年、復活祭（イースター）蜂起で市内が破壊された。1922年、自治領となったが、アイルランドが完全に独立するのは1949年になってからである。

ダブリンの中央を西から東へ流れるリフィ川に10ほどの橋が架かっている。鉄道は東寄りの港に近い方を通っている。鉄道線の少し西にあるオコンネル橋がダブリンの中心である。リフィ川の南はオールド・タウン、北がニュー・タウンである。オコンネル橋から北へ向かうオコンネル通りがメイン・ストリートだ。北へ進むとすぐにアベイ通りに出る。右へ曲がるとすぐに、〈アイルランド・ルネサンス〉の中心であったアベイ劇場がある。オコンネル通りをアベイ通りをこえて進むと左手に中央郵便局がある。1916年の復活祭蜂起の拠点であった。

さらに北へ進むとパーネル通りに出る。この北側にクラーク工房があり、ハリー・クラークはそこでステンドグラスを制作していた。この地域は新興住宅地で、工場などもつくられていた。

オコンネル橋から南へ向かうと、ダブリン城の東側にできたオールド・タウンである。オコンネル通りからつづいている通りを南下するとダブリンの銀座ともいえるグラフトン通りで、そのはずれにゲイアティ劇場がある。アベイ劇場とともにアイルランド演劇運動の名所である。ゲイアティ劇場の南に聖スティーヴンズ・グリーンという大公園がある。

グラフトン通りのまん中あたりの西側にビューリーズ・オリエンタル・カフェがある。ハリー・クラークが1928年に制作したステンドグラスが残っている。

ダブリンが生んだ大作家ジェイムズ・ジョイスは1882年生まれで、ハリー・クラークの7つ年上である。ジョイスは19世紀末から20世紀はじめのダブリンをくまなく歩いた。ハリーはジョイスを直接知っていたかどうかわかっていないが、知っていたろう。なにしろダブリンは狭い町で、人々はお互いに知っていたというから。

ジョイスの『若き芸術家の肖像』、『ダブリン市民』、『ユリシーズ』を読むと、ハリー・クラークと一緒に歩いているようにダブリンが浮かび上がる。

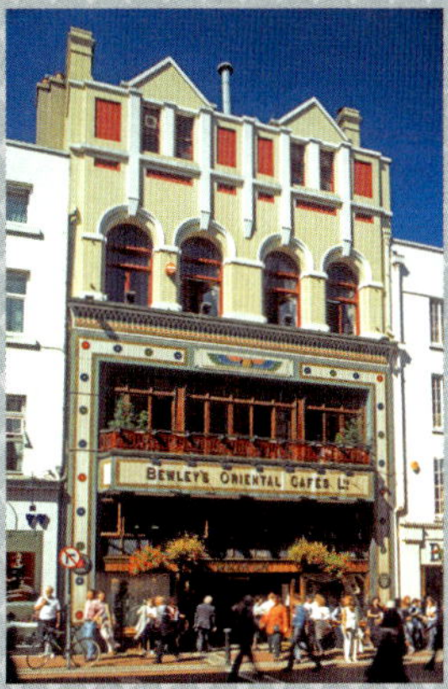

ハリー・クラークの窓が今も残る
ビューリーズ・オリエンタル・カフェ

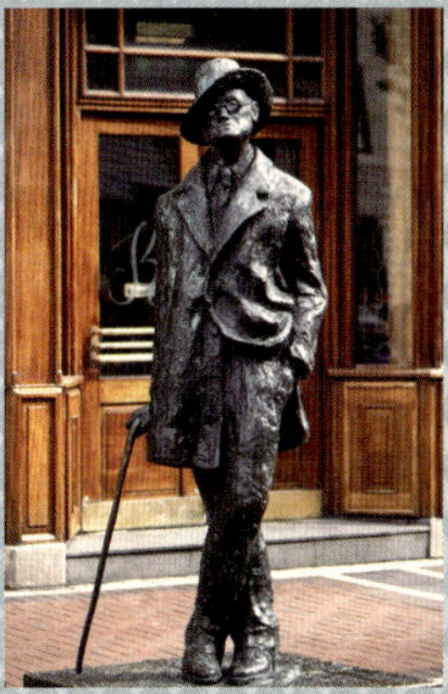

ダブリンの街中の
ジェイムズ・ジョイス像

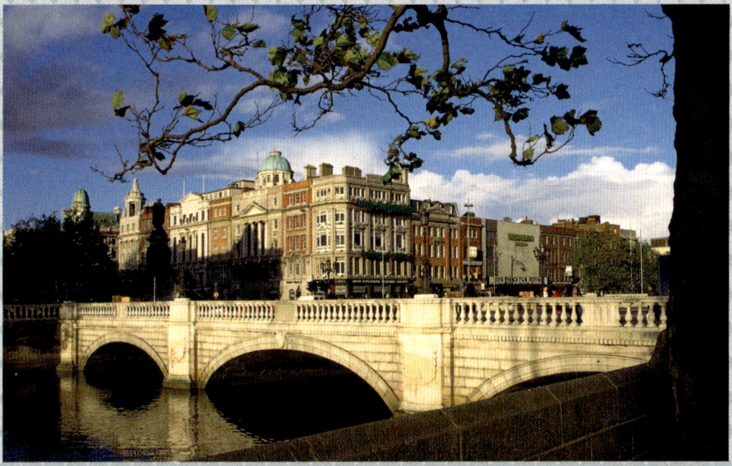

ダブリンの中心地
リフィ川に架かるオコンネル橋

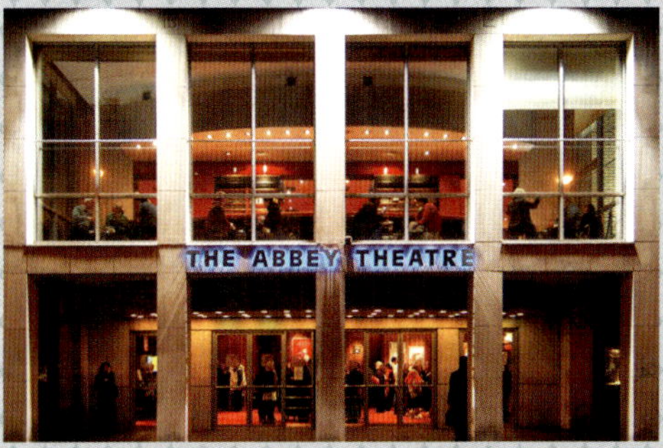

アイルランド・ルネサンスの
中心であったアベイ劇場

その他の教会、礼拝堂のためのステンドグラス

父ジョシュアの伝統的なステンドグラスのデザインから出発したハリー・クラークは、ウィリアム・モリスのアーツ・アンド・クラフツ運動、W・B・イェイツのケルト・ルネサンスの刺激の中で、新しいステンドグラスのデザインを見出してゆく。それは、キリスト教的な図像学をケルトの詩やおとぎ話の世界に解放し、人間的な、ファンタジー的な世界へと向かわせることであった。

そのきっかけとなったのは、1913年ごろからの『アンデルセン童話集』の挿絵の仕事との出会いであった。はじめは別々の世界であった挿絵とステンドグラスは1920年代に入ると1つになる。テレニュアの聖ジョセフ教会の聖母マリア像はその曲がり角だったろう。それ以後のハリーによる教会のステンドグラスは、人間的になり、物語を語りはじめ、さらにガラスはまるで、つづれ織りのように、繊細で多彩な花園を織り出してゆく。

Other Stained Glass Windows for Churches and Chapels

Clarke created a new style in stained glass designs with the inspiration he gained through the Arts and Crafts movement and the Celtic Revival. His new aim was to break free from religious iconology and explore more human and fantastical worlds of imagination such as in Celtic poetry and fairy tales. His stained glass work became more and more human, telling stories and weaving delicate and colorful images together like a tapestry.

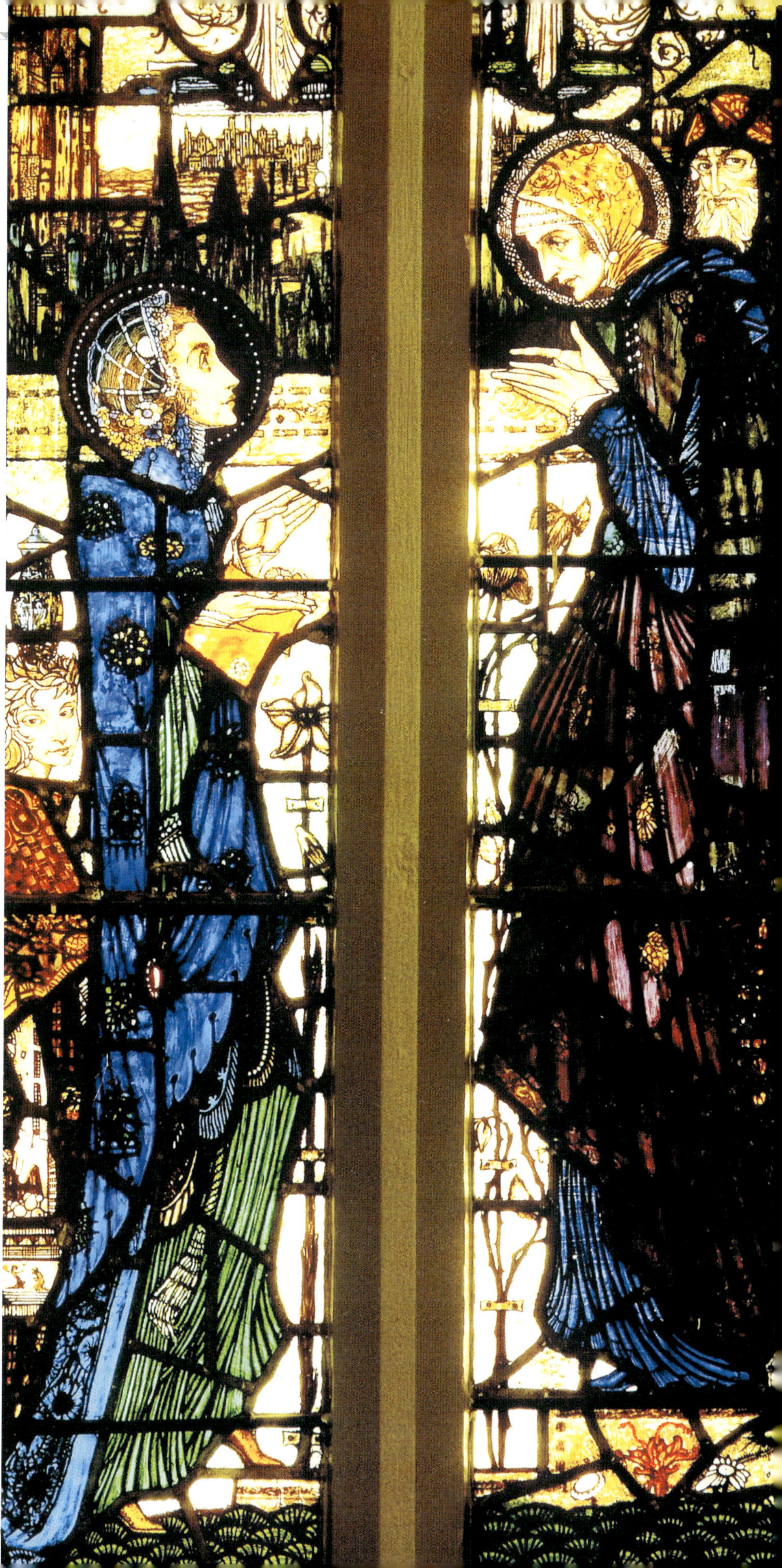

《エリザベト訪問》1924年
ダブリン(アイルランド)、
聖ピーター・アンド・ポール・カトリック教会

*The Visitaion /
St Peter & Paul Cathlic Church,
Balbriggan, Dublin*

★★★

2面の窓で、左に聖母マリア、右に聖エリザベトが描かれる。聖エリザベトはマリアの従姉妹で、洗礼者ヨハネの母といわれる。マリアがエリザベトを訪ね、エリザベトは、マリアが神の子イエスを宿していることを祝福する、という聖書の話による。細長い画面は浮世絵の柱絵といわれる画面の影響といわれている。マリアの髪飾りをはじめとする細部の装飾がすばらしい。

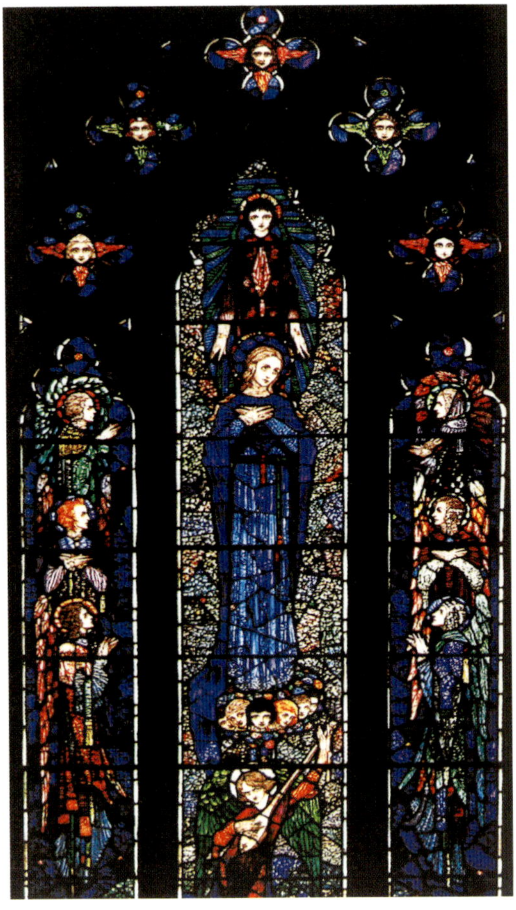

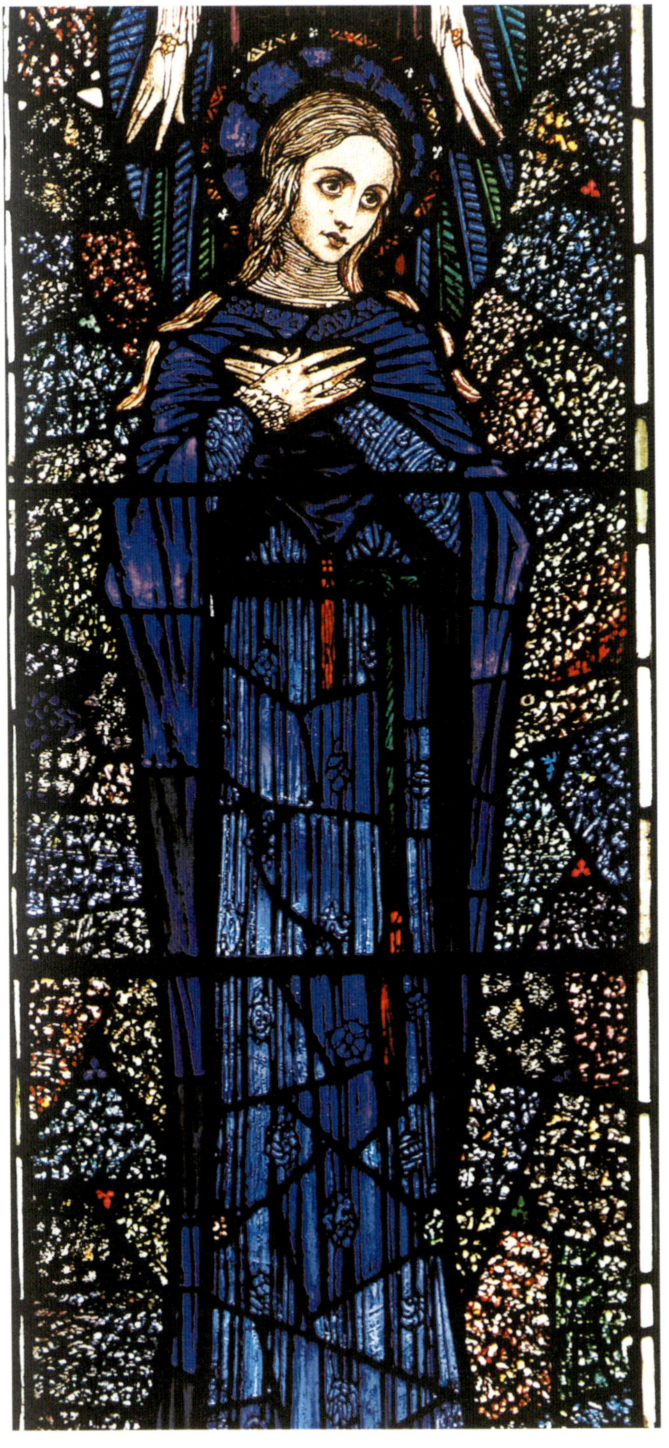

《無原罪の御宿り》1925年

サセックス(イギリス)、
アッシュダウン・パーク・ホテル蔵

The Immaculate Conception / Ashdown Park Hotel, Sussex

★★★

1924年、ハリーはサセックス州のノートルダム修道院の聖母マリア礼拝堂のための窓の依頼を受けた。聖母マリアの生涯がテーマであった。そしてさらに3面の窓が追加された。そこには聖母の「無原罪の御宿り」が描かれることになった。キリスト教において性が原罪に関わるとされたため、聖母マリアがキリストを懐妊したことは無原罪であり、マリアは処女のまま受胎した、という説が立てられた。それをめぐる論争はずっとつづき、1854年、法王ピウス9世が勅書で、マリアの無原罪を認め、一応の結論を出した。非常にむずかしいテーマで、画家がどう表現するかはっきりしていなかった。そのために、注文主の修道院長のシスター・バーナードはハリーのデザインにさまざまなクレームをつけ、仕事は難航した。中央に青いドレスのマリアが描かれている。足下にはリュートを抱えた楽師がいる。彼はいたずらっ子のような、皮肉な表情を浮かべている。このような厳粛なシーンに、ちょっと異質なユーモラスで謎めいた人や物を挿入するのが、ハリー・クラークの特色である。

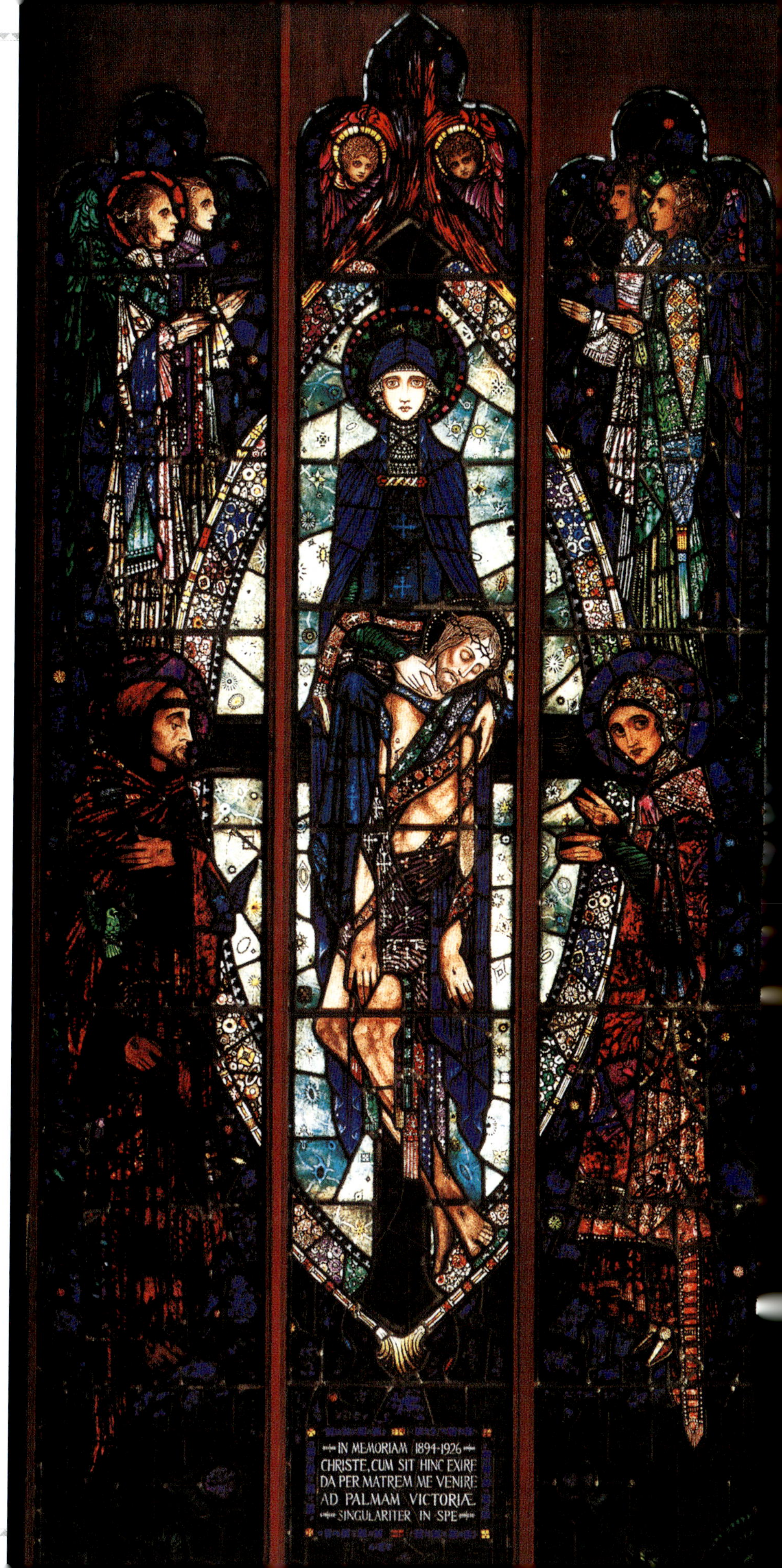

《悲しみの聖母》1926年
ダブリン(アイルランド)、
アイルランド国立美術館蔵

*The Mother of Sorrows /
National Gallery of Ireland, Dublin*

★★★

19世紀に〈マリア信仰〉が盛んになり、世紀末から20世紀はじめにピークに達した。ハリー・クラークのステンドグラスにもマリア像があふれている。「悲しみの聖母」はスコットランドのグラスゴーのノートルダム寺院の依頼で制作された。第一次世界大戦の戦死者の鎮魂を願うものであった。ピエタといわれる、十字架から降ろされたキリストを抱く悲しみのマリアが描かれている。今はグラスゴーからアイルランドに買い取られている。

キリストとマリアは楕円形のフレームに収められ、幾何学的な星のような文様がちりばめられている。上方には天使たちが並んでいる。キリストの左側はアッシジの聖フランチェスコである。右側はジェノヴァの聖カタリナで、15世紀の殉教者であった。

マリアの悲しみの表情、そして彼女の紺青のドレスが印象的である。第一次世界大戦の死者の追悼の窓が完成された時、次の大戦がやってくることを、だれも予想しなかったろう。

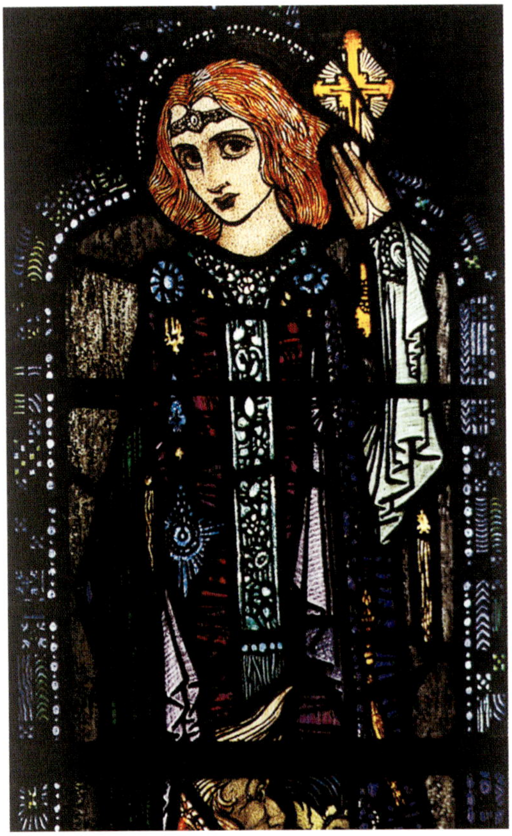

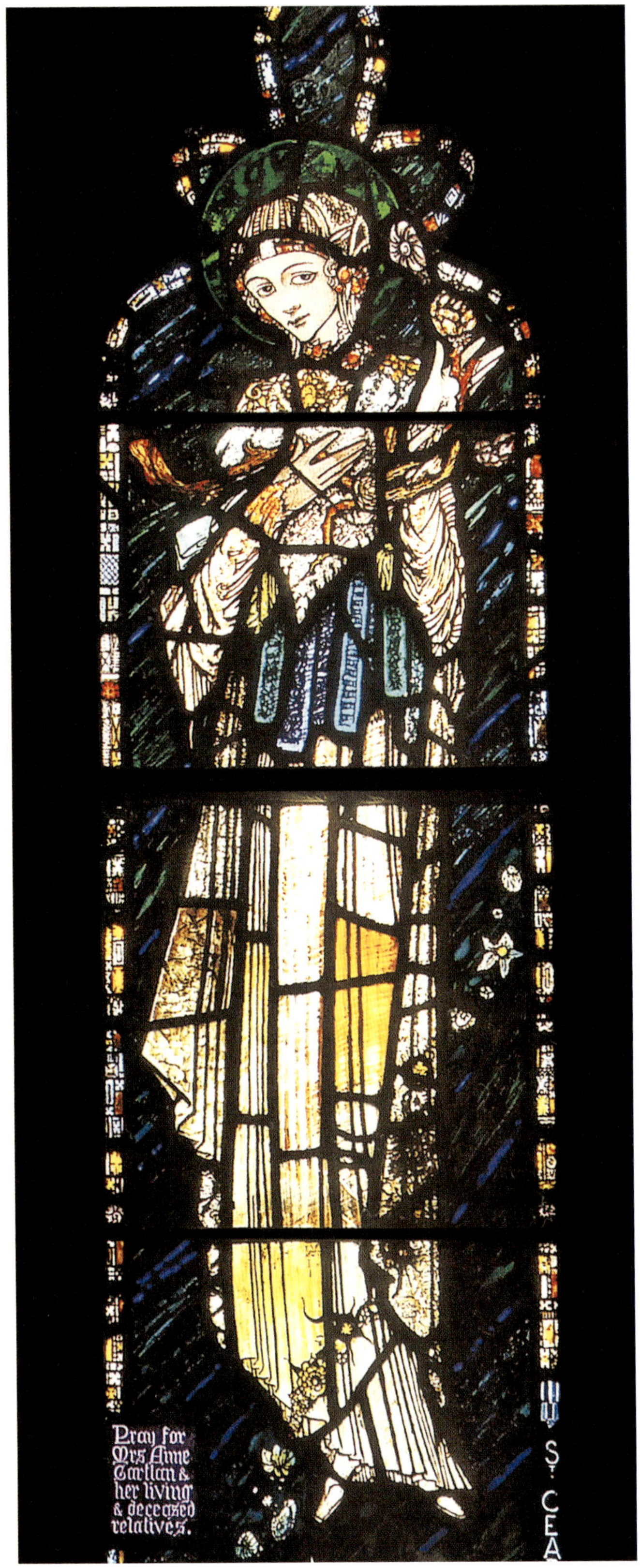

《聖人群像》1926-1928年

カリクマクロス(アイルランド)、聖ジョセフ教会

St Ceara, St Dympna, Sts Macartan and Tigernach, Sts Fachnea and Enda / St Joseph's Catholic Church, Carrickmacross

★★★

1924年から25年にかけては、ハリーのステンドグラスのピークの時代であり、多くの注文があった。カリクマクロスの聖ジョセフ教会からは2面の窓10組の注文があった。クラーク工房の協力によって制作されたが、そのうち4組がハリーの作品で、その他は兄のウォルターのデザインといわれる。

ハリー作とされる4つの窓のうち「聖シーラ」(1926年)は、7世紀のティッペラリーの聖人である。2面のうち、左手の聖シーラ像が、真紅のガウンを着ているのは、彼女が大火を消したという伝説を示しているのだろうか。右手の彼女は花を手に持ち、リラックスしている。

2つ目の「聖ディンプナ」(1928年)はアイルランドの王女で、あまりに美しいので、彼女の母である妃を亡くした父の王が彼女と結婚しようとし、それを拒んだ彼女を殺してしまった。

3つ目は「聖マカルタンと聖タイガーナク」(1928年)でアイルランドの6世紀ごろの聖人である。

4つ目は「聖ファチニアと聖エンダ」(1928年)で2人は姉弟である。エンダはオリエル王であった。彼は許嫁に死なれ、世の無常を知って剣を捨て、修道士となった。

[P196左]聖ディンプナ(部分) ／[P196右]聖シーラ(部分)
[P197左上]聖シーラ／[右上]聖ディンプナ／
[左下]聖マカルタンと聖タイガーナク／[右下]聖ファチニアと聖エンダ

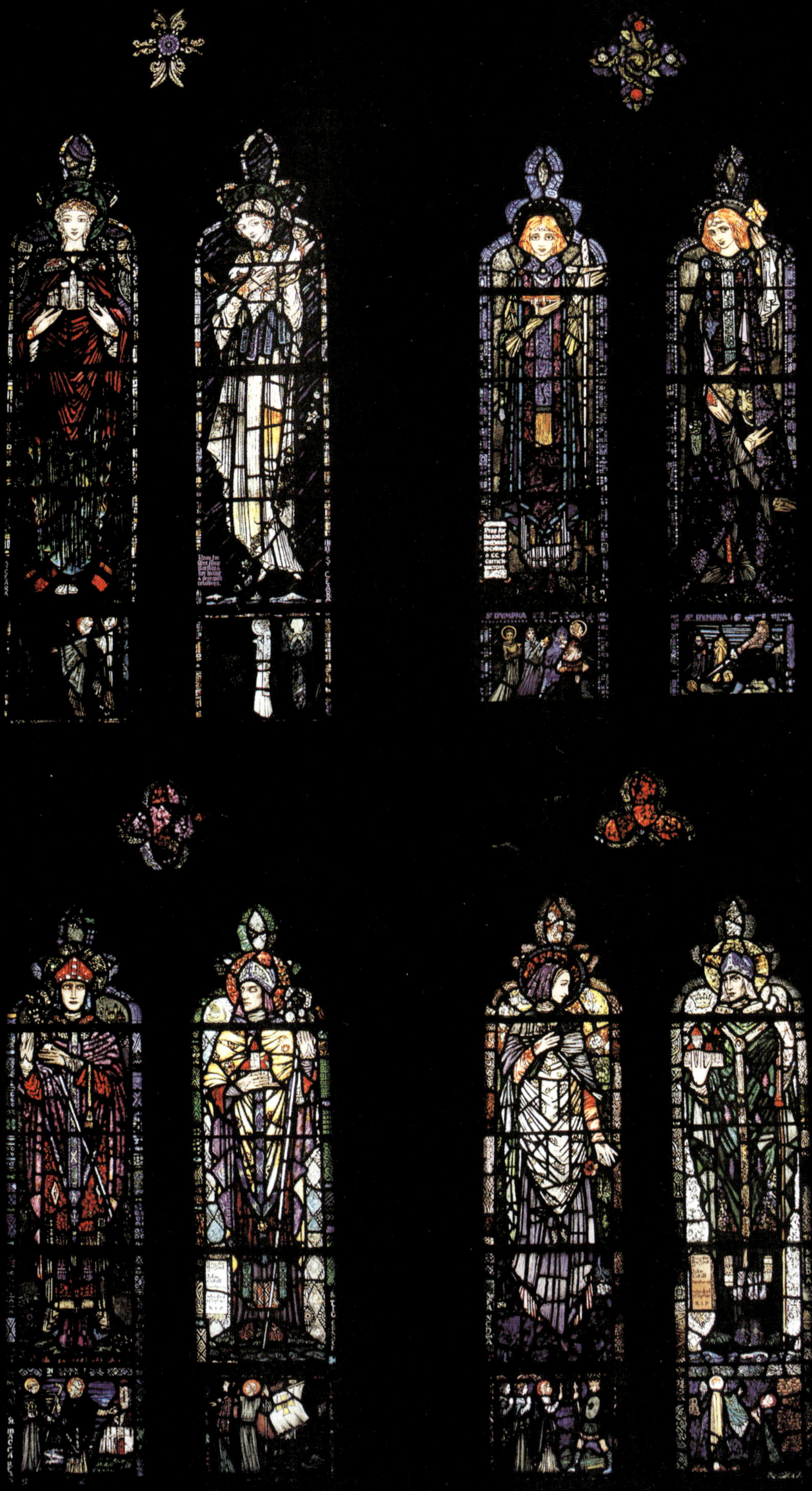

Pray for
the soul of
ST DYMPNA
ST DYMPNA

《聖母の戴冠》1923年

グラスゴー（スコットランド）、
バレル・コレクション蔵

The Coronation of the Blessed Virgin / The Burrell Collection, Glasgow Museums, Glasgow, Scotland

★★★

グラスゴーのノートルダム修道院の聖心礼拝堂の窓として注文された。今はグラスゴー美術館に入っている。3面で、中央にキリストから冠を受ける聖母マリアが描かれている。3面の上には7つのトレーサリー（飾り窓）がちりばめられている。

左面の上部には天使、下部には4人の聖人がいる。聖人は上から聖アンヌ（マリアの母）、マグダラのマリア、聖カタリナ、そして聖マンゴ（ウェールズの6世紀の聖人）である。中央のマリアの足下にいるのは聖マルガレートとスコットランドの聖アンドリュースである。

右面は上部に4人の天使、下に4人の聖人がいる。上から聖ヨハネ、聖フィロメナ（4世紀の処女殉教者）、聖クリストファー（航海者の守護聖人で、幼子のイエスを抱いている）、聖パトリック（アイルランドの守護聖人）である。聖パトリックのそばにはアイルランドの国花シャムロック（みやまかたばみ）が添えられている。

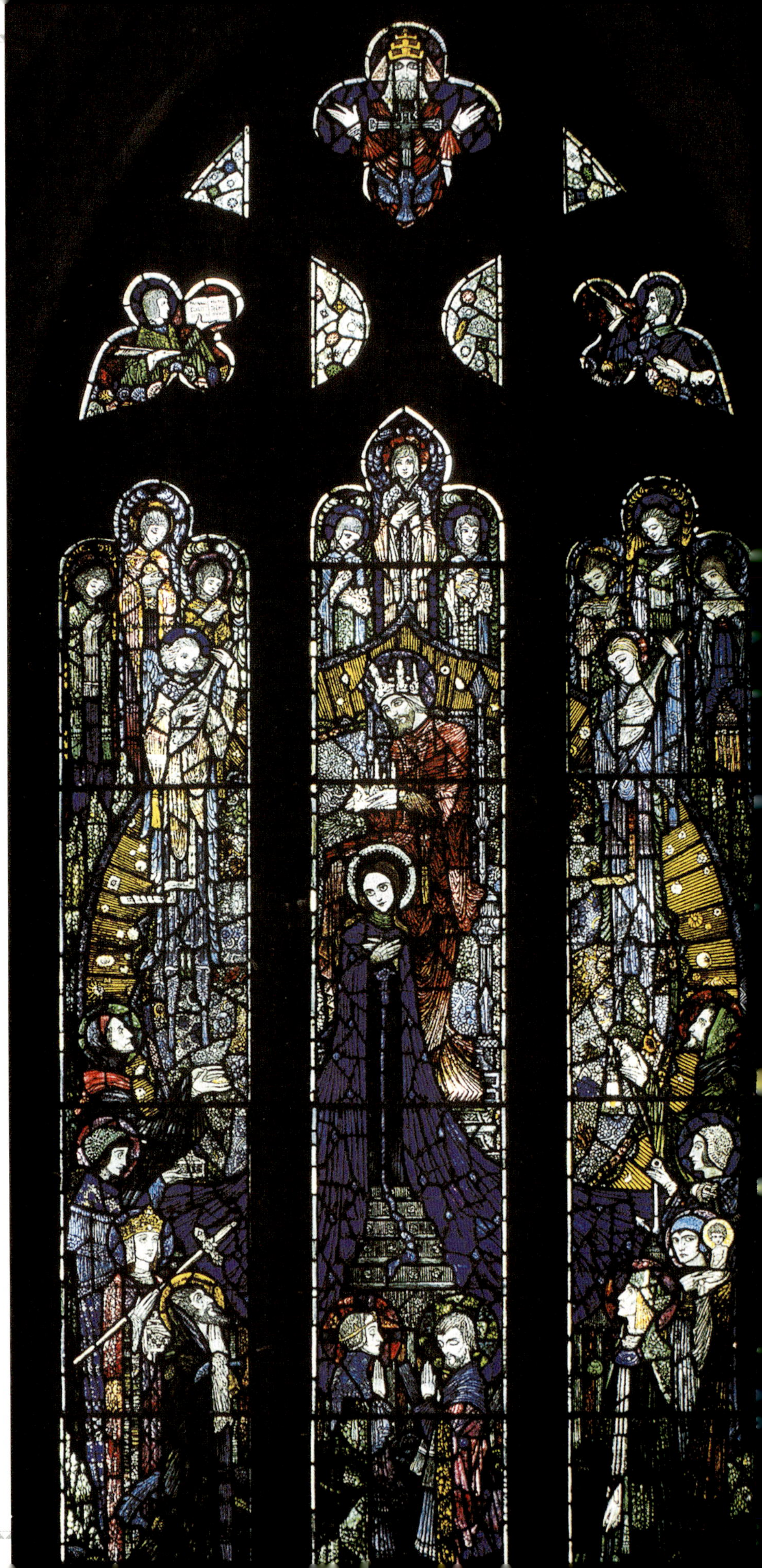

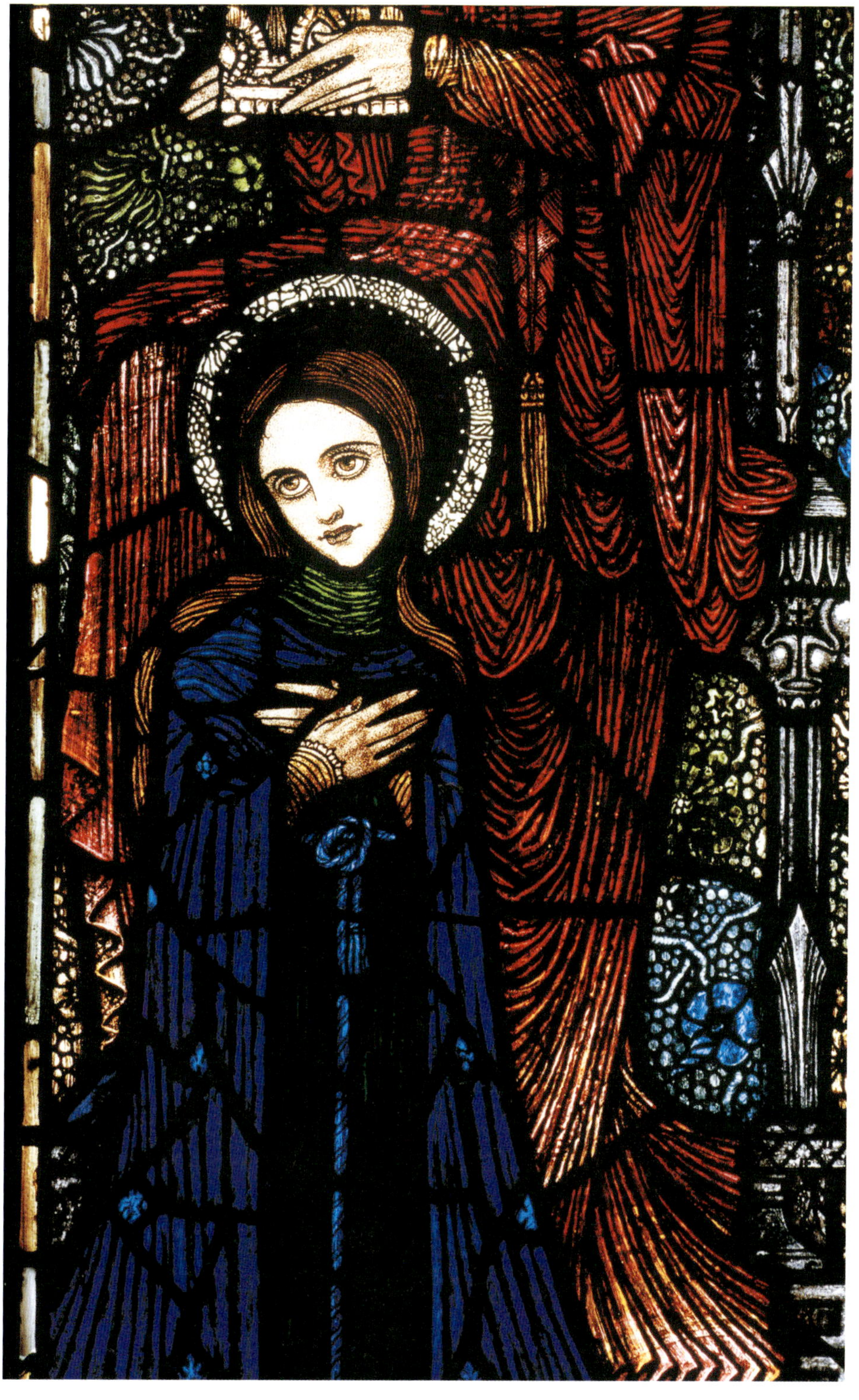

中央のパネルに描かれたマリアは、ハリー・クラークらしい、ほっそりとした瞳の大きな女性像で表現されている。

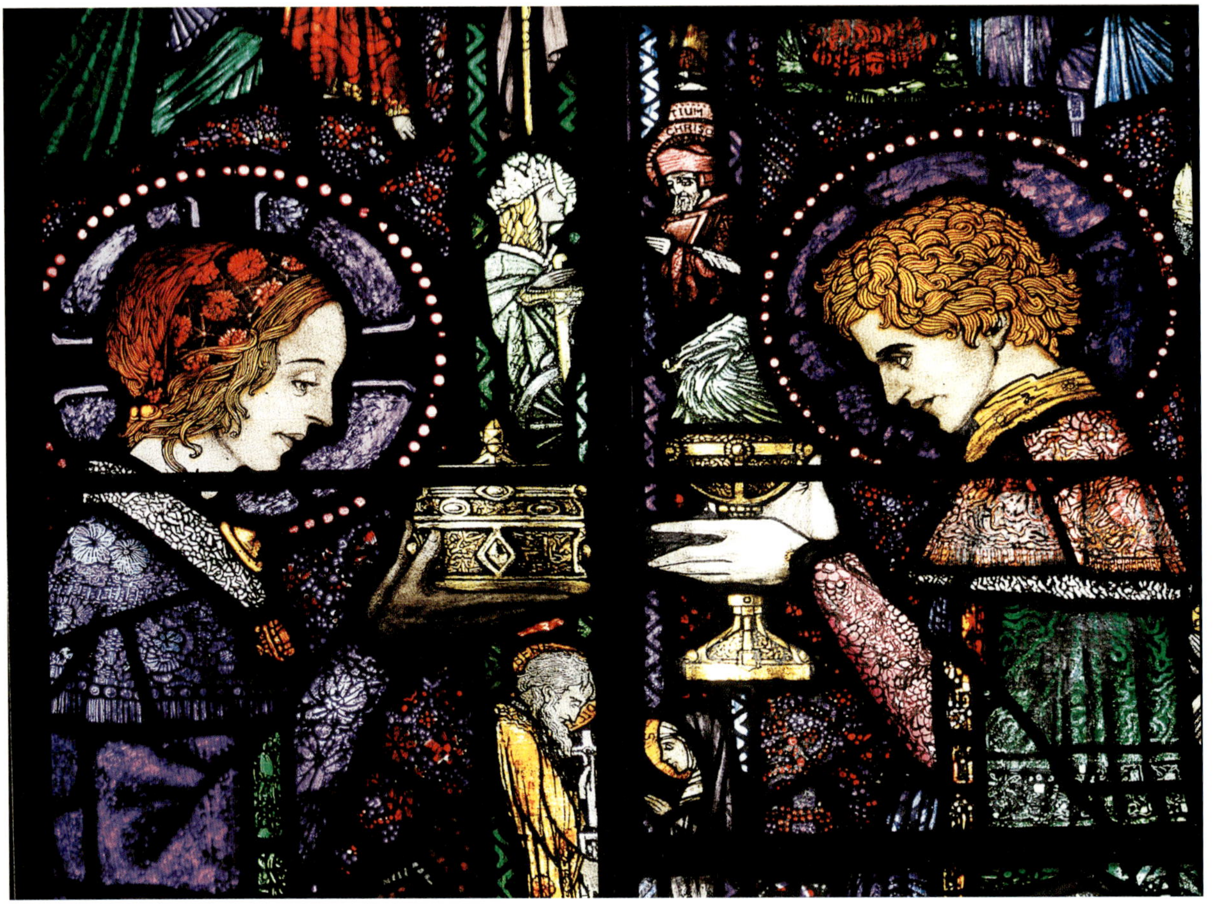

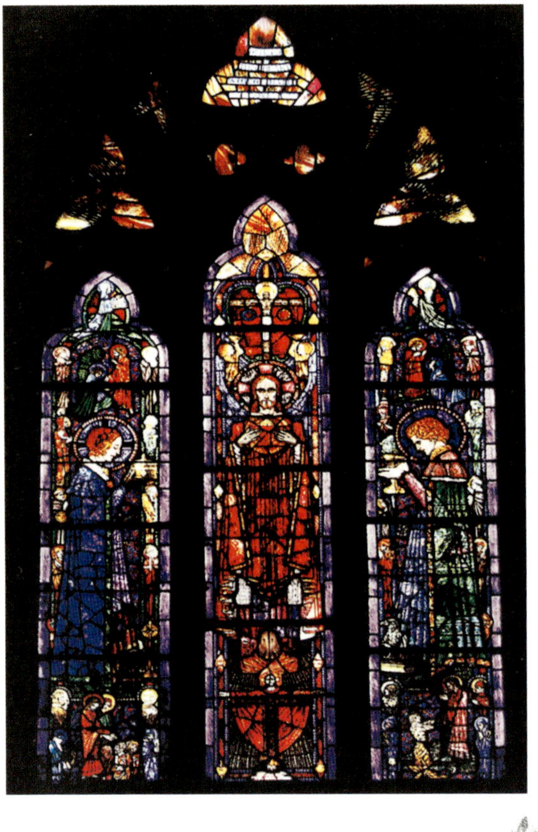

《聖心―マルガレート・マリアと聖ヨハネ・ユード》1919年

ダブリン(アイルランド)、聖ペトロのヴィンセンチアン・ファーザーズ教会

*The Sacred Heart, St Margaret Mary and St John Eudes /
Vincentian Father's Church of St Peter's, Dublin*

★★★

ヴィンセンチアン・ファーザーズ教会から1918年に注文された窓である。3面の窓と上部にトレーサリー（飾り窓）がつけられた。〈聖心〉は槍で貫かれたキリストの心臓で、人類への愛の象徴とされる。

左面の中心は聖マルガレート・マリアで、17世紀のフランスの女性で、〈聖心〉思想の帰依者であった。彼女は小箱を捧げている。

中央の上部には十字架にかけられたキリストが描かれ、まわりをハート形のフレームが囲んでいる。その下には〈聖心〉を象徴するキリスト像があらためて示される。真紅のガウンをまとい、赤い十字の光輪の中心で、大きな眼がこちらを見つめている。キリストのまわりの装飾はアール・デコ・スタイルを描いている。

右面の中心は聖ヨハネ・ユードで、17世紀のフランスにキリストとマリアの修道会をつくった。彼は聖杯を捧げている。

《聖母子と聖エイダンと聖エイドリアン》
1919年

ウェックスフォード(アイルランド)、
聖母被昇天教会

The Madonna with Sts Aidan and Adrian / Church of the Assumption, Wexford

★★★

1918年、ウェックスフォードのフェイズ酒造会社のオキーフ夫人の依頼で、1917年に大戦で戦死した息子ウィリアム・ヘンリーの記念の窓を聖母被昇天教会に寄贈することになった。テーマは17世紀の聖エイダンと戦士である聖エイドリアンが聖母子を守護するシーンである。ハリーの初期の、まだアール・ヌーヴォー・スタイルを残す、花のモチーフがちりばめられた。上部には三葉のトレーサリーがつけられた。

左面には聖母子が描かれる。聖母子は海の上に浮かんでいる。マリアは真紅の光輪を背にしている。下には帆船とオキーフ家の紋章が描かれている。

右面の2人の聖人は地上に立っている。上が聖エイドリアンで戦士の守護聖人である。下は聖エイダンで、ファーンズ(ウェックスフォード)の最初の僧正であった。

21歳で戦士した若者を追悼して、このように見事なステンドグラスがつくられたのであった。

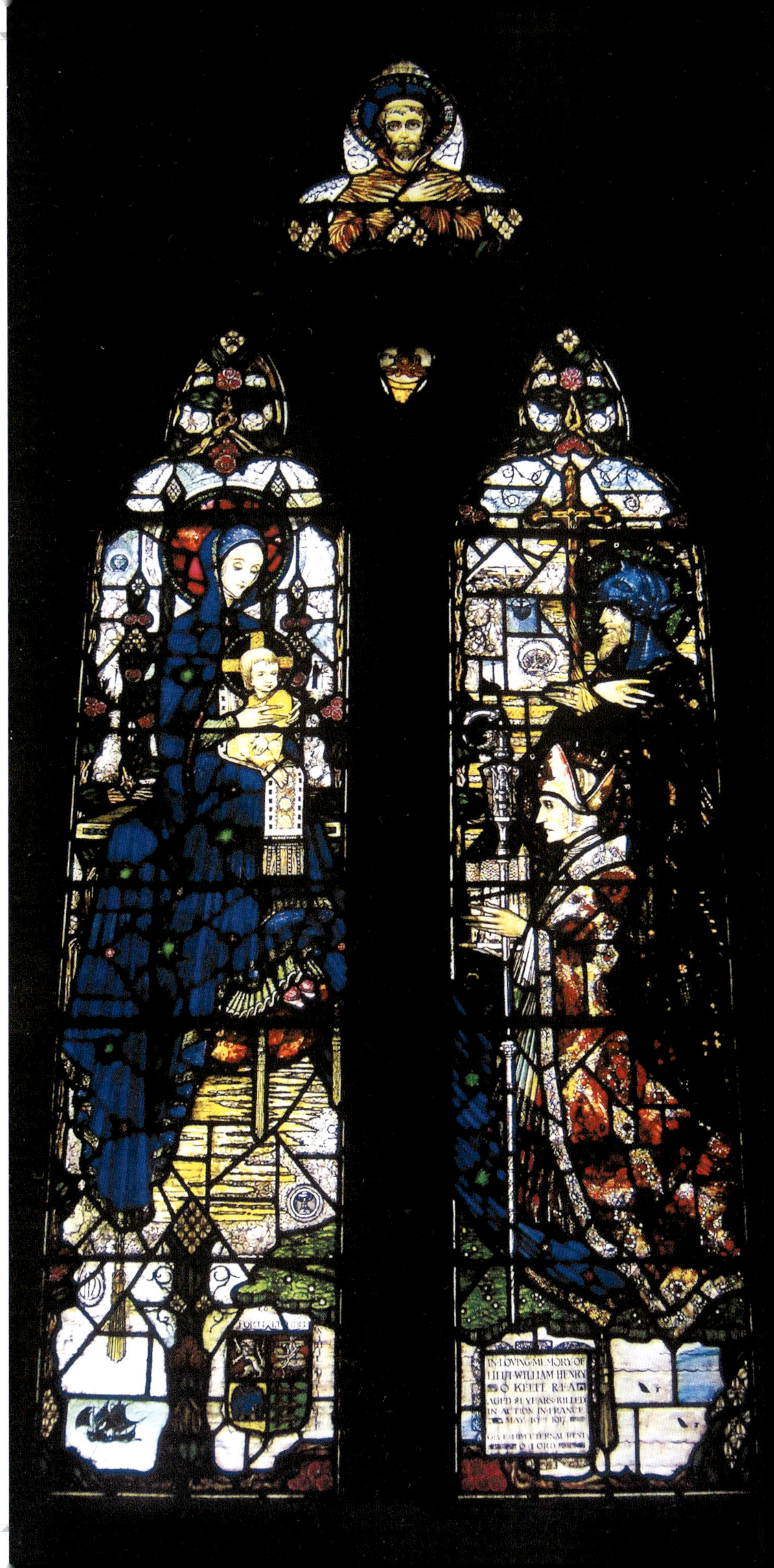

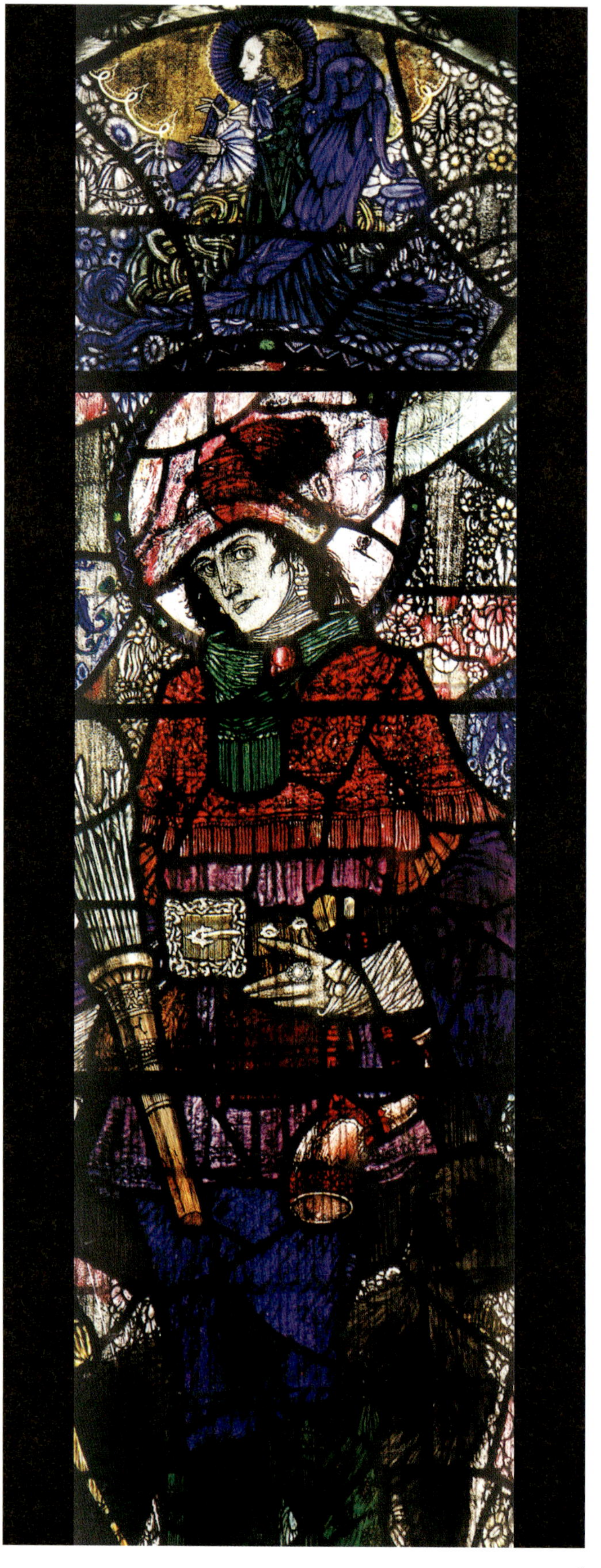

《聖ユベール》1921年

キルデア(アイルランド)、
聖パトリック教会

St Hubert / St Patrick's Church, Kildare

★★★

1921年、キルデア州の聖パトリック教会のための1面の窓が注文された。地元のラ・トゥーシュ夫妻の寄進であった。テーマは「聖ユベール」である。狩人の守護聖人であった。

上部には天使がいる。中央にはダーク・レッドの帽子とシャツを着た聖ユベールがまっすぐこっちを見ている。

下部(右ページ)は夜の森のシーンである。左手に聖ユベールが馬を下り、ひざをついている。右手に鹿があらわれ、その頭上に十字架が立っている。多くの動物を殺してきた狩人であったユベールは、この神秘の鹿に出会い、殺生をやめて改宗し、聖人となったという。アルブレヒト・デューラーの版画「聖ユスターシュ」からイメージを得ているといわれる。

このステンドグラスは1921年のアイルランド・アーツ・アンド・クラフツ展で展示され、好評であった。色彩のぼかしやむらのデリケートな変化がすばらしい。

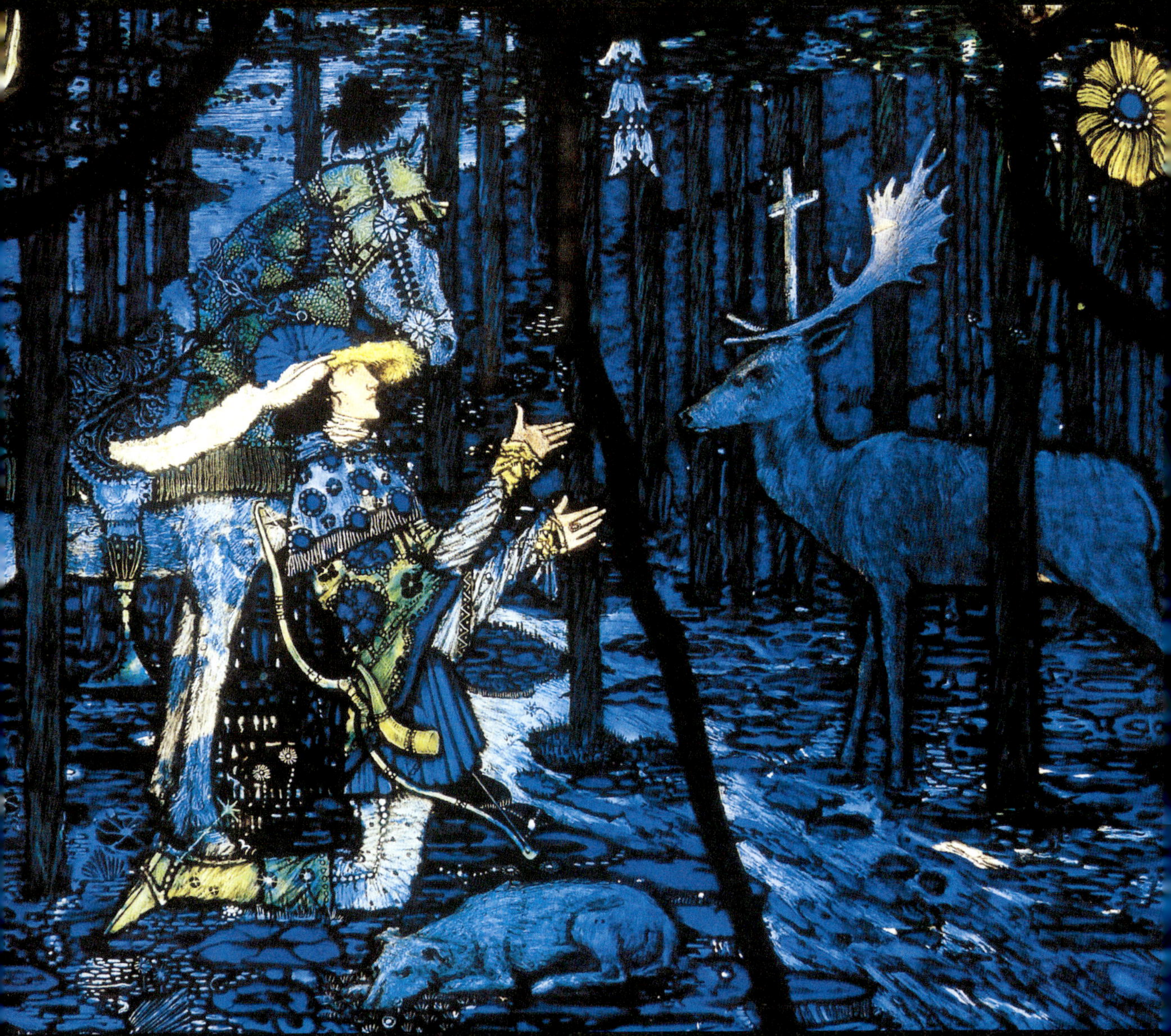

聖アグネス祭の前夜

1924年［ダブリン市立美術館ヒューレーン蔵］

ハリー・クラークのステンドグラスの最高傑作である。デザインと色彩の技術がピークに達し、物語性、ファンタジー性も開花している。

1923年、ジェイコブ・ビスケット社の社長、ハロルド・ジェイコブはダブリンのエイルズベリー・ロードにある父の家を飾るためのステンドグラスを注文した。教会という宗教的で公共的な場ではなく、個人の家のための窓であるから、ハリーの想像力を自由に展開できる場となった。ハロルドは昼と夜、夏と冬といったテーマを望んだ。それに対し、ハリーはおとぎ話や文学などの物語を描きたいと考え、青ひげや眠れる森の美女、シングの『西国の人気者』、キーツの詩『聖アグネス祭の前夜』などを提案し、最後のテーマが選ばれた。聖アグネスは4世紀のローマの処女で、キリスト教徒になり、処刑された。毎年1月21日に聖アグネス祭が行われる。『聖アグネス祭の前夜』はジョン・キーツが1819年に書いた詩である。伝説では、聖アグネス祭の前夜、若い娘たちは早くベッドに入り、未来の夫の夢を見る。キーツの詩では若い娘マデリーンが、ベッドで眠っていると、恋人ポルフィーロが忍びこんできて、外に連れ出そうとする。2人は暗い夜へと消えてゆく。

The Eve of St Agnes, Dublin City Gallery the Hugh Lane

This is undoubtedly the masterpiece of Clarke's stained glass work. The piece was commissioned by Harold Jacob, the president of Jacob's Biscuits, for his home. As it was not for a church, which was both religious and public, the piece became a playground for Clarke's rich imagination. The motif was the poem "The Eve of St Agnes," by John Keats. While a young girl, Madeline, sleeps in her bed on St. Agnes' Eve, her lover, Porphyro, sneaks in, and the two disappear into the dark of the night.

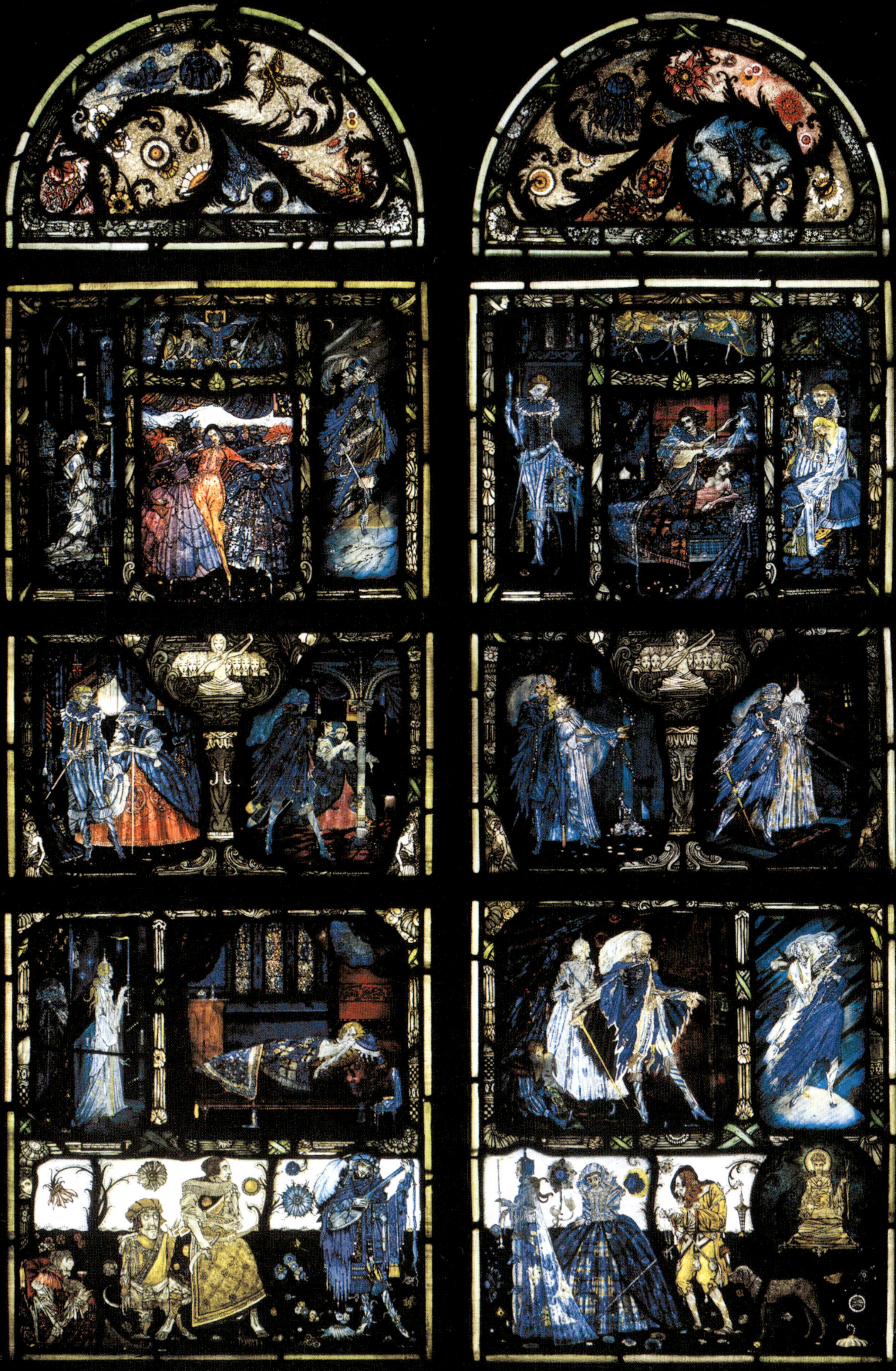

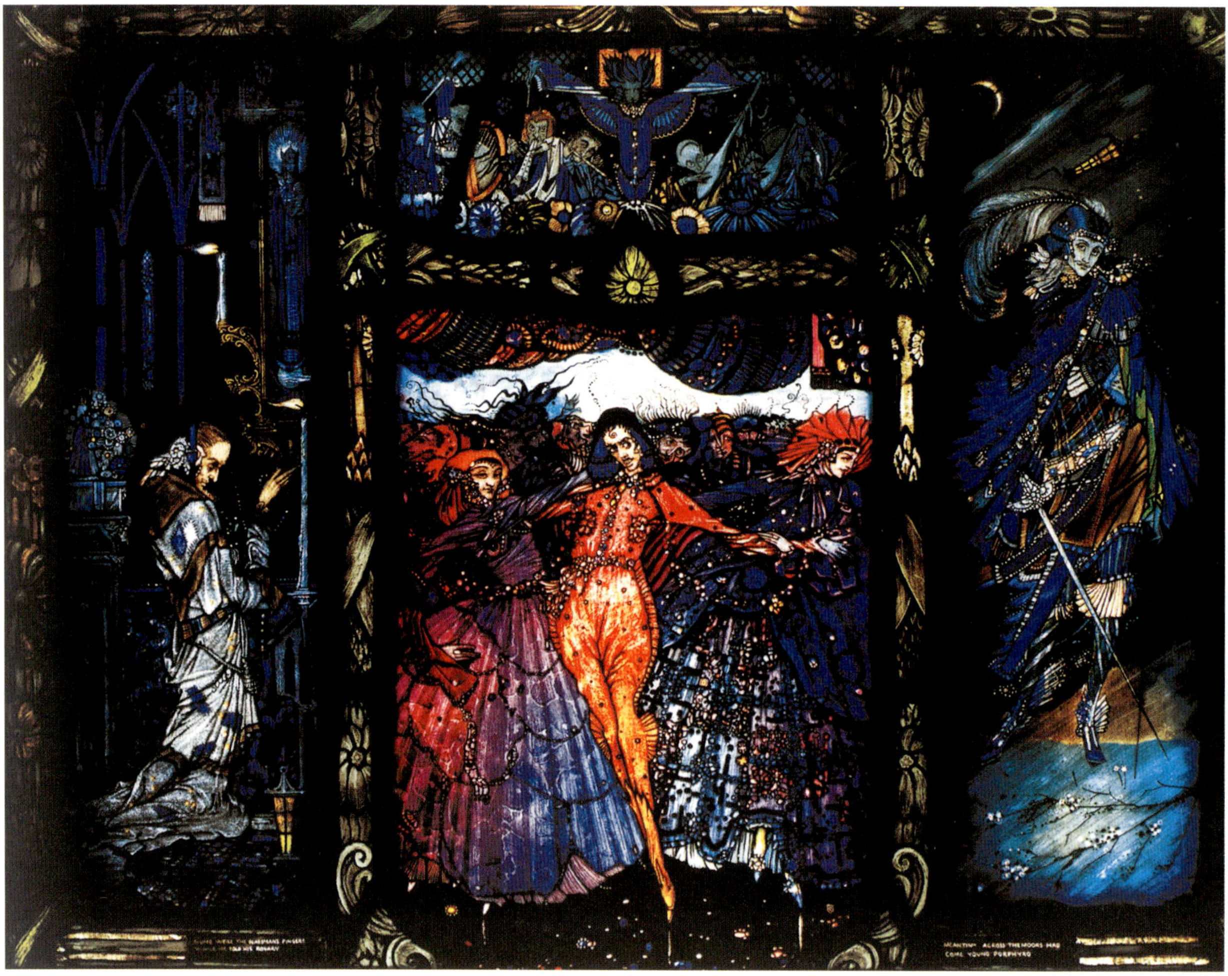

聖アグネス祭の前夜：パネル1～3

Panel 1-3

★★★

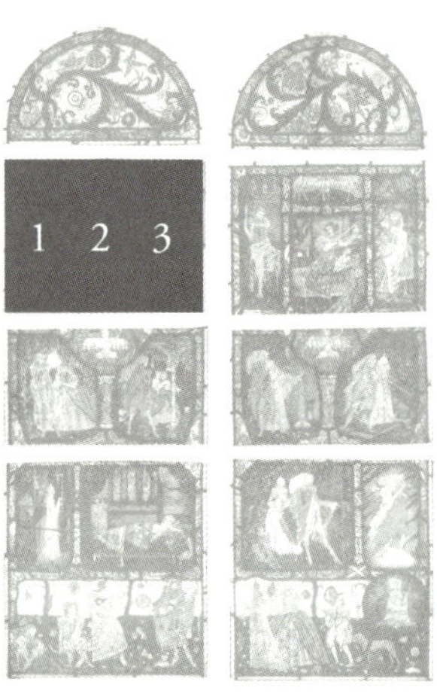

ハリー・クラークは『聖アグネス祭の前夜』を14枚のパネルと2枚の横長のフリーズ(帯状装飾)、2枚のリュネット(半円形装飾板)で構成した。

寺男が城の教会で、数珠を数えながら祈りを捧げている。凍える夜である(左：パネル1)。しかし城の大広間では華やかなパーティがくりひろげられている。貴族や貴婦人のコスチュームは貝殻、魚、海草など海のモチーフがほどこされている(中央：パネル2)。

ポルフィーロが登場する(右：パネル3)。彼は城主から娘マデリーンに近づくな、といわれている。ポルフィーロはギリシア語で紫(パープル)を意味する。彼はその色のガウンをまとっている。

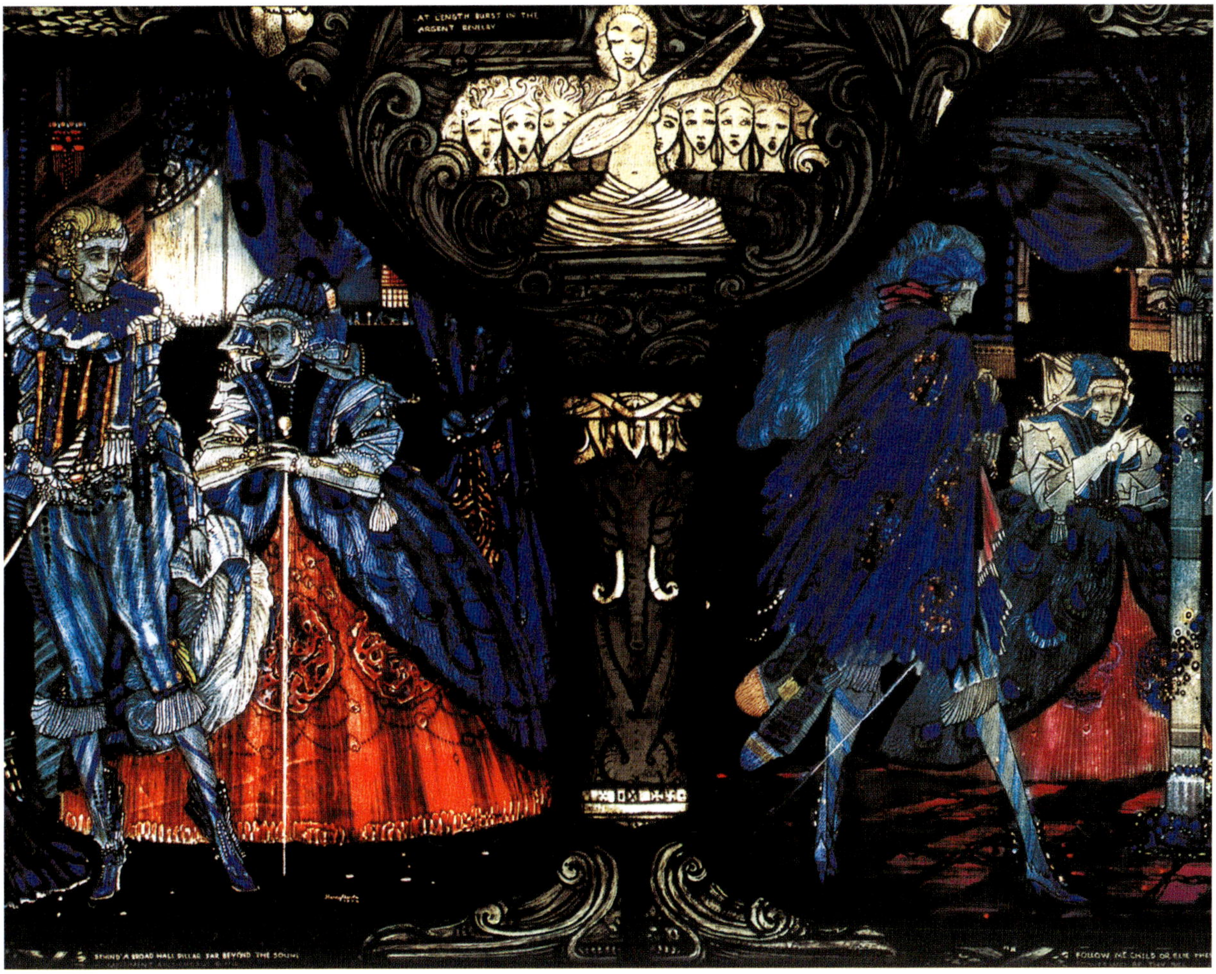

聖アグネス祭の前夜：パネル4～5

Panel 4-5

★★★

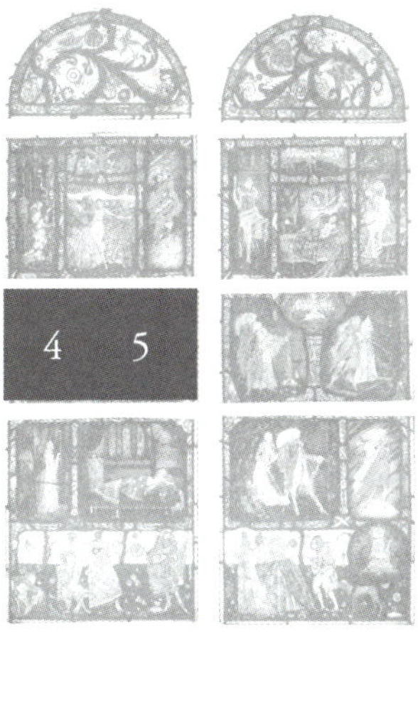

ポルフィーロはマデリーンの侍女アンジェラの手引きで城に忍びこむ（左：パネル4）。アンジェラは回廊を抜けてポルフィーロを案内する（右：パネル5）。もし見つかったら、ポルフィーロは殺されるだろう。扉の向こう側では華やかな宴がつづいている。回廊の柱の飾りが、宝石のようにきらめいている。アンジェラは孔雀の羽根文様のガウンを着ている。海底の宮殿のような暗い青の空間がつづく。

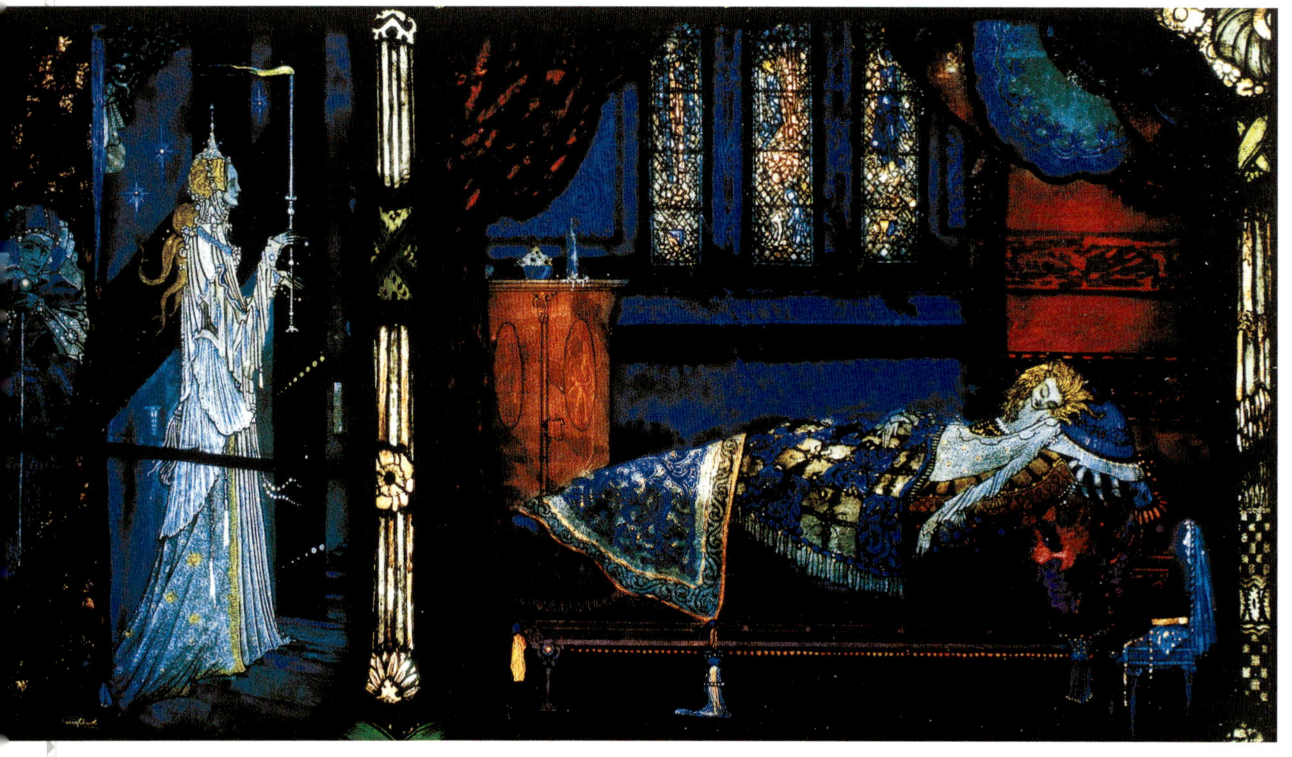

聖アグネス祭の前夜：パネル6～7

Panel 6-7

★★★

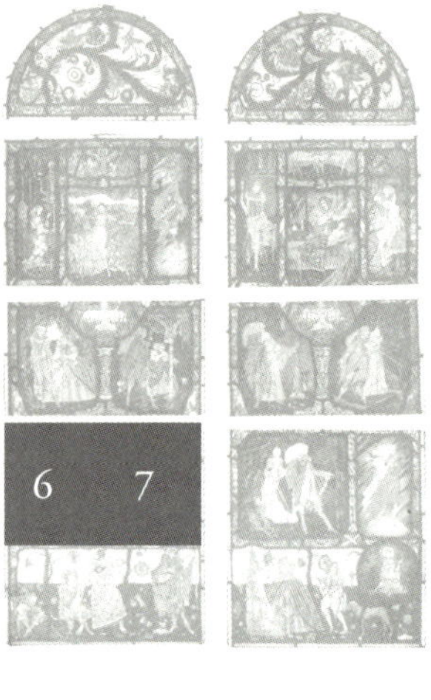

聖アグネスの生まれ変わりのように美しいマデリーンは、ろうそくを手に寝室に入ろうとしている（左：パネル6）。聖アグネス祭の前夜には、若い娘は、断食をして、眠りにつき、未来の夫の夢を見るのだ。彼女の水晶のように光るドレスが美しい。彼女の頭の左に窓があり、そこに星が光っている。左手には侍女のアンジェラがいる。彼女は宝石をちりばめたぜいたくな格好をしている。単なる侍女ではなく、プリンセスを守る魔女なのだろう。

マデリーンの寝室（右：パネル7）。奥に描かれている3面のステンドグラスはハリーがシャルトル大聖堂に影響されたものといわれる。ステンドグラスの中にさらにステンドグラスを描きこむという仕掛けもハリーの特徴である。

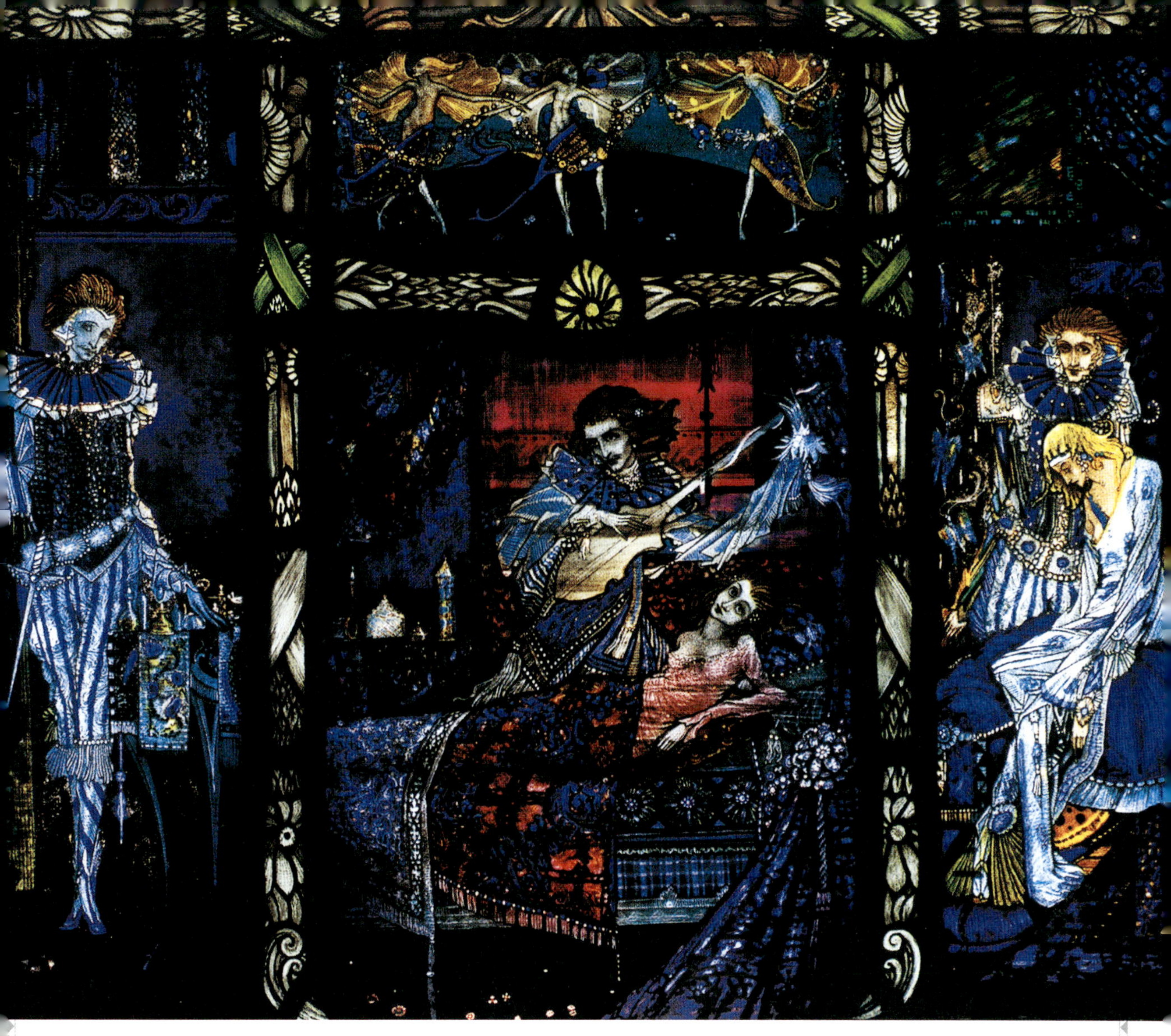

聖アグネス祭の前夜：パネル8～10

Panel 8-10

★★★

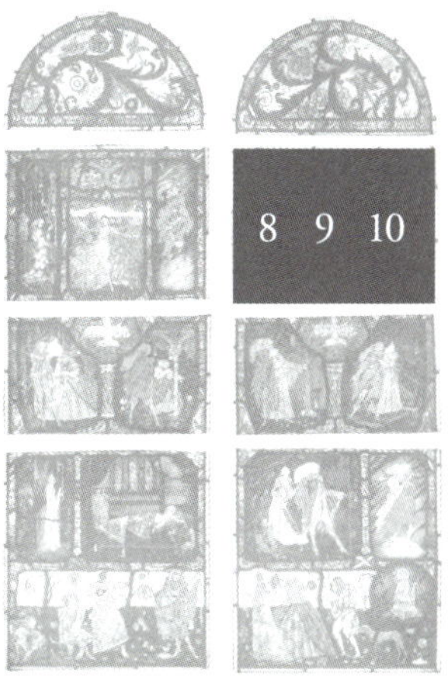

ポルフィーロはマデリーンの寝室に忍びこむ（左：パネル8）。銀器に入れた果物や香料をおみやげに持ってきている。あやしく貝殻細工のように光る彼の衣裳、それを囲む装飾的な柱など七彩螺鈿（らでん）の工芸細工のようだ。

ポルフィーロは眠っているマデリーンを起こそうとする（中央：パネル9）。"眠れる森の美女"のイメージが重ねられている。上部では妖精が踊っている。ハリーがちりばめている細部が楽しい。ポルフィーロはリュートを弾きながら、プロヴァンスの古い民謡「つれなき美女（ベル・ダーム・サン・メルシ）」を歌う。

ポルフィーロは彼女を起こし、逃げよう、と迫る（右：パネル10）。夜明けが迫っている。

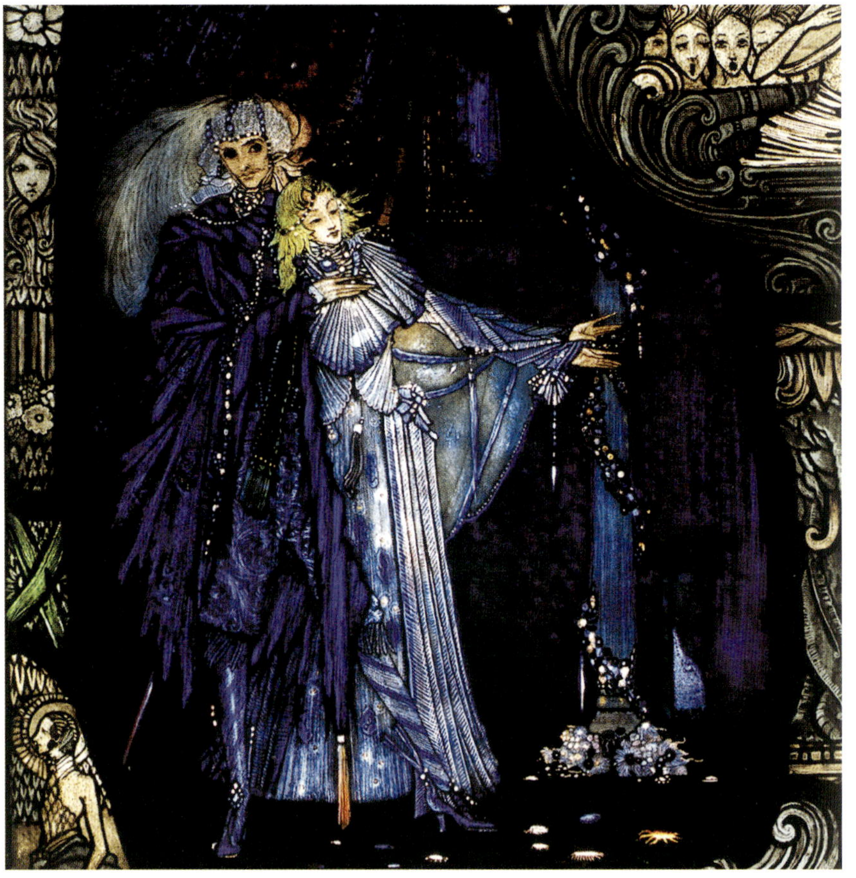

聖アグネス祭の前夜：パネル11～12

Panel 11-12

★★★

ポルフィーロはマデリーンに着替えをさせ、城を逃げ出す(上：パネル11)。暗い広間や回廊の飾り柱が不気味に林立する中を2人は歩いてゆく(下：パネル12)。闇の中にあやしくきらめく2人のドレスの繊細な変化が魅惑的である。キーツは彼らの姿をアラス織りのタペストリーに織り出されたようだ、としているが、ハリーのガラス絵はまるで映画の1シーンのように、今にも動き出しそうである。ガラスを通る光によって、実際に動いていたかもしれない。

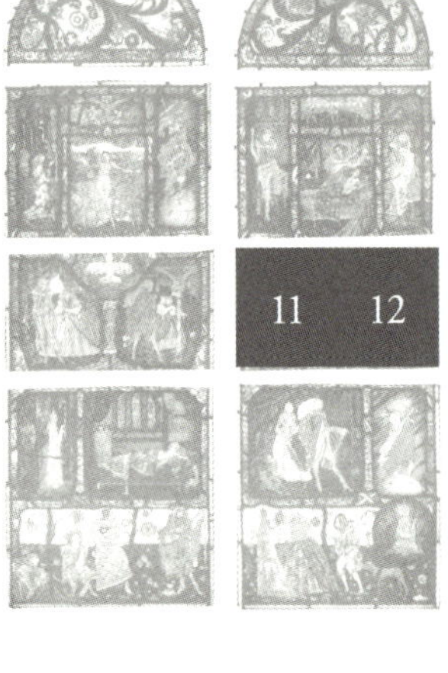

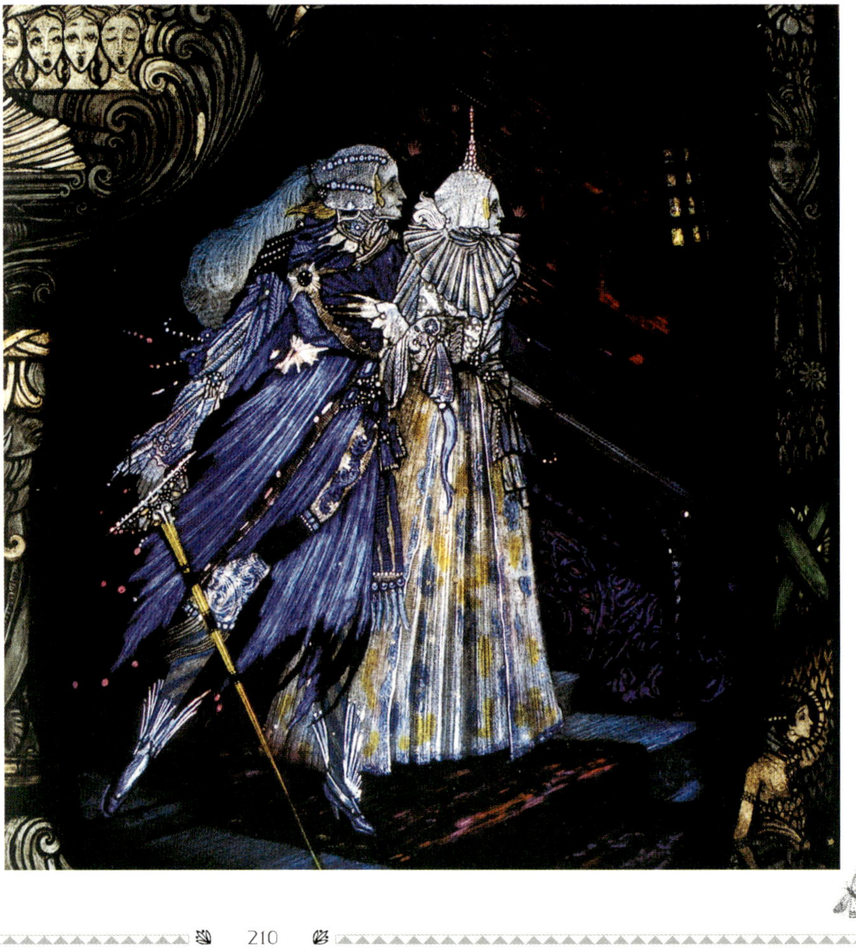

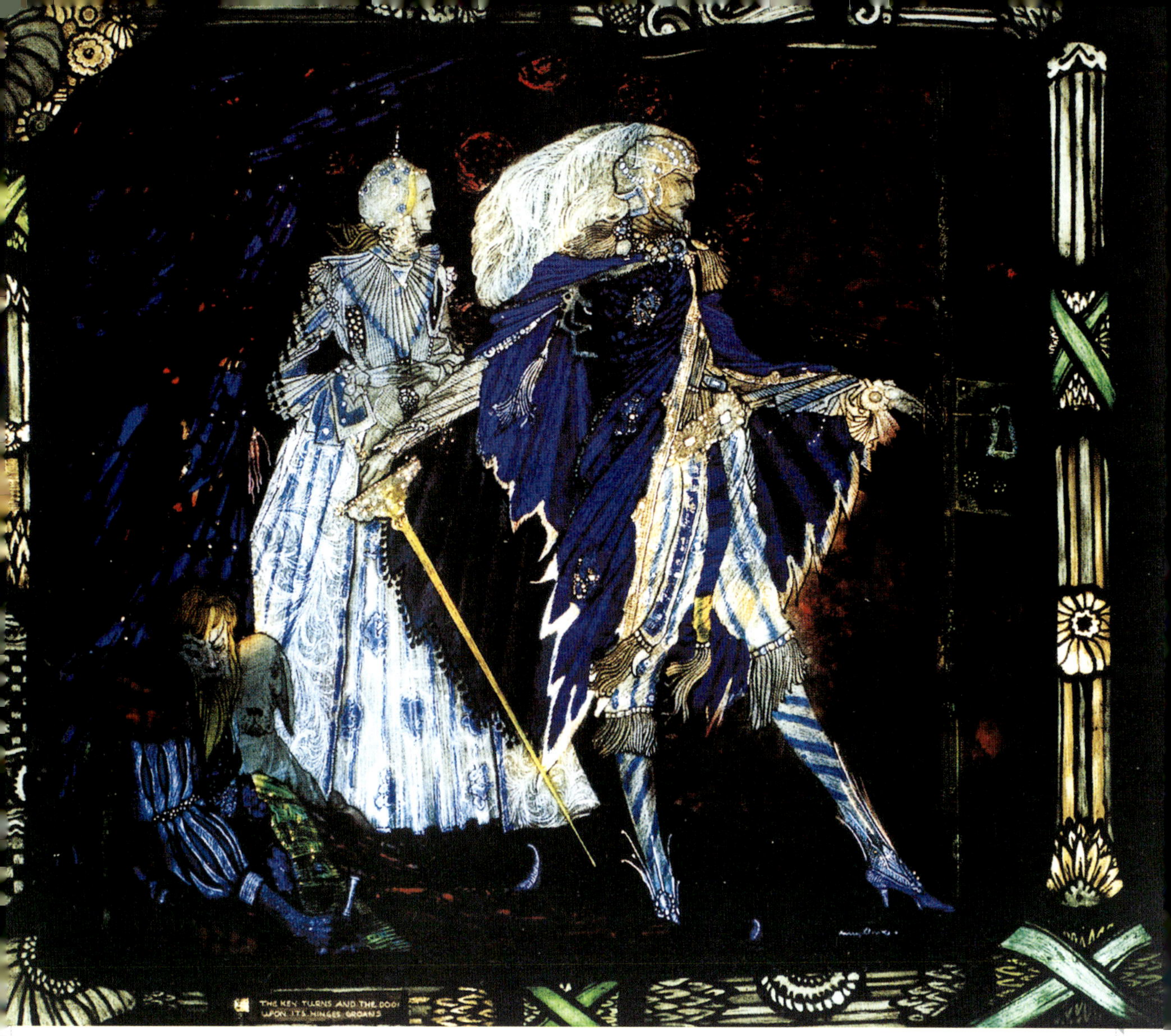

聖アグネス祭の前夜：パネル13

Panel 13

★★★

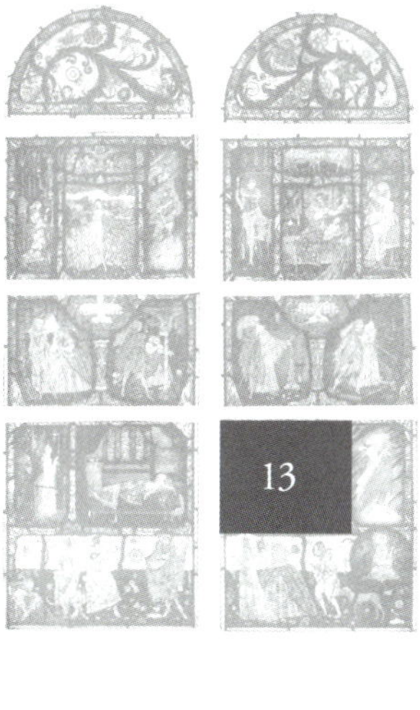

ハリーは動画のコマ絵のように、物語のシーンをダイナミックにたどってゆく。ポルフィーロは城の出口に達し、扉の鍵をあけようとしている。マデリーンは暗い外へ出ていくことにおそれを抱き、手をぎゅっと握りしめている。闇に浮かぶ2人は人間というよりは、亡霊か妖精のようだ。絵のフレームとなっている飾り柱の不思議な文様が面白い。

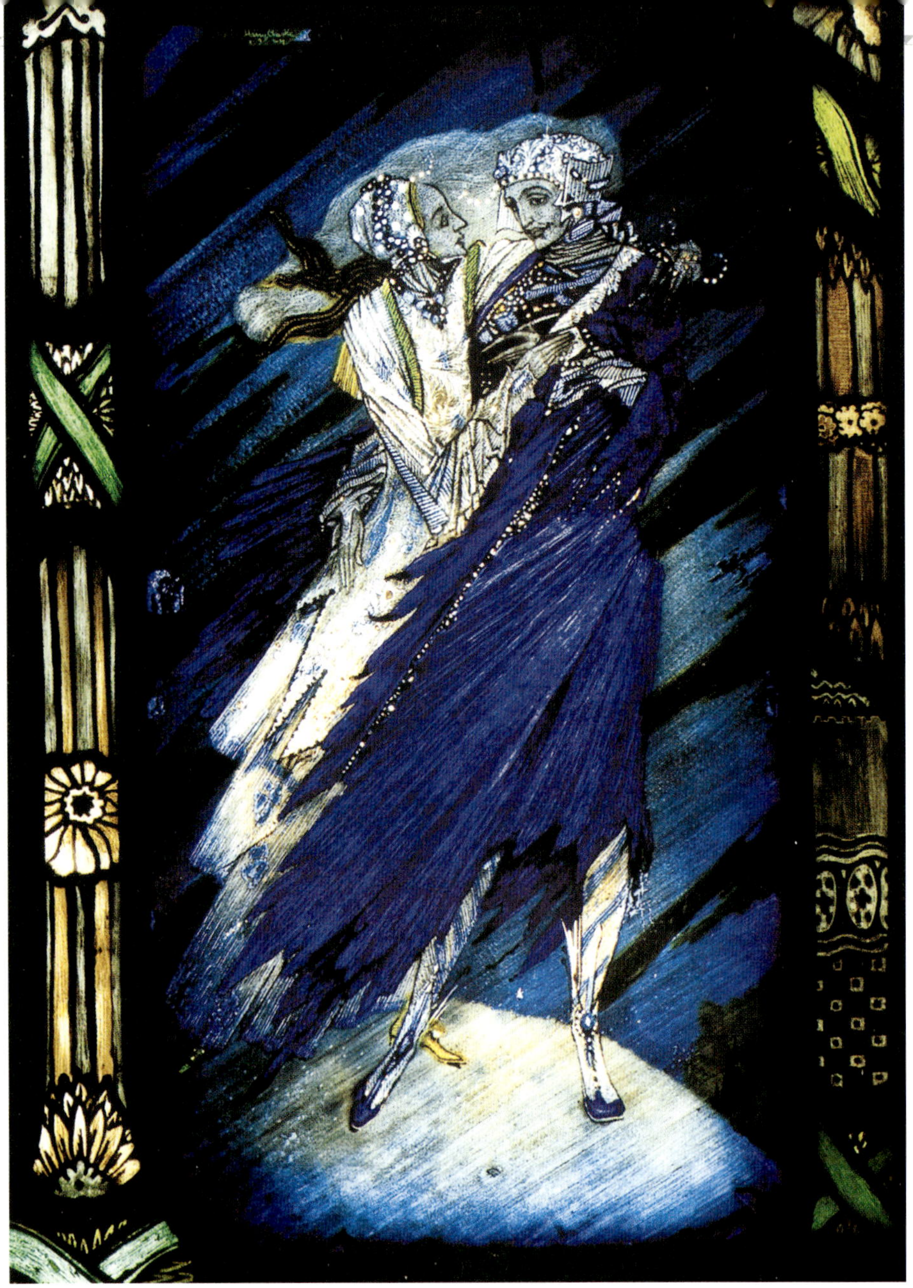

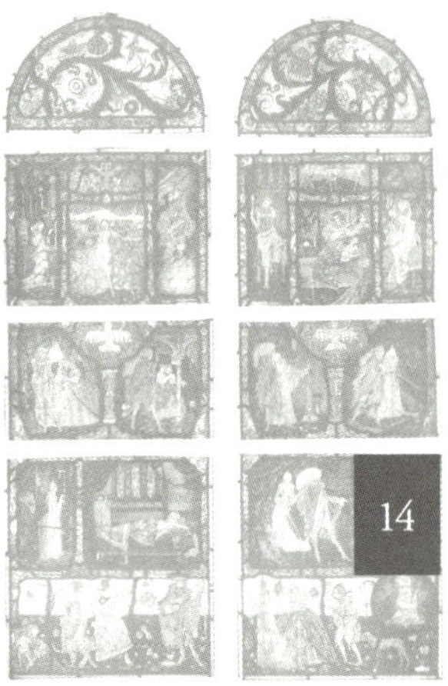

聖アグネス祭の前夜：パネル14

Panel 14

★★★

恋人たちは嵐の夜に出てゆく。斜めに弾かれた雨と風の線がそれを示している。２人はもう安全な城に守られてはいないのだ。ポルフィーロの青いコートは嵐にひらめいている。マデリーンの夢のような少女時代は終わったのだ。これからは世間の風雨に打たれながら生きていかなければならない。彼女はひしとポルフィーロにすがりついている。

こうして、「昔々、恋人たちは嵐に消えた」とキーツはうたっている。

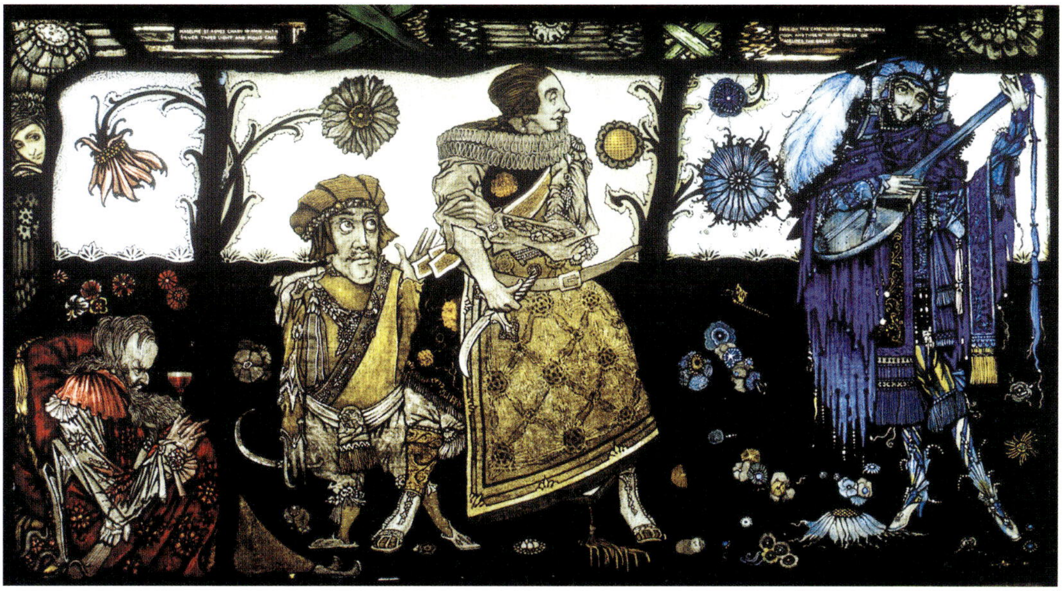

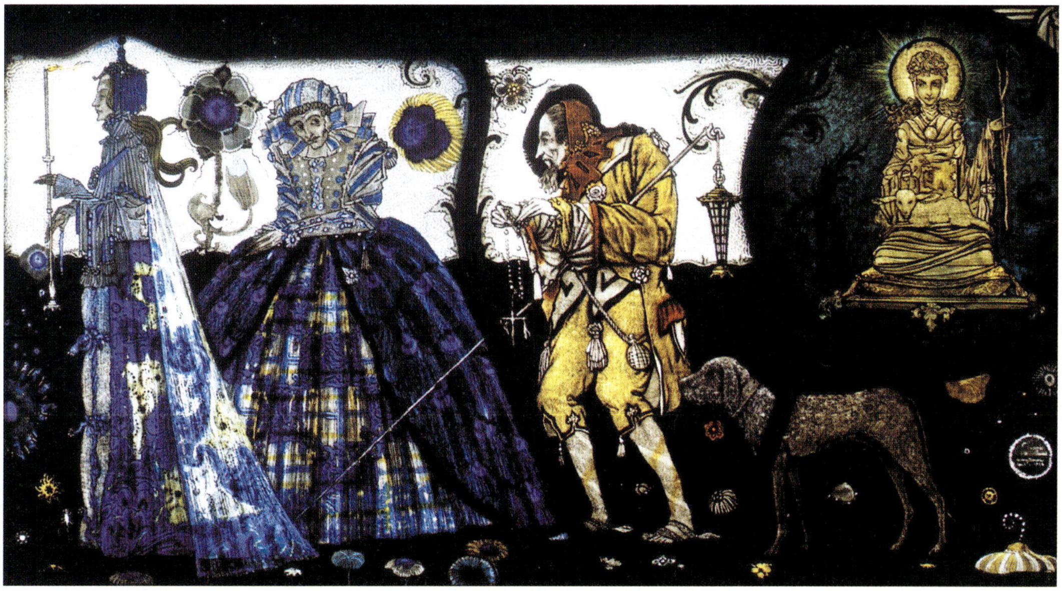

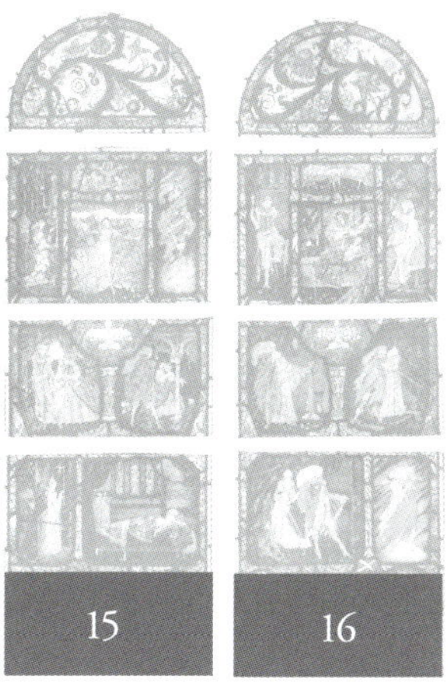

聖アグネス祭の前夜：パネル15 ～ 16

Panel 15-16

★★★

一番下の飾りパネルにはこの詩の登場人物のパレードが描かれる。上のパネル(15)では、左に酔った宴会客、小人の道化ヒルデブラント、城主モーリス卿、そしてリュートを弾くポルフィーロ。下のパネル(16)では、左から、マデリーン、アンジェラ、数珠を数えながら祈る寺男（ビーズマン）、そして番犬。右手には子羊（ラム）を抱いた聖アグネス像。芝居が終わった後、登場人物がそろってあらわれて、あいさつをしているかのようだ。ハリー・クラークはこの詩を一つの劇として見せたかったのだろう。

ジュネーヴの窓

1930年［マイアミ（アメリカ）、ウルフソニアン美術館蔵］

1925年、ハリーはアイルランドの商工省から、スイスのジュネーヴの国際労働裁判所のステンドグラスを依頼され、1927年から制作に入った。体調が悪化していたので、仕事は進まず、1930年にやっと完成された。テーマはアイルランドの現代文学の紹介であった。ハリーはイェイツに協力を求め、テーマを選んだ。ジョージ・バーナード・ショー、ジェイムズ・スティーヴンズ、ショーン・オケーシー、リアム・オフラハーティ、AE（ジョージ・ラッセル）、セイマス・オケリー、ジェイムズ・ジョイス、ジョージ・フィッツモーリス、パドレイク・コラム、レノックス・ロビンソン、W・B・イェイツ、セイマス・オサリヴァン、J・M・シング、グレゴリー夫人、パトリック・ピアースが選ばれた。ケルト・ルネサンスとアベイ劇場に参加した人々であった。ハリーはそれぞれの作家の作品からイメージを引き出した。しかし、そのヌード表現などがアイルランド政府に受け入れられなかった。そして1931年、ハリーは急死した。「ジュネーヴの窓」はお蔵入りし、やがて遺族のところに返された。そして1988年、アメリカのウルフソニアン美術館に売却された。アイルランドはハリー・クラークの傑作を手放してしまった。

The Geneva Window, The Wolfsonian Art Museum, Miami

In 1925, Clarke was asked to design a stained glass window for the International Labour Court in Geneva. This window aimed to introduce modern Irish writers. W.B.Yeats helped Clarke select the writers to be depicted in the piece, including George William Russell, James Joyce, and J.M.Synge. Harry created matching images for each writer, but the Irish government rejected scenes with nudity, and Clarke passed away in 1931 without seeing its installment. Later, the window was sold by Clarke's family to the Wolfsonian at the University of Florida.

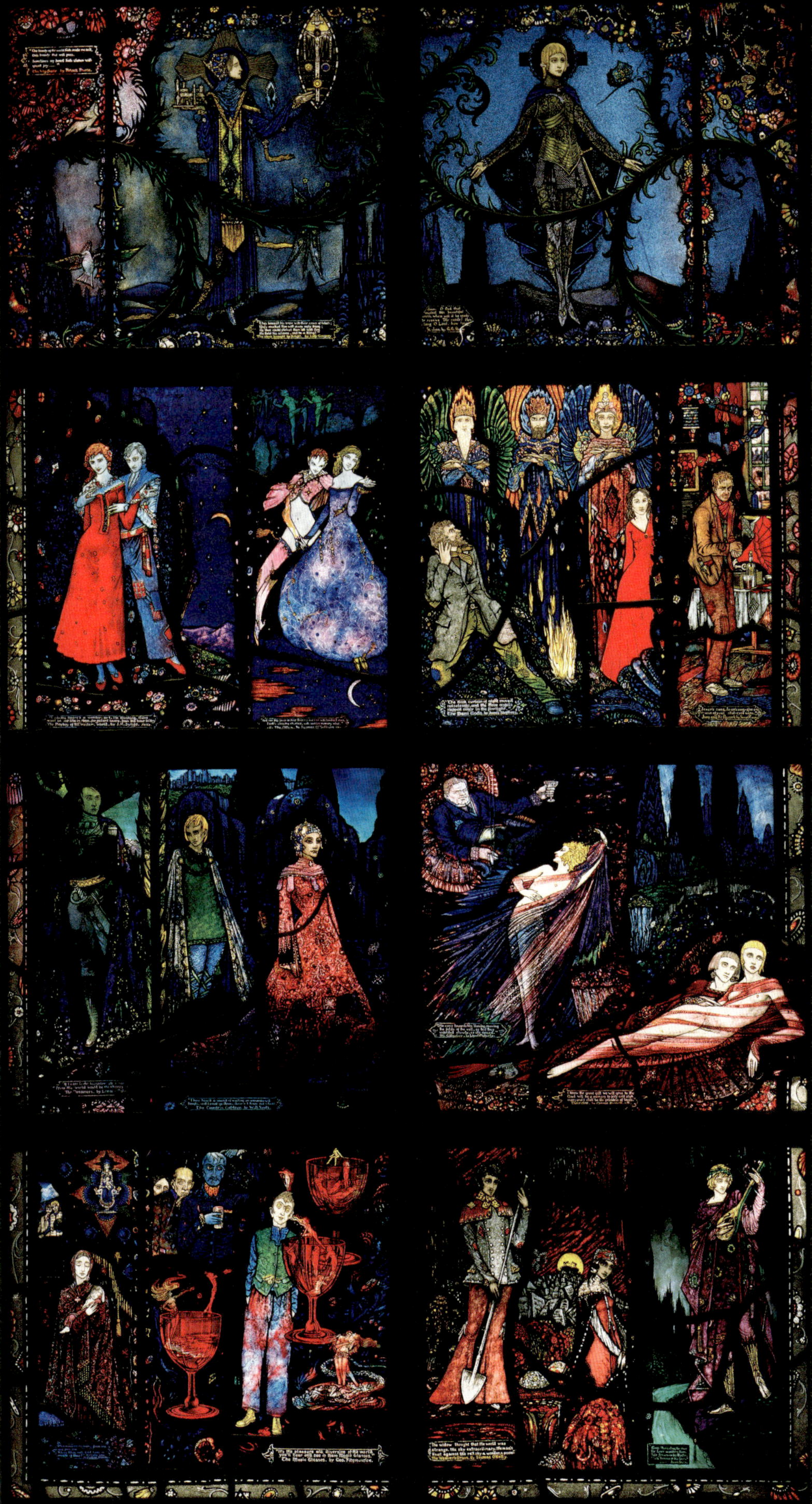

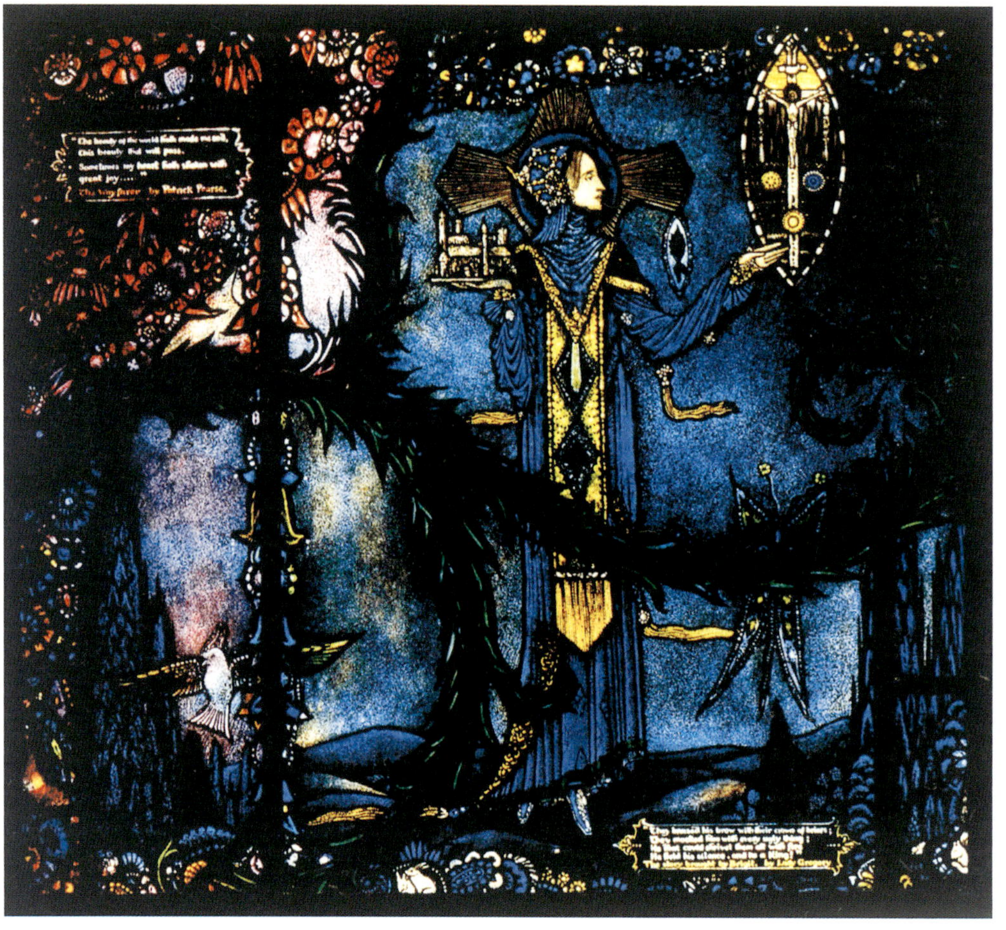

［パネル1］

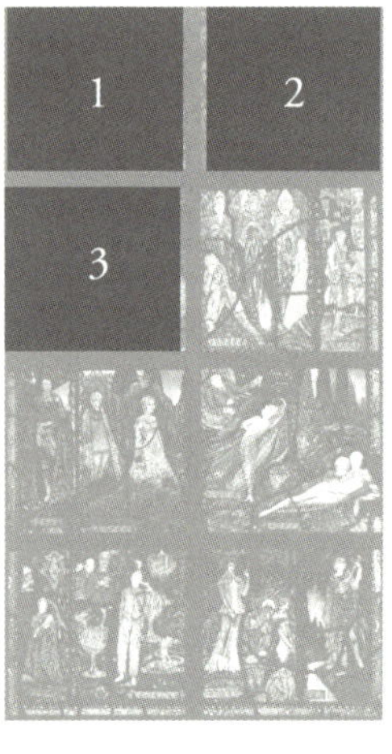

ジュネーヴの窓：パネル1～3

Panel 1-3

★★★

パネル1はピアースとグレゴリー夫人（レディ・グレゴリー）をとりあげている。中央の女性はグレゴリー夫人の『聖ブリジット』を示している。

パネル2はジョージ・バーナード・ショーの『聖女ジョーン』（ジャンヌ・ダルク）を示している。甲冑を着た少女である。

パネル3の左手は、J・M・シングの『西国の人気者』のシーンである。アイルランド演劇の大ヒットとなった。右手はオサリヴァンの詩で裸の妖精の表現が政府の規制にひっかかった。

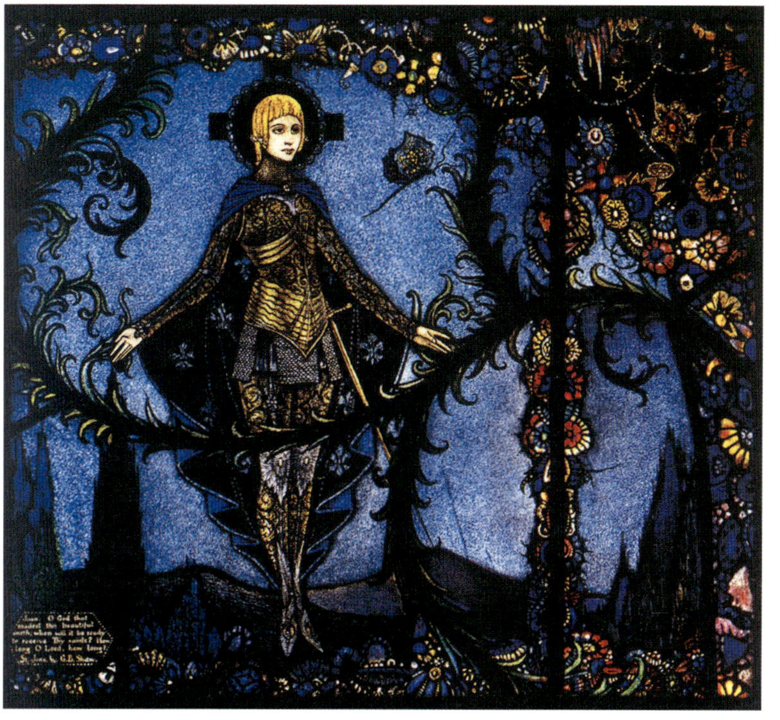

［パネル2］

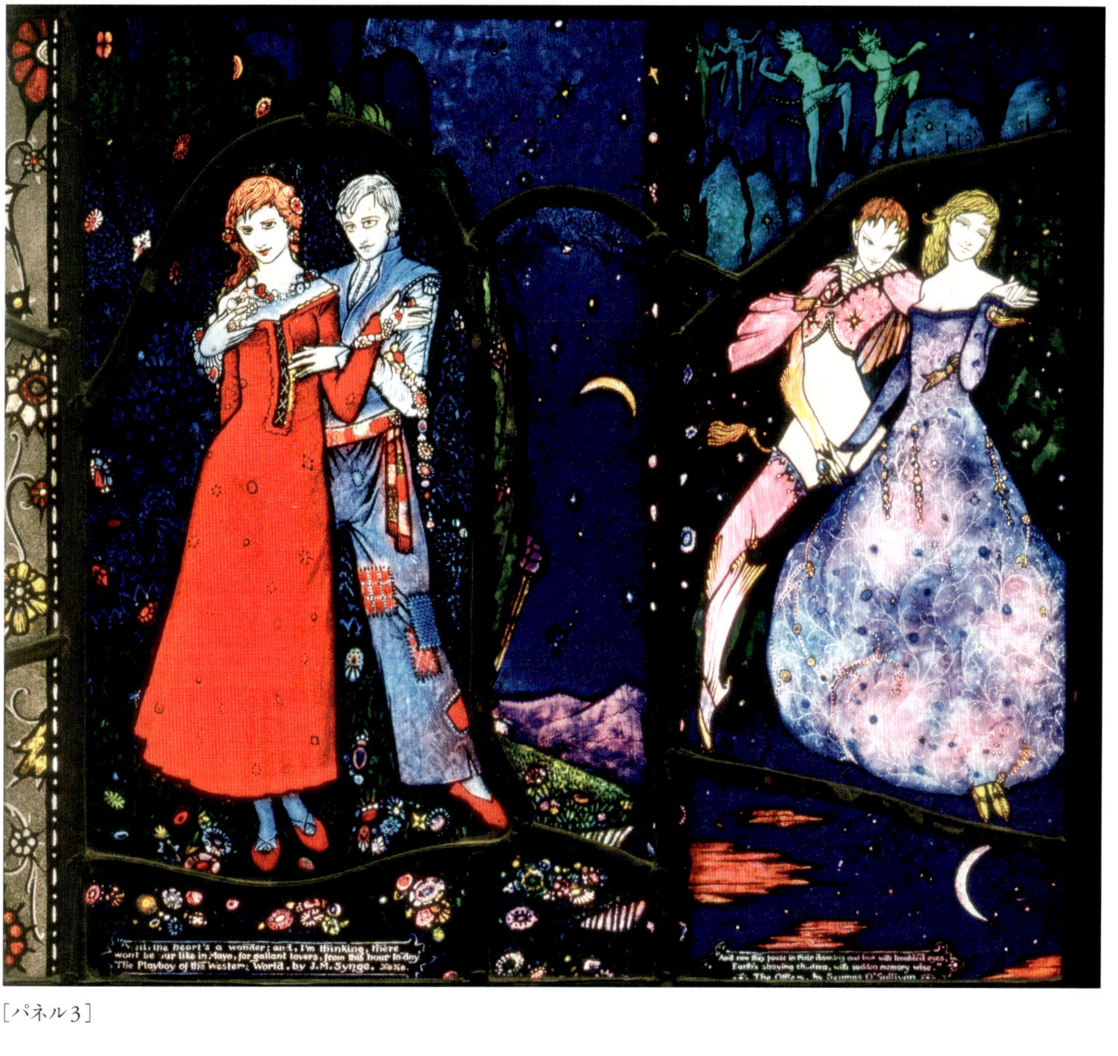
The Playboy of the Western World. by J.M. Synge.
"And now they pause in their dancing and look with troubled eyes,

［パネル3］

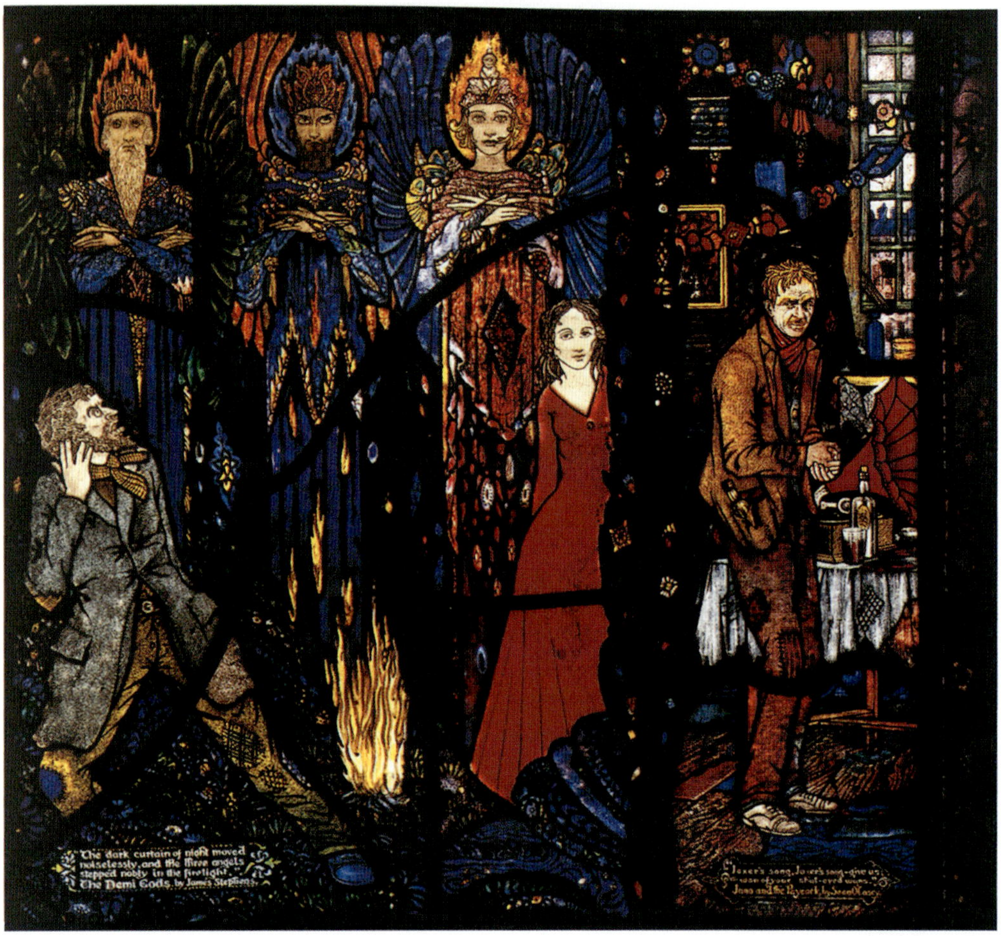

［パネル4］

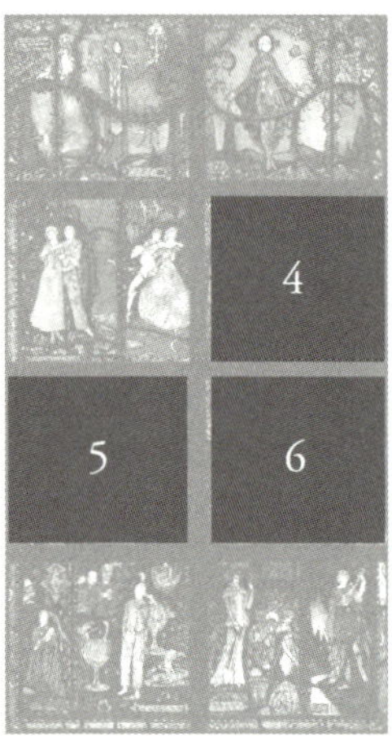

ジュネーヴの窓：パネル4～6

Panel 4–6

★★★

パネル4はジェイムズ・スティーヴンズ（左手）とショーン・オケーシーをあつかっている。

パネル5は劇作家レノックス・ロビンソン（左手）とW・B・イェイツの『キャサリン伯爵夫人』をあつかっている。当時の人々によく知られた芝居の1シーンが描かれている。

パネル6はオフラハーティ（左上）とAE（ジョージ・ラッセル）をあつかっている。オフラハーティの『ギルフーリー氏』では裸のダンサー、AEの『デアドレ』では裸の恋人が描かれ、エロティックな表現がアイルランド政府に拒否された。

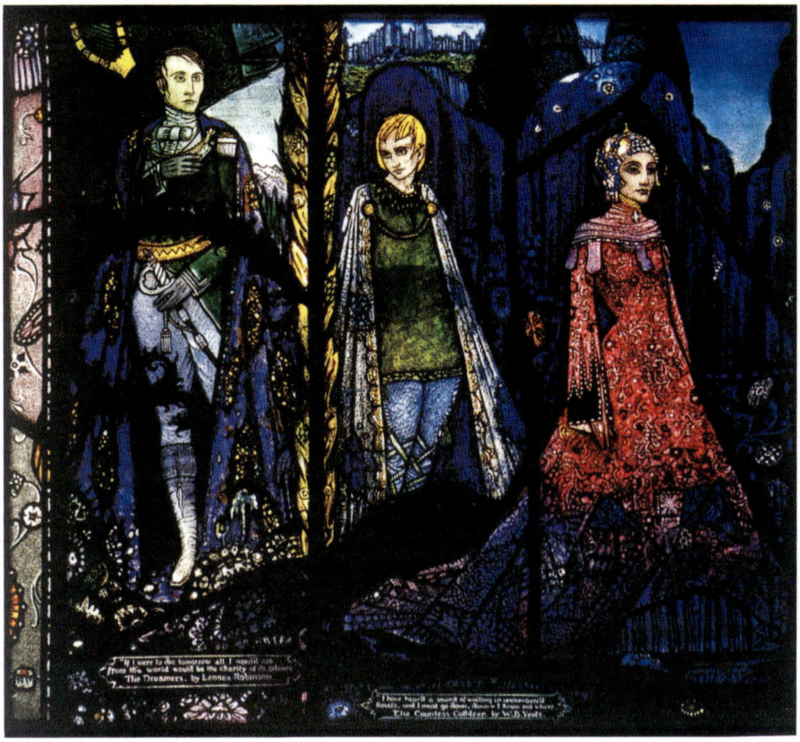
The Dreamers, by Lennox Robinson
The Countess Cathleen, by W.B.Yeats

［パネル5］

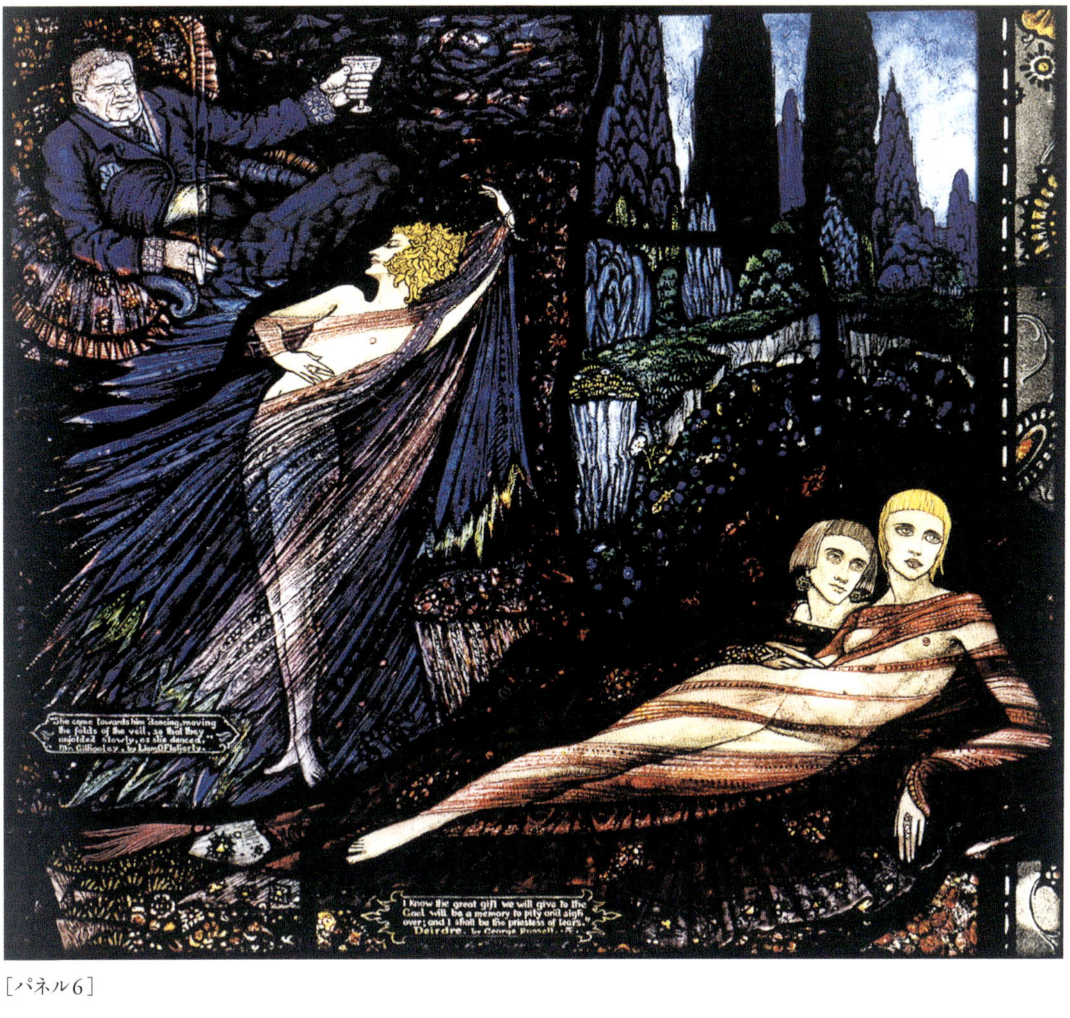
"She came towards him dancing, moving the folds of the veil, so that they unfolded slowly, as she danced."
Mr. Gilhooley, by Liam O'Flaherty.
I know the great gift we will give to the Gael will be a memory to pity and sigh over; and I shall be the priestess of tears."
Deirdre, by George Russell. Æ.

［パネル6］

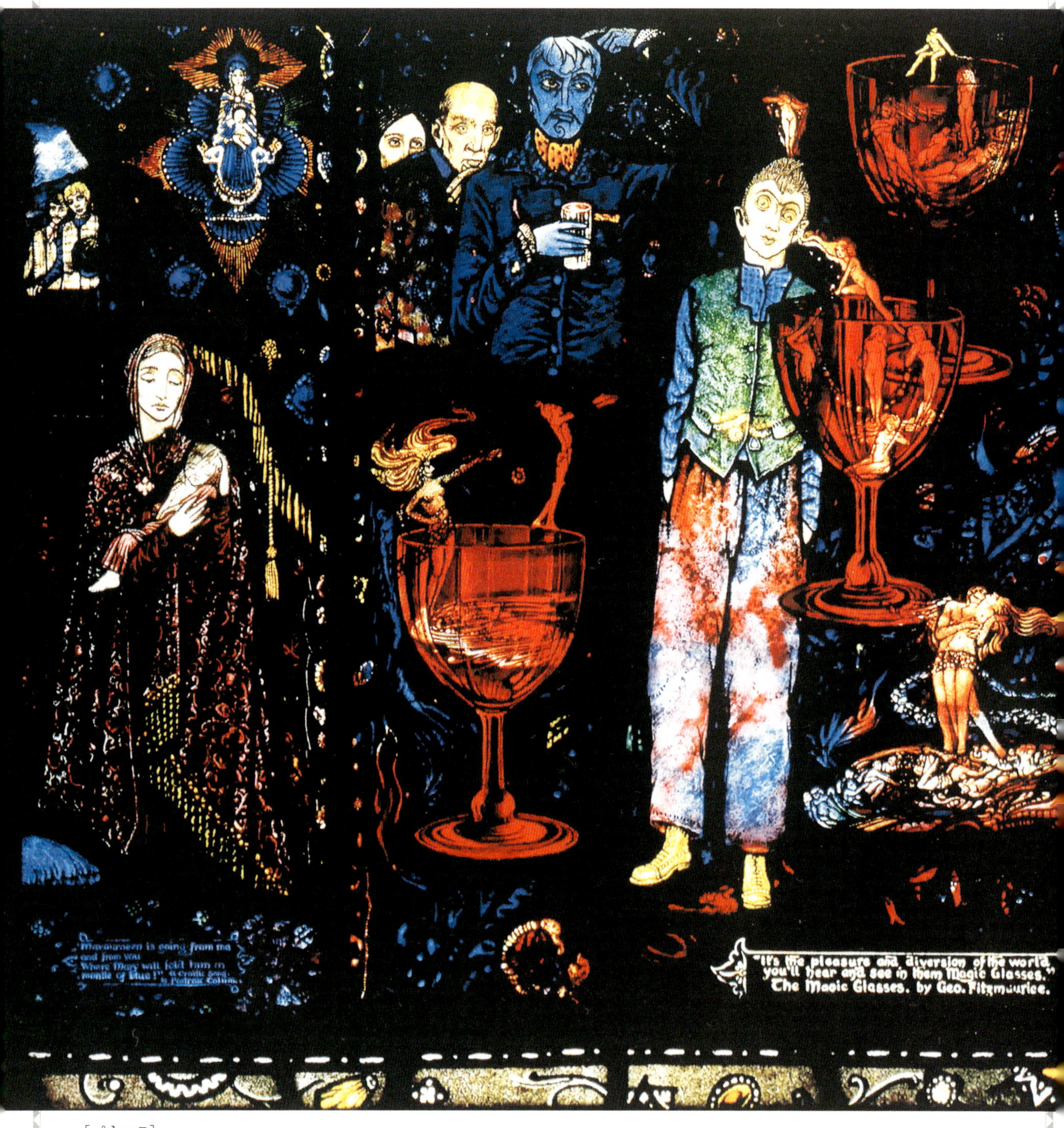
"Mavourneen is going from me
and from you
Where Mary will fold him in
mantle of blue!" A Cradle Song.
by Padraic Colum.
"It's the pleasure and diversion of the world,
you'll hear and see in them Magic Glasses."
The Magic Glasses. by Geo. Fitzmaurice.

［パネル7］

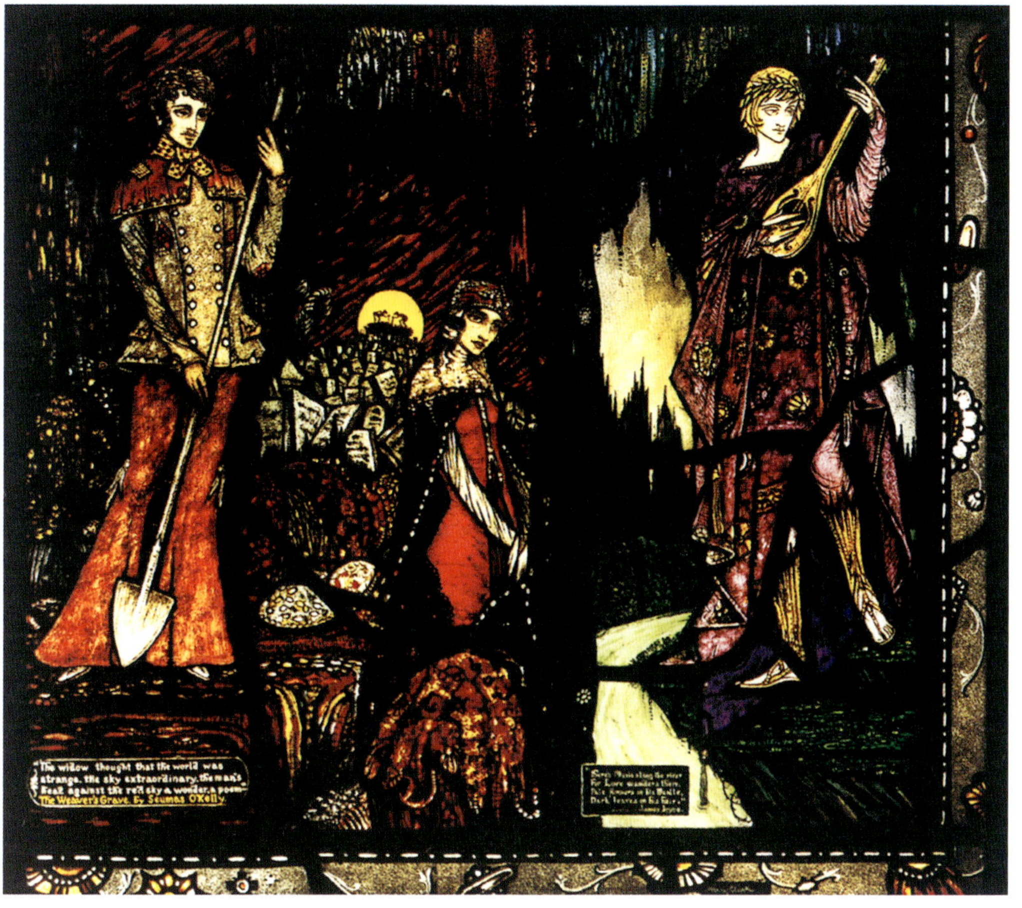

［パネル8］

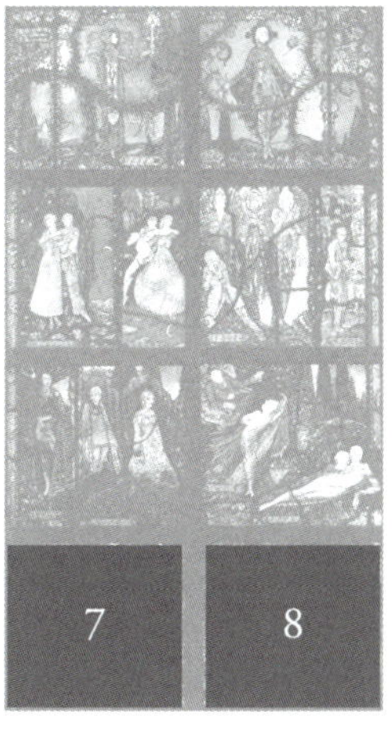

ジュネーヴの窓：パネル7～8

Panel 7-8

★★★

パネル7はパドレイク・コラム（左）と、ジョージ・フィッツモーリス（右）をあつかう。フィッツモーリスの『魔法のグラス』は9つの魔法のグラスを手に入れた男の話である。赤い大きなグラスが画面に並んでいる。アラビアン・ナイトのアラジンの魔法のランプのように、どのグラスもさまざまな欲望を満たしてくれる。美女や富がそこからあらわれる。中央に主人公、その左の青い顔の男は魔術師、その左は主人公の両親である。

パネル8は、オケリー（左）とジェイムズ・ジョイス（右）である。オケリーの『織物職人の妻』は夫を墓に葬っている美しい妻、ジョイスの『室内楽』ではマンドリンを弾く若者が描かれている。

女王たち

1917年［個人蔵］

1917年、ハリー・クラークのパトロンであったローレンス・ウォルドロンの私邸の図書室のために制作されたステンドグラスである。ダブリン州のキリニーの海辺にあり、“マリーノ”荘と呼ばれていた。テーマはJ・M・シングが1909年に出した詩集『女王たち』によっている。

この作品は1926年に海外に売られ、長いこと埋もれていた。1997年にクリスティの競売に出て、ヨーロッパのコレクターの所有となった。

ハリーの最高の理解者でパトロンであったウォルドロンの私的な部屋を飾るものであったから、教会や公共機関のさまざまな規制を気にせずに、彼はデザインをすることができた。彼の特徴である物語性がのびのびと展開され、ステンドグラスと挿絵の境界も自由に越えられている。イタリア・ルネサンスの明るい光が流れこんでいるのも特色となっている。

Queens, Private Collection

This piece was created for Clarke's patron, Laurence Waldron, to adorn the library of his home. The motif is J. M. Synge's 1909 collection of poems, "Queens." As Waldron was a patron and a longtime friend who most appreciated Clarke's art and this piece was for his personal use, Clarke was free to design as he pleased without worrying about any religious or public restrictions. The brightness, representative of the Italian Renaissance, is characteristic of this piece.

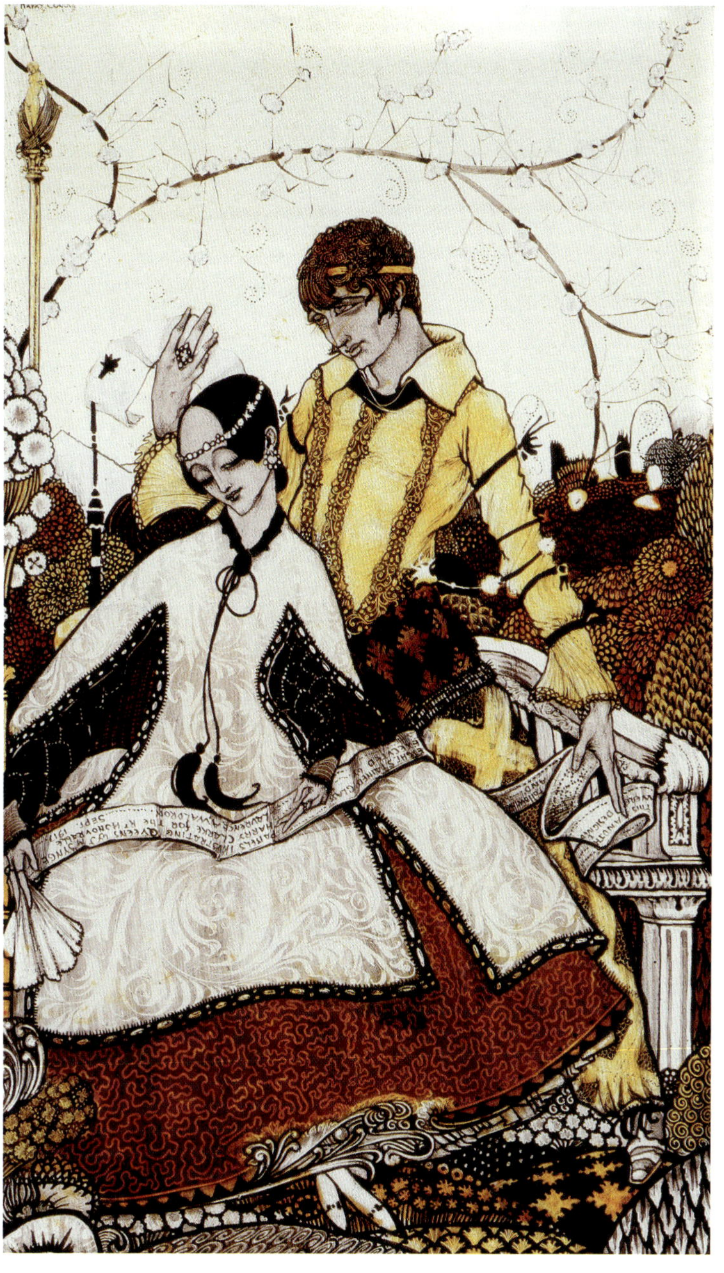

女王たち：パネル1

Panel 1

★★★

『女王たち』では伝説や歴史のさまざまな美女がとりあげられる。このような美女シリーズのヒントとなったのは、日本の浮世絵の美人絵、美女番付などではなかったろうか。少なくともハリー・クラークは歌麿などの美人絵を意識していたろう。女王たちの豪華な衣裳、その細かな文様などに浮世絵のスタイルが感じられる。

パネル1では、詩人とその恋人が庭に坐っている。頭上の木の枝や花は、桜のようにも見え、日本の植物画に似ている。

詩人と恋人の衣服の文様は豪華なルネサンスやバロックの絹織物を思わせる。2人はどの女性をとりあげるか、1週間もかけて、あれこれリストアップしてきたようである。そのような女性の品定め、番付づくりをするというのも、遊びと学問とが分ちがたい、イタリア・ルネサンスの風流なゲームであり、ウォルドロンの趣味がつまった図書室の飾りにふさわしい。

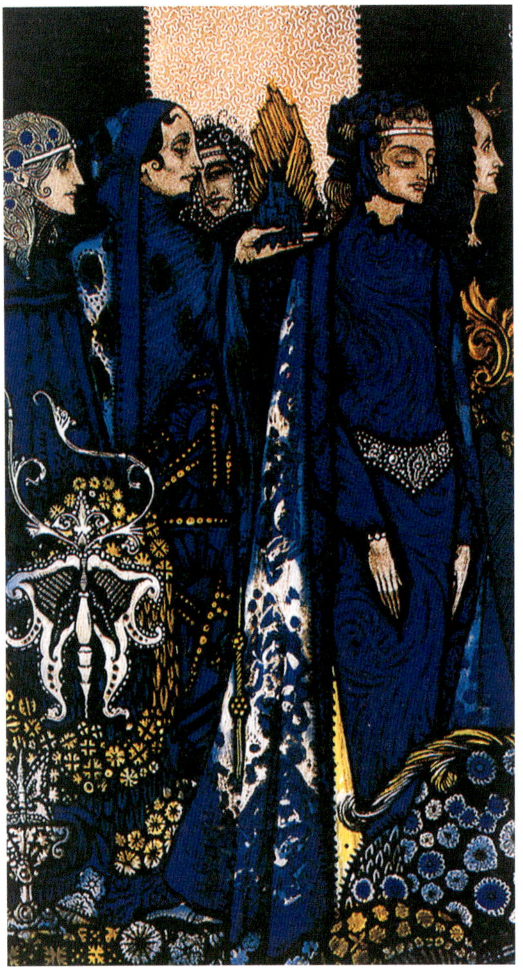

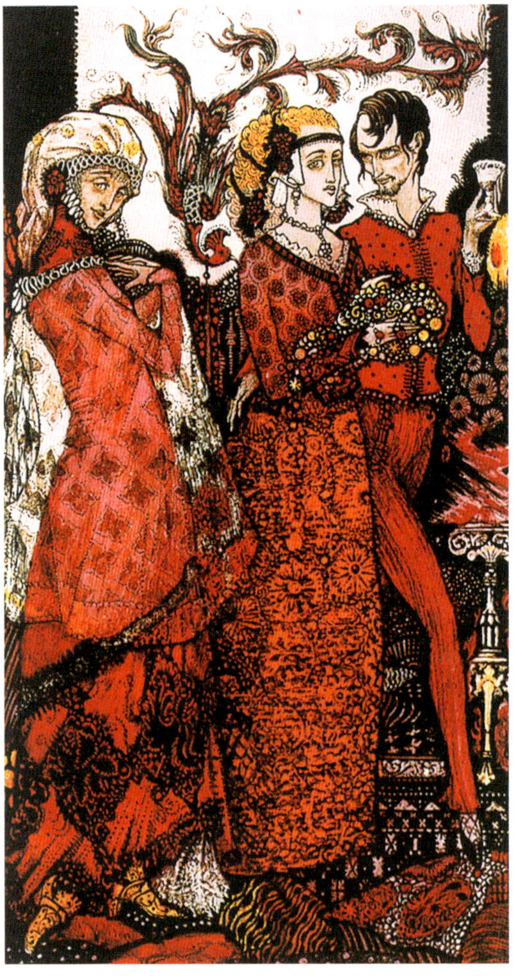

女王たち：パネル2～3

Panel 2-3

★★★

パネル2(左)には5人の女王が描かれている。左はディアドラである。アイルランドのアルスター神話に出てくる美女で、嫌いな男に迫られて、自ら死を選んだ。

次は妖精の女王エーディン、3番目がトロイのヘレネー。4番目はメイヴ、アイルランドのコナハトの女王。右端はファンド、アイルランドの海の女神である。下方には、グロテスクな文様がちりばめられ、ケルトの伝説世界の雰囲気を漂わせている。

パネル3(右)はルビー色のコスチュームで彩られている。ここにはフランス詩にあらわれる2人の女が描かれる。左はフランソワ・ヴィヨンの『遺言書』の中の「在りし日の貴婦人のバラード」に出てくる大足のベルトである。中央はロンサールの「カッサンドラへのオード」に出てくるカッサンドラである。彼女はバラの花びらを集め、それがすぐにしおれるのを見て、美しさのはかなさを知ったという。右手の男は、美女たちを皮肉げに見ている。

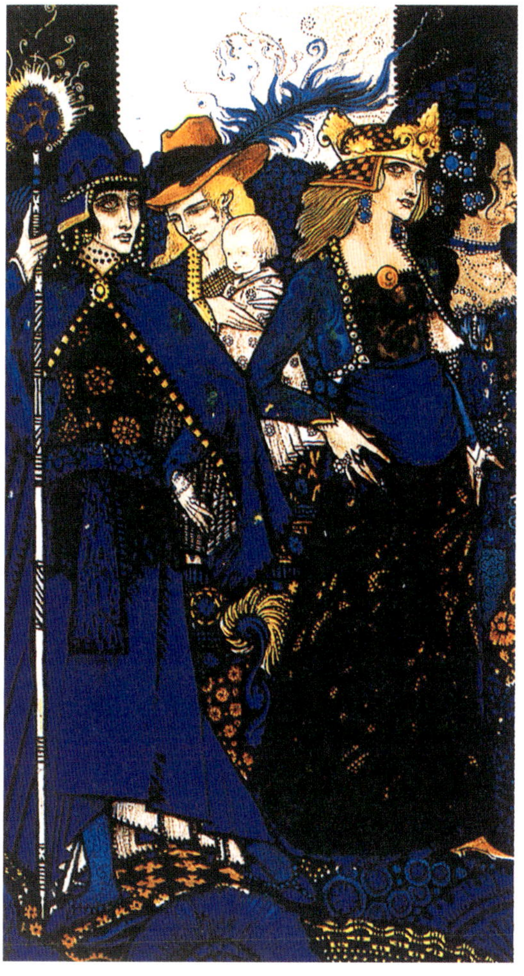

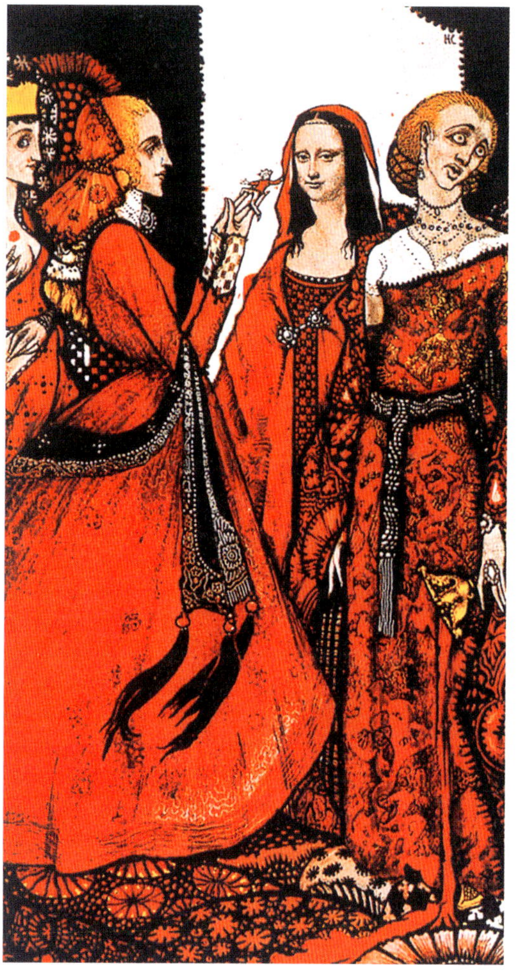

女王たち：パネル4～5

Panel 4-5

★★★

パネル4(左)には、4人の女性が描かれている。左が旧約聖書にも出てくるシバの女王である。ひまわりの花のような旗印を持っている。右の3人はアイルランドの地方の女王と思われる。シバの女王の右側で、金髪で、羽根飾りのついた帽子をかぶり、子どもを抱いているのはアイルランドの聖地といわれるミースの女王であるらしい。その右の、王冠をかぶった女性はこのパネルの主役のように目立っている。彼女はコナハトの女王である。彼女のブローチにはCの字が刻まれている。ラピスラズリのイヤリングもすてきで、若々しく美しい。右端の女性は、クワフドの女王とされているが、よくわからない。かなり年寄りで、厳しい表情をしている。右の3人は、娘、母親、老女という女性の3世代を示しているのかもしれない。するとシバの女王は、それらの人間的な年齢を超越した超自然的な存在ということだろうか。

パネル5(右)あたりから、女性は具体的な歴史上、または伝説上の女性というよりは、比喩的な、観念的な女性像といったものとなる。パネル5は、かつて男たちを魅惑した美女はいずこ、といったメランコリックで、諷刺的な気分を漂わせる。このパネルはパネル3と同じ、燃えるようなルビー色で描かれている。左端の女性は胸に赤い斑点をつけている。その右の女性は手に指人形を持って隣の女性に見せている。その女性はモナリザそっくりである。右端の女性は、奇妙なおどろきと恐怖の表情を見せている。どうやら飲み干した杯に毒が入っていたらしい。謎、いたずら、毒殺といったルネサンスの悲喜劇が女たちを巻きこんでいる。

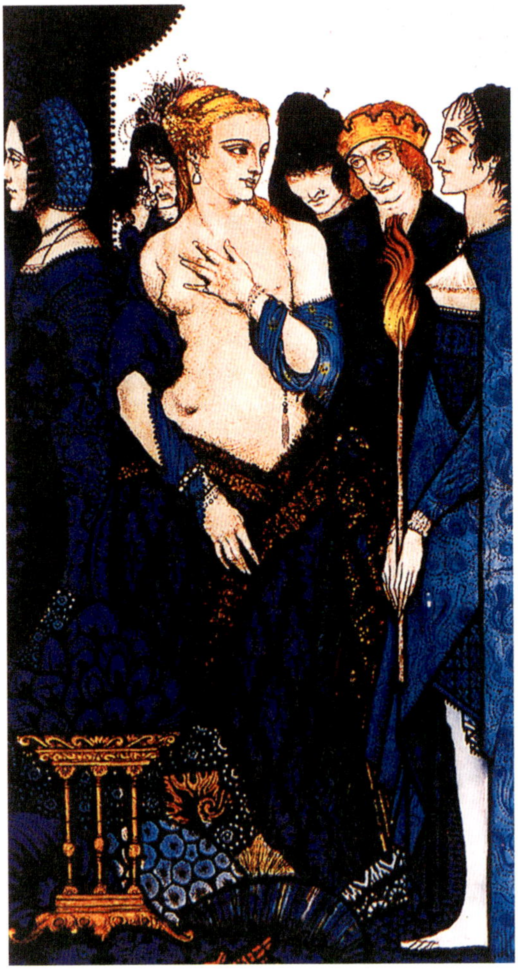

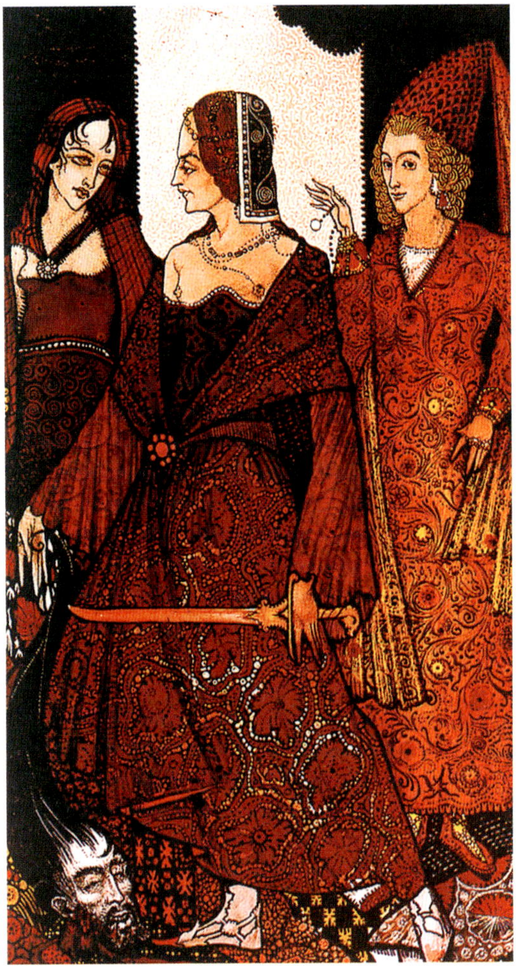

女王たち：パネル6～7

Panel 6-7

★★★

パネル6(左)もルネサンス名画のパロディである。左端で横顔を見せるのはルクレツィア・クリヴェリである。その右の裸婦はティツィアーノの「鏡のヴィーナス」をもとにしている。彼女は右端の黒髪の女性を見つめている。その燃える枝を持って立つ女性はユダヤのジェールであるという。肉体と精神の葛藤が示されている。

パネル7(右)は、中央のユディトを主役としている。身を捨てて敵将ホロフェルネスの首をとり、国を救ったという猛女である。胸を露出し、剣を手にしている。足下にホロフェルネスの首がころがっている。左の女性はグランナ、右はグロリアーナとされている。

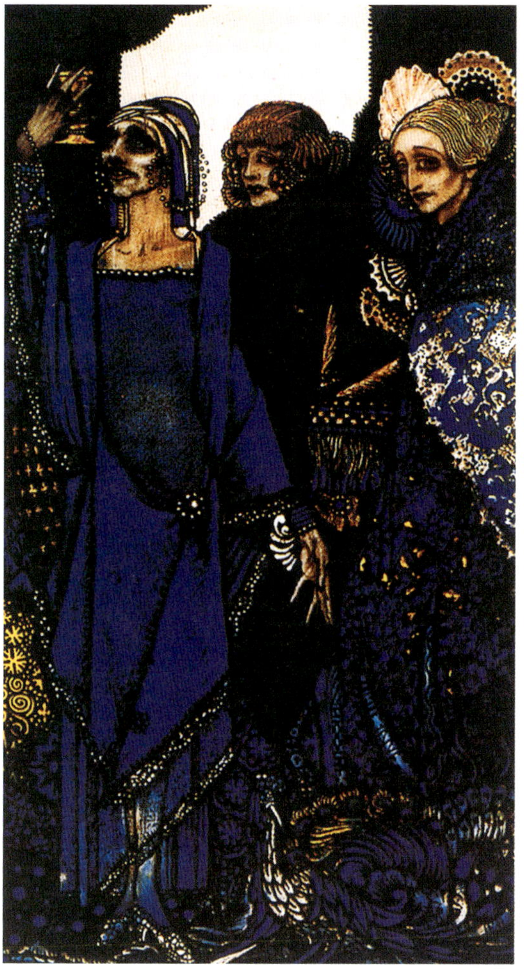

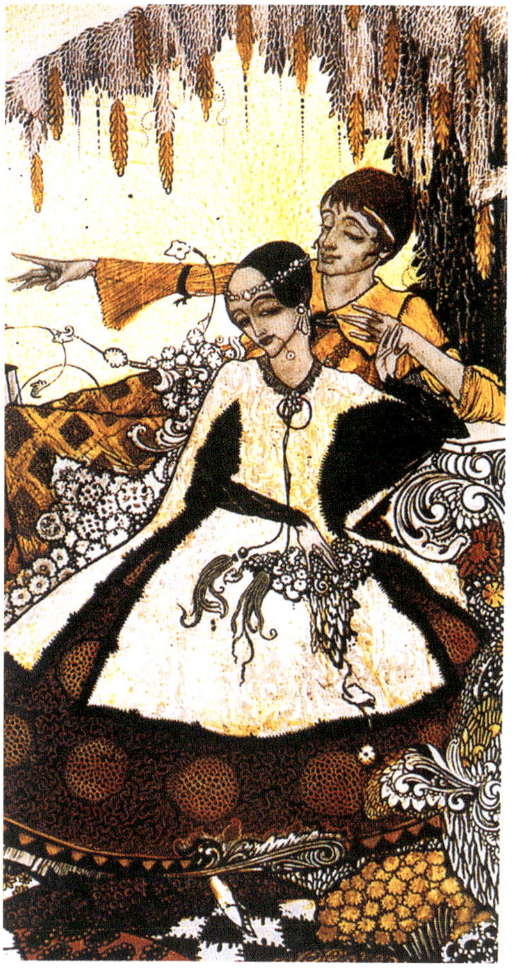

女王たち：パネル8～9

Panel 8-9

★★★

パネル8（左）は、3人の女性を描いているが、そのモデルははっきりしていない。

パネル9（右）は、パネル1の詩人と恋人のシーンにもどる。この女性群像のシリーズを通して、ハリーは女性のさまざまな面を描くとともに、さまざまな図像やサインをちりばめて、彼女たちの生涯を謎解きのように読んでいく楽しみを与えている。

その他、
小さなステンドグラス作品

教会や公共機関などのための大きな作品の他に、ハリー・クラークは、楽しい小品のステンドグラスをつくっている。そこでは、おとぎ話がテーマに選ばれている。

もし、もっと時間があって、経済的なゆとりがあったら、彼はもっとそのような思いきり自由で楽しいステンドグラスをつくったであろう。

それらの作品の多くは、公式の仕事というよりは、親しい友人に頼まれて、一つのプレゼントとしてつくられている。ウィリアム・モリスなどのアーツ・アンド・クラフツ運動の精神を受け継いで、友人の家を一緒につくっていくといった手づくりの軽快さにあふれている。

そこにはハリー・クラークの文学への情熱がこめられている。彼はたくさんの詩や小説、芝居を読み、神話や歴史を勉強するのが好きだった。彼のステンドグラスには詩的想像力があふれている。

Other Stained Glass Works

In addition to windows for churches and other public buildings, Clarke created many small stained glass panels, mostly as gifts for close friends. They usually depict fairy tales, as Clarke was a big literary enthusiast. He loved to read novels, plays, and poetry, and to study myths and history. His passion can be seen in the poetic imagination of his stained glass works.

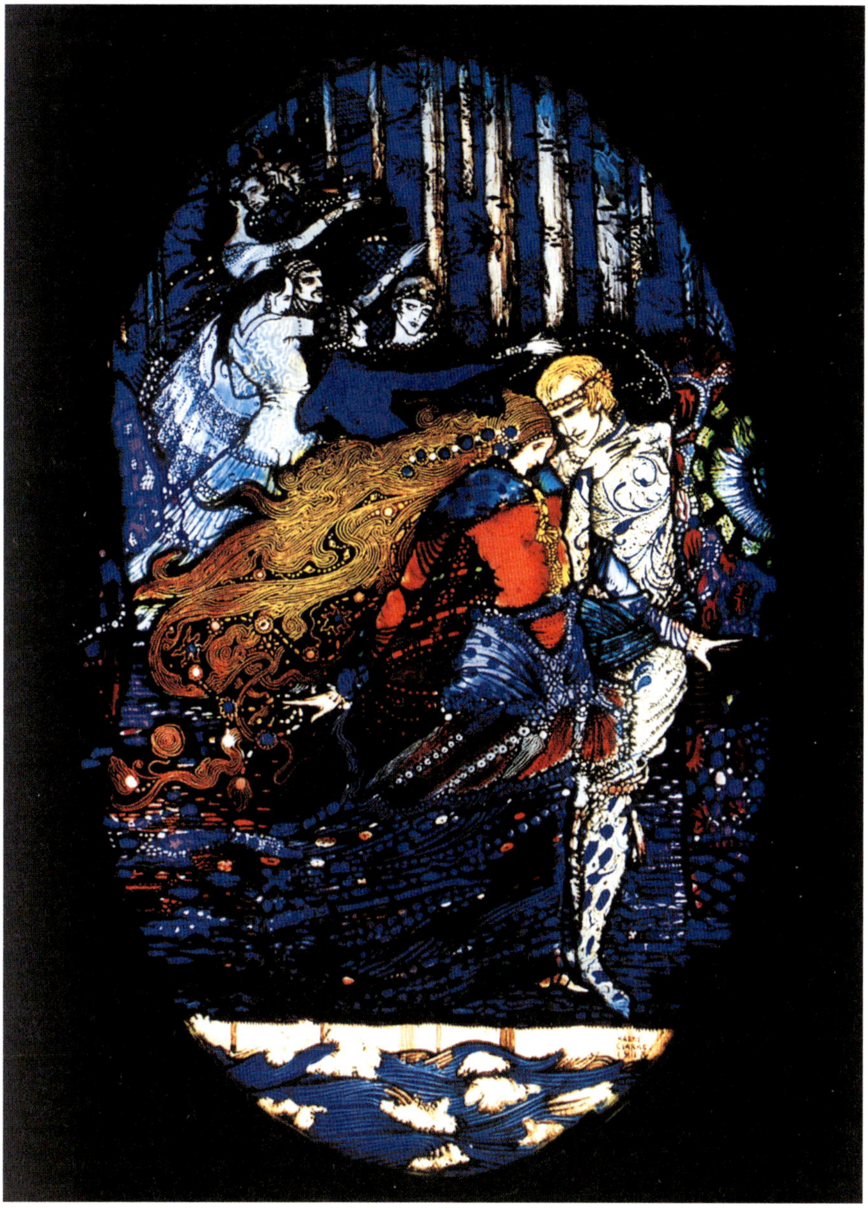

《出会い》1918年
ダブリン(アイルランド)、アイルランド国立博物館蔵
A Meeting / National Museum of Ireland, Dublin

★★★

1918年、ジェーン・フレンチが依頼した窓である。ジェーンはローレンス・ウォルドロンの友人であった。テーマはハインリヒ・ハイネの詩「出会い」である。

海辺に夜が落ちてくる。風が葦をざわめかせる音に、妖精たちの歌が混じり、裸の妖精があらわれ、詩人にキスをする。ハリーの絵では白いコスチュームの主人公に妖精の娘が寄り添っている。彼女の金色の髪が海のうねりのように流れている。彼女の青いガウンは海に溶け込んでいる。2人の背後の森ではジプシーの楽師とダンサーたちが踊っている。楕円形のフレームの上方に林、下方に海が描きこまれている。1枚のパネルであるが、一つのメルヘンが語られているようなファンタジックな光景である。ハリーが得意とした、ほっそりして細長い手の指が優雅に描かれている。

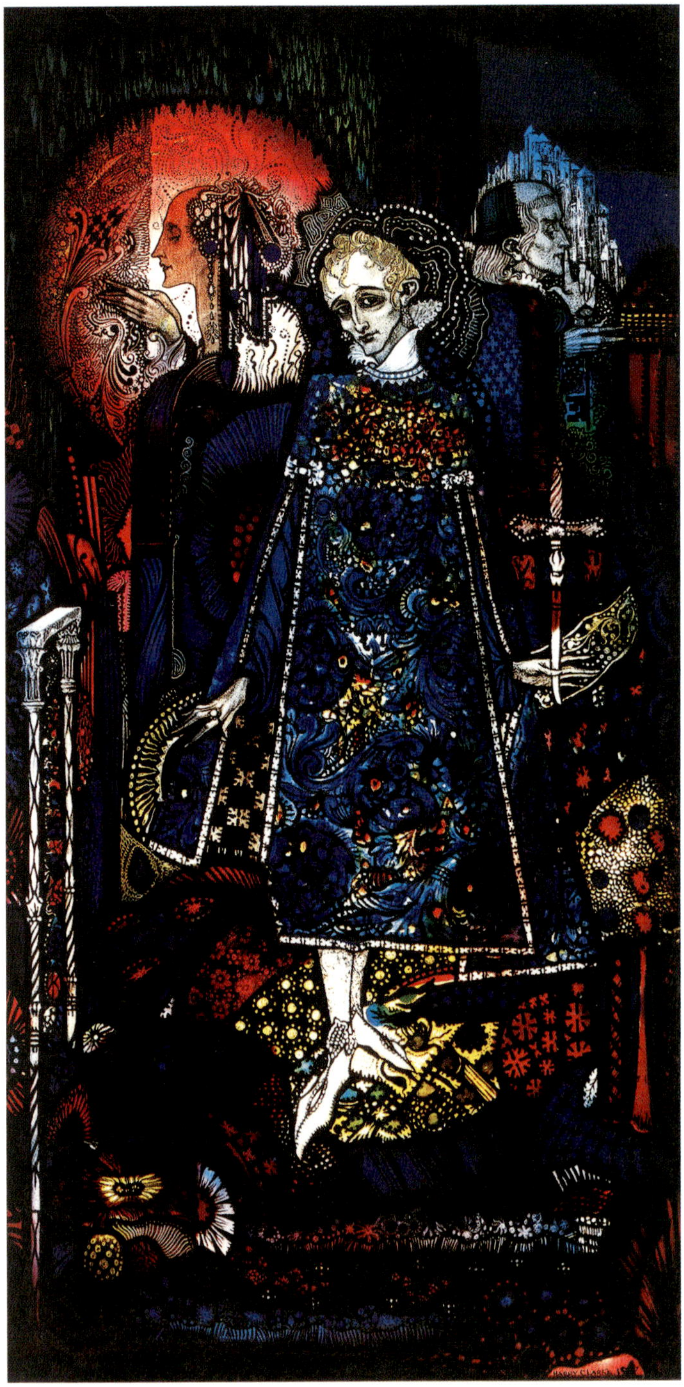

《狂える王子の歌》1917年
ダブリン(アイルランド)、
アイルランド国立美術館蔵

The Song of the Mad Prince / National Gallery of Ireland, Dublin

★★★

ハリーが友人のトーマス・ボドキンの書斎のためにつくった2枚のパネルである。ボドキンはこの作品を非常に気に入っていて、亡くなる時、娘のエリザベスに贈った。

「狂える王子の歌」はデ・ラ・メアの子どものための詩集『ピーコック・パイ』に入っている詩で、主人公の王子は愛する人が亡くなったので、悲しみで気がおかしくなっている。1枚目のパネルでは暗い夜の庭にいる。王子はエリザベス1世期の衣裳を着ている。彼は手に小鳥を止まらせ、胸に手を当てている。

2枚目(右の図)は王子は礼拝堂のような室内にいる。片手に短剣、もう一方の手に扇を持っている。足下の棺には花が盛られている。彼のうしろにいるのは両親である。花文様がぎっしりとまわりの空間を埋めつくしている。愛と狂気、華やかさと哀愁がガラスにゆらめいている。

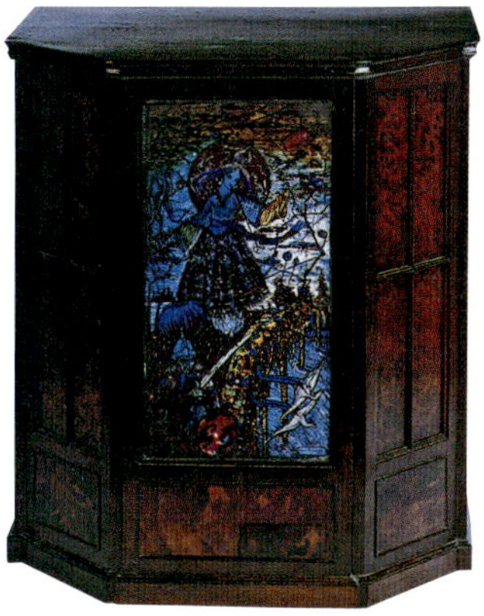

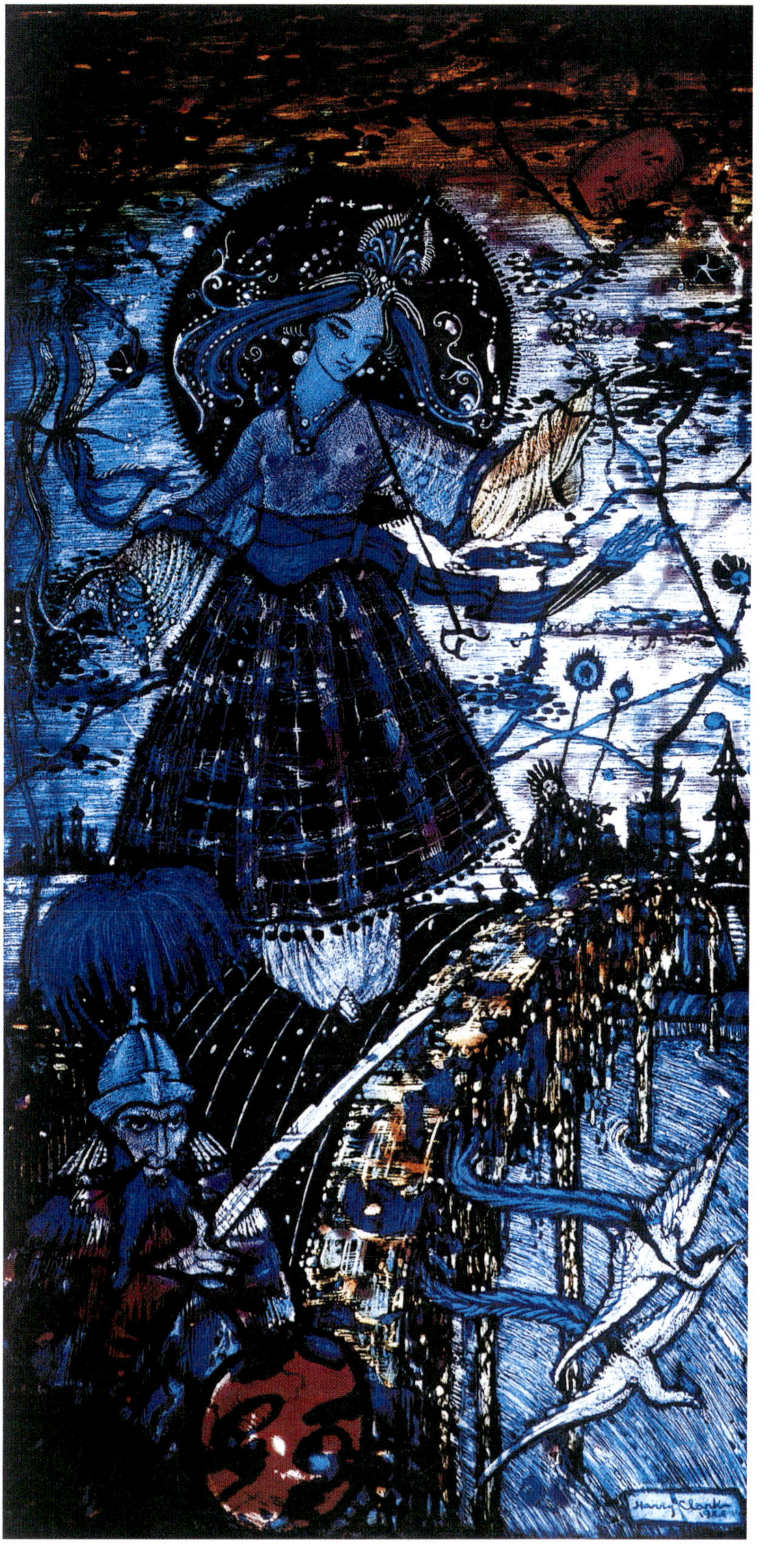

《青ひげの最後の妻》1921年
個人蔵

*Bluebeard's Last Wife /
Private Collection*

★★★

「狂える王子の歌」と同じく、ミニチュアのステンドグラスである。1921年のアイルランドのアーツ・アンド・クラフツ展に出品され、アルバート・ウッドが買った。ウッドはそれをキャビネットにはめこんだ。箱の中に照明を入れるとガラス絵が浮かび出る仕掛けである。このような幻灯的な投映も工夫されたのであった。

テーマはペローのおとぎ話「青ひげ」である。ハリーは1922年に『シャルル・ペロー童話集』をハラップから出しているから、挿絵とステンドグラスを比較することができる。「青ひげの最後の妻」では、青ひげの妻が橋を渡っている。手前では青ひげが大刀の白刃をかざして妻を殺そうとしている。妻も青ひげも中国風であることが注目される。橋の構図は東洋風、日本風である。

このような光のイラストレーションをもっと見たかったと惜しまれる。

HARRY CLARKE

第3章

ハリー・クラークをめぐる人たち

Harry Clarke and Related People

ハリー・クラークをめぐる美術の流れ Harry Clarke and the Art History

19世紀

1830 1840 1850 1860 1870 1880 1890 1900

美術の流れ

- 象徴主義・ラファエル前派（1850年頃-19世紀末）
- ジャポニスム（1856年頃-20世紀初頭）
- アーツ・アンド・クラフツ運動（1860年前後-19世紀末）
- 印象派（1875年頃-1895年頃）
- 新印象派・後期印象派（1880年代前半-20世紀初頭）
- 挿絵の黄金時代（19世紀後半-1930年頃）
- アイルランド・ルネサンス（19世紀-1900年代）

同時代の画家たち

- ウィリアム・モリス William Morris（1834-1896／イギリス出身／アーツ・アンド・クラフツの巨匠）
- ウォルター・クレイン Walter Crane（1845-1915／イギリス出身／アーツ・アンド・クラフツの芸術家）
- シャルル・マルタン・エミール・ガレ Charles Martin Émille Gallé（1846-1904／フランス出身／アール・ヌーヴォーのガラス工芸家）
- アルフォンス・ミュシャ Alphonse Mucha（1860-1939／チェコ出身／アール・ヌーヴォーの画家）
- レオン・バクスト Leon Bakst（1866-1924／ロシア出身／
- アーサー・ラッカム Arthur Rackham（1867-1939／
- チャールズ・レニー・マッキントッシュ Charles Rennie Mackintosh
- トーマス・ヒース・ロビンソン Thomas Heath Robinson
- チャールズ・ロビンソン Charles Robinson
- ウィリアム・ヒース・ロビンソン William Heath Robinson
- オーブリー・ビアズリー Aubrey Beardsley（1872-1898／
- アーネスト・アーチボルド・テイラー
- ジェシー・マリオン・キング Jessie Marion King
- エドマンド・デュラック Edmund Dulac
- ウィリー・ポガニー Willy Pogany
- カイ・ニールセン Kay Nielsen
- ジョン・オースティン John Austin
- アラステア Alastair
- アラン・オドル Alan Odle
- ハリー・クラーク

同時代の文学界

- グレゴリー夫人 Lady Augusta Gregory（1852-1932／アイルランドの劇作家）〈P244〉
- ウィリアム・バトラー・イェイツ William Butler Yeats
- ジョージ・ウィリアム・ラッセル George William Russell
- ジェイムズ・ジョイス James Joyce
- レノックス・ロビンソン

家族・支援者

- ジョシュア・クラーク Joshua Clarke（1858-1921／ハリーの父）〈P236〉
- ローレンス・ウォルドロン Laurence Waldron（1858-1923／ハリーのパトロン）〈P246〉
- ブリジット・クラーク Bridget Clarke（1860-1903／ハリーの母）〈P237〉
- ウォルター・クラーク
- マーガレット・クラーク

20 世紀

1910 1920 1930 1940 1950 1960

第一次世界大戦（1914-18）

第二次世界大戦（1939-45）

歴史の流れ

グラスゴー派（19世紀末-20世紀初頭）

アール・ヌーヴォー（19世紀末-20世紀初頭）

アール・デコ（1910-30年頃）

バレエ・リュスの舞台デザイナー）〈P272〉

イギリス出身の挿絵画家）〈P252〉

（1868-1915／イギリス出身／グラスゴー派の芸術家）

（1869-1950／イギリス出身の挿絵画家）〈P256〉

（1870-1937／イギリス出身の挿絵画家）〈P256〉

（1872-1944／イギリス出身の挿絵画家）〈P256〉

イギリス出身の挿絵画家）〈P248〉

Ernest Archibald Taylor（1874-1951／イギリス出身／グラスゴー派の芸術家、ジェシー・キングの夫）〈P245〉

（1876-1949／イギリス出身／グラスゴー派の女性画家）〈P245, 268〉

（1882-1953／フランス出身の挿絵画家）〈P260〉

（1882-1955／ハンガリー出身の挿絵画家）〈P270〉

（1886-1957／デンマーク出身の挿絵画家）〈P264〉

（1886-?／イギリス出身の挿絵画家、ハリーの親友）〈P278〉

（1887-1969／ドイツ出身の挿絵画家）〈P276〉

（1888-1947／イギリス出身の挿絵画家、ハリーの親友）〈P282〉

Harry Clarke（1889-1931／アイルランドの挿絵画家）

（1865-1939／詩人、アイルランド・ルネサンスの指導者）〈P240〉

（1867-1935／アイルランドの詩人、文芸評論家）〈P241〉

（1882-1941／アイルランドの大作家）〈P243〉

Lennox Robinson（1886-1958／アイルランドの劇作家、ハリーの親友）〈P242〉

Walter Clarke（1888-1930／ハリーの兄）〈P238〉

Margaret Clarke（1888-1961／ハリーの妻）〈P239〉

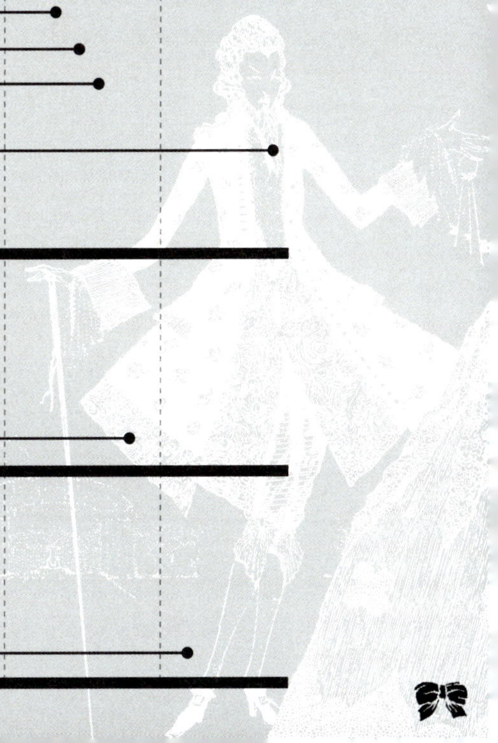

01

ジョシュア・クラーク

ステンドグラスを教えた父

Joshua Clarke

1858-1921年

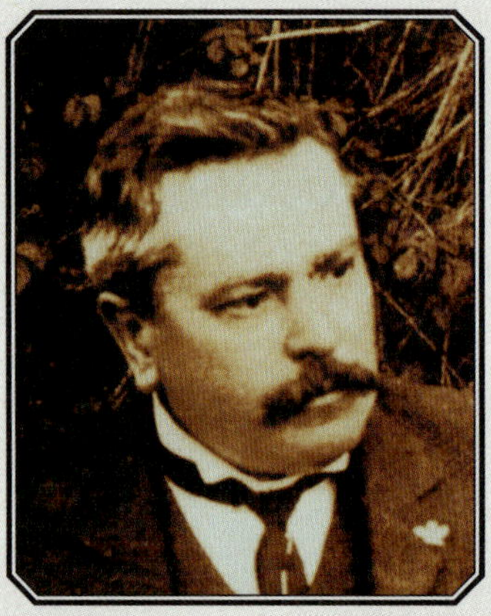

イギリスのリーズの出身で、18歳でアイルランドに出稼ぎに来た。教会の建築装飾などを手がけるようになり、1886年、自分の工房を持った。イギリスから職人を呼び、ステンドグラスの制作をはじめた。19世紀末からアイルランドの教会の復興により、ステンドグラスの注文が増えていた。やがてウォルター、ハリーという2人の息子もステンドグラス職人となった。

ジョシュアはオーソドックスで平凡な職人であったから、彼のデザインは旧式なものであった。しかし息子のハリーの斬新なデザインは人々に注目された。父は息子のステンドグラスが、教会の枠をはみ出してしまい、自分よりも評判がいいことに不満であったが、しだいにハリーの才能を認めるようになった。

父と子の世代的、芸術的な対立にハリーは悩みながら、1921年に父が亡くなると、その工房を受け継いだ。

02

ブリジット・クラーク

ケルトのふるさとから来た母

Bridget Clarke

1860-1903年

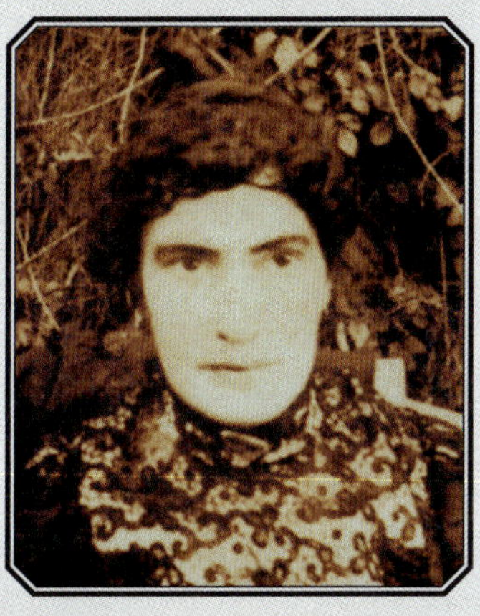

スライゴというアイルランド西部の古い地方からダブリンに出てきて、ジョシュア・クラークの妻となった。キャサリン、ドリーという2人の娘、ウォルターとハリーという2人の息子が生まれた。彼女は胸を病んでいて、1903年に没している。ハリーは14歳という多感な年ごろであり、母の死は大きな悲しみであった。

ケルトの昔話が残るスライゴの娘であったブリジットは、子どもたちに妖精のおとぎ話を語って聞かせたろう。画学生となったハリーは友人とスライゴやアラン島など、アイルランドの古い民俗が残っている地方に旅をし、その幻想的な世界に魅せられている。ビジネスマンであり、仕事一筋の父からは技術を、アイルランドの村育ちの母からは文学的ファンタジーをハリーは受け継いだのではないだろうか。

03

ウォルター・クラーク

天才的な弟を支えた兄

Walter Clarke

1888-1930年

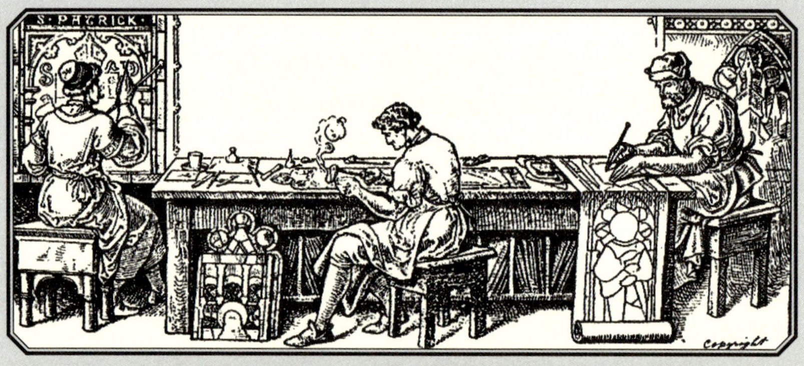

父ジョシュア・クラークと息子たちのステンドグラス工房「J・クラーク&サンズ」のビジネス・レターのデザイン。父ジョシュアとウォルターとハリーが描かれている。

ハリーの1つ年上の兄である。母の胸の病を兄弟とも受け、ともに病弱であった。2人とも父の工房で働いた。もしウォルターが丈夫であったら、長男である彼が工房を継いだだろう。しかし彼はしばしば寝込んだので、弟のハリーが工房を助けなければならなかった。

ウォルターは父の職人的な性格を受け継いでいたようだ。しかし弟は輝くような芸術的才能を持っていた。そのことが兄を嫉妬させた。ステンドグラスの注文は、ハリー・クラークの名を求めたのである。

ハリーはダブリンの工房を兄にまかせて、ロンドンへ出て、ひとりのアーティストとして生きたい、と思ったようだ。しかし、彼が工房を離れると、兄だけではやっていけないので、まったく離れることもできなかった。

兄と弟の絆と、芸術的才能をめぐる愛と憎しみのドラマは、1930年のウォルターの死まで尾をひいていた。

04

マーガレット・クラーク

自立した芸術家でもあった妻

Margaret Clarke

1888-1961年

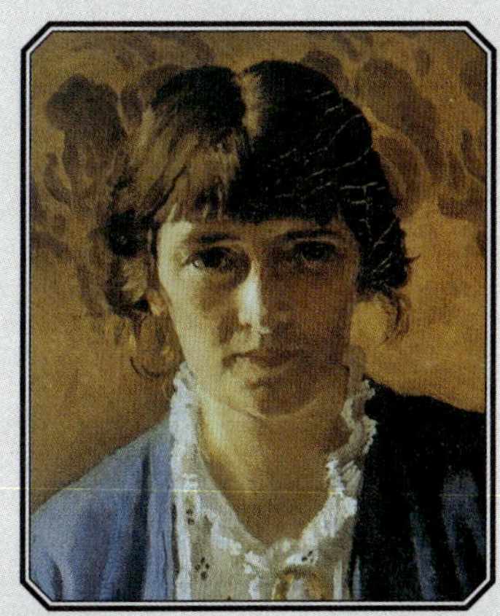

〈自画像〉
マーガレット・クラーク画
1914年

ハリーはダブリンの美術学校でマーガレットに出会った。才能豊かで、非常に目立つ画学生であった。当時の女性の画学生というのは先端的なモダン・ガールで、自立した女であった。内気であったハリーは彼女に魅せられて結婚した。マイケル、デヴィッドという2人の息子が生まれている。

マーガレットは結婚しても女流画家として活動をつづけている。肖像画家として知られ、ハリーの死後も工房を手伝いつつ描きつづけている。

どんな夫婦だったろうか。2人のアーティストのそれぞれが独立しながら、一緒に歩いていく、この時代には珍しかった夫婦関係のように思える。ヨーロッパの新しい美術の傾向などはマーガレットの方がくわしく、ハリー・クラークは彼女から美術的知識を学んでいたろう。そしてマーガレットは、アカデミズムから自由な、ハリーのファンタジーの世界をうらやんだかもしれない。

05

ウィリアム・バトラー・イェイツ

アイルランド・ルネサンスの指導者

William Butler Yeats

1865-1939年

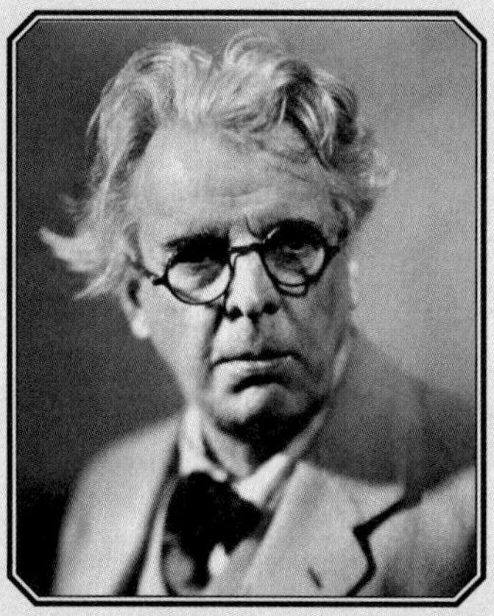

ダブリン生まれであるが、2歳の時、父に連れられてロンドンに出た。父ジョンは、弁護士をやめて、画家になるために、ロンドンで暮らすことにしたのである。少年時代のイェイツは、夏は母方の祖父の家があるスライゴで過ごした。ハリー・クラークの母のふるさとである。スライゴでイェイツは古いアイルランドへの詩的想像力を養った。

1880年、一家はアイルランドにもどり、イェイツは父の影響で美術学校に入った。しかし詩の世界に魅せられた。1887年、一家はまたロンドンに行き、イェイツはウィリアム・モリス、オスカー・ワイルドなどに出会った。

イェイツは、詩の世界を通して、アイルランドの古い文化の復興を目指すようになった。イェイツによるアイルランド・ルネサンスの波に洗われ、ハリー・クラークは、ステンドグラスと挿絵により、失われた神秘的なヴィジョンを開花させるのだ。

06

ジョージ・ウィリアム・ラッセル

ハリーを応援した批評家

George William Russell

1867-1935年

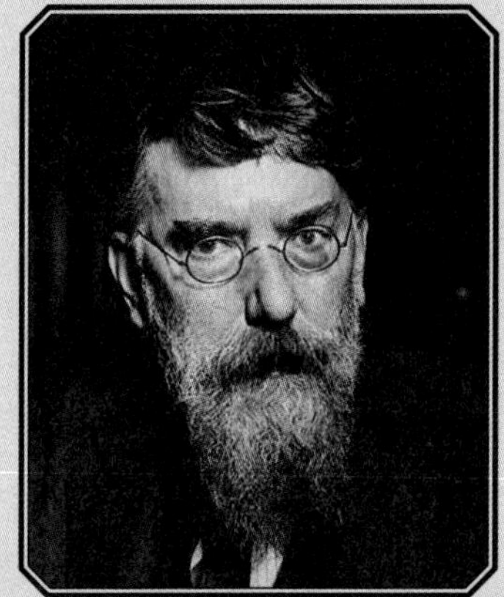

アイルランドの詩人。ペンネームAE(エーイー)。ダブリンのメトロポリタン美術学校でW・B・イェイツと知り合う。処女詩集『故国へ——途上の歌』で注目される。以後はむしろ文芸評論で活躍し、イェイツとともにアイルランド文芸協会の中心として、ケルト・ルネサンス運動に関わった。

ハリー・クラークはAEの詩の挿絵を描き、AEはクラークの作品の美術批評を書き、ずっとクラークを応援していた。特にクラークのステンドグラスをAEは高く評価していた。

AEやイェイツなどケルト・ルネサンスのリーダーたちは、ハリー・クラークをそこから生まれた新しい才能として認めた。クラークはそれに感謝しつつも、あまりに〈ケルト〉や〈アイルランド〉に限定されてしまうことに不安を感じたかもしれない。

07

レノックス・ロビンソン

親友の劇作家

Lennox Robinson

1886-1958年

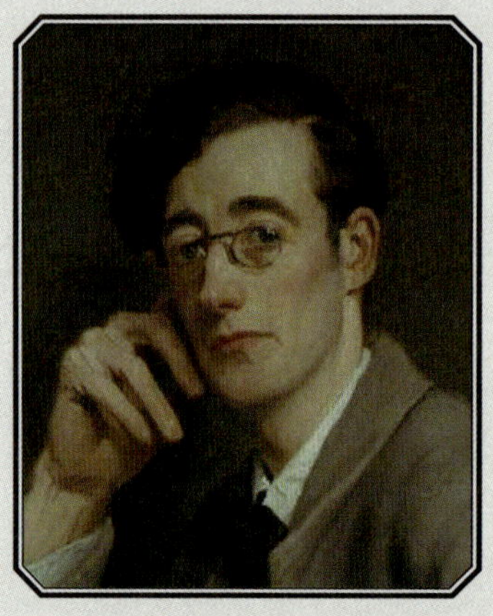

〈レノックス・ロビンソン〉
ダーモッド・オブライエン画
1918年

アイルランドの劇作家。アベイ劇場の演出家でもあった。アイルランドの現代生活をリアルに書いた戯曲で知られる。ハリー・クラークと親しく、舞台デザインなどの仕事をさせている。クラークはW・B・イェイツを尊敬しつつも、芸術についての意見がしばしば衝突することがあった。レノックスは両者と親しかったので、クラークをなだめ、イェイツとの仲を取り持った。病に倒れたクラークを自分の家に引き取り、また療養を兼ねてスペインに連れていったのも彼であった。クラークをスイスのダヴォスのサナトリウムに入れ、最後まで面倒を見た。

最も親しい友人として、ハリー・クラークの生活と芸術を支えた。またクラークの芸術の特徴の一つである演劇性は、レノックス・ロビンソンが彼を演劇界に紹介したことが大きく影響しているだろう。

08

ジェイムズ・ジョイス
都市ダブリンの語り手

James Joyce
1882-1941年

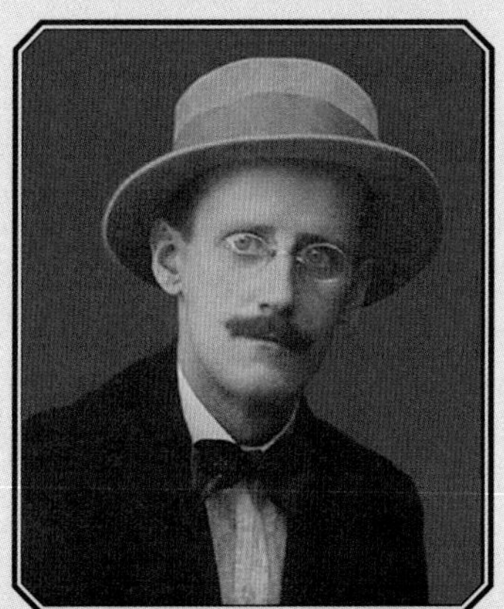

20世紀初頭のアイルランドが生んだ最大の作家である。ハリー・クラークとの直接的出会いはわかっていないが、同時代であり、イェイツなどを通して、当然、お互いに知っていたと思われる。ジョイスはパリやイタリアなどを放浪して作家生活をつづけたが、たびたびアイルランドにもどり、彼の文学の原点はダブリンであった。彼はダブリンに映画館をつくろうとして動きまわったことがある。

『若き芸術家の肖像』、『ダブリン市民』、『ユリシーズ』などでジョイスは19世紀末から20世紀初めのダブリンの日常生活を克明に描写した。それこそまさに、ハリー・クラークの生きたダブリンであり、2人の世界が重なっていることがわかる。

09

グレゴリー夫人

アイルランドのおとぎ話を伝える劇作家

Lady Augusta Gregory

1852-1932年

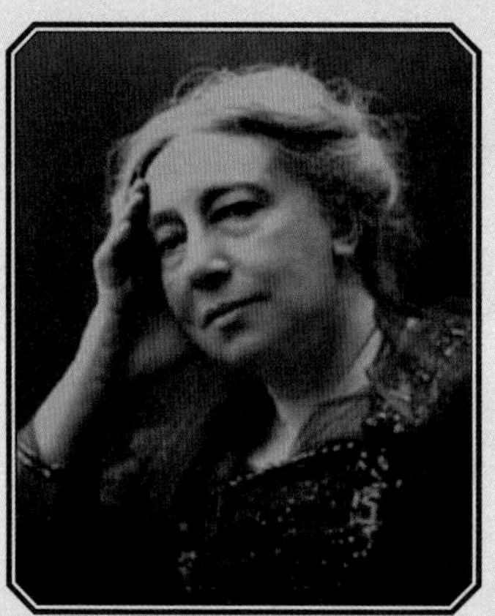

レディ・オーガスタ・グレゴリーはアイルランドの女流劇作家で、アイルランド国民演劇の成立に大きな役割を果たした。1899年にダブリンにアイルランド文芸座が設立された時、イェイツとともにグレゴリー夫人が参加した。軽妙な喜劇を得意とし、多くの作品を書き、人気を集めた。

芝居好きのクラークは、アベイ劇場に通って、グレゴリー夫人の作品をよく見ていた。1926年、クラークはアイルランドの商工省から、ジュネーヴの国際労働裁判所のステンドグラスを依頼される。テーマはアイルランドの現代文学の名作集であった。J・M・シングの『西国の人気者』などとともにグレゴリー夫人の『聖ブリジット』が選ばれている。ブリジットは奇しくも、クラークの亡き母の名でもある。アイルランドのおとぎ話を話してくれた母の面影をグレゴリー夫人の母なるアイルランドのイメージに重ねたのかもしれない。

10

E・A・テイラーとジェシー・M・キング

アーツ・アンド・クラフツ運動の夫妻

Ernest Archibald Taylor
1874-1951年

Jessie Marion King
1875-1949年

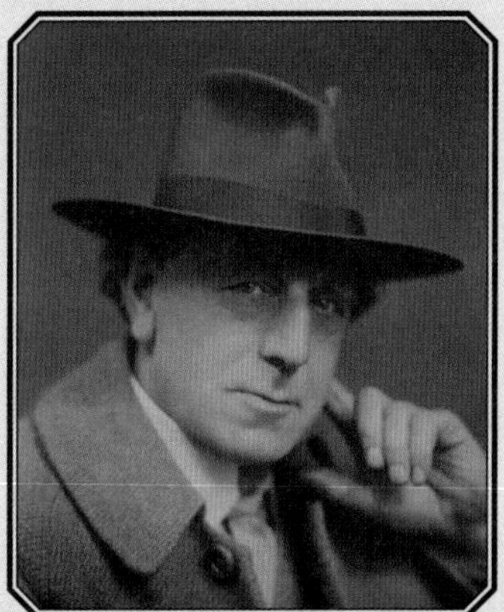

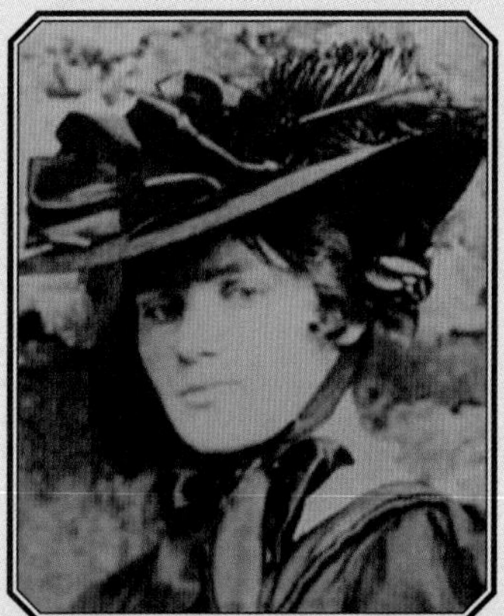

スコットランドのアーツ・アンド・クラフツ運動のアーティスト夫妻である。チャールズ・レニー・マッキントッシュを中心とするグラスゴー・グループのメンバーである。ウィリアム・モリスのアーツ・アンド・クラフツ運動はグラスゴーに伝えられた。テイラーはステンドグラス、ジェシー・M・キングはグラフィック・アートを得意とした。2人は20世紀のはじめ、パリに出て、新しい美術を学んだ。テイラーは美術雑誌『ストゥーディオ』のパリ通信員をしていたので、英国からやってきたアーティストはテイラーのアトリエに集った。

クラークはマーガレットとの新婚旅行でパリにやってきて、テイラー夫妻と親しくなった。テイラーのステンドグラスのモダン・デザイン、ジェシーの刺繍のように細密な装飾による挿絵などにクラークは刺激された。

11

ローレンス・ウォルドロン

ハリーの芸術的後援者

Laurence Waldron

1858-1923年

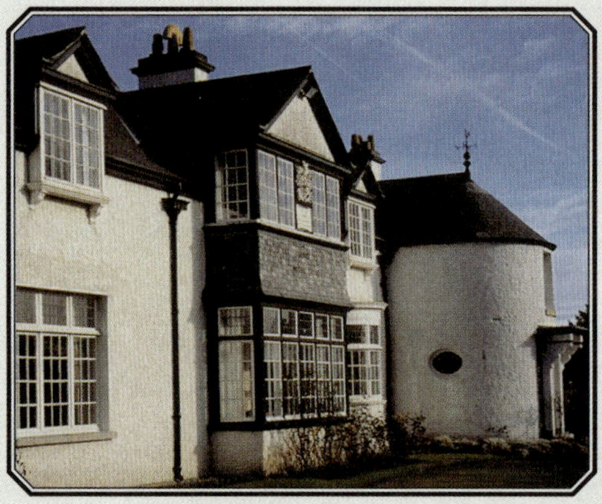

ウォルドロンの私邸「マリーノ」荘。弓形に張り出した窓がハリーのステンドグラス「女王たち」(P222)を飾るために設計された図書室の窓。

若きハリー・クラークの才能を認めて、パトロンとなった。アイルランドの名家の出で大富豪であった。アイルランド文化の後援者となり、ダブリン郊外の豪邸に社交界の人々やアーティストを集めて文化サロンを開き、派手なパーティを開くことでも知られていた。クラークはそこで新しい文学や美術に触れるとともに、自由でデカダンなライフスタイルについても学んだ。ビアズリーなどのロンドンの世紀末の禁じられたエロティック・アートなどもそこで見ることができた。

ハリー・クラークのジャポニスム、浮世絵などの影響も、ウォルドロンのコレクションによるものだろう。ウォルドロンは第2のビアズリーを育てようとしたのではないだろうか。しかし残念なことに、1923年にウォルドロンが亡くなったため、彼に代わる有力なパトロンはもうあらわれず、クラークはずっと、苦しい生活の中で創作をつづけなければならなかった。

12

ジョージ・ハラップ

ハリー・クラークの出版者

George G. Harrap
1867-1935年

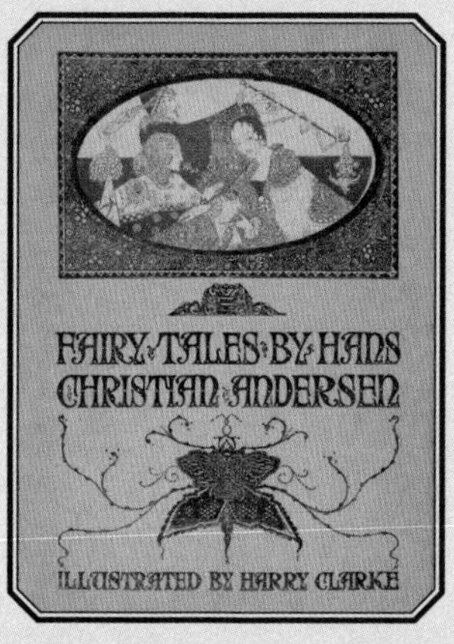

ハリーがハラップ社から
依頼された最初の仕事
「アンデルセン童話集」(P36)

挿絵画家は、いい出版者に出会えるかどうかで、その運命が大きく左右される。ビアズリーはジョン・レイン、レナード・スミザーズという2人の出版者に出会った。

ハリー・クラークはジョージ・ハラップに出会った。彼にとって不運であったのは、挿絵の黄金時代が終わりかけていたことであった。豪華絵本の出版者としてはホッダー・アンド・ストートンが知られていた。エドマンド・デュラック、カイ・ニールセンという挿絵の人気画家を抱えていたからである。

クラークは、ロンドンの出版者をあちこちまわった。その中でハラップだけが彼をニールセンの代わりとして選んでくれたのである。しかしやがて、ハラップはクラークが子ども向けより、大人向けの挿絵画家であることに気がつく。出版者と画家の間の本のイメージのずれが、クラークの絵本に微妙な影を落としている。

01

オーブリー・ビアズリー

Aubrey Beardsley 1872-1898年

1872年、イギリスのリゾート地ブライトンで生まれた。1つ年上の姉メイベルがいた。1888年、ロンドンに出たビアズリーは事務員をしながら、文学や美術に心ひかれる。ラファエル前派の画家E・バーン=ジョーンズを訪ね、そこでオスカー・ワイルドに出会う。

1892年、J・M・デントから『アーサー王の死』の挿絵を依頼され、画家として出発する。1893年にはオスカー・ワイルドの『サロメ』の挿絵を描きはじめる。1894年、雑誌『イエロー・ブック』に参加し、『サロメ』を発表し、注目される。しかし1895年、ワイルドがホモセクシャル事件で逮捕され、そのとばっちりで『イエロー・ブック』が中止となった。

ビアズリーはレナード・スミザーズとともに1896年、新しい雑誌『サヴォイ』を創刊した。『髪の毛盗み』など後期の傑作がここに発表された。スミザーズによる『リューシストラテー（女の平和）』などの限定本によるポルノグラフィも出版された。ビアズリーの自由奔放な想像力は当時の検閲をはるかにこえてしまった。しかし胸を病んだ彼は1898年にフランスのマントンで没した。

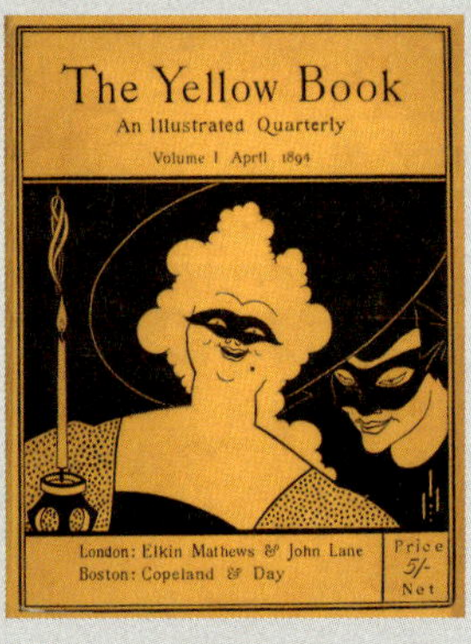

雑誌『イエロー・ブック』
第1号／1894年4月創刊
イギリス刊

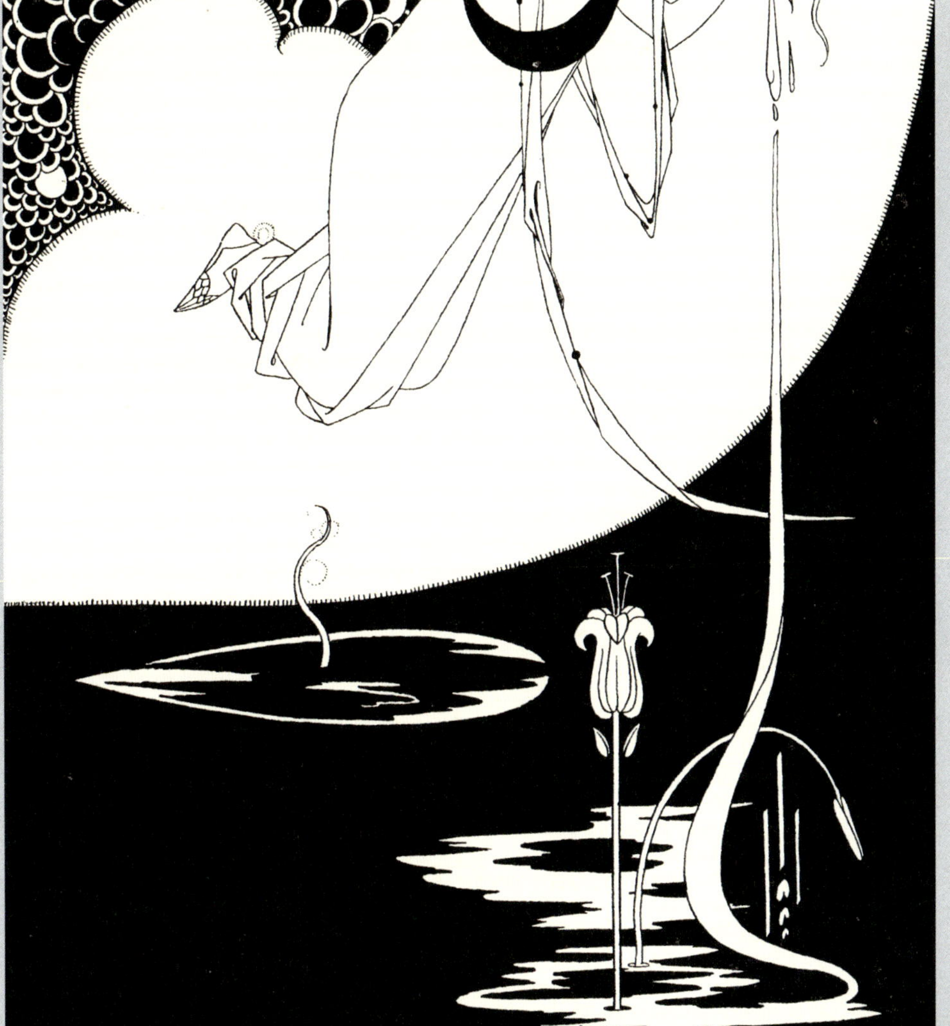

『サロメ』より〈クライマックス(お前に口づけしたよ、ヨカナーン)〉
オーブリー・ビアズリー画/オスカー・ワイルド著/1894年/イギリス刊

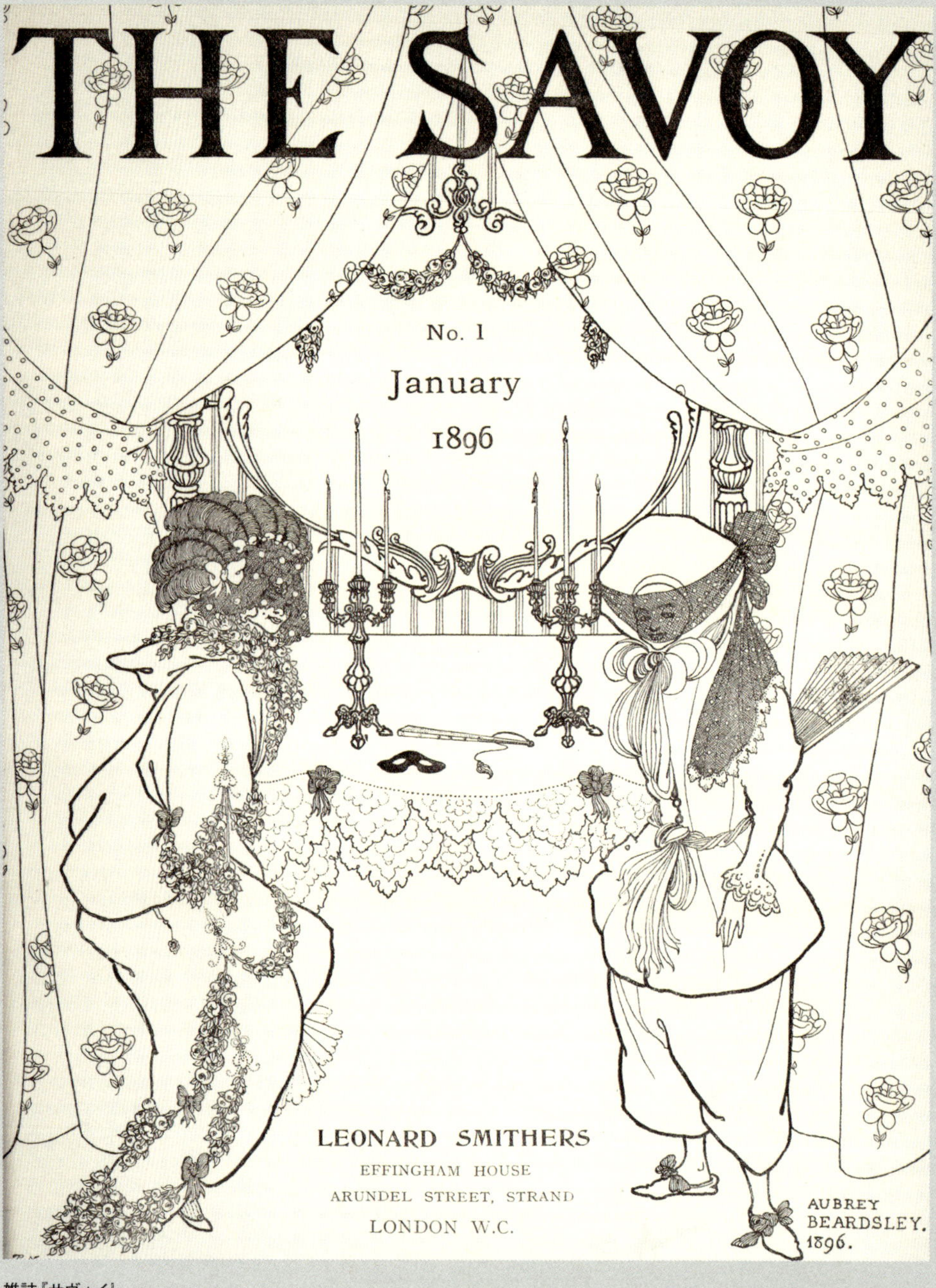

雑誌『サヴォイ』
第1号 扉ページ／1896年1月創刊／イギリス刊

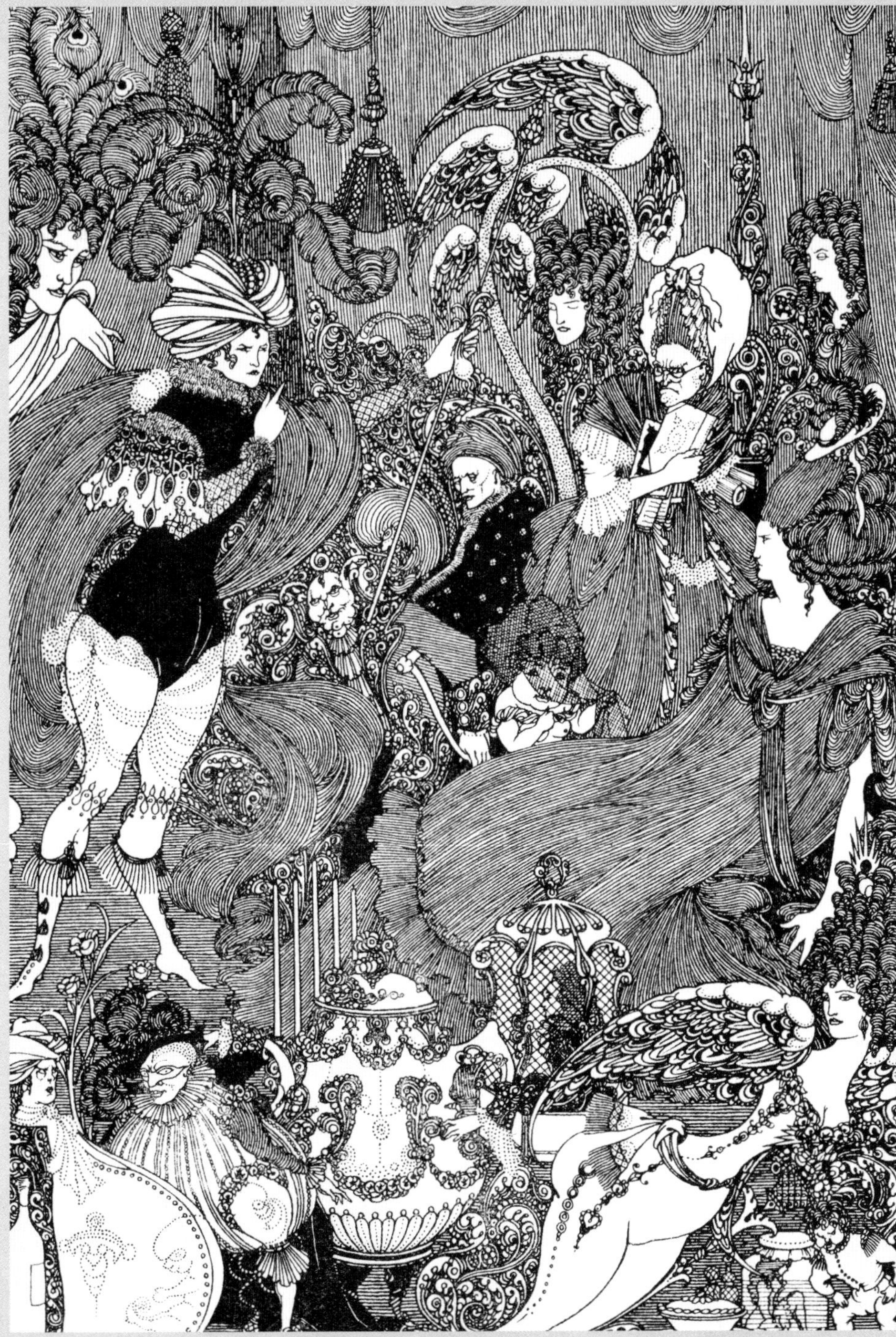

『髪の毛盗み』より〈憂うつの洞窟〉オーブリー・ビアズリー画／アレクサンダー・ポープ著／1896年／イギリス刊

02

アーサー・ラッカム

Arthur Rackham 1867-1939年

デュラック、ニールセンとしばしば並べられるけれども、ラッカムはビアズリーより年上で、19世紀末から活動していたイラストレーターで、ヴィクトリア期の挿絵画家と20世紀はじめのデュラック、ニールセンの世代をつなぐ画家である。そのスタイルも、クラシックとモダンの両方にまたがっている。

ラッカムといえば森の中の妖精たちの世界を描いた絵で知られる。曲がりくねった幹や枝に茂る葉などに包まれた、暗く、おそろしげな森に出没する妖精や奇怪な生き物たちのおとぎ話がくりひろげられる。木々そのものも妖怪のように見える。

一方、ラッカムは水や海の風景も得意としていた。水中に泳ぐニンフや海の不思議な静物などの驚異のパノラマを見せてくれる。

しっかりした描写技術を学んだラッカムはアカデミックな表現をおとぎ話に応用し、現実にはあり得ない世界をまるで現実のように見せてくれる。ほとんど独学であったビアズリーと対照的である。その確かな技術によって、ラッカムは世紀末から1930年代まで長い間活動をつづけることができた。グリムからシェイクスピアまで、あらゆる名作を描いている。

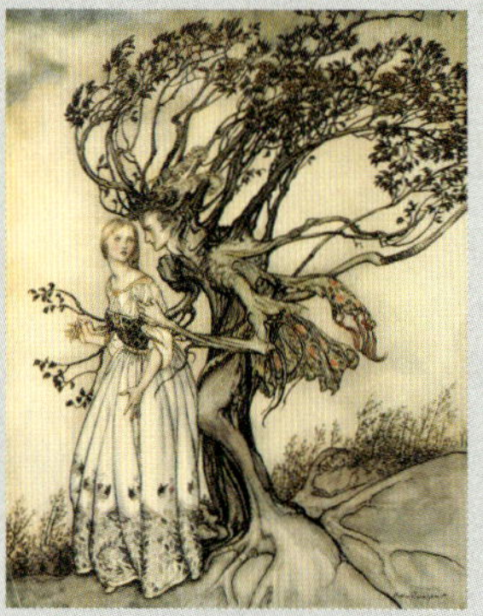

『兄と妹とその他のお話』より
〈森のなかのばあさん〉
アーサー・ラッカム画
グリム兄弟著
1917年／イギリス刊

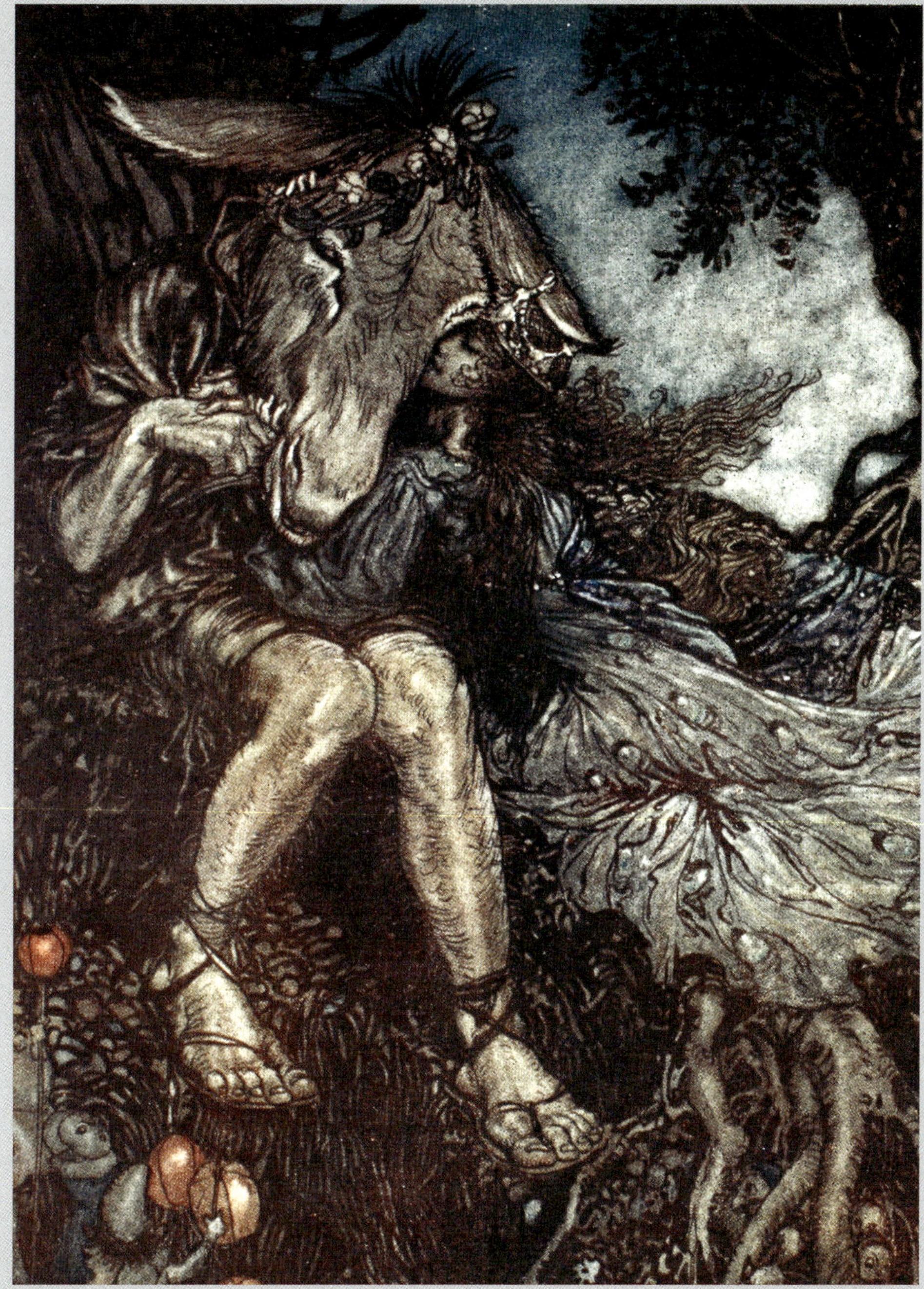

『真夏の夜の夢』アーサー・ラッカム画
ウィリアム・シェイクスピア著／ 1919年／イギリス刊

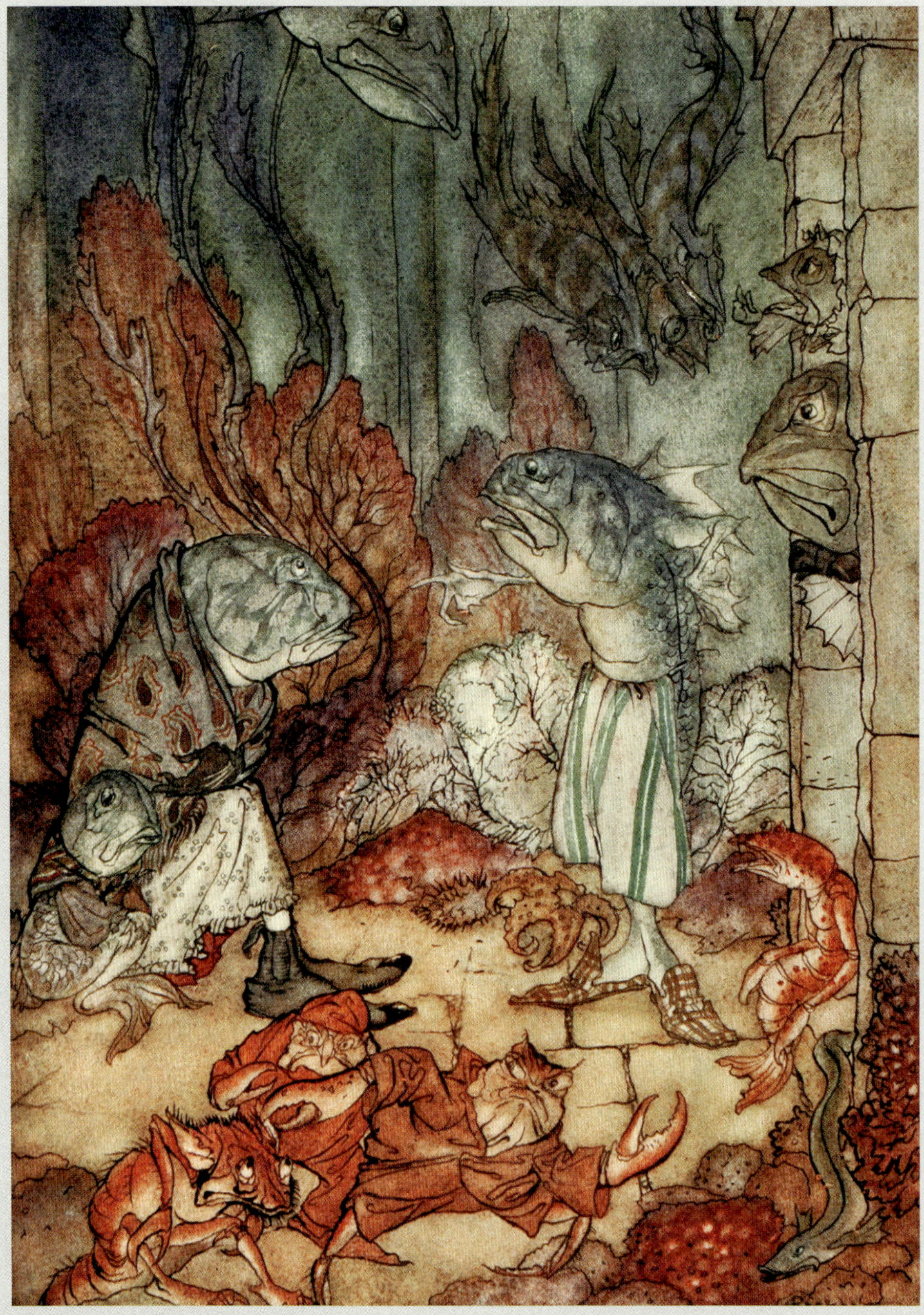

『ワンダー・ブック』アーサー・ラッカム画
ナサニエル・ホーソーン著／1922年／イギリス刊

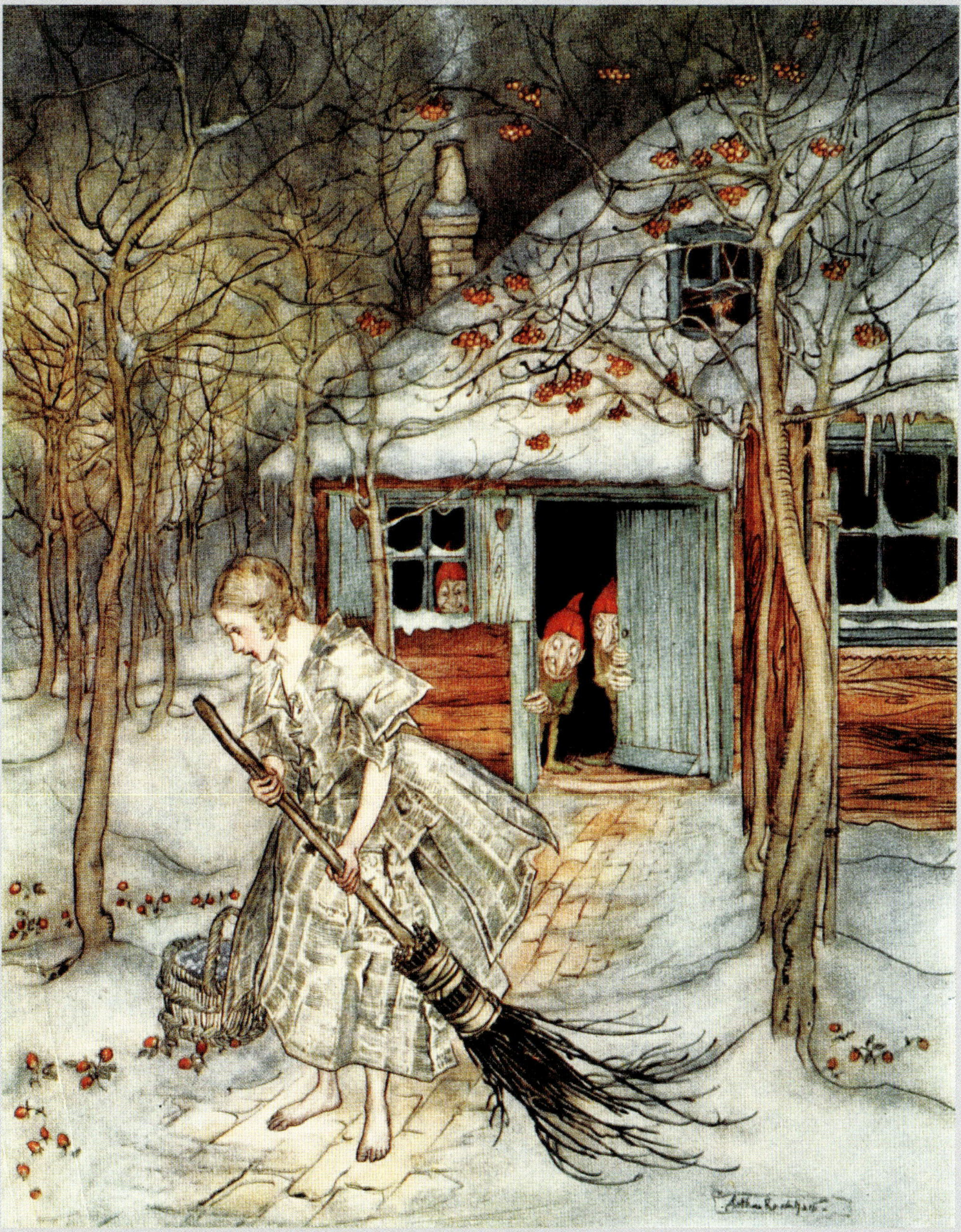

『兄と妹とその他のお話』より〈森のなかの3人の小人〉
アーサー・ラッカム画／グリム兄弟著
1917年／イギリス刊

03

ロビンソン兄弟

Robinson Brothers

トーマス・ヒース(Thomas Heath / 1869-1950)、チャールズ(Charles / 1870-1937)、ウィリアム・ヒース(William Heath / 1872-1944) のロビンソン3兄弟は、イラストレーターの“三銃士”などといわれ、いずれも挿絵画家として活躍した。長兄のトーマス・ヒースは、写実的で、古いスタイルなので、2人の弟ほど芸術的な評価を受けなかった。

2番目のチャールズは、兄ほどアカデミックな教育を受けず、独創的で楽しい絵を描いた。アール・ヌーヴォーなどのモダン・スタイルを吸収しながら、子どもの世界の明るさ楽しさをこれほどのびやかに伝えてくれる画家は少ない。ウィリアム・モリス、ウォルター・クレインの影響を強く受け、1895年に『イソップ物語』、ロバート・ルイス・スティーヴンソンの『子どもの詩の園』の挿絵で人気を集めた。『ペロー童話集』(1913)、『幸福の王子』(オスカー・ワイルド 1913)をはじめ、1930年代まで描きつづけた。

ウィリアム・ヒースは、2人の兄につづいてイラストレーターになった。『アンデルセン童話集』(1897) などで出発し、デュラックと並んで、ホッダー・アンド・ストートン社で豪華絵本を描いた。『十二夜』(1908)などがある。

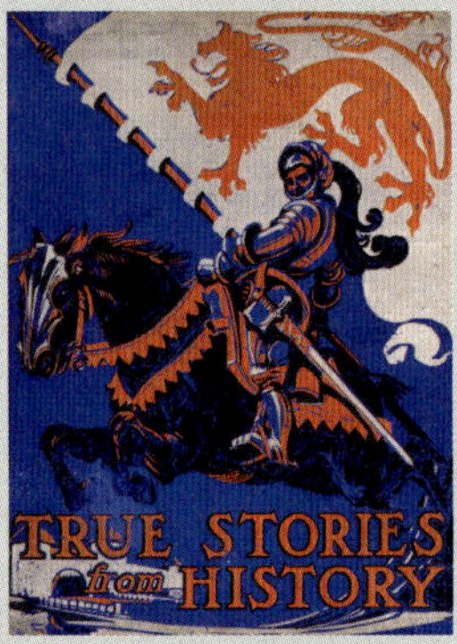

『歴史のお話』
トーマス・ヒース・ロビンソン画
1911年／イギリス刊

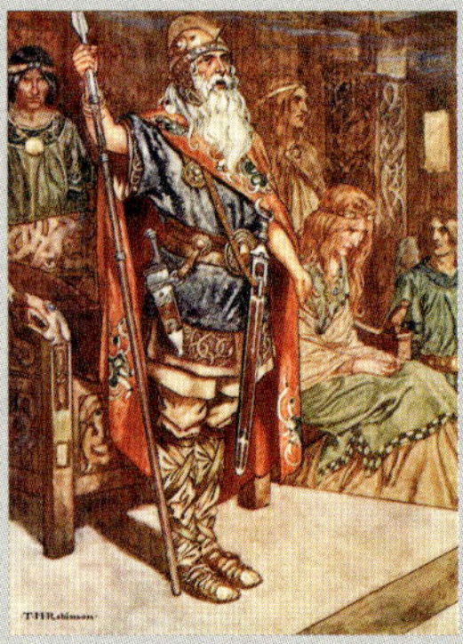

『フリチオフの歌』
トーマス・ヒース・ロビンソン画
1913年／イギリス刊

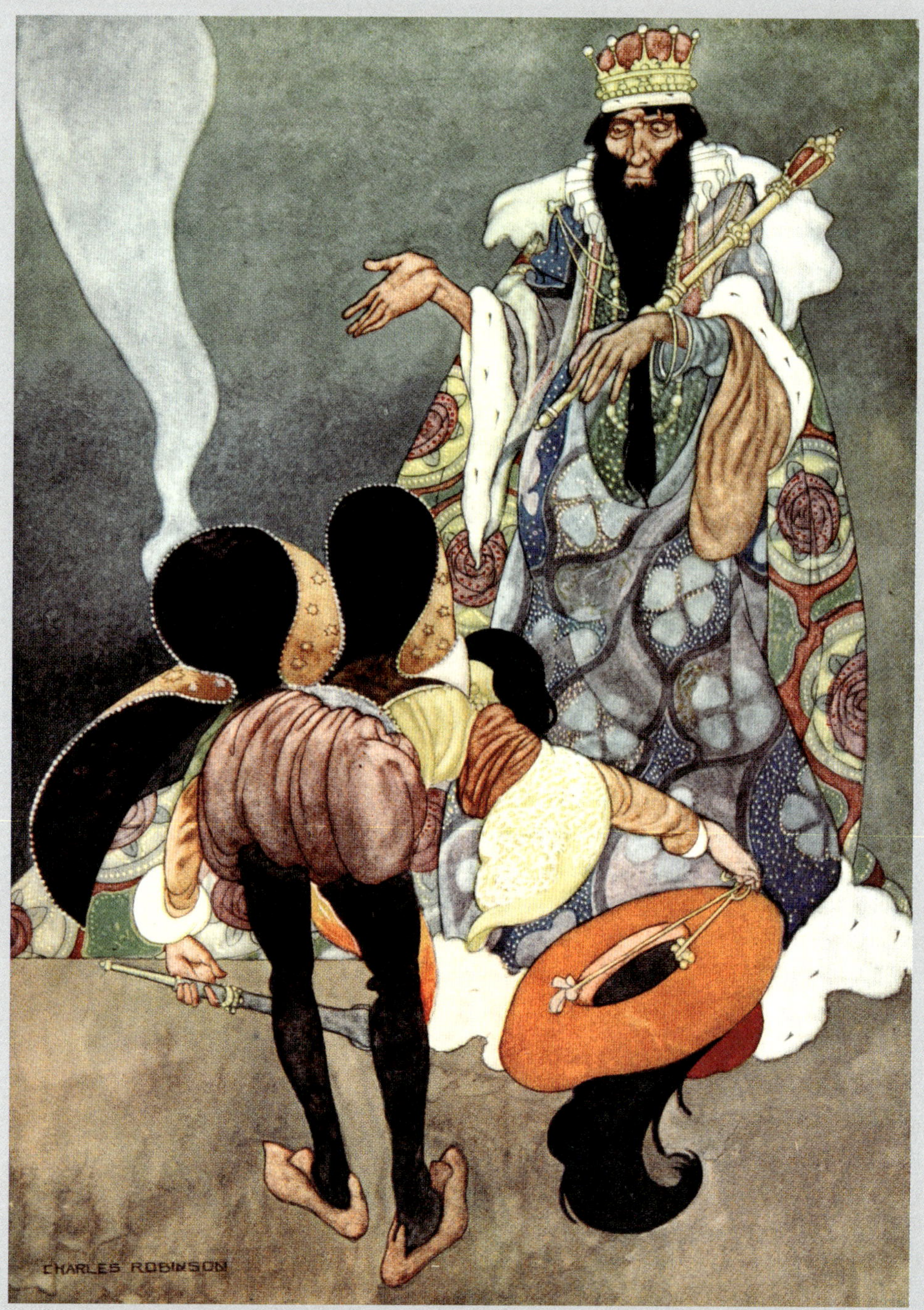

『幸福の王子』チャールズ・ロビンソン画
オスカー・ワイルド著／1913年／イギリス刊

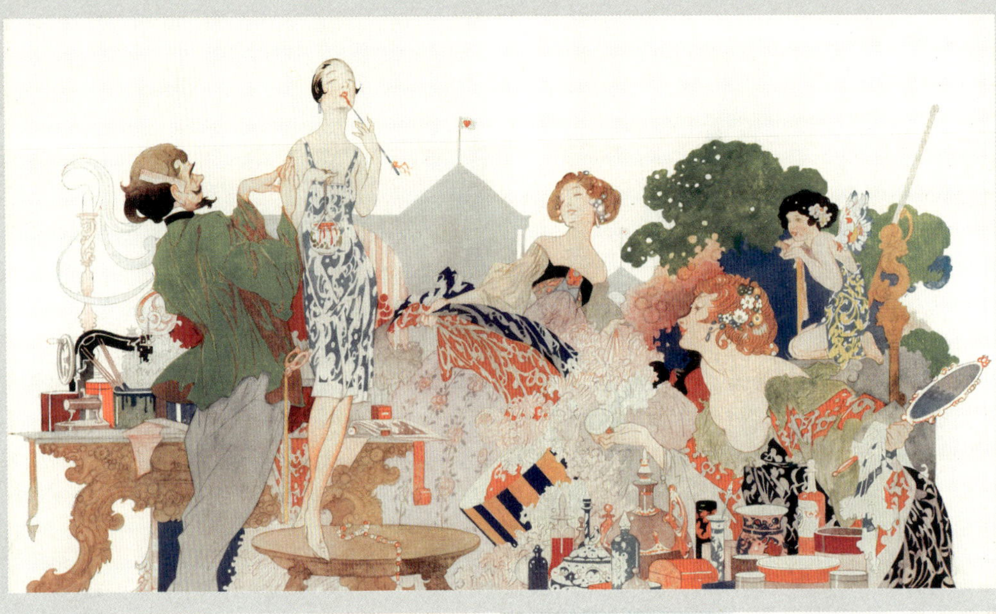

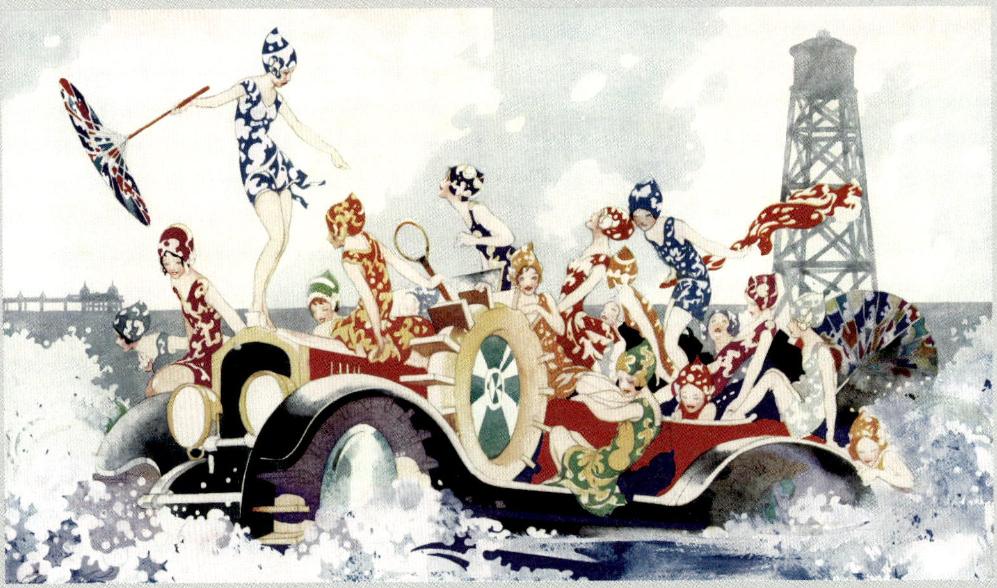

[上]〈ヴァニティ・フェア・ア・ラ・モード〉[下]〈ソー・ディス・イズ・サマー!〉
チャールズ・ロビンソン画／1927年

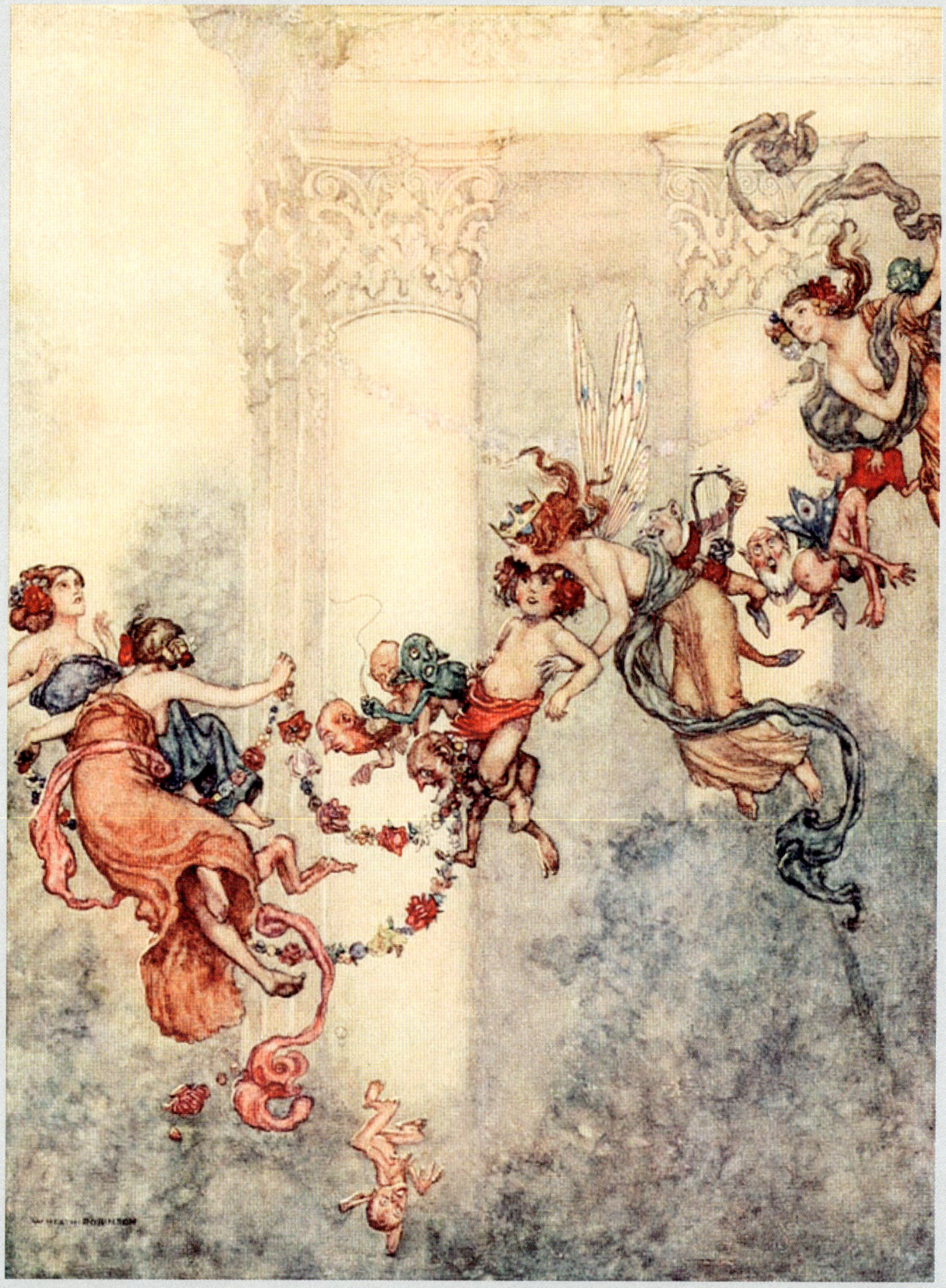

『真夏の夜の夢』ウィリアム・ヒース・ロビンソン画
ウィリアム・シェイクスピア著
1914年／イギリス刊

04

エドマンド・デュラック

Edmund Dulac 1882-1953年

デュラックは、ロンドンの出版界に、フランスのしゃれたセンスと華やかな色彩をもたらした。特にアラビアン・ナイトなどのオリエンタルでエキゾティックな雰囲気は、イギリス的、中世ゴシック的ともいえるラッカムに対して、新しい風を感じさせた。

デュラックはフランスのトゥールーズに生まれた。父は貿易商で、海外の商品をあつかっていた。日本の浮世絵などに触れる機会があり、デュラックの東洋や日本へのあこがれをかきたてた。彼はパリで美術を学んだが、モリスやクレインなどの挿絵に魅せられ、1904年、ロンドンに渡って、イラストレーターになった。1907年、スタウェル夫人の『私の出会った妖精たち』の挿絵を描いた。ホッダー・アンド・ストートンは、それまで頼んでいたアーサー・ラッカムがハイネマン社に移ったので、代わりにデュラックを見出し、『アラビアン・ナイト』を描かせて大ヒットした。
『テンペスト』(1908)、『ルバイヤート』(1909)、『アンデルセン童話集』(1911)など、デュラックの豪華絵本が一つの時代をつくった。しかし第一次世界大戦後、絵本の黄金時代は去っていった。

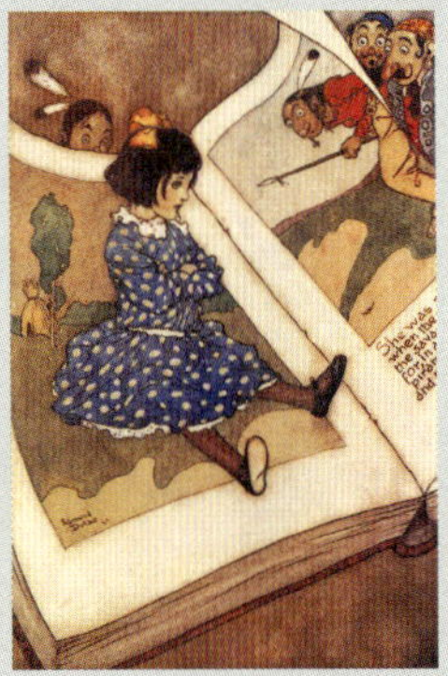

『私の出会った妖精たち』より
〈本の中の少女〉
エドマンド・デュラック画
ロドルフ・スタウェル夫人著
1907年／イギリス刊

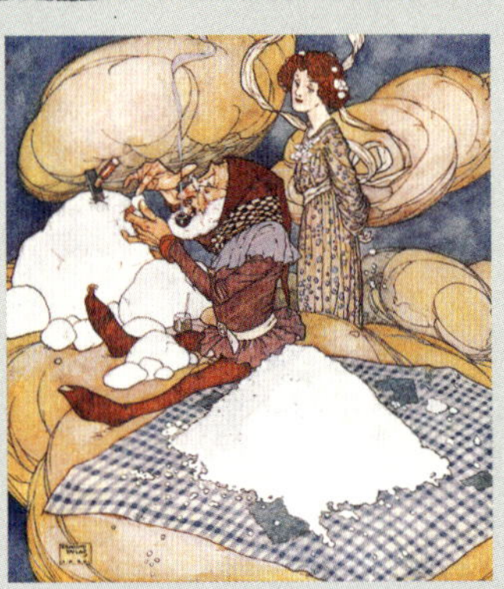

『私の出会った妖精たち』より
〈場所を作り変えた妖精〉
エドマンド・デュラック画
ロドルフ・スタウェル夫人著
1907年／イギリス刊

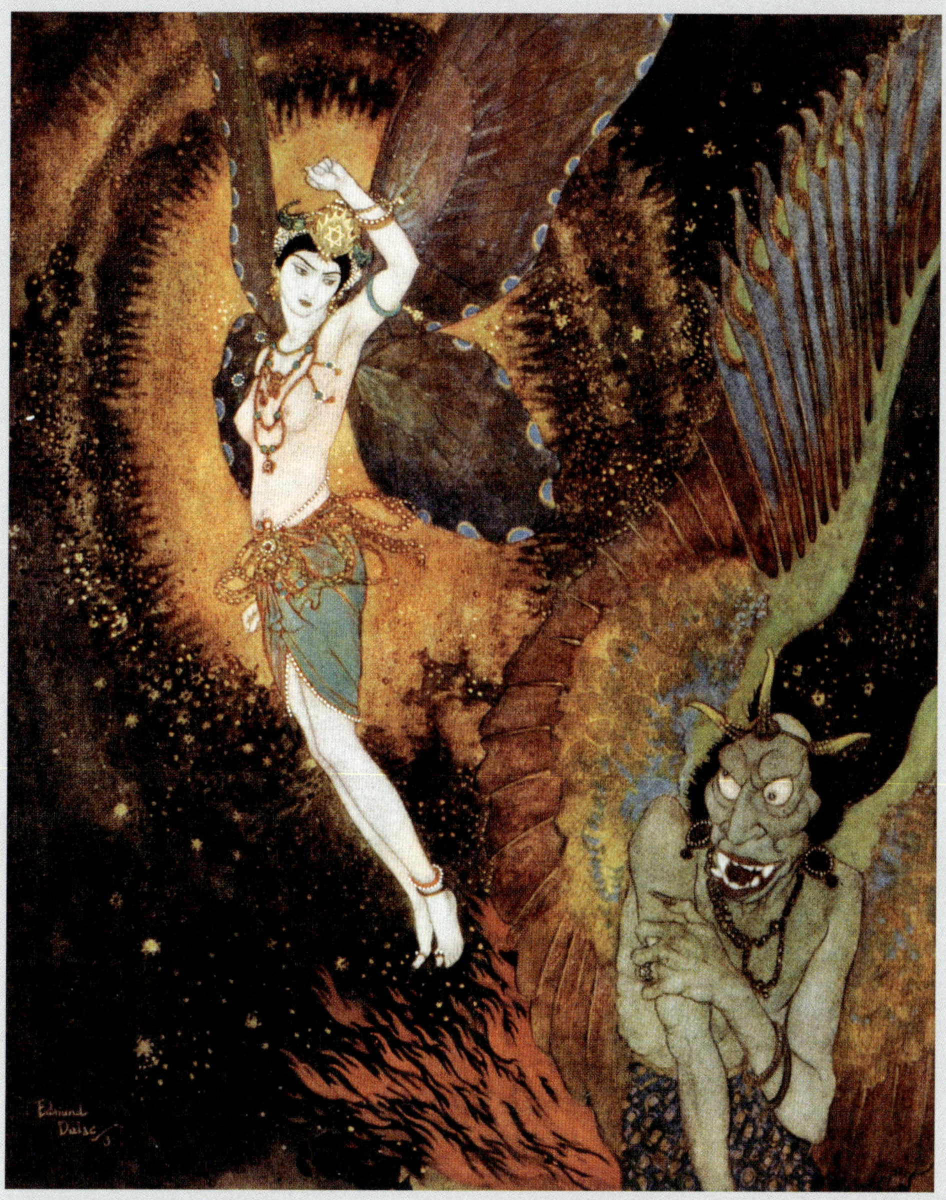

『バドゥーラ姫』
エドマンド・デュラック画
ローレンス・ハウスマン著
1913年／イギリス刊

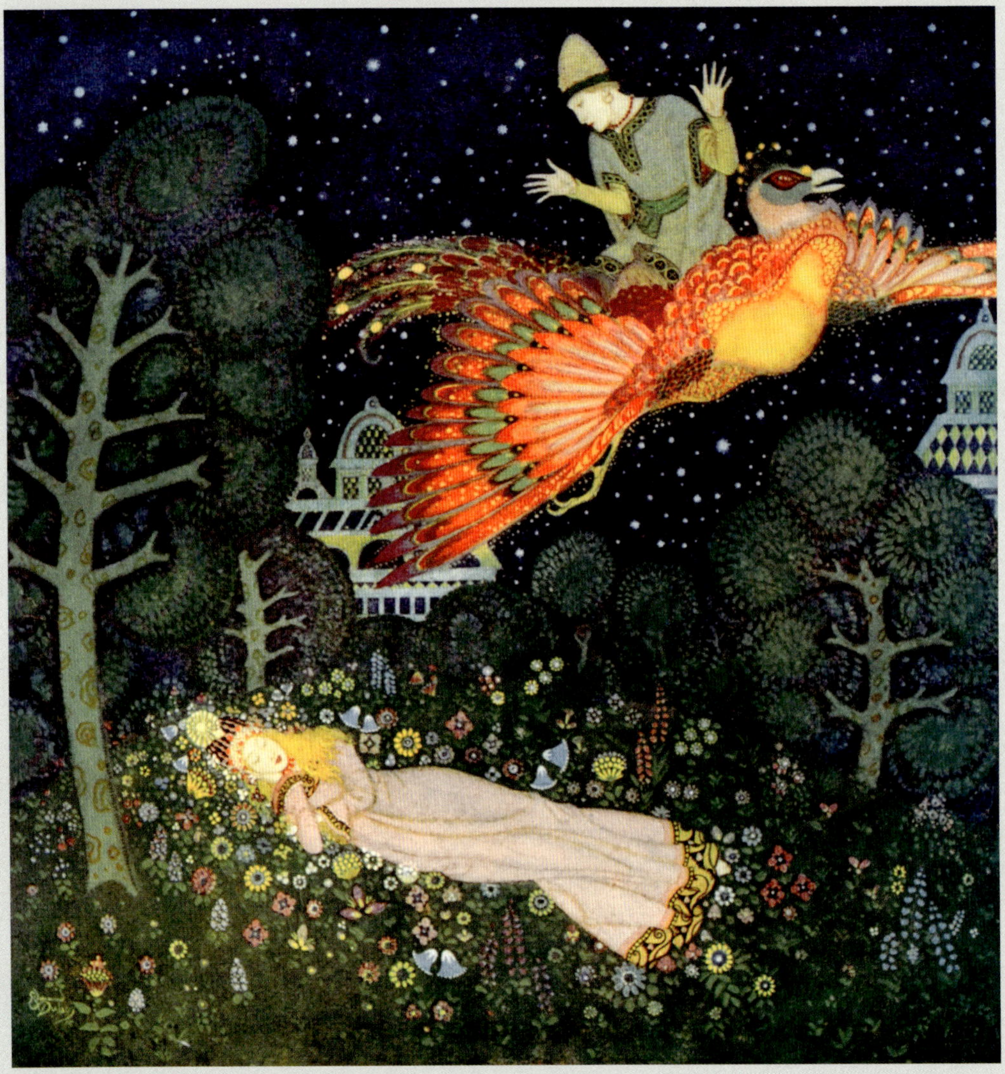

『エドマンド・デュラックのおとぎ話』より〈火の鳥〉
エドマンド・デュラック画
1916年／イギリス刊

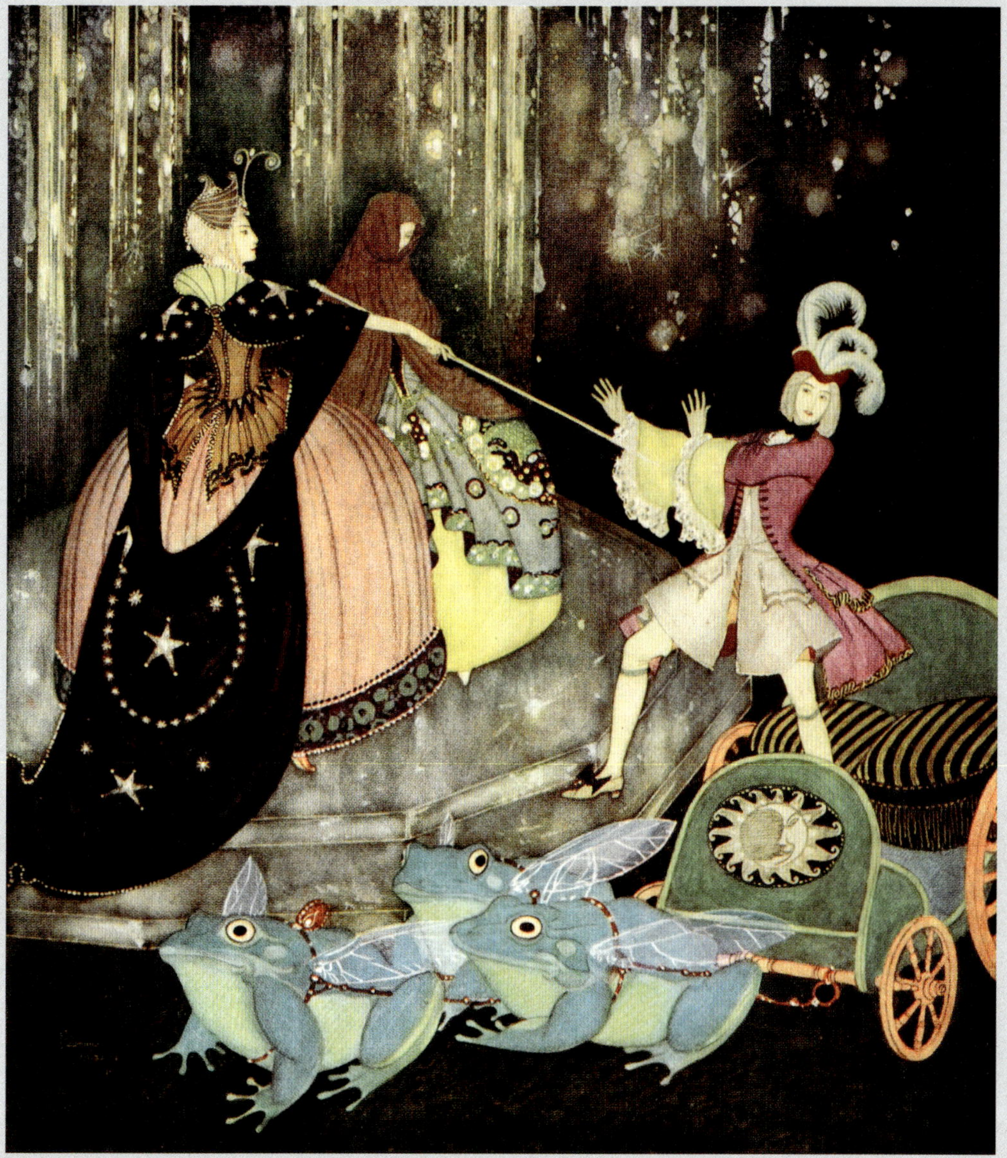

『エドマンド・デュラックのおとぎ話』より〈青い鳥〉
エドマンド・デュラック画
1916年／イギリス刊

05

カイ・ニールセン

Kay Nielsen 1886-1957年

ニールセンはデンマークのコペンハーゲンに生まれた。父は劇場監督、母は女優という演劇一家であった。彼は1904年から1911年までパリで絵を学んだ。1911年、彼はロンドンに移り、挿絵画家となった。すでにデュラックがロンドンで成功していた。デュラックの後継者を求めていたホッダー・アンド・ストートン社がニールセンを雇った。

『おしろいとスカート』(1913) は、あまり有名ではないおとぎ話を集めたもので、ニールセンのアイデアだったという。おしゃれで優雅な彼のスタイルがぴったり合っていた。

1914年の北欧の昔話集『太陽の東、月の西』はニールセンの代表作となった。北欧の白夜、冷たい星の光、そして中世伝説の騎士たちの影像が印象的であった。

第一次世界大戦の時、ニールセンはコペンハーゲンにもどり、舞台デザインの仕事をした。1924年に、再びロンドンでホッダー・アンド・ストートンから『アンデルセン童話集』を出した。

ラッカムやデュラックの遠近法的な空間に対して、ニールセンは奥行きの浅い、より平面的な空間構成で、より装飾的である。ハリー・クラークはニールセンに近い。

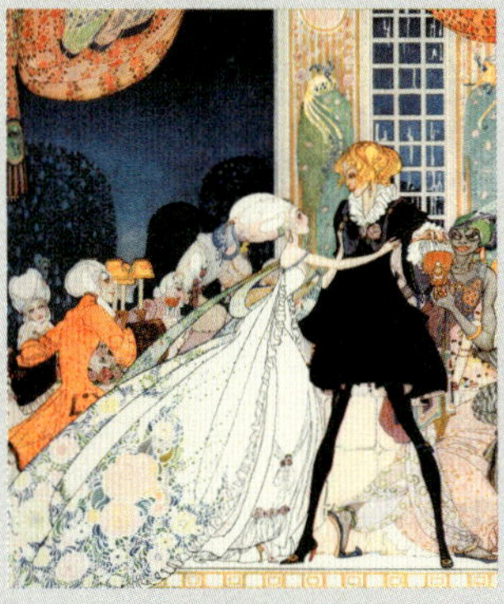

『おしろいとスカート』より
〈12人の踊る姫君〉
カイ・ニールセン画
アーサー・キラークーチ著
1913年／イギリス刊

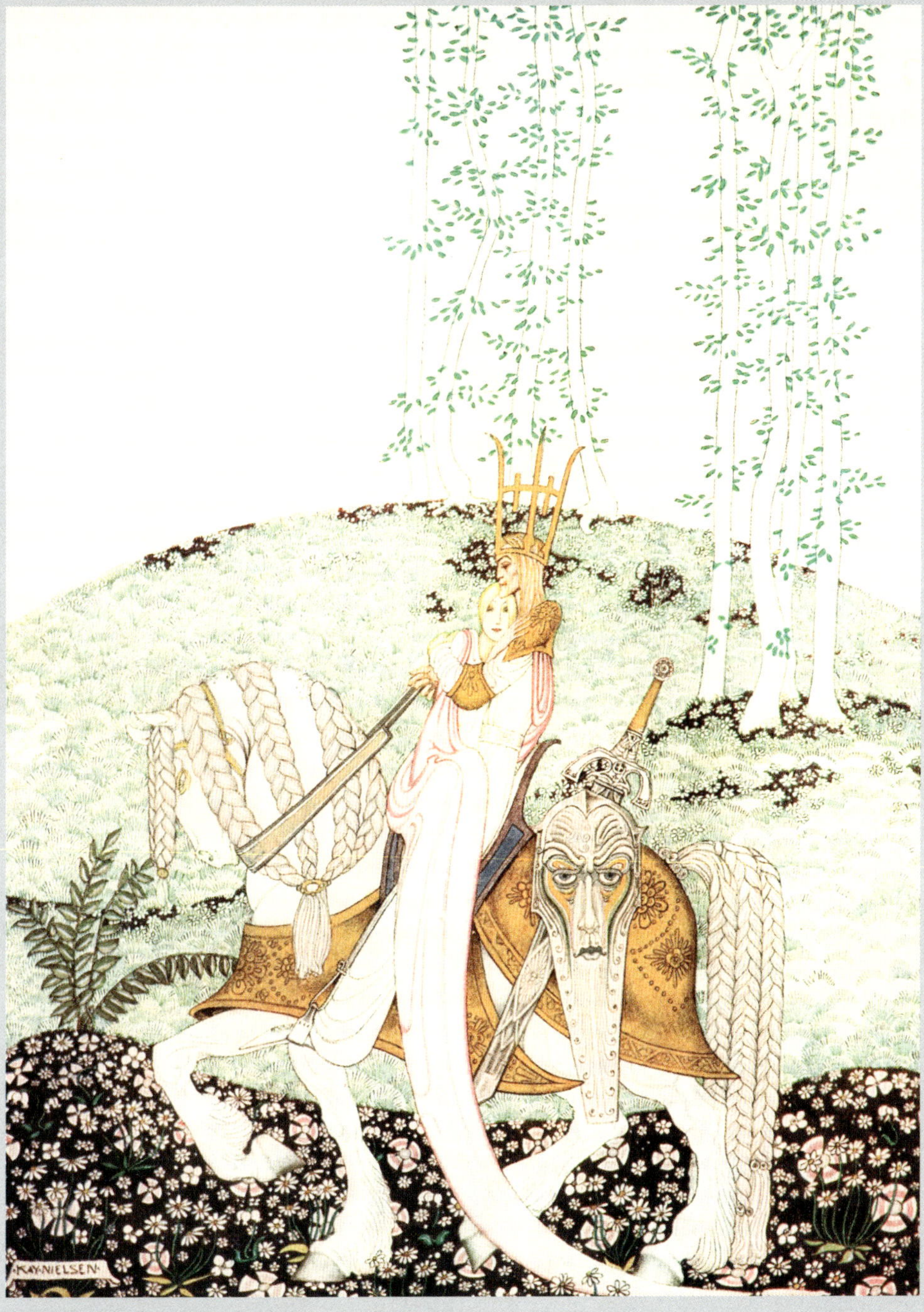

『おしろいとスカート』より〈ミニョン・ミネット〉カイ・ニールセン画
アーサー・キラークーチ著／1913年／イギリス刊

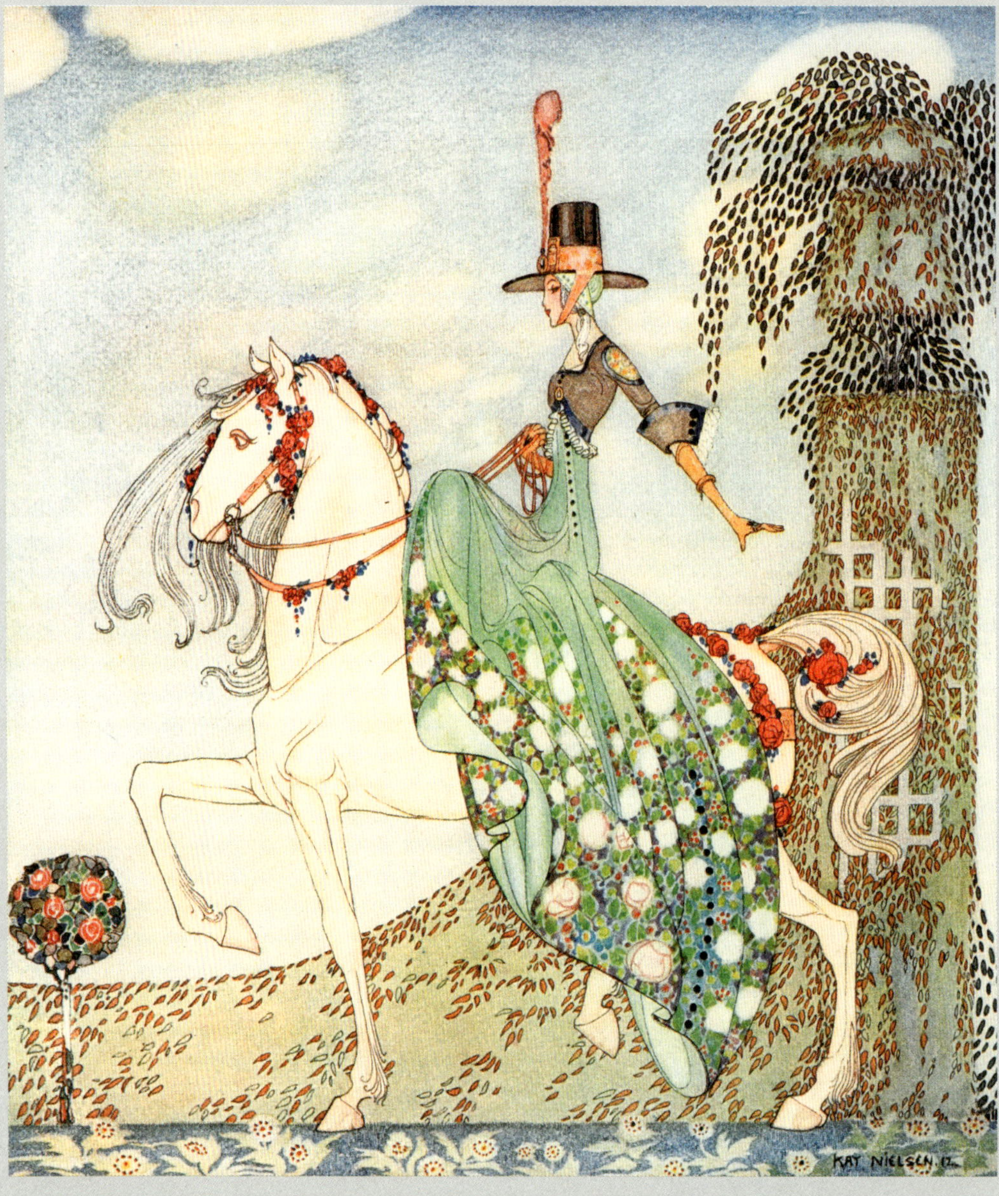

『太陽の東、月の西』より
〈ラッシーと教母〉
カイ・ニールセン画
1914年／イギリス刊

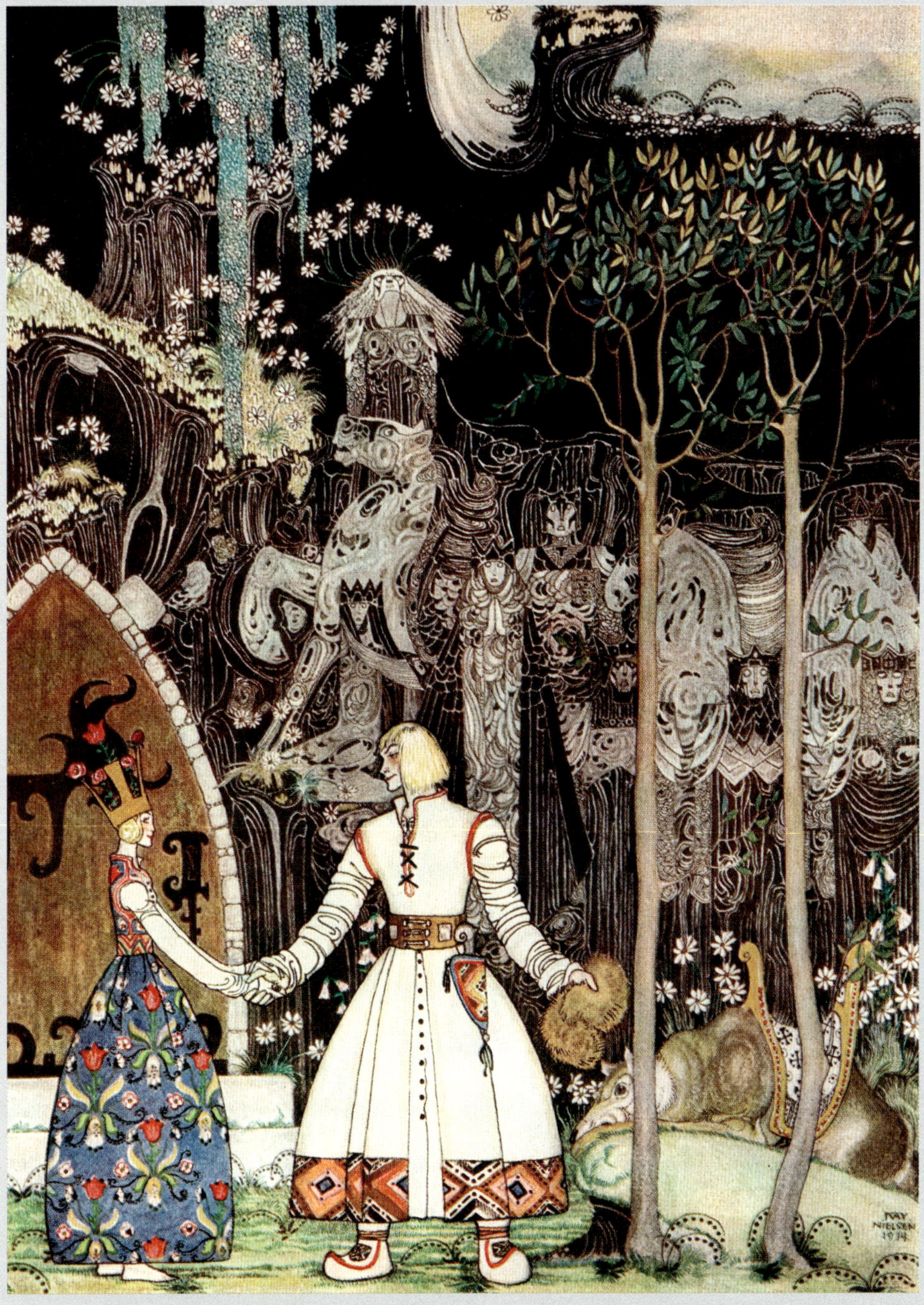

『太陽の東、月の西』より〈体に心臓のない巨人〉
カイ・ニールセン画／1914年／イギリス刊

06

ジェシー・マリオン・キング

Jessie Marion King 1875-1949年

スコットランドのアーツ・アンド・クラフツ運動から出たイラストレーターである。ウィリアム・モリスの影響を受けたチャールズ・レニー・マッキントッシュを中心とするグラスゴー派に学んだ。マッキントッシュ、ハーバート・マクネア、マーガレットとフランシスのマクドナルド姉妹による〈グラスゴー・フォー〉は、ケルトなどの古いデザインを復活した。建築から挿絵、刺繍、宝飾などあらゆるジャンルの仕事をし、また女性デザイナーを育てた。ジェシー・キング、アニー・フレンチなどがいる。

ジェシーは1894年にグラスゴー美術学校に入った。少女の時から妖精を見ることができたという彼女は、繊細な手芸のような曲線による幻想的な挿絵を描いた。彼女はステンドグラス作家E・A・テイラーと結婚し、1911年から1913年までパリで暮らした。このころ、パリでハリー・クラークと出会っている。クラークはテイラーの新しいステンドグラス、ジェシーの装飾的なフレーム・デザインなどに大きな刺激を受けている。

ジェシーは『グィネヴィアの弁護とその他の詩』(ウィリアム・モリス 1904)、『ざくろの家』(オスカー・ワイルド 1915)などを描いた。

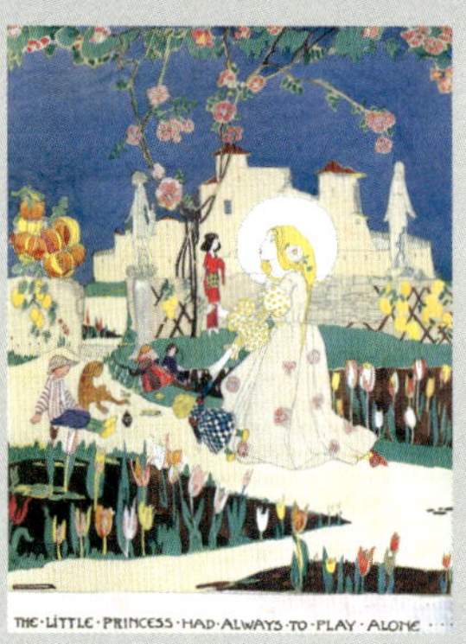

『ざくろの家』より
〈王女の誕生日〉
ジェシー・キング画
オスカー・ワイルド著
1915年／イギリス刊

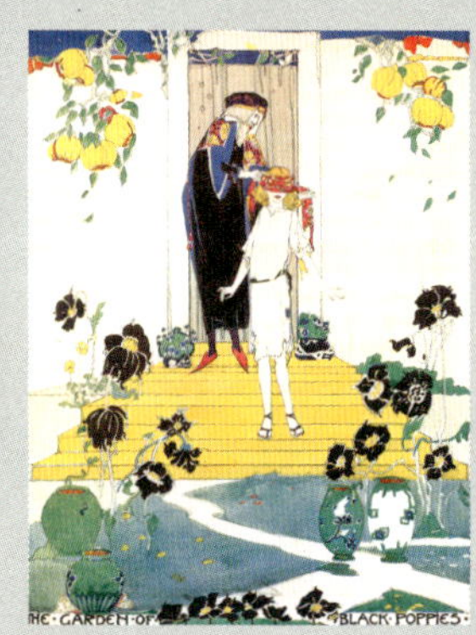

『ざくろの家』より
〈星の子〉
ジェシー・キング画
オスカー・ワイルド著
1915年／イギリス刊

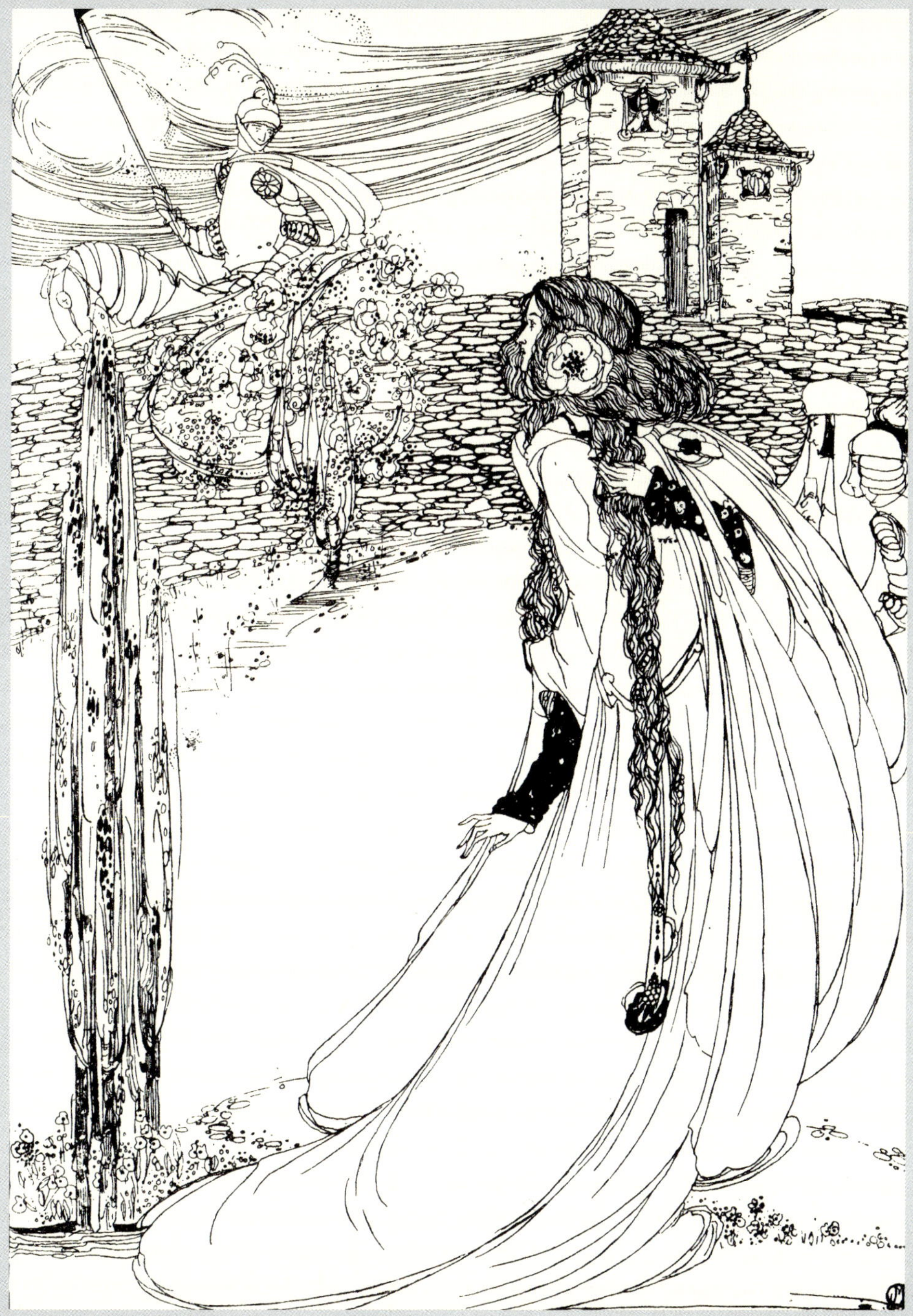

『グィネヴィアの弁護とその他の詩』ジェシー・キング画
ウィリアム・モリス著／1904年／イギリス刊

07

ウィリー・ポガニー

Willy Pogany 1882-1955年

ハンガリー生まれで、ブダペストで学び、ミュンヘン、パリを経て、1906年にロンドンにやってきた。アーサー・ラッカムの後継者といわれ、デュラックと親しかった。

ジョージ・ハラップはポガニーをデュラックのライヴァルとして育て、『ルバイヤート』(1909) などの豪華絵本を描かせた。コールリッジの詩『老水夫行』(1910)、さらにワーグナー3部作『タンホイザー』(1911)、『パルジファル』(1912)、『ローエングリン』(1913)が出された。

ハリー・クラークはポガニーが活躍していたハラップで絵本を出すことになる。当然、ポガニーを意識していたろう。『老水夫行』はクラークも描いている。

デュラックはイギリスに帰化したが、ポガニーはこの国になじめなかったようだ。第一次大戦がはじまるとすぐに彼はアメリカに移住し、アメリカに帰化した。アメリカでは『不思議の国のアリス』(1929) などたくさんの絵本を描いたが、ハラップで出した本をこえるものはなかったといわれる。

アメリカでは、ニューヨーク・メトロポリタン・オペラの舞台装飾やコスチュームのデザインの仕事をし、ハリウッドで、映画に関わったりした。

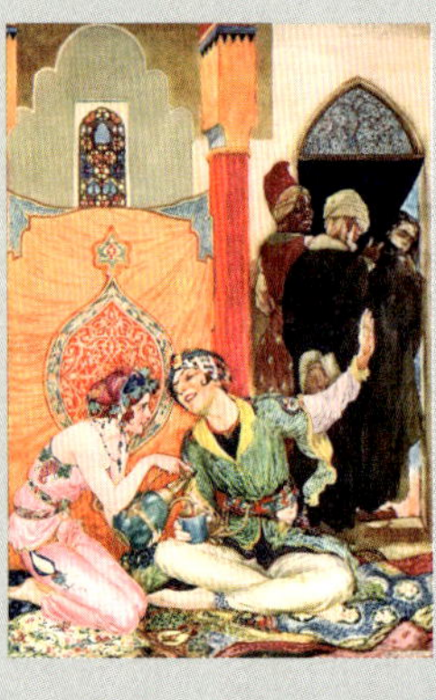

『ルバイヤート』
ウィリー・ポガニー画
オマール・ハイヤーム著
1909年／イギリス刊

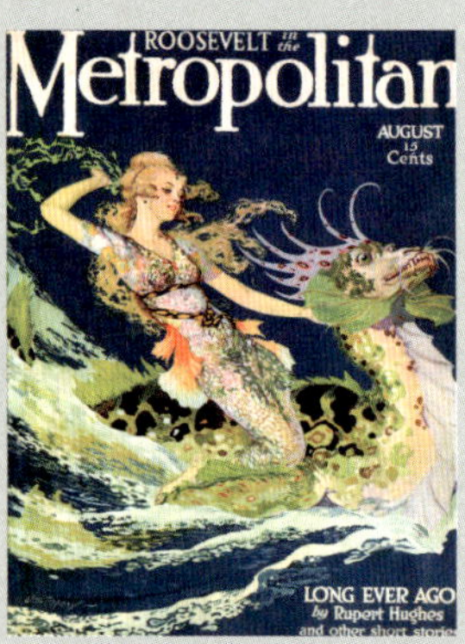

雑誌『メトロポリタン』
のカバーイラスト
ウィリー・ポガニー画
1916年8月号／アメリカ刊

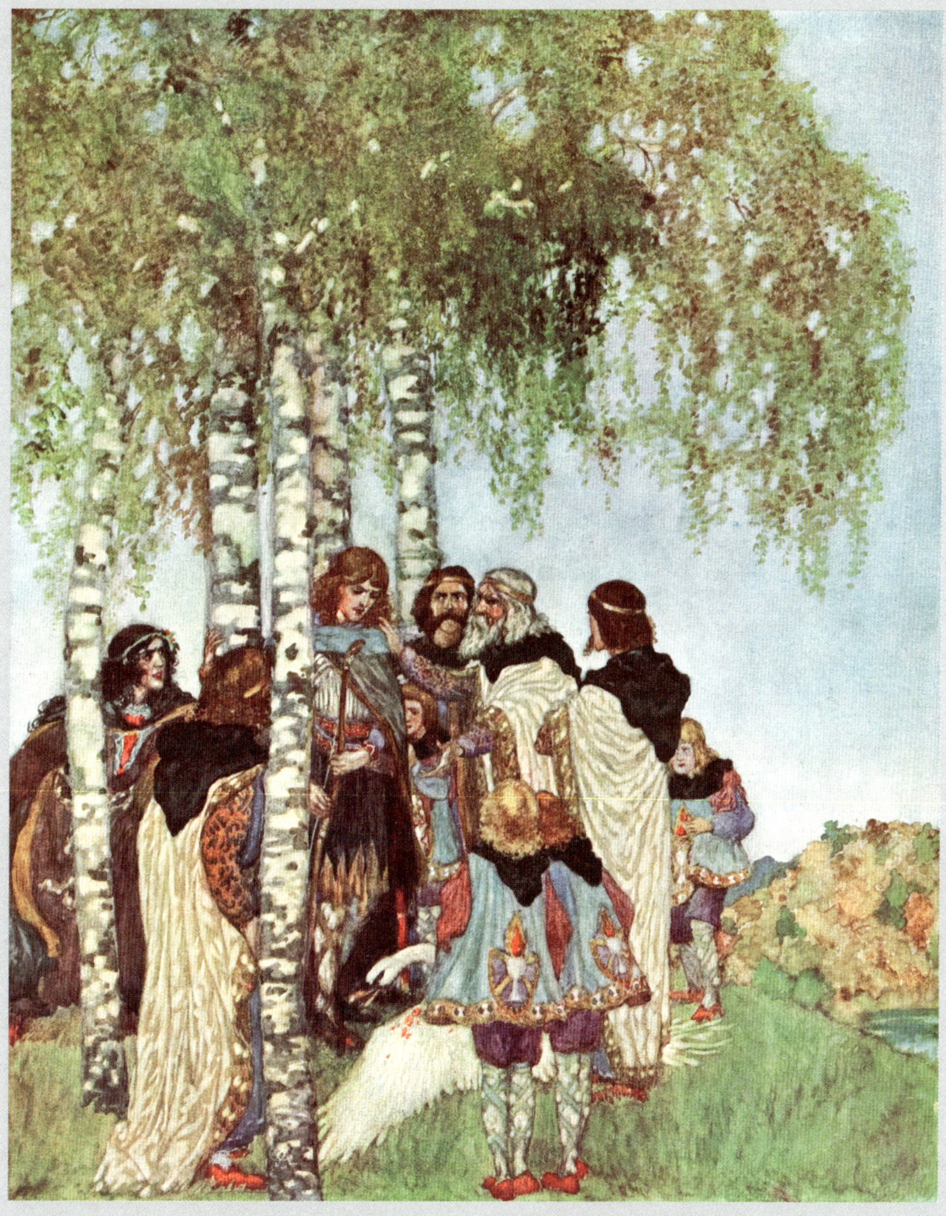

『パルジファル カレンダー 1918年』ウィリー・ポガニー画
リヒャルト・ワーグナー著／1917年／オーストリア刊

08

レオン・バクスト

Leon Bakst 1866-1924年

絵本の黄金時代で注目されるのは、そこにあふれる東洋趣味である。エキゾティックなアラビアン・ナイトの世界、オリエント、インド、中国、日本などの美術が流れこんでくる。その現象の主役となったのは、セルゲイ・ディアギレフの〈バレエ・リュス〉(ロシア・バレエ団)であった。1909年にパリに登場して以来、ヨーロッパにオリエント旋風を巻き起こしていた。その魅力は、ニジンスキーのようなダンサーとオリエンタル趣味の舞台デザインであった。

〈バレエ・リュス〉の舞台デザイナーとして知られたのはレオン・バクストであった。彼はロシアの世紀末にディアギレフが創刊した雑誌『芸術世界』に挿絵を描き、ディアギレフが結成した〈バレエ・リュス〉の舞台デザインを担当したのであった。

リムスキー＝コルサコフの音楽による『シェエラザード』のアラビアン・ナイト風のコスチュームは、その形と色彩によってパリを魅了した。

ハリー・クラークは熱狂的な〈バレエ・リュス〉ファンであり、レオン・バクストに強い影響を受けている。チャールズ・リケッツなど〈バレエ・リュス〉が好きなイラストレーターは多いが、クラークにおいても、レオン・バクストとの比較が必要である。

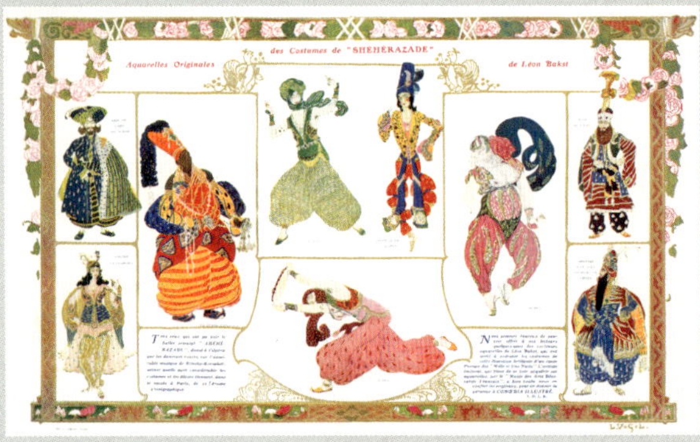

雑誌
『コメディア・イリュストレ』より
〈バレエ「シェエラザード」の
ためのコスチューム・
デザイン〉
レオン・バクスト画
1910年

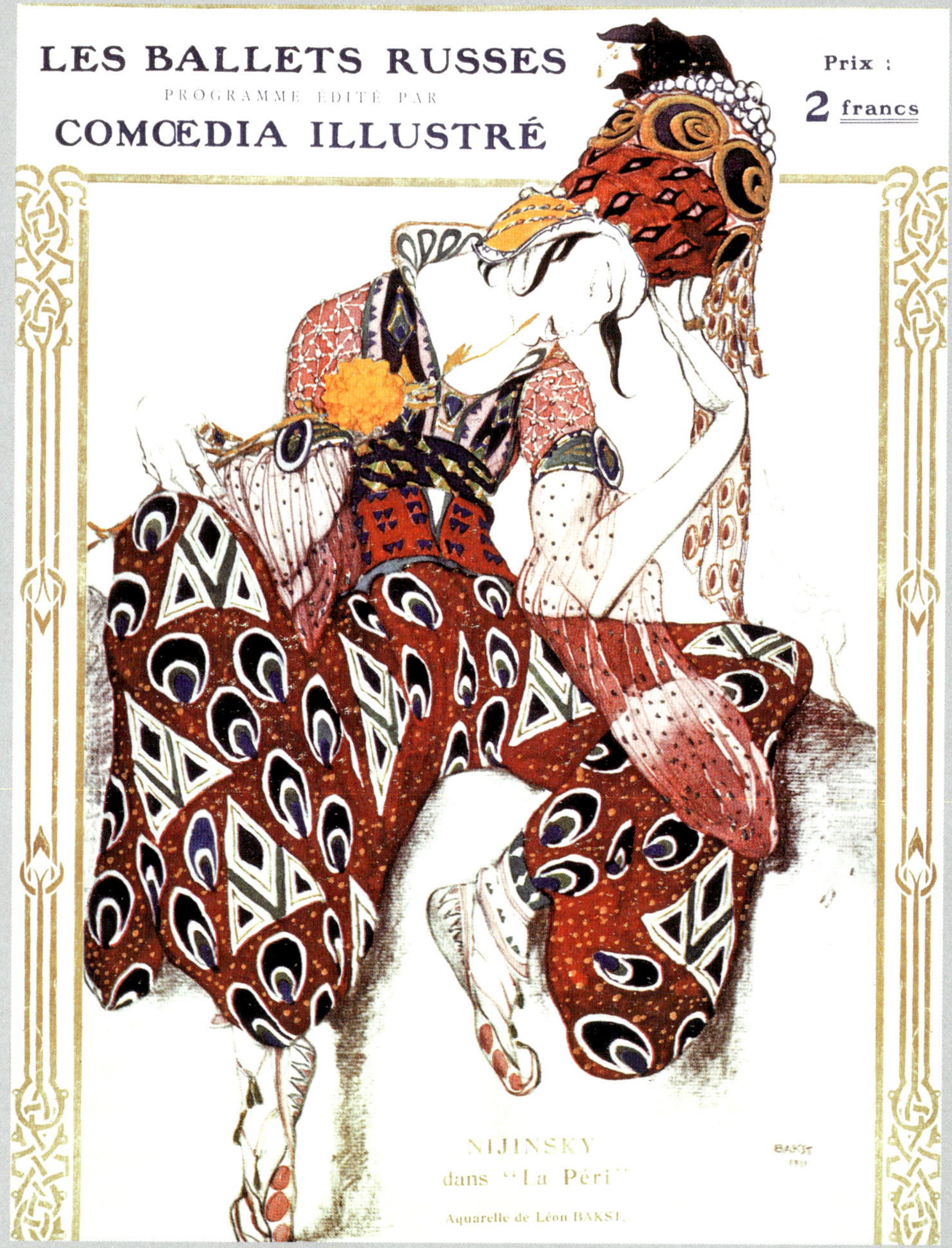

雑誌『コメディア・イリュストレ』より〈ニジンスキーのためのコスチューム・デザイン〉
レオン・バクスト画／ 1911年／フランス刊

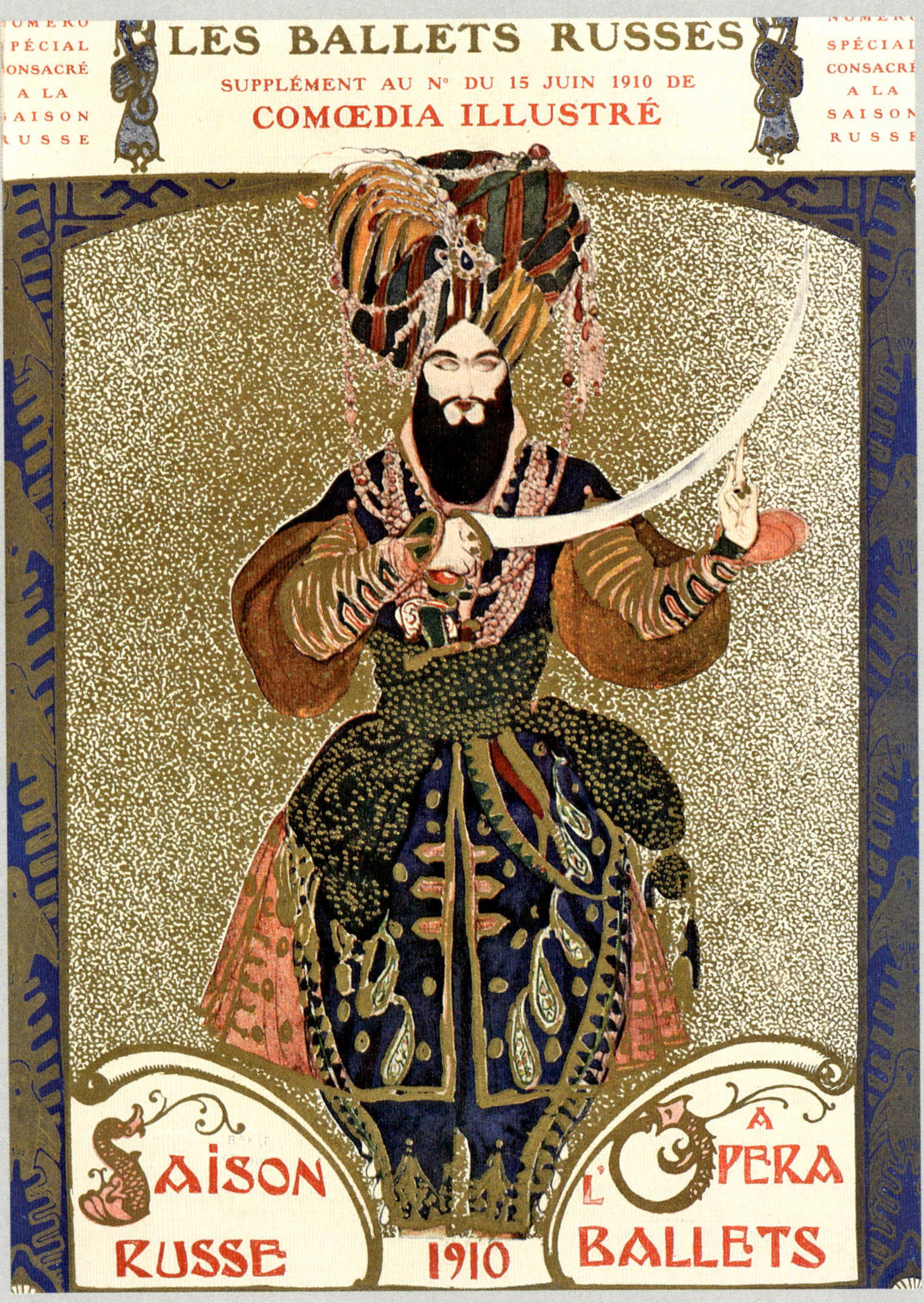

雑誌『コメディア・イリュストレ』より〈コスチューム・デザイン〉
レオン・バクスト画／1909年／フランス刊

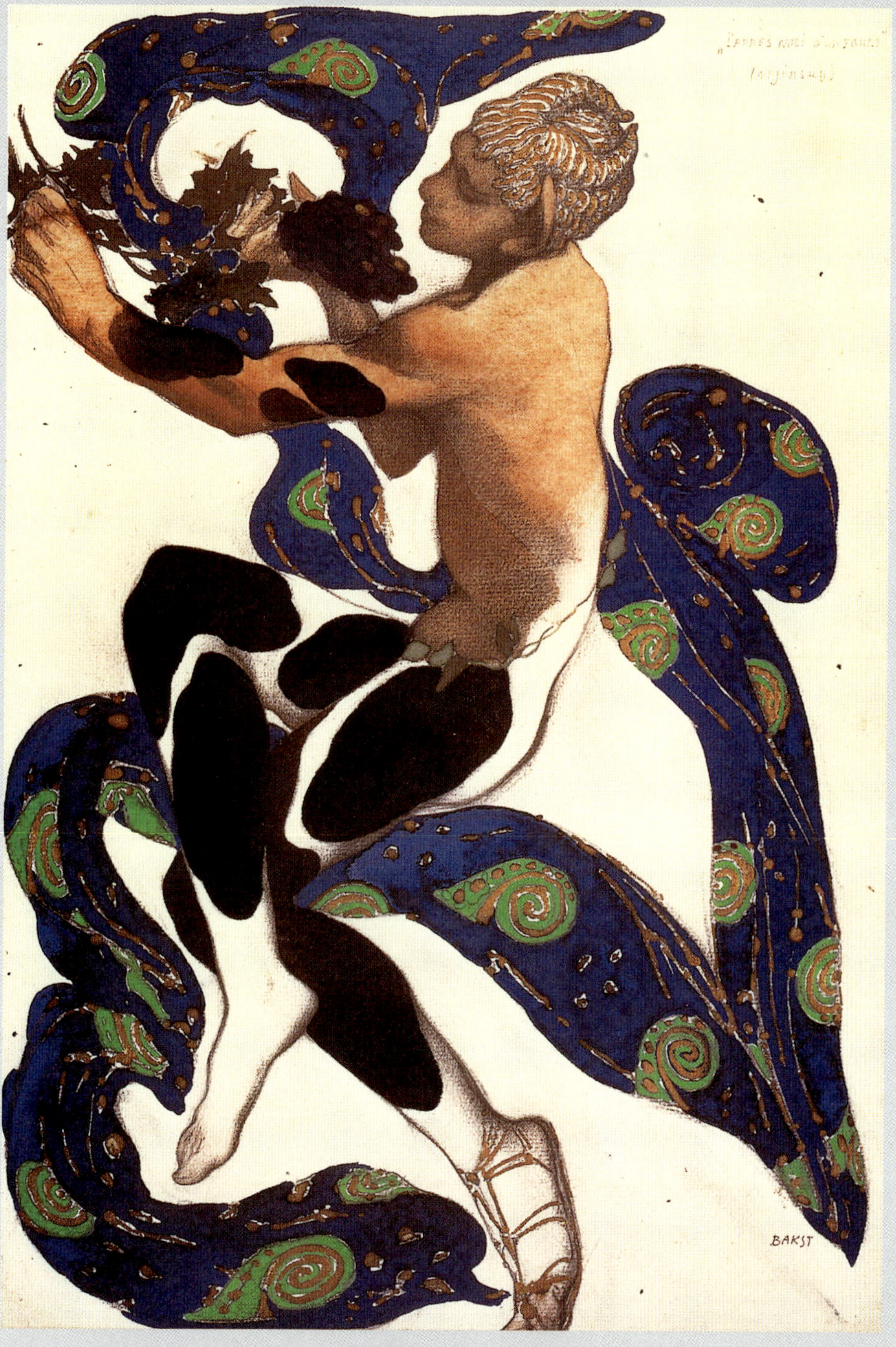

雑誌『コメディア・イリュストレ』より〈「牧神の午後」を踊るニジンスキーのためのコスチューム・デザイン〉
レオン・バクスト画／1912年／フランス刊

09

アラステア

Alastair 1887-1969年

本名はハンス・ヘニング・フォイクトである。ドイツのカールスルーエに生まれた。ヨーロッパ中を遍歴し、ダンディでデカダンな生活を送ったといわれる。1910年代に〈バレエ・リュス〉に魅せられた。ビアズリーと〈バレエ・リュス〉への偏愛はハリー・クラークと似ている。〈バレエ・リュス〉はイタリアのヴェネツィアを本拠としていた。アラステアもヴェネツィアでディアギレフのグループの周辺にいたらしい。

ビアズリー風な絵を描いていたアラステアはロンドンの出版者ジョン・レインに見出される。ビアズリーと『イエロー・ブック』を出していた出版者である。1914年、ジョン・レインから『43点のアラステア画集』を出す。第一次大戦後の1920年には、オスカー・ワイルドの『スフィンクス』がアラステアの挿絵でジョン・レインから出された。かつてチャールズ・リケッツも『スフィンクス』を描いた。

1928年にはポーの『アッシャー家の没落』がパリで、アベ・プレヴォの『マノン・レスコー』がロンドンのジョン・レインから出された。しかしその後、アラステアは忘れられた。デュラックやニールセンが再評価されるようになり、アラステアやハリー・クラークにも光が当たりはじめた。

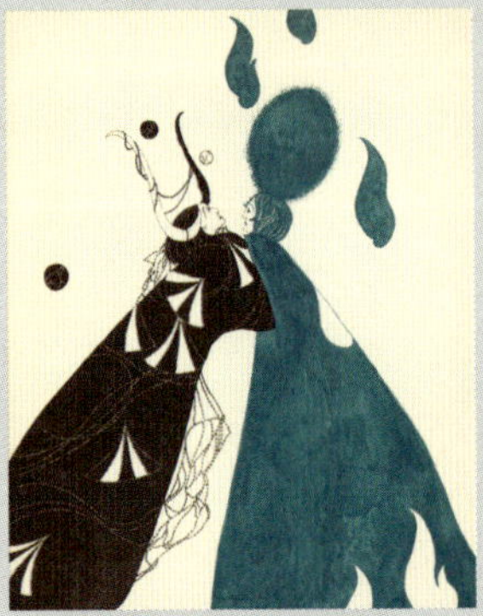

『スフィンクス』
アラステア画
オスカー・ワイルド著
1920年／イギリス刊

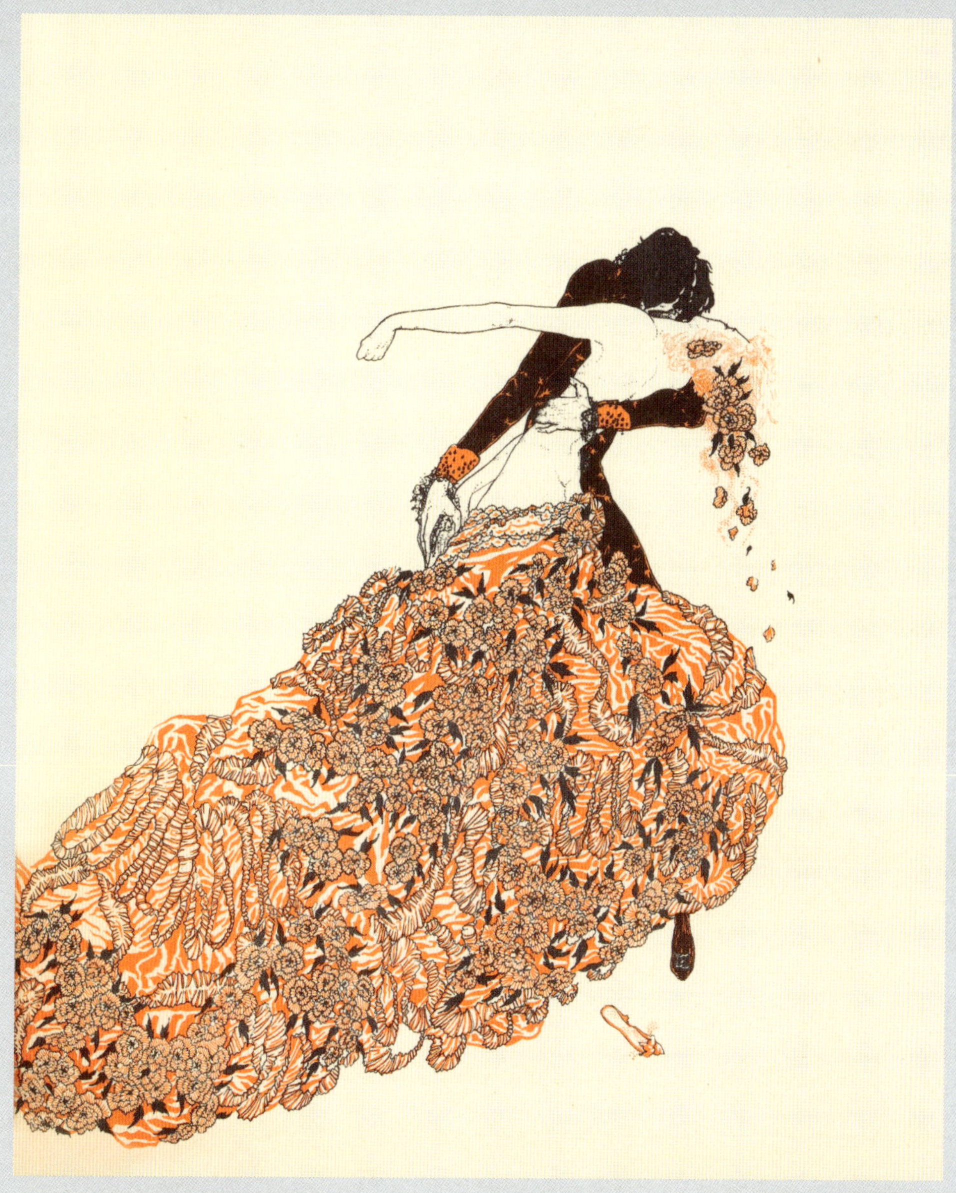

『マノン・レスコー』アラステア画
アベ・プレヴォ著／1928年／イギリス刊

10

ジョン・オースティン

John Austen 1886-?

ロンドンで活躍したイラストレーターで、子どもの本から大人の本まで幅広く描いている。ハリー・クラーク、アラン・オドル（P282参照）とは同世代で、親しい友人であった。『子どものための昔話』、『磁器の悪漢』、『ダフニスとクロエ』、『神々は渇く』（アナトール・フランス作）、『トリストラム・シャンディ』、『ボヴァリー夫人』などの挿絵を描いている。

オースティンは1920年に『イヴ』という女性誌に描いている時に、ハリー・クラークと知り合っている。クラークはこの雑誌にセフトン織物の広告のイラストを描いていた。このファッション誌には、モダンな、アール・デコ・スタイルのデザインが載っていた。

当時のイラストレーターが集ったのはロンドンのカフェ・ロワイヤルであった。ここには19世紀末から文士、編集者、出版者が集まり、当然、イラストレーターもたむろして、仕事をさがしていたのである。かつてオスカー・ワイルドもオーブリー・ビアズリーもここに来ていた。オースティンやアラン・オドルもここの常連で、ハリー・クラークもロンドンに来るとここに顔を出し、3人はやがて親友となった。

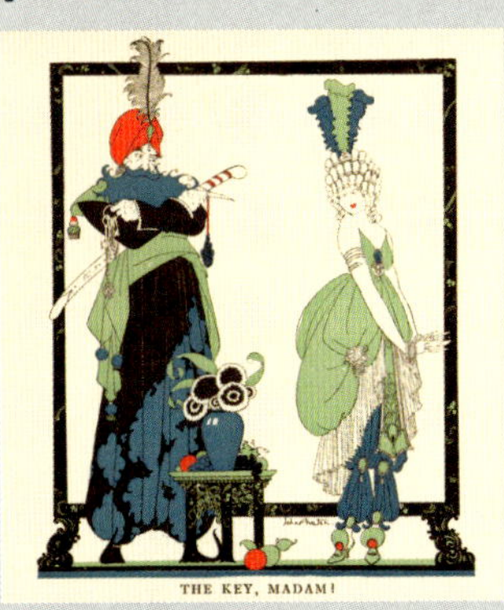

『子どものための昔話』より
〈青ひげ〉
ジョン・オースティン画
シャルル・ペロー著
1922年／イギリス刊

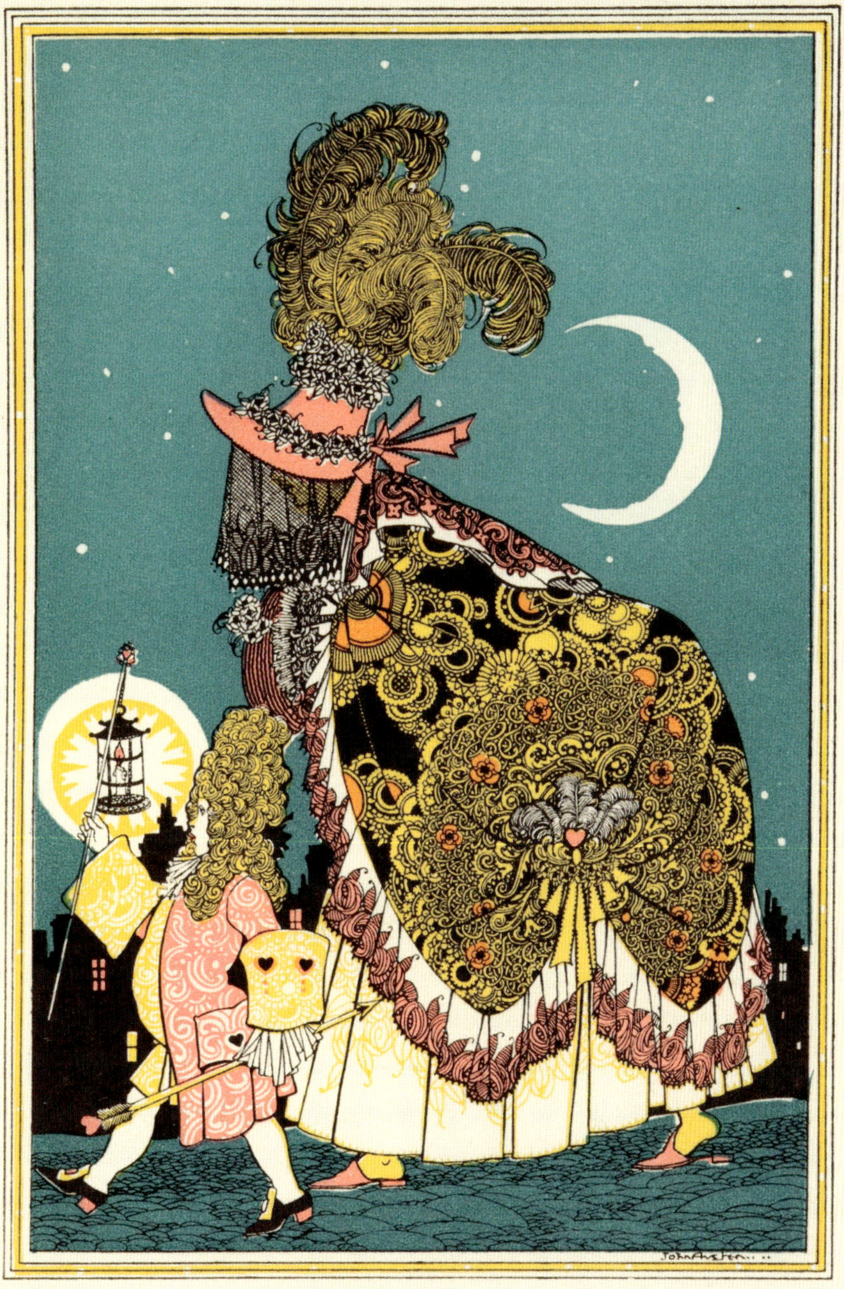

And Venus mask'd brought up the rear.

『磁器の悪漢』ジョン・オースティン画
1924年／イギリス刊

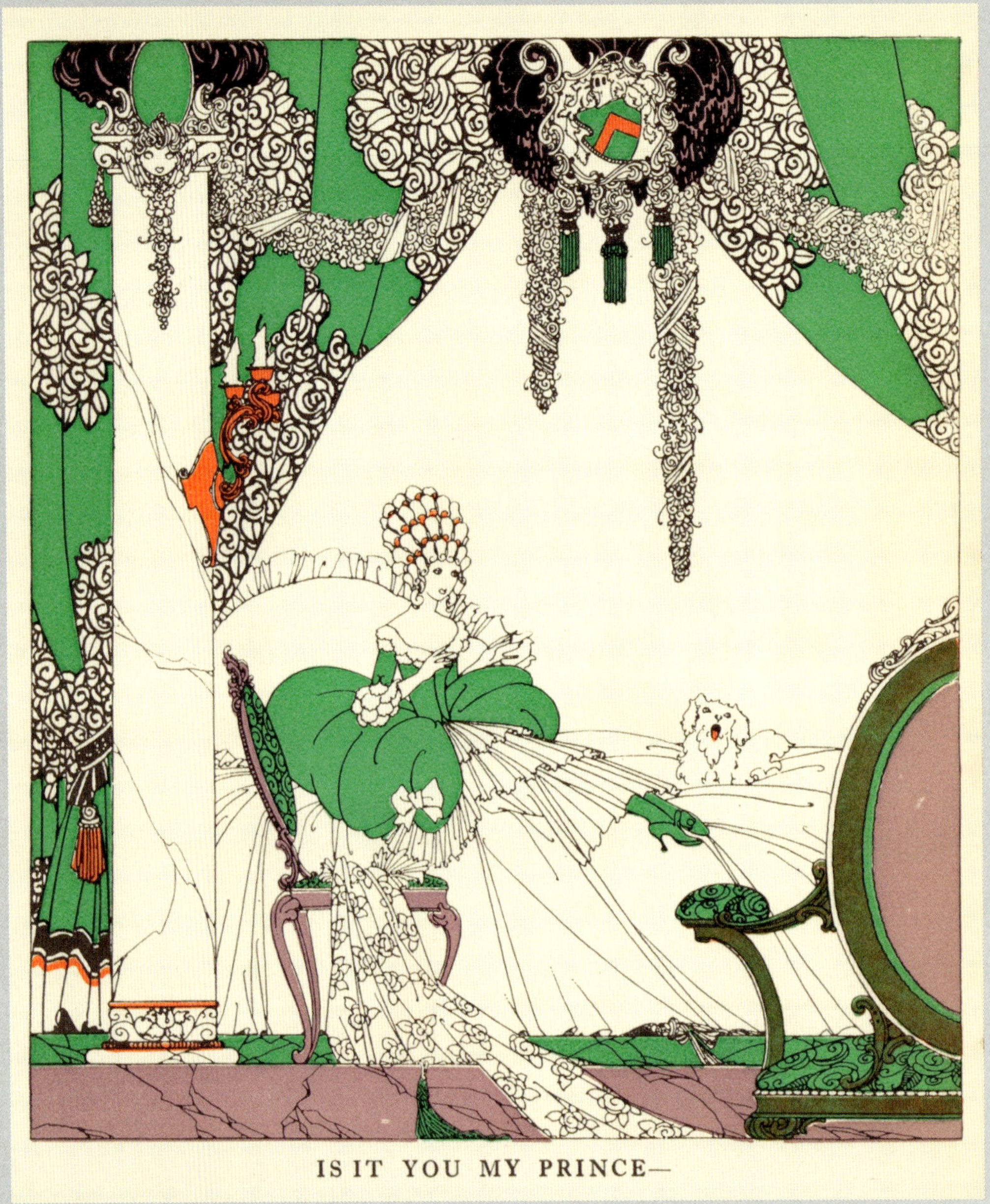

『子どものための昔話』より〈眠れる森の美女〉
ジョン・オースティン画／シャルル・ペロー著／1922年／イギリス刊

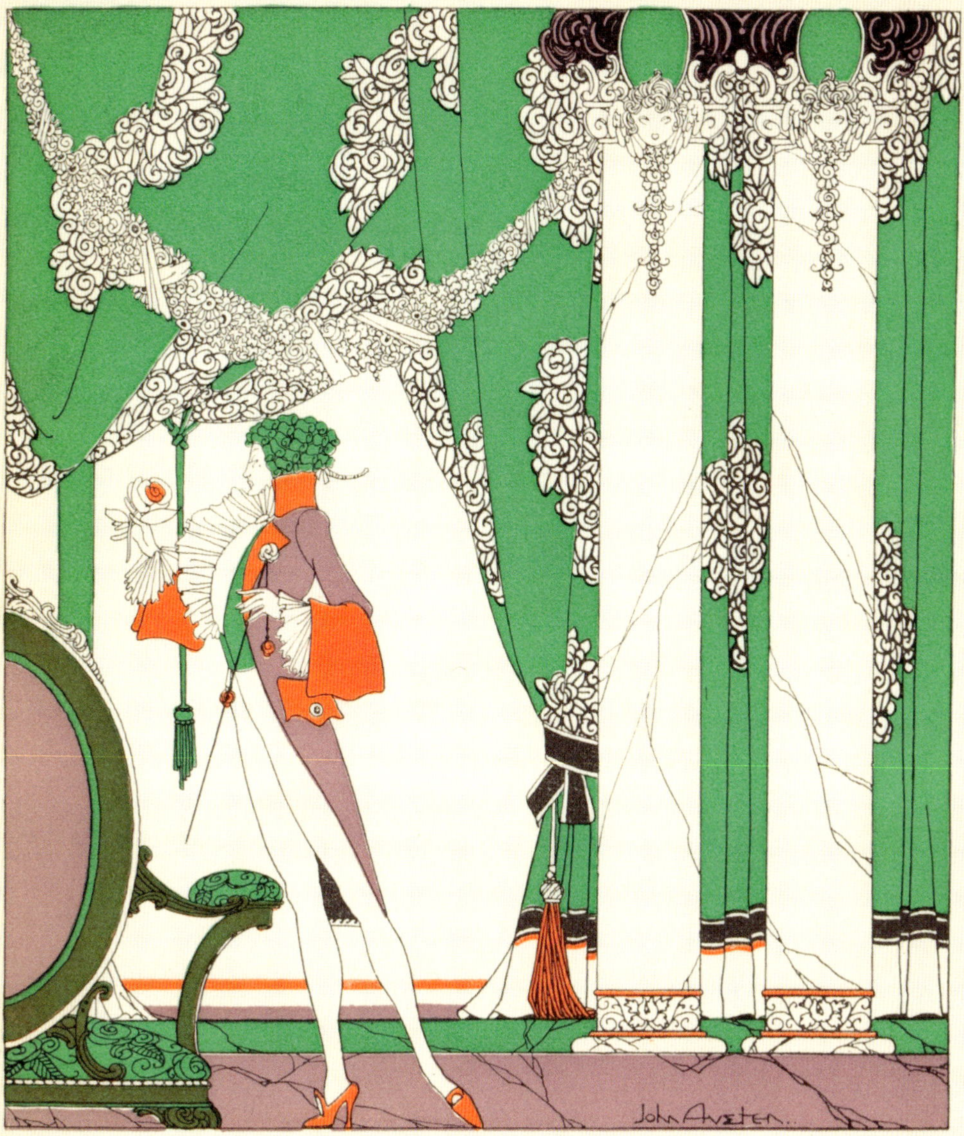

YOU HAVE WAITED A LONG TIME

11

アラン・オドル

Alan Odle 1888-1947年

オースティン、クラークとともに1920年代に活躍していたアラン・オドルはほとんど忘れられてしまった。しかしマーティン・スティーンソンの『アラン・オドルの生涯と作品』(2012)によって再発見された。

1920年代には、絵本の黄金時代が終わっていた。デュラックやニールセンでも苦しかったのである。ましてオースティン、クラーク、オドルには厳しく、出版元をさがすのに苦労している。特にオドルは貧しい上に、アルコール依存で、胸を病んでいた。しかしすばらしい絵を描いた。ラブレーやバルザックのための挿絵では豪快でユーモラスで、バロック的ともいえるエネルギッシュな表現が見られる。オースティンやクラークがロマンティックであるのに対してオドルは渦巻くようなダイナミックな曲線で、〈バロック〉的なイラストレーターであった。

オースティンはセント・ジョージ・ギャラリーの展覧会にオドルを誘ったが、オドルは参加費も出せないほど貧しかった。そのオドルの才能を惜しみ、酒をやめさせ、仕事も制限したのはドロシー・リチャードソンという女流作家であった。彼女は彼より15年上であったが2人は結婚した。彼女のおかげでオドルは、医者にいわれたよりも2-30年長生きし、ユニークな絵を描いた。

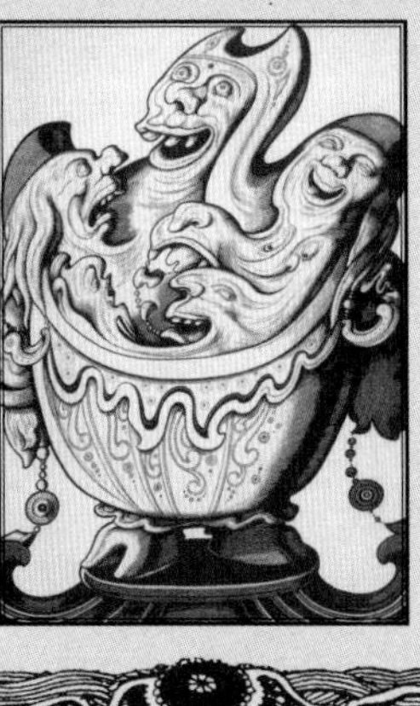

『セリーニの人生』
アラン・オドル画

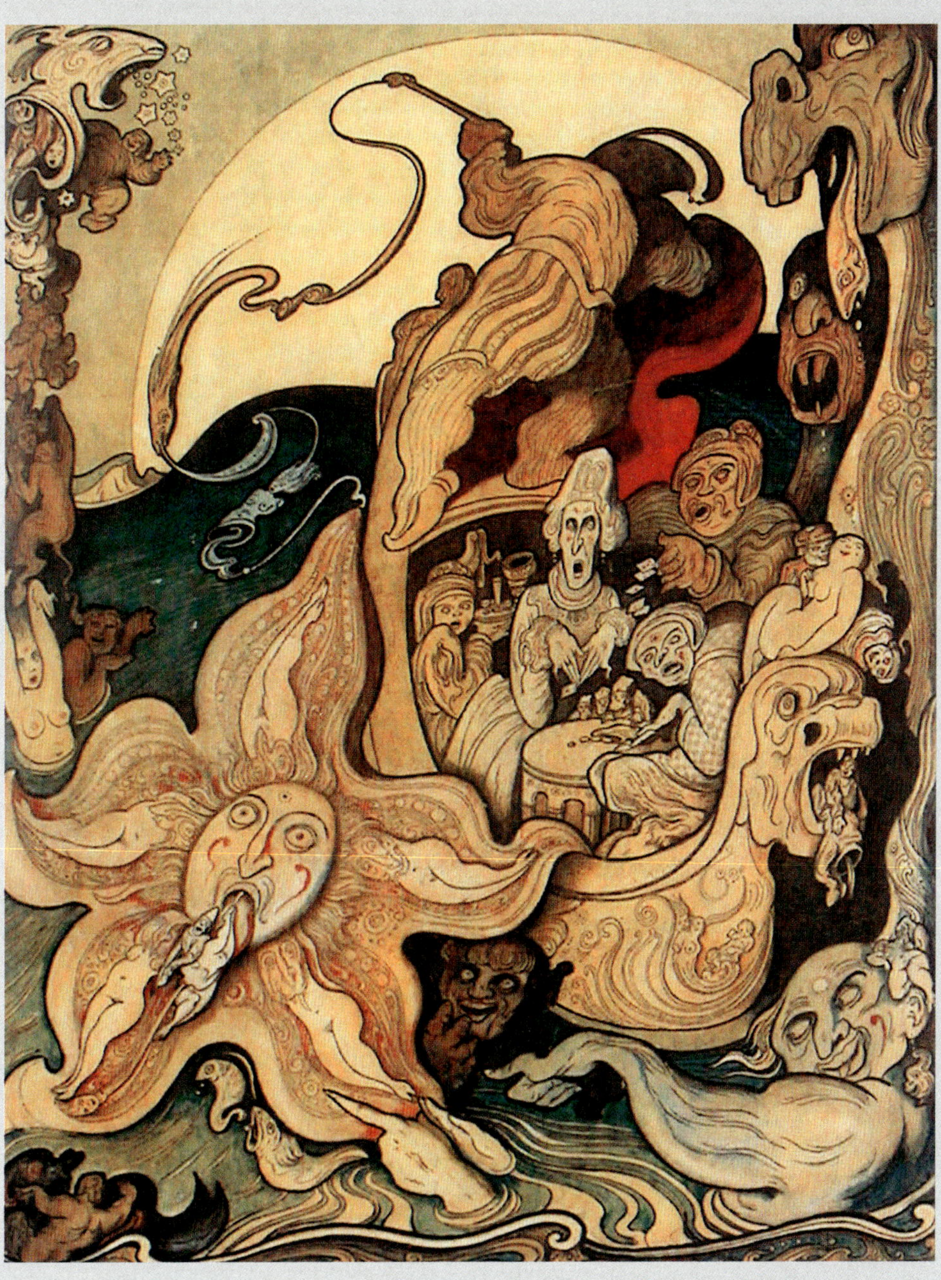

無題／アラン・オドル画

作品リスト
Index

イラスト
Illustration

P36-59
『アンデルセン童話集』
ハリー・クラーク画
ハンス・クリスチャン・アンデルセン著
1916年 ジョージ・G. ハラップ社(ロンドン)
279×190mm
マーティン・ムーア・スティーンソン蔵

P36-59
Fairy Tales by Hans Christian Andersen
Illustrated by Harry Clarke
1916, George G. Harrap, London
279×190mm
Collection of Martin Moore Steenson

P64-83
『神秘と幻想の物語』
ハリー・クラーク画
エドガー・アラン・ポー著
1923年 ジョージ・G. ハラップ社(ロンドン)
270×195mm
マーティン・ムーア・スティーンソン蔵
※初版は1919年ですが、本書では、
カラーのイラスト8枚が追加された1923年の
第2版を掲載しています。

P64-83
Tales of Mystery and Imagination
by Edgar Allan Poe
1923, George G. Harrap, London
270×195mm
Collection of Martin Moore Steenson

P88-95
『ときは春』
ハリー・クラーク画
ルティス・ドイリー・ウォルターズ編
1920年 ジョージ・G. ハラップ社(ロンドン)
266×196mm
マーティン・ムーア・スティーンソン蔵

P88-95
The Year's at the Spring
Compiled by L.D'O.Walters
1920, George G. Harrap, London
266×196mm
Collection of Martin Moore Steenson

P96-115
『シャルル・ペロー童話集』
ハリー・クラーク画
シャルル・ペロー著
1922年 ジョージ・G. ハラップ社(ロンドン)
260×190mm
マーティン・ムーア・スティーンソン蔵

P96-115
The Fairy Tales of Charles Perrault
Illustrated by Harry Clarke
1922, George G. Harrap, London
260×190mm
Collection of Martin Moore Steenson

P118-133
『ファウスト』
ハリー・クラーク画
ゲーテ著
1925年 ジョージ・G. ハラップ社(ロンドン)
226×165mm
マーティン・ムーア・スティーンソン蔵

P118-133
Faust
by Goethe
1925, George G. Harrap, London
226×165mm
Collection of Martin Moore Steenson

P136-141
『スウィンバーン詩集』
ハリー・クラーク画
チャールズ・スウィンバーン著
1928年 ジョン・レイン・ザ・ボドリー・ヘッド社
(ロンドン) /
ドッド・ミード・アンド・カンパニー社
(ニューヨーク)
240×148mm
マーティン・ムーア・スティーンソン蔵

P136-141
Selected Poems by Algernon Charles Swinburne
Illustrated by Harry Clarke
1928, John Lane the Bodley Head Ltd., London / Dodd, Mead and Company, New York
240×148mm
Collection of Martin Moore Steenson

P142-147
『髪の毛盗み』
ハリー・クラーク画
1913年
ペン、インク
300×200mm
アイルランド国立美術館蔵

P142-147
The Rape of the Lock
Illustrated by Harry Clarke
1913
Pen and Ink
300×200mm
The National Gallery of Ireland

P150-155
『あるグレート・ハウスの歴史』
ハリー・クラーク画
1924年 ジョン・ジェイムソン社(ダブリン)
205×120mm
マーティン・ムーア・スティーンソン蔵

P150-155
The History of a Great House
Illustrated by Harry Clarke
1924, Jameson and Son, Dublin
205×120mm
Collection of Martin Moore Steenson

P156-159
『生命の水』
ハリー・クラーク画
ジェフリー・ウォーレン著
1925年 ジョン・ジェイムソン社(ダブリン)
150×115mm
マーティン・ムーア・スティーンソン蔵

P156-159
The Elixir of Life
by Geoffrey C. Warren
Illustrated by Harry Clarke
1925, Jameson and Son, Dublin
150×115mm
Collection of Martin Moore Steenson

P161
ハリー・クラークのテキスタイル・デザイン
1925年頃
マーティン・ムーア・スティーンソン蔵

P161
Textile Designs
c.1925
Collection of Martin Moore Steenson

P162
セフトン織物のハンカチ・セットのための箱のデザイン
1919年
マーティン・ムーア・スティーンソン蔵

P162
The Box Design of the Set of 8 Handkerchiefs for Sefton Fabrics
1919
Collection of Martin Moore Steenson

P163
ハリー・クラークがデザインしたセフトン織物のハンカチ
1919年
各 約280×265mm
マーティン・ムーア・スティーンソン蔵

P163
Handkerchiefs Designed for Sefton Fabrics
1919
c. 280×265mm each
Collection of Martin Moore Steenson

P164［上］
ハリー・クラークの父ジョシュアの追悼カード
1921年9月13日
115×76mm
マーティン・ムーア・スティーンソン蔵

P164［Above］
In Memoriam Card for Joshua Clarke
13th September, 1921
115×76mm
Collection of Martin Moore Steenson

P164［下］
ハリーのパトロン、ローレンス・ウォルドロンの追悼カード
1923年12月27日
115×83mm
マーティン・ムーア・スティーンソン蔵

P164［Blow］
In Memoriam Card for Laurence A. Waldron
27th December, 1923
115×83mm
Collection of Martin Moore Steenson

P165
R・M・バトラーのための蔵書票（ラフ案2点と最終デザイン）
1923年
122×85mm
マーティン・ムーア・スティーンソン蔵

P165
Bookplate for R. M. Butler with the Original Design and an Un-used Alternative
1923
122×85mm
Collection of Martin Moore Steenson

P166［上］
国民教育委員会が発行する奨学金証書
1914年
310×382mm
マーティン・ムーア・スティーンソン蔵

P166［Above］
Certificate of Scholarship Awarded by the Commissioners of National Education
1914
310×382mm
Collection of Martin Moore Steenson

P166［下］
アイルランド国内保険会社のレターヘッド
1919年
491×307mm
マーティン・ムーア・スティーンソン蔵

P166［Below］
Printed Design for Letterhead of the Irish National Company Ltd.
1919
491×307mm
Collection of Martin Moore Steenson

P167［上］
アベイ座演劇学校の入学許可証
1928年
252×340mm
マーティン・ムーア・スティーンソン蔵

P167［Above］
Certificate for Admission to the Abbey Theatre School of Acting
1928
252×340mm
Collection of Martin Moore Steenson

P167［下］
ダブリンの鉄道会社の株券
1917年
287×328mm
マーティン・ムーア・スティーンソン蔵

P167［Below］
Preference Stock of the Dublin United Tramways Company
1917
287×328mm
Collection of Martin Moore Steenson

P168
ダブリン演劇協会のプログラム
1925年
209×134mm
マーティン・ムーア・スティーンソン蔵

P168
The Dublin Drama League's Programmes
1925
209×134mm
Collection of Martin Moore Steenson

P169
『ダブリン・マガジン』
1925年5月
245×168mm
マーティン・ムーア・スティーンソン蔵

P169
The Dublin Magazine
May, 1925
245×168mm
Collection of Martin Moore Steenson

P170
『グッド・ハウス・キーピング』第10巻 第3号
1926年11月
296×216mm
マーティン・ムーア・スティーンソン蔵

P170
Good Housekeeping Volume 10, No. 3
November, 1926
296×216mm
Collection of Martin Moore Steenson

P172
『グッド・ハウス・キーピング』
第6巻 第3号
1924年11月
296×216mm
マーティン・ムーア・スティーンソン蔵

P172
Good Housekeeping
Volume 6, No. 3
November, 1924
296×216mm
Collection of Martin Moore Steenson

P174
『ナッシュズとペル・メル・マガジン』
第74巻 第380号
1924年12月
295×218mm
マーティン・ムーア・スティーンソン蔵

P174
NASH'S and PALL MALL MAGAZINE
Volume 74, No. 380
December, 1924
295×218mm
Collection of Martin Moore Steenson

P176
カレンダーのためのイラスト
「ザ・レディ・オブ・ザ・デコレーション」
1914年
マーティン・ムーア・スティーンソン蔵

P176
The Lady of the Decoration;
Painted for a Calendar
1914
Collection of Martin Moore Steenson

P177
ジョン・キーツの詩
「聖アグネスの前夜」の最後のシーン
1914年
360×270mm
個人蔵

P177
The Eve of St Agnes;
Illustration of the Final Scene
from John Keats Poem
1914
360×270mm
Private Collection

P178
『ダブリンの未来』
パトリック・アバークロンビー／M.A.／
A.R.I.B.A.／シドニー・ケリー／F.S.I.／
アーサー・ケリー著
1922年 ホッダー・アンド・ストートン社(ロンドン)
324×253mm
マーティン・ムーア・スティーンソン蔵

P178
Dublin of the Future
by Patrick Abercrombie, M.A., A.R.I.B.A.,
Sydney Kelly, F.S.I., Arthur Kelly
1922, Hodder & Stoughton Ltd., London
324×253mm
Collection of Martin Moore Steenson

P179
『ゴールデン・ハインド』
第2巻 第8号
1924年7月
277×209mm
マーティン・ムーア・スティーンソン蔵

P180
The Golden Hind
Volume 2, No. 8
July, 1924
277×209mm
Collection of Martin Moore Steenson

ステンドグラス
Stained glass

P187
「キリスト磔刑とアイルランドの聖人による
十字架の礼拝」
1920年
聖ジョセフ教会
アイルランド(ダブリン、テレニア)

P187
St Joseph's Church, Terenure, Dublin, Ireland:
The Crucifixion and the Adoration of the
Cross by Irish Saints, 1920 (3 lights)

P188
「聖母戴冠」(部分)
1923年
聖ジョセフ教会
アイルランド(ダブリン、テレニア)

P188
St Joseph's Church, Terenure, Dublin, Ireland:
The Coronation of the Virgin
in Glory [Detail], 1923

P189
「受胎告知」1922年・**「聖母戴冠」**1923年
聖ジョセフ教会
アイルランド(ダブリン、テレニア)

P189
St Joseph's Church, Terenure, Dublin, Ireland:
The Annunciation, 1922, and
The Coronation of the Virgin in Glory , 1923
(2 lights)

P193
「エリザベト訪問」
1924年
聖ピーター・アンド・ポール・カトリック教会
アイルランド(ダブリン、バルブリガン)

P193
St Peter & Paul Catholic Church, Balbriggan,
Dublin, Ireland:
The Visitation, 1924 (2 lights)

P194
「無原罪の御宿り」
1925年
アッシュダウン・パーク・ホテル蔵
イギリス(サセックス、イースト・グリンステッド)

P194
Ashdown Park Hotel
(originally Chapel of Our Lady,
Convent of Notre Dame),
East Grinstead, Sussex, England:
The Immaculate Conception, 1925 (3 lights)

P195
「悲しみの聖母」
1926年
アイルランド国立美術館蔵
アイルランド(ダブリン、メリオン・スクエア)

P195
National Gallery of Ireland,

Merrion Square, Dublin, Ireland:
The Mother of Sorrows, 1926 (3 lights)

P196 [左]
「聖人群像」より**「聖ディンプナ」**(部分)
1928年
聖ジョセフ教会
アイルランド(モナハン、カリクマクロス)

P196 [Left]
St Joseph's Catholic Church, Carrickmacross, Monaghan, Ireland:
St Dympna [Detail], 1928

P196 [右]
「聖人群像」より**「聖シーラ」**(部分)
1926年
聖ジョセフ教会
アイルランド(モナハン、カリクマクロス)

P196 [Left]
St Joseph's Catholic Church, Carrickmacross, Monaghan, Ireland:
St Ceara [Detail], 1926

P197
「聖人群像」
[左上]**「聖シーラ」**1926年
[右上]**「聖ディンプナ」**1928年
[左下]**「聖マカルタンと聖タイガーナク」**1928年
[右下]**「聖ファチニアと聖エンダ」**1928年
聖ジョセフ教会
アイルランド(モナハン、カリクマクロス)

P197
St Joseph's Catholic Church, Carrickmacross, Monaghan, Ireland:
[Above Left] ***St Ceara***, 1926 (2 lights)
[Above Right] ***St Dympna***, 1928 (2 lights)
[Below Left] ***Sts Macartan and Tigernach***, 1928 (2 lights)
[Below Right] ***Sts Fachnea and Enda***, 1928 (2 lights)

P198-199
「聖母の戴冠」
1923年
バレル・コレクション蔵
スコットランド(グラスゴー)

P198-199
The Burrell Collection, Glasgow Museums, Glasgow, Scotland:
The Coronation of the Blessed Virgin, 1923 (3 lights)

P200
「聖心—聖マルガレート・マリアと聖ヨハネ・ユード」
1919年
聖ペトロのヴィンセンチアン・ファーザーズ教会
アイルランド(ダブリン、フィブスバラ)

P200
Vincentian Father's Church of St Peter's, Phibsborough, Dublin, Ireland:
The Sacred Heart, St Margaret Mary and St John Eudes, 1919 (3 lights)

P201
「聖母子と聖エイダンと聖エイドリアン」
1919年
聖母被昇天教会
アイルランド(ウェックスフォード)

P201
Church of the Assumption, Wexford, Ireland:
The Madonna with Sts Aidan and Adrian, 1919 (2 lights)

P202-203
「聖ユベール」
1921年
聖パトリック教会
アイルランド(キルデア、ハリスタウン)

P202-203
St Patrick's Church, Harristown, Kildare, Ireland:
St Hubert, 1921

P204-213
「聖アグネスの前夜」
1924年
ダブリン市立美術館ヒューレーン蔵
アイルランド(ダブリン、パーネル・スクエア)

P204-213
Dublin City Gallery the Hugh Lane, Parnell Square, Dublin, Ireland:
The Eve of St Agnes, 1924

P214-221
「ジュネーブの窓」
1930年
ウルフソニアン美術館蔵
アメリカ(フロリダ、マイアミ)

P214-221
The Wolfsonian Art Museum, Miami, Florida, United States of America:
The Geneva Window, 1930

P222-227
「女王たち」
1917年
個人蔵

P222-227
Private Collection:
Queens, 1917 (9 panels)

P229
「出会い」
1918年
アイルランド国立博物館蔵
アイルランド(ダブリン、コリンズ・バラック)

P229
National Museum of Ireland, Collins Barracks, Dublin, Ireland:
A meeting, 1918 (panel)

P230
「狂える王子の歌」
1917年
アイルランド国立美術館蔵
アイルランド(ダブリン、メリオン・スクエア)

P230
National Gallery of Ireland, Dublin, Merrion Square, Dublin, Ireland:
The Song of the Mad Prince, 1917 (panel)

P231
「青ひげの最後の妻」
1921年
個人蔵

P231
Private Collection:
Bluebeard's Last Wife, 1921 (panel)

アイルランドの挿絵とステンドグラスの世界
ハリー・クラーク

Harry Clarke
An Imaginative Genius in Illustrations and Stained-glass Arts

2014年9月21日　初版第1刷発行
2025年1月6日　第6刷発行

解説・監修　海野 弘

アートディレクション　原条令子
デザイン　鈴木勇考(ライラック)
コレクション撮影　北郷 仁
取材協力・コーディネーション　吉荒ゆうき(アートローグ)
山代有紀
大浜千尋
翻訳　Lapin-inc
校閲　酒井清一
編集　根津かやこ

Text by Hiroshi Unno
Art Director　Reiko Harajo
Designer　Yukou Suzuki (Lilac Co., Ltd.)
Photographer　Jin Hongo
Coordinator　Yuki Yoshiara (ArtLogue)
Yuki Yamashiro
Chihiro Ohama
Translator　Lapin-inc
Proofreader　Seiichi Sakai
Editor　Kayako Nezu

発行人　三芳寛要
発行元　株式会社 パイ インターナショナル

〒170-0005　東京都豊島区南大塚2-32-4
TEL 03-3944-3981　FAX 03-5395-4830
sales@pie.co.jp

PIE International Inc.
2-32-4 Minami-Otsuka, Toshima-ku,
Tokyo 170-0005 JAPAN
TEL: +81-3-3944-3981　FAX: +81-3-5395-4830
sales@pie.co.jp

印刷・製本　TOPPANクロレ株式会社

ISBN978-4-7562-4509-0　C0071
Printed in Japan

海野 弘
Hiroshi Unno

●

評論家。作家。早稲田大学ロシア文学科卒業。
平凡社に勤務。『太陽』編集長を経て、独立。
美術、都市論、文学、映画、音楽、ファッションなど
幅広い分野で執筆を行う。著作多数。

●海野 弘の本(パイ インターナショナル)●

『おとぎ話の幻想挿絵』
『優美と幻想のイラストレーター ジョルジュ・バルビエ』
『夢見る挿絵の黄金時代 フランスのファッション・イラスト』
『野の花の本 ボタニカルアートと花のおとぎ話』
『おとぎ話の古書案内』
『ロシアの挿絵とおとぎ話の世界』
『クラシカルで美しいパターンとデザイン ウィリアム・モリス』
『ヨーロッパの図像 神話・伝説とおとぎ話』
『ヨーロッパの装飾と文様』
『世紀末の光と闇の魔術師 オーブリー・ビアズリー』
『チェコの挿絵とおとぎ話の世界』
『ロシア・アヴァンギャルドのデザイン 未来を夢見るアート』
『北欧の挿絵とおとぎ話の世界』
『マティスの切り絵と挿絵の世界』
『世界の美しい本』
『アルフォンス・ミュシャの世界 2つのおとぎの国への旅』
『オリエンタル・ファンタジー
アラビアンナイトのおとぎ話ときらめく装飾の世界』
『ヨーロッパの幻想美術
世紀末デカダンスとファム・ファタール(宿命の女)たち』
『ヨーロッパの図像 花の美術と物語』
『ファンタジーとSF・スチームパンクの世界』
『日本の装飾と文様』
『グスタフ・クリムトの世界 女たちの黄金迷宮』
『おとぎ話のモノクロームイラスト傑作選』
『ロシア・バレエとモダン・アート
華麗なる「バレエ・リュス」と舞台芸術の世界』
『ロンドンの誘惑 1970's ロンドンカルチャー の世界』
『366日 風景画をめぐる旅』
『366日 物語のある絵画』
『366日 絵のなかの部屋をめぐる旅』
『366日 絵画でめぐるファッション史』
『クィア・アートの世界 自由な性で描く美術史』
『ウクライナに愛をこめて ウクライナ美術への招待』
『アジア・中東の装飾と文様』

●

協力
マーティン・ムーア・スティーンソン
島 由佳(アートハーベスト)
アイルランド国立美術館
株式会社ピーピーエス通信社

With the Cooperation of
Martin Moore Steenson
Yuka Shima (Art Harvest)
The National Gallery of Ireland
Pacific Press Service